GERALD MOLL
JULIA SCHÜTZ (HG.)

WISSENSTRANSFER
–
KOMPLEXITÄTSREDUKTION
–
DESIGN

Jan. 2022

Für den weltbesten Herrn Klusemann von Frau Schütz

©2022 wbv Publikation
ein Geschäftsbereich der
wbv Media GmbH & Co. KG, Bielefeld

Gesamtherstellung:
wbv Media GmbH & Co. KG, Bielefeld
wbv.de

Umschlaggestaltung: Gerald Moll

Best.-Nr. 6004796
ISBN 978-3-7639-6193-1 (Print)
DOI: 10.3278/6004796w

Printed in Germany

Diese Publikation ist frei verfügbar zum Download unter wbv-open-access.de.
Diese Publikation ist unter folgender Creative-Commons-Lizenz veröffentlicht:
creativecommons.org/licenses/by-sa/4.0/de

Für alle in diesem Werk verwendeten Warennamen sowie Firmen- und Marken-
bezeichnungen können Schutzrechte bestehen, auch wenn diese nicht als solche
gekennzeichnet sind. Deren Verwendung in diesem Werk berechtigt nicht zu der
Annahme, dass diese frei verfügbar seien.

Bibliografische Information der Deutschen Nationalbibliothek
Die Deutsche Nationalbibliothek verzeichnet diese Publikation in der Deutschen
Nationalbibliografie; detaillierte bibliografische Daten sind im Internet über
http://dnb.d-nb.de abrufbar.

Die freie Verfügbarkeit der E-Book-Ausgabe dieser Publikation wurde ermöglicht durch ein Netzwerk wissenschaftlicher Bibliotheken und Institutionen zur Förderung von Open Access in den Sozial- und Geisteswissenschaften im Rahmen der *wbv Open-Library 2021*.

Die Publikation beachtet unsere Qualitätsstandards für Open-Access-Publikationen, die an folgender Stelle nachzulesen sind:
https://www.wbv.de/fileadmin/webshop/pdf/Qualitaetsstandards_wbvOpenAccess.pdf

Großer Dank gebührt den Förderern der OpenLibrary 2021 in den Fachbereichen Erwachsenenbildung sowie Berufs- und Wirtschaftspädagogik:

Freie Universität **Berlin** | Humboldt-Universität zu **Berlin** | Bundesinstitut für Berufsbildung (BIBB, **Bonn**) | Deutsches Institut für Erwachsenenbildung Leibniz-Zentrum für Lebenslanges Lernen e. V. (DIE, **Bonn**) | Rheinische Friedrich-Wilhelms-Universität **Bonn** | Staats- und Universitätsbibliothek **Bremen** | Universitäts- und Landesbibliothek **Darmstadt** (TU Darmstadt) | Universität **Duisburg-Essen** | Universitäts- und Landesbibliothek **Düsseldorf** | Universitätsbibliothek J. C. Senckenberg (Goethe-Universität **Frankfurt am Main**) | Pädagogische Hochschule **Freiburg** | Universitäts- und Landesbibliothek **Münster** | Universitätsbibliothek **Hagen** | Martin-Luther-Universität **Halle-Wittenberg** | **Karlsruhe** Institute of Technology (KIT) | Universitätsbibliothek **Kassel** | Universitätsbibliothek **Koblenz-Landau** | Pädagogische Hochschule **Ludwigsburg** | Zentral- und Hochschulbibliothek **Luzern** (ZHB) | Universitätsbibliothek **Magdeburg** | Carl von Ossietzky-Universität (Universität **Oldenburg**) | Universitätsbibliothek **St. Gallen** | Bundesinstitut für Erwachsenenbildung (bifeb, **St. Wolfgang**) | **Vorarlberg**er Landesbibliothek | Pädagogische Hochschule **Zürich**

Inhalt

Michael Erlhoff (†)
Wohlwollende Geflechte – ein Vorwort 6

Gerald Moll & Julia Schütz
Wissenstransfer – Komplexitätsreduktion – Design. Ein Systematisierungs-
versuch 9

WISSENSTRANSFER I
Dialog Wissenschaft und Gesellschaft 29

Hadjar Mohajerzad & Inga Specht
„Vertrauen in Wissenschaft" als komplexes Konzept 31

Arne Arend & Liska Niederschuh
Das täglich Brot akademischer Komplexitätsreduktion in Pressemitteilungen
und Journal-Abstracts 51

Cäcilia Jeggle, Marina Buch & Ariadne Sondermann
Wissenstransfer und Partizipation: Herausforderungen durch heterogene
gesellschaftliche Zielgruppen 73

Kathrin Bock-Famulla & Felicitas Sander
Wissenstransfer im Bildungsmonitoring: das Ländermonitoring Frühkindliche
Bildungssysteme 89

WISSENSTRANSFER II
Dialog und didaktische Komplexitätsreduktion in hochschulischen
Lehr-Lernsettings 109

Miriam Hörnlein & Janine Kuhnt-Rose
Wie in der Lehre durch Komplexitätsreduktion die Muße ausgehebelt wird 111

Claudia Brönimann, Martina Bechter & Ronald Ivancic
Einfachheit in didaktischer Form – Erkenntnis durch komplexe Herausforderungen: Wissenstransfer in studentischen Beratungsprojekten 131

Katharina Resch & Peter Slepcevic-Zach
Service-Learning als Methode des hochschulischen Wissenstransfers 151

Volker M. Banholzer
Community Based Learning: Zwischen Kontingenztransparenz und
Komplexitätsreduktion 171

Julia Breuer-Nyhsen & Verena Klomann
Komplexitätserhalt in der Hochschullehre: Plädoyer für eine nicht simplifizierende Lehre in Studiengängen der Sozialen Arbeit 189

Anita Mörth
Die müssen ja kommunizieren – Practitioner Research als didaktischer
Wissenstransfer 207

Benjamin Klages, Eva Cendon & Anita Mörth
Transaktionale Komplexität wissenschaftlicher Weiterbildung. Eine empirisch
begründete Relationierung beteiligter Perspektiven 225

WISSENSTRANSFER III
Design im hochschulischen Wissenstransfer 243

Carmen Hartmann-Menzel
Interaktion und Simulation – praxisorientierte Vermittlung wissenschaftlicher
Erkenntnisse 245

Andreas Teufel
Komplexität aushalten! Interaktive Datenvisualisierung als Instrument der
Wissenschaftskommunikation 265

Tanja Godlewsky & Claudia Herling
Gender-Aspekte im Design von Wissensvermittlung 287

Bitten Stetter
Mapping TOD + DESIGN! – Designforschung und Datenanalyse 311

Danksagung 339

Wohlwollende Geflechte – ein Vorwort

Michael Erlhoff (†)

Komplexitätsreduktion wird in den meisten Bestimmungen gern mit Begriffen wie „Vereinfachung", „Filterung", „Vermeidung von Reizüberflutung zugunsten von Überschaubarkeit und Verständlichkeit" erläutert. Diese Termini allerdings werfen per se bereits kritische Fragen auf: Wie genau kann Vereinfachung funktionieren, ohne dass dabei wesentliche Kontexte verloren gehen? Was heißt heute „Reizüberflutung", wo doch alle Menschen längst jederzeit überbordende Stimuli via Smartphone empfangen und ausreizen? Und wer schließlich ist in der Lage oder maßt sich an, für andere über Verständlichkeit zu entscheiden?

Mithin ein ebenso aktuelles wie komplexes und sogar kompliziertes Thema, das in diesem Buch in den unterschiedlichsten Facetten verhandelt wird, denen sich die vorliegenden Texte aus sehr differenten Perspektiven kritisch stellen. Umso klüger, wenn dies aus der – womöglich nicht unmittelbar erwartbaren – Perspektive des Designs geschieht. Im geglückten Fall kann das Design dem Sachverhalt neue Dimensionen eröffnen und entsprechend neue Zugänge zur Erprobung von Komplexitätsreduktion ermöglichen.

Diesen kritischen Reflexionen und Chancen jedoch müssen zwei Paradoxien voran- und gegebenenfalls zur Seite gestellt werden.

Da ist erst einmal die substanzielle Frage nach der Legitimität oder Sinnhaftigkeit der Reduktion komplexer Strukturen. Denn indem die Frage nach der Minimierung von Komplexität als nicht nur legitim, sondern als relevant anerkannt wird, ist damit zugleich das Zugeständnis verbunden, dass Komplexität existiert: sozial, kulturell, politisch, ökonomisch oder auch informationstheoretisch. Und wenn dies so ist, muss sich doch eigentlich die Frage stellen, ob eine überall in der Welt und in allen Bereichen tatsächlich vorhandene Komplexität verringert werden „darf", da dieser Vorgang dann ja eine womöglich äußerst problematische Vereinfachung oder gar Simplifizierung des jeweiligen Gegenstandes oder relationaler Beziehungen nach sich ziehen würde. Bedauerlicherweise sind auch und gerade im Design solche gern gebrauchten Trivialitäten an der Tagesordnung, wie etwa die Floskel „ein Bild sagt mehr als tausend Worte" oder ein grob vereinfachendes Diagramm oder eine solche Infografik oder eine schablonenhafte Illustration zu einem „komplizierten" Text oder dergleichen. Denn Design hat ja – das ist sowohl Chance wie Gefahr – mehr Möglichkeiten als lediglich Worte und Sätze zur Verfügung. Zum Glück stellen sich die hier versammelten Essays auch und besonders unter gestalterischen Aspekten dieser schwierigen Aufgabe mit hohem Bewusstsein und bieten bemerkenswerte, teils experimentelle Auswege aus diesem möglichen Dilemma an.

Das zweite Paradoxon ist so naheliegend, dass es vielleicht deswegen oft übersehen wird, deshalb dann aber umso überraschender wirkt. Das, was Arne Arend und

Liska Niederschuh in ihrem Text über universitäre Pressemitteilungen und Journal-Abstracts benennen, trifft nicht nur für dieses Thema zu, sondern gilt generell: Das Bestreben, Komplexität von Texten und anderen Artefakten klug zu reduzieren, endet mitnichten in weniger Quantität – im Gegenteil, dem ursprünglich Komplexen wird aus Gründen der leichteren Wahrnehmbarkeit noch etwas hinzugefügt.

Zwischen all diesen Fallstricken und Geflechten nun müssen die Autor:innen sich orientieren und wohlwollend hindurchschlängeln. Denn das lateinische „plexus" beschreibt ein Geflecht, und „complexus" schließt neben dem Umfassenden auch das Wohlwollen ein. Und das genau wäre die schwierige wie herausfordernde Aufgabe: das Geflecht so zu entwirren, dass am Ende nichts Wesentliches fehlt, zugleich aber die umfassende Quantität und Qualität wohlwollend und zu aller Wohlgefallen beschränkt wurde.

Design hat, neben den oben erwähnten Gefahren, aber auch mannigfaltige Möglichkeiten, mit den unterschiedlichsten Medien und Werkzeugen Komplexitätsreduktion zu gestalten. Denn das ist durchaus ein Privileg gegenüber vielen anderen Wissenschaftsbereichen. Design ist immer doppelbödig konstruiert: Die Theorie ist notwendig auf die Praxis verwiesen und umgekehrt, bzw. beide Teile sind unabdingbar ineinander verflochten. Jeweilige Prioritäten – Theorie, Empirie, Entwurf, praktische Umsetzung – können gewählt, aber deren Hierarchien auch durch Kombination und Verzahnung aufgehoben, außer Kraft gesetzt werden. Hier zählt die Kategorie „Angemessenheit" in Bezug auf den zu untersuchenden oder umzusetzenden Gegenstand zu den essenziellen Faktoren von Komplexitätsreduktion: Wie weit oder wie eng soll das Geflecht gezogen werden, dass es der Vermittlung dienlich und dem Gegenstand noch angemessen bleibt? Wie können Fachwissen sowie wissenschaftliche Verfahren und Erkenntnisse so an eine breitere Öffentlichkeit (die wiederum spezifisch charakterisiert sein mag) vermittelt werden, dass idealiter die gesamte Komplexität erhalten bleibt und erfahren werden kann durch eindrückliche gestalterische Konzepte, die gegebenenfalls auch anschauliche Erklärungen bereithalten?

Nun stecken in dem Wort „Vermittlung" ja bereits das Mediale, die Medien. Und genau hier liegt eine weitere qualitative Möglichkeit des Designs, Diversität und Vielfältigkeit aller nur denkbaren Medien in die Vermittlungsarbeit zu integrieren; das privilegiert das Design gegenüber anderen Wissenschaftsbereichen. Und diese Chance sollte Design offensiv, experimentell und im besten Sinne originell für jedwede Komplexitätsreduktion nutzen. Offene, fluide Ansätze und Herangehensweisen, die sich jeweils neu entwerfen, erfinden, korrigieren und revidieren (durchaus vergleichbar der Grounded Theory), sind die besten qualitativen Voraussetzungen, Komplexitätsreduktion zu erzeugen, ohne Komplexität zu verlieren oder zu negieren. Und da Komplexität ein ebenso wesentliches Charakteristikum moderner Gesellschaften ist wie Chaos, kann es manchmal helfen, sich des Satzes eines Karl Kraus zu erinnern: „Das Chaos sei willkommen; denn die Ordnung hat versagt."[1]

---

1   Kraus, Karl (1909). *Die Fackel* (285–286), 16.

Wissenstransfer – Komplexitätsreduktion – Design. Ein Systematisierungsversuch

Gerald Moll & Julia Schütz

1 Hinführung

Eine der genuinen Aufgaben von Wissenschaft ist – nicht zuletzt befördert durch die in 2020 einsetzende Covid-19-Pandemie sowie die Möglichkeiten der digitalen Vernetzung und Kommunikation – in den letzten Jahren verstärkt in den gesamtgesellschaftlichen Aufmerksamkeitsfokus gerückt: die Aufgabe des Wissenstransfers. Diese zählt neben Lehre und Forschung mittlerweile zum Anspruch und Aufgabenbereich einer jeden Hochschule. Die Betonung dieses Anspruchs findet sich u. a. in der in den 1990er-Jahren etablierten Bezeichnung zahlreicher Fachhochschulen als Hochschule für angewandte Wissenschaften (University of Applied Sciences) sowie in den Landeshochschulgesetzen. Die Aufgabe des Wissenstransfers ist somit einerseits institutionell verankert und obliegt andererseits – ähnlich der verfassungsrechtlich deklarierten Freiheit von Forschung und Lehre – der individuellen Umsetzung der einzelnen wissenschaftlichen Akteur:innen.

Im Wissenstransfer lässt sich eine, zugegebenermaßen, sehr simple Unterscheidung der Wissenschaftskommunikation innerhalb und außerhalb des Wissenschaftssystems vornehmen. Innerhalb betrifft diese die Kommunikation wissenschaftlicher Befunde und Theorien gegenüber den Studierenden und der eigenen Fachdisziplin, der scientific community; außerhalb richtet sich die Kommunikation an die Zivilgesellschaft als größtmöglich gewählte Kategorisierung eines modernen Gesellschaftssystems. In diesem Akt der Transformation verbinden sich unterschiedliche Fragestellungen, die für den vorliegenden Sammelband richtungsweisend sind, nämlich: Wie werden wissenschaftliche Erkenntnisse in einer reduzierten Art und Weise aufbereitet? Also: Warum ist die Reduktion der Komplexität des Wissens wichtig und wenn ja, für wen? Darüber hinaus: Wie verändert sich Wissen durch die Reduktion, Transformation und Rezeption? Und wer im Wissenschaftssystem wählt welche Formen der Komplexitätsreduktionen mit welcher Begründung? Gleichzeitig aber auch: Warum ist es wichtig, Komplexität im hochschulischen Wissenstransfer aufrechtzuerhalten?

In diesem Zusammenhang darf auch das sogenannte PUSH-Memorandum (Public Understanding of Sciences and Humanities) aus dem Jahr 1999 nicht unerwähnt bleiben. In diesem Dokument verpflichten sich große Wissenschaftsorganisationen der Förderung des Dialogs zwischen Wissenschaft und Öffentlichkeit. Hier heißt es in der Präambel u. a.:

> „Wegen ihres hohen Spezialisierungsgrades haben die Wissenschaften in ihren Teilgebieten jeweils eigene Sprachen entwickelt, die in der Regel für Nichtwissenschaftler nicht nur die wissenschaftlichen Inhalte undurchschaubar, sondern auch die Methoden und Verfahren schwer zugänglich machen. Damit ist das Problem der Experten-/Laienkommunikation angesprochen, die – soweit sie sich auf eine breite Öffentlichkeit als Adressatin bezieht – in Deutschland weniger entwickelt ist als in anderen Ländern." (ebd., S. 58)

Der Aufforderungscharakter des Memorandums an die wissenschaftlich Tätigen formuliert das Memorandum deutlich: „Wissenschaftlerinnen und Wissenschaftler werden aufgefordert, ihre Arbeit öffentlich auch in einer für den Nicht-Spezialisten verständlichen Form darzustellen" (ebd., S. 60).

Das Memorandum gilt als wichtiges Zeitdokument für die Wissenschaftskommunikation und den hochschulischen Wissenstransfer und beförderte zweifelsohne den Dialog von Wissenschaft und Gesellschaft. Trotz alledem bleibt festzustellen, dass diese Aufgabe eine fortwährende ist und einer kontinuierlichen Zeitdiagnose bedarf, welche aus unterschiedlichen Disziplinen geleistet wird[1]. Darüber hinaus ist, wie in allen Kommunikationsvarianten, eine einseitige Betrachtung in Transferprozessen wenig zielführend. Entsprechend formuliert es die Erziehungswissenschaftlerin Sigrid Nolda (1996):

> „Wenn die Welt der Wissenschaft aufgefordert ist, effektiver und offener mit Öffentlichkeit zu kommunizieren, dann muß diese Öffentlichkeit auch in die Lage versetzt werden, die Substanz von Argumenten und grundlegenden wissenschaftlichen Prozessen zu verstehen" (ebd., S. 110).

Die hiermit angesprochene wissenschaftliche Grundbildung aufseiten der Adressat:innen ist somit gleichermaßen als Herausforderung und Aufgabe zu verstehen, denn:

> „Wissenschaftliche Grundbildung kann dazu beitragen, dass breite Bevölkerungsschichten wissenschaftliche Entwicklungen und Ziele der Wissenschaft beurteilen sowie zwischen pseudowissenschaftlichen und fundierten Informationen unterscheiden können. Dies stellt eine Voraussetzung für Teilhabe an und Verstehen von gesellschaftlichen Prozessen dar, die zunehmend auf wissenschaftlichen Erkenntnissen beruhen." (Stanik & Wahl, 2020, S. 54)

Die eingangs formulierten, ohnehin schon sehr anspruchsvollen, Fragestellungen des hier vorgelegten Sammelbandes erfahren eine Fokussierung durch die Verbindung zum Design. Denn die versammelten Beiträge bearbeiten nicht nur auf der Ebene einer inhaltlichen Auswahl oder Schwerpunktsetzung das Thema, sondern fragen auch danach, welche Rolle die gestalterische Aufbereitung des Wissens in Form der Komplexitätsreduktion auf zwei Ebenen spielt: auf der des Wissens selbst sowie auf der von Rezipient:innen.

---

1 Beispielsweise von der Deutschen Gesellschaft für Soziologie (in der Zeitschrift: Soziologie. Forum der deutschen Gesellschaft für Soziologie (Heft 4/2020 sowie Heft 1/2021)) sowie in Pandemie-Zeiten sehr prominent von Virolog:innen.

Dieser einführende Beitrag unternimmt den Versuch einer Systematisierung in der Verhältnisbestimmung von Wissen und Transfer, impliziert die Frage nach der Komplexitätsreduktion und der Rolle des Designs. Dementsprechend bietet sich eine erste, erkenntnistheoretische, Klärung dahin gehend an, was Wissen ist und wie dieses Wissen im hochschulischen Kontext transferiert wird (Abschnitt 2). Da Wissen in Kommunikation transferiert wird, bleibt eine – keineswegs an dieser Stelle vollständig zu leistende – Beantwortung der Frage „was Kommunikation ist", unumgänglich und wird auf das Konzept der Wissenschaftskommunikation hin verdichtet (Abschnitt 3). Kommunikation findet in Beziehungen statt, das Modell eines Senders und Empfängers bleibt dabei grundlegende Ausgangsbasis. Eine wesentliche Größe in Beziehungen stellt das Vertrauen dar, sodass auch dieses Konzept einer Klärung bedarf (Abschnitt 4). Schlussendlich stellt sich die Frage nach der Form des Wissens, womit die Rolle des Designs, also der Formgebung des Wissens, vor dem Hintergrund der Komplexitätsreduktion im Fokus steht (Abschnitt 5). Abschließend werden die versammelten Beiträge des Bandes kurz vorgestellt sowie die eigens für dieses Werk entwickelte Illustration thematisiert (Abschnitt 6).

Das Ziel des hier vorgelegten Sammelbandes besteht darin, unterschiedliche Zugangswege des Wissenstransfers im hochschulischen Kontext zu identifizieren und gleichermaßen für die wichtige Aufgabe der Wissenschaftskommunikation zu sensibilisieren. Die damit verbundenen Heraus- und Anforderungen hinsichtlich der Komplexitätsreduktion sowie des Stellenwertes des Designs in diesem Kommunikationsgefüge sollen zu einer Erweiterung bestehender Diskurse beitragen.

2 Wissen in Bewegung: Wissen versus transferiertes Wissen

Als Grundbegriff einer jeden Bildungstheorie und als etabliertes Beschreibungsmerkmal moderner Gesellschaften bezeichnet „Wissen" seit Platon eine Überzeugung, die wahr ist und für die Träger dieses Wissens eine Rechtfertigung angeben kann (Kreitz, 2012, S. 419). Der Wissensbegriff erscheint trotz intensiver, diskursiver Bearbeitung und dem unbestreitbaren Stellenwert innerhalb und außerhalb des Wissenschaftssystems keineswegs klar. In Rückgriff auf Berger und Luckmann (2009) kann Wissen als die „Gewissheit, dass Phänomene wirklich sind und bestimmbare Eigenschaften haben" (ebd., S. 1) definiert und in Anlehnung an Nico Stehr durch einen Handlungsbezug ergänzt werden (Stehr, 1994). Stehr beschreibt Wissen als die „Fähigkeit zum (sozialen) Handeln (als Handlungsvermögen)" und weiter: „Wissen strukturiert die Realität. Wissen ist ein Modell für die Wirklichkeit. Wissen illuminiert. Es ist potentiell in der Lage, die Realität zu verändern" (Stehr, 2001, S. 8). Gleichzeitig räumt er ein, dass gerade wissenschaftliches Wissen fast immer strittig ist (ebd., S. 9); und während diese Tatsache innerhalb des Wissenschaftssystems weitestgehend anerkannt und durchaus positiv konnotiert ist, wird sie in alltagsweltlichen Zusammenhängen eher kritisiert und ist Anlass für Verunsicherung, ja ggf. sogar für einen Vertrauensverlust. Ein gegenwärtiges Beispiel hierfür liefern uns die in der Corona-Pandemie stattfindenden uneinheitlichen Einschätzungen der Virolog:innen über die Gefahrenlage des Virus. Eine sozialkonstruktivistische Perspektive auf Wissen

> „rückt die subjektiven Konstruktionen der Akteure und damit das Soziale – die Subjekt- und Kontextgebundenheit – als Phänomen der Wirklichkeit in den Mittelpunkt. [...]. Dieser Annahme zufolge gestaltet sich Wissen als soziales Phänomen, welches sich subjektiv im Transfer gestalten lässt. Je nach Bedarf bzw. Notwendigkeit vollziehen die Akteure in ihrem Alltag Transferleistungen oder nicht." (Oestreicher, 2014, S. 33 f.)

Dieses transferierte Wissen obliegt, so unsere Auffassung, im hochschulischen Kontext sowohl einer Komplexitätsreduktion durch die handelnden Akteur:innen selbst sowie der Notwendigkeit, gestalterische Komponenten einzusetzen, damit eben das Wissen auch ankommt. Der Geltungsanspruch des Wissens, auch des transferierten Wissens, nach Wahrheit und Gültigkeit verliert sich auf diesem Transferweg bestmöglich nicht und fordert von den Akteur:innen auf unterschiedlichen Ebenen eine Entscheidung: „designating what is being transferred is the first step" (Oliver, 2009, S. 61). Im Transfer geht es sowohl um Informationen als auch um Wissen. Aber: Im Gegensatz zu bloßen Informationen macht erst Wissen den Menschen handlungsfähig.

3 Wissen in Kommunikation

Der hohe Stellenwert, der dem Wissen beigemessen wird, begründet die Anforderung an Hochschulen, Wissenstransfer als eine grundlegende Aufgabe anzunehmen. Dieser Stellenwert markiert gleichzeitig die Zuschreibung, dass Wissen als eine der wichtigsten Ressourcen zur Bearbeitung gesellschaftlicher Problemlagen gilt, beispielsweise, wenn wissenschaftliches Wissen zu Steuerungswissen für politische Entscheidungen avanciert. Damit diese Bearbeitung gelingen kann, muss Wissen transferiert werden. Wissenstransfer ist maßgeblich auf die handelnden Akteur:innen, ihre Bereitschaft und Fähigkeit zur Kommunikation angewiesen. Kommunikation bildet also die Voraussetzung für den Transfer und zugleich gestaltet sie den Transfer von Wissen (Oestreicher, 2014, S. 37). „Kommunikation ist in diesem Sinne bewusstes und geplantes, ebenso wie nicht bewusstes, habitualisiertes und nicht geplantes zeichenvermitteltes Handeln" (Reichertz, 2013, S. 50). Kommunikation, im weitesten Sinne als der Austausch von Informationen zwischen Individuen bezeichnet und in einem allgemeinen Kommunikationsmodell in der schematischen Darstellung zwischen Sender und Empfänger verortet, lässt sich im hochschulischen Kontext gleich auf mehreren Ebenen abbilden. Die Hochschule als gesamte Organisation berichtet nach außen durch das Kommunikationsmittel der Pressemitteilung über Aktivitäten ihrer Mitglieder (siehe Beitrag Arend/Niederschuh in diesem Band) und pflegt in unterschiedlichen Veranstaltungsformaten den Dialog mit der Gesellschaft (Kinderuniversität, Lange Nacht der Wissenschaft, Bürgeruniversität etc.). Innerhalb der Organisation werden Kommunikationskanäle genutzt, die exklusiv die unterschiedlichen

Statusgruppen der Hochschulangehörigen adressieren (Portalumgebungen für Studium und Lehre, ein Netzwerk zur Lehre, der *Dies Academicus* etc.). In den verschiedenen Veranstaltungsformaten (Vorlesung, Seminar, Übung) kommunizieren Lehrende und Studierende in der Regel exklusiv miteinander. Der disziplinäre Austausch zwischen den wissenschaftlichen Akteur:innen findet hingegen häufig auf Tagungen und Konferenzen, in gemeinsamen Forschungs- oder Publikationsprojekten sowie innerhalb diverser Begutachtungsprozesse direkt oder indirekt statt. Beobachtbar ist auf institutioneller Ebene zudem die Einrichtung zentraler Abteilungen zur Ausgestaltung des Wissenstransfers (u. a. sogenannte Transferbüros oder Stabsstellen). Die hier angedeuteten Kommunikationskanäle sind vor dem Hintergrund der Unterscheidung zwischen dem expliziten Wissen und dem impliziten Wissen in Anlehnung an Polanyi (1966) bedeutsam. Explizites Wissen ist dadurch gekennzeichnet, dass es personenunabhängig, z. B. anhand von Handbüchern oder Dokumenten, transferiert werden kann. Implizites Wissen hingegen ist an den jeweiligen Wissensträger gebunden und kann vollständig nur im Rahmen eines Personaltransfers übertragen werden (vgl. Warnecke, 2017).

In dem Grundsatzpapier des Bundesministeriums für Bildung und Forschung zur Wissenschaftskommunikation (vgl. BMBF, 2019) wird die Bedeutung des Dialogs zentral herausgestellt und „allgemeinverständliche, dialogorientierte Kommunikation und Vermittlung von Forschung und wissenschaftlichen Inhalten an Zielgruppen außerhalb der Wissenschaft" forciert (ebd., S. 3). Gleichzeitig wird die Zielsetzung formuliert, einen „besseren Transfer von Wissenschaftskommunikationsforschung und -praxis methodisch zu stärken" (S. 4). Empirische Studien bspw. im Bereich der (Weiter-)Bildungsforschung belegen diesen formulierten Anspruch und verweisen darauf, dass die Bildungspraxis einen hohen Bedarf an wissenschaftlichem Wissen und wissenschaftlich fundierten Konzepten zur Ausgestaltung ihres eigenen Angebots hegt (Christ et al., 2019, S. 5). Die hohe Relevanz ergibt sich aus den Vorteilen einer wissenschaftlich fundierten Bildungspraxis, die sich u. a. in einer Verbesserung der Lehr- und Lernprozesse ausdrückt und in diesem Zuge beispielsweise auf einer empirischen Beschreibung des Klientels, aber auch der Bildungspraktiker:innen, fußt. Als besonders relevant für den Umgang mit wissenschaftlichen Befunden wird die Notwendigkeit einer übersichtlichen Darstellung, einer sprachlichen Verständlichkeit sowie einer anschaulichen Visualisierung erachtet (ebd., S. 27).

Vielleicht ist es wenig überraschend, dass kein einheitliches Verständnis von Wissenschaftskommunikation existiert (Ball, 2020, S. 4). Allerdings lassen sich drei Aspekte der Kommunikation voneinander unterscheiden, die sich an der konkreten Umsetzung bzw. dem Ort der Kommunikation orientieren, nämlich

> „erstens den wissenschaftlichen Ideenprozess und die informelle Kommunikation mit Kollegen im engeren Kreis, zweitens die Weiterverarbeitung, Konkretisierung und Kommunikation mit Kollegen, aus der dann drittens die formale, offizielle Kommunikation wird und das formale Endprodukt von Wissenschaftskommunikation (in Form eines Zeitschriften- oder Konferenzbeitrages, Buches usw.), das öffentlich verbreitet wird und zugänglich ist" (ebd.).

Darüber hinaus verbindet sich die gegenwärtige Wissenschaftskommunikation zunehmend mit dem gesellschaftlichen digitalen Transformationsprozess. Der freie Zugang zu wissenschaftlichen Informationen (Stichwort: Open Access) oder die Kommunikation durch wissenschaftliche Akteur:innen über digitale soziale Netzwerke (u. a. *Facebook, Instagram, Twitter, Clubhouse*) gilt gegenwärtig zwar noch immer als relativ neuer Kommunikationsweg, wird aber gemeinhin anerkannt und von immer mehr Wissenschaftler:innen gewählt.

Die Digitalisierung hat einen Einfluss auf die Art und Weise der Wissenschaftskommunikation. Zum einen werden wissenschaftliche Befunde oder Positionen viel schneller als in analogen Settings in den öffentlichen Kommunikationsraum gebracht und bieten darüber hinaus den digital Involvierten die Möglichkeit zur Nachfrage und Diskussion. Carsten Könneker fragt danach, „wie soziale Medien die externe Wissenschaftskommunikation verändern" (Könneker, 2020, S. 25) und identifiziert neben den „klassischen" Akteur:innen in der Wissenschaftskommunikation, wie z. B. Wissenschaftsjournalist:innen, so benannte „weitere Akteure". Darunter finden sich alle interessierten Bürger:innen, die durch die Wissenschaftskommunikation in sozialen Medien nun selbst aktiv den Wissenstransfer mitgestalten, z. B. durch die Distribution der Inhalte sowie eigene Kommentierungen.

Bisher unberücksichtigt bei der Forderung an die Wissenschaft bezüglich Kommunikation bleibt die Ressource „Zeit". Wissenschaftskommunikation benötigt Zeit, die Wissenschaftler:innen in der Regel aufgrund der umfangreichen Aufgaben in Forschung, Lehre und Weiterbildung begrenzt zur Verfügung haben. Handlungsroutinen korrelieren häufig mit Zeitersparnissen, sodass Wege der Wissenschaftskommunikation gezielt gelernt und erprobt werden müssen und im professionellen Handlungsrepertoire von Wissenschaftler:innen münden. Exemplarisch ist hier die Studie „Brücken zum Elfenbeinturm" von Michael Jonas anzuführen, der den Wissens- und Technologietransfer zwischen Hochschulen und privatwirtschaftlichen Unternehmen untersucht und danach fragt, wie die im Transfer genutzten Handlungspraktiken und -weisen der Akteur:innen charakterisiert sind (Jonas, 2000, S. 10). Er fokussiert also auf die Mikroebene von Transferprozessen und resümiert im Ergebnis, dass der Wissens (und Technologie)transfer zentral davon abhängig sei, dass die Akteur:innen „routinisierte Handlungspraktiken entwickeln, die in deren Transferweisen eingespeist werden und das Fundament eines erfolgreichen Transfers bilden. [Diese] werden zentral von den organisationalen Bedingungen beeinflusst und geprägt" (Jonas, 2000, S. 250). Mit der Forderung nach Wissenschaftskommunikation und -transfer erweitert sich gewissermaßen der Aufgabenbereich der Hochschulen, wenngleich dies auch paradox erscheint, da es schon immer zu ihren originären Aufgaben gehörte, neues Wissen zu generieren und kritisch zu hinterfragen.

4   Wissen in Beziehung: Vertrauen in Wissenschaft

„Wissen kann als eine Transaktion bezeichnet werden, als ein Phänomen, das nicht unabhängig von sozialen Interaktionen existiert" (Stehr, 2013, S. 51). In sozialen Interaktionen, so wie sie im wissenschaftlichen Kommunikationsprozessen mittelbar und unmittelbar stattfinden, gilt Vertrauen als wichtige Voraussetzung für einen gelingenden Wissenstransfer. Vertrauen wird in der sozialwissenschaftlichen Forschung in den letzten Jahren verstärkt in den Blick genommen (vgl. Schweer, 1997; Tiefel, 2016) und eine Verbindungslinie zur Komplexitätsreduktion findet sich so auch schon bei Niklas Luhmann. Als ein zentrales Bezugsproblem stellt Luhmann die Komplexität in Vertrauensbeziehungen heraus (Luhmann, 2014, S. 4). Komplexität impliziert, „daß die Welt mehr Möglichkeiten zulässt, als Wirklichkeit werden können, und in diesem Sinne ‚offen' strukturiert ist" (ebd., S. 5). Durch Vertrauen findet Komplexitätsreduktion statt, wobei Vertrauen als „eine Mischung aus Wissen und Nicht-Wissen" (S. 31) bezeichnet werden kann. Diesem Thema widmen sich auch Hadjar Mohajerzad und Inga Specht in diesem Band.

Im Zuge der Modernisierung der Gesellschaft hin zur funktionalen Ausdifferenzierung in unterschiedliche Teilsysteme findet Vertrauen nicht mehr nur in zwischenmenschlichen Beziehungskonstellationen statt, sondern auch auf der Ebene gesellschaftlicher Institutionen (Wagenblass, 2015, S. 1826). „Luhmann begreift Vertrauen als Scharnier zwischen unterschiedlichen Systemen, das in der Lage ist, Komplexität zu reduzieren, Erwartungen zu stabilisieren und dadurch Handlungsmöglichkeiten systematisch zu erhöhen" (ebd.).

Obwohl das Vertrauen in die Wissenschaft bzw. in wissenschaftliche Befunde in den letzten Jahren leicht angestiegen ist und 46 % der Befragten im Zuge einer repräsentativen Bevölkerungsumfrage angeben, Vertrauen in Wissenschaft und Forschung zu empfinden, ist dieser Anstieg nicht grundlegend optimistisch zu interpretieren. Demgegenüber stehen ebenso 46 % der Befragten, die in ihrer Haltung unentschieden sind, sowie weitere 8 %, die angeben, wissenschaftlichen Erkenntnissen eher nicht bzw. nicht zu vertrauen (vgl. Wissenschaftsbarometer, 2019). Diese Tatsache könnte, neben dem in den Landeshochschulgesetzen verankerten Auftrag des Wissenstransfers von Hochschulen, ein Grund dafür sein, dass immer mehr Hochschulen Strategien entwickeln, die Ergebnisse ihrer Forschungsarbeiten so aufzubereiten, dass sie zivilgesellschaftlich nachvollziehbar sind, gesellschaftliche Transformationsprozesse präzise und gleichzeitig verständlich analysieren und häufig mit Verzicht auf eine disziplineigene Fachsprache vermittelt werden. Neben der Auswahl der wichtigsten Befunde werden entsprechend Formulierungen gewählt oder Modelle entwickelt, die in verkürzter Form wissenschaftliche Erkenntnisse darstellen und in die zivilgesellschaftlich relevanten Lebensbereiche übersetzbar sind. Aber was passiert in diesem Prozess der Reduktion und der Verdichtung mit dem wissenschaftlich generierten Wissen?

Die Frage nach dem Vertrauen in wissenschaftliche Erkenntnisse ist aktueller denn je. Zu viele an dieser Stelle nicht näher auszuführende Beispiele sind bekannt, in denen die Vereinfachung komplexer Sachverhalte zu Informationsverlusten und Verunsicherung geführt haben. Wenn wir das Vertrauen in die Wissenschaft thematisieren und dieses im Zusammenhang mit dem Wissenstransfer diskutieren, darf auch die Seite der wissenschaftlichen Akteur:innen nicht ignoriert werden. Mit der Entscheidung Wissenstransfer zu befördern, sind Risiken ganz neuer Colour verbunden. Wissenschaftskommunikation im öffentlichen, gerade im digitalen Raum bringt weitere Akteur:innen auf den Plan und Wissenschaftler:innen sehen sich nicht selten mit Kritik, ja regelrechten Anfeindungen konfrontiert, die im wissenschaftlichen Diskurs so nicht stattfinden würden. Das Vertrauen, beispielsweise über einen Rückhalt durch die institutionelle Anbindung an die Hochschule vor diesen Angriffen geschützt zu sein, kann – so ist anzunehmen – als äußerst gering angesehen werden. So sollten sich auf der Ebene der Hochschulleitung und -kommunikation die Verantwortlichen durchaus die Frage erlauben lassen, inwiefern sie die eigenen Hochschulangehörigen einerseits zur Wissenschaftskommunikation anregen und unterstützen können und anderseits diese vor Imageverlust und Anfeindungen bewahren.

5 Wissen in Form: Zur Rolle des Designs im Wissenstransfer

Die Frage nach der Reduktion von Komplexität im Wissenstransfer tangiert unterschiedliche Ebenen der Kommunikation und des praktischen Wissenschaftshandelns. Entsprechend dem Bedeutungszuwachs des Visuellen erscheint der Verweis auf das Design daher besonders relevant. Design umfasst Gestaltung sowie Formfindung und hat überwiegend die Reduktion zur Aufgabe. Design als „the general arrangement of the different parts of something that is made, such as a building, book, machine, etc." und „[...] the art or process of deciding how something will look, work, etc. by drawing plans, making computer models" (Oxford Dictionaries, 2021). Charakteristisch für das Design ist der historische Übergang von der Industriekultur zur Designkultur. Klaus Krippendorff markiert diesen Übergang als eine Trajektorie der Artefaktualität, skizziert also den Entstehungskontext der Artefakte. Ausgehend von Produkten und der Anforderung an Nützlichkeit und Funktionalität differieren die Artefakte des Designs zu Waren und Dienstleistungen, Interfaces, Netzwerken sowie Multiuser-Systemen, Projekten hin zum Diskurs (vgl. Krippendorff, 2013, S. 28). Die Übergänge sind jedoch nicht trennscharf in einer zeitlichen Abfolge zu lesen, vielmehr überlagern sich die Aufgabenstellungen und existieren parallel. Neben den typischen Berufspraktiken und Handlungsfeldern, die mit der Herstellung dieser Artefakte einhergehen, fordert der erkenntnistheoretische Designdiskurs, Design als autonome Disziplin zu etablieren. So positioniert Claudia Mareis den Begriff „Design" in der Designforschung als Wissenskultur, es „werden Designpraktiken und -objekte nicht einzig unter dem Gesichtspunkt eines Erkenntnisgewinns befragt, vielmehr werden in dieser Befragung auch die konventionellen Grenzen zwischen den sozialen Feldern (oder Systemen) Design, Wissenschaft, Technik und Kunst neu ausgehandelt und verstetigt" (Mareis,

2011, S. 10). Die Verortung des Designs in der Forschung im Sinne des (research through design) soll jedoch nicht Bestandteil der hier vorgelegten Beiträge sein. Vielmehr wird das Design in seinen Handlungsfeldern und ihren Artefakten befragt, um Möglichkeiten des universitären Wissenstransfers und vor allem der Komplexitätsreduktion neu auszuhandeln.

Von großer Bedeutung ist in diesem Zusammenhang der Erkenntnisprozess des Designs, der sich nach Nigel Cross (1999) in drei Ebenen differenzieren lässt. Zum einen stellen für das Design die Bezugspunkte des Wissens (Things to know) die künstlich erschaffene Welt des Menschen dar, eine durch Objekte, Sprache und Bilder konstruierte Welt. Zum anderen beschreibt er als Wege des Wissens (Ways of knowing) die Vorstellungskraft und Praktikabilität als Art und Weise, wie Designer:innen mit Wissen arbeiten. Neben der wichtigen Expertise der Gestalter:innen auf individueller Ebene wie Intuition, Erfahrung oder ästhetischem Empfinden wird auch die kontextuale Nutzung des Designs im Sinne einer Funktionalität angesprochen. Zuletzt benennt er die Wege der Erkenntnis (Ways of finding out) dieser Modellierung und Synthetisierung als Methodik, Wissen zu bearbeiten und verfügbar zu machen (Cross, 1999, S. 7). Wie kann dieser Erkenntnisprozess des Designs helfen Wissenstransfer zur ermöglichen, welche genuinen Strategien kann das Design hier anbieten? Klaus Krippendorff spricht hierbei von „Verstehen zweiter Ordnung", dass es den Designer:innen ermöglicht, rekursive Diskurse als *human-centered Design* zu gestalten. „[...] jede Stakeholdergemeinschaft kultiviert ihren eigenen Diskurs, ihre eigenen Verstehensweisen und Kompetenzen. [...] Designer:innen müssen versuchen, die Standpunkte ihrer Stakeholder zu verstehen und sie in Verbindung zu bringen" (Krippendorff, 2013, S. 96). Das Verstehen zweiter Ordnung definiert er wie folgt: „...Da sich die Bedeutung anderer nicht direkt beobachten lassen, müssen sie, [...] entweder in Interaktionen mit ihnen erfahren werden oder sich in Gesprächen mit ihnen ergeben. Das Verstehen zweiter Ordnung ist seiner Natur nach dialogisch" (ebd., S. 101). Designer:innen nutzen ihre Befähigung demnach nicht nur als individuelle Expertise, als implizites Wissen zur Formfindung und Gestaltung, sondern auch, um das Verstehen von Verstehensweisen, in unserem Fall der an Wissenschaftskommunikation beteiligten Akteur:innen, rekursiv in das eigene Handeln (Verstehen) und in ein praktikables Design, eine Form der Komplexitätsreduktion, zu überführen.

Um die Rolle zu klären, die die Gestaltung für die Komplexitätsreduktion auf den zwei Ebenen „Wissen" und „Rezeption" spielt, sollen auch die Rezipient:innen zum Design befragt werden. Aus Design-Sicht stellt die Praktikabilität, die Anwendbarkeit und Zugänglichkeit von Wissen im Zuge seiner Nutzung ein entscheidendes Merkmal dar. Design ist somit kein Selbstzweck, nur einer ästhetischen Formfindung oder Funktionalität verpflichtet, sondern Design kann u. a. komplexe Aufgaben strukturieren (Rittel, 1973) und es nutzt seine Möglichkeiten, komplexe Sachverhalte sichtbar zu machen und somit Wissen in eine Handlungsfähigkeit zu überführen. Diese Handlungsfähigkeit kann kritisch betrachtet werden; so besitzt Design die Befähigung der Verführung und der Täuschung (Flusser, 1997). Besteht demnach die Gefahr, dass die Aufbereitung wissenschaftlicher Befunde mit den Methoden des Designs einer ontologischen Grundhaltung des Wissenstransfers widerspricht? Besitzt das Design beispielsweise eine Aufforderung zur Handlung, so stellt sich die Frage, ob diese Handlung aus dem transferierten Wissen gerechtfertigt ist? Einer Handlungsaufforderung gehen Erkennen, Exploration und Vertrauen in ein Artefakt, ein Designobjekt voraus (Krippendorff, 2013, S. 124). Angewandt auf die Themen „Wissenstransfer" und „Komplexitätsreduktion" bedeutet dies: Erkennen des Wissens im Kontext. Wissen wird also passend zur Anwendungssituation durch Design in Form gebracht und von den Rezipient:innen darin erkannt. Dem Erkennen folgt die Exploration, das Wissen kann erkundet, auf eigenständige Weise entdeckt werden. Dies jedoch ist nicht immer der Fall; oft wird das Wissen in bereits aufbereiteter, linearer Weise vermittelt, bspw. während der Covid-19-Pandemie durch zahlreiche Videoformate, Podcasts und Streaming-Angebote. Eine eigenständige Exploration ist somit nicht immer gegeben. Die Disziplin des *Interaction Design* ermöglicht jedoch die von Krippendorff erwähnte Bestätigung durch Interaktion; sie macht eine explorative Nutzung bspw. von Daten möglich. Diese Disziplin erweitert Designentscheidungen um den Faktor „Zeit" sowie um Interaktion. Daten werden als dynamisches Element visualisiert und ermöglichen den Nutzer:innen dadurch ein Arbeiten mit dem Wissen. Das Design schafft die Möglichkeit des visuellen Denkens: Wissen ist nicht mehr nur linear zu rezipieren, es kann explorativ erforscht werden. Eine andere Methode der Exploration stellt das Mapping dar, eine variantenreiche Methode der Visualisierung. Mapping ermöglicht es in diversen Handlungsfeldern, dem Wissen eine Form zu geben, unterschiedliche Inhalte in ihren Beziehungen zueinander sichtbar zu machen sowie Grundlagen für die Auswahl und Struktur der Inhalte zu geben. Erkenntnisse werden somit nicht erst im abschließenden Artefakt sichtbar gemacht, sondern bereits durch visuelle Aufbereitung, Auswahl und Veränderung ermöglicht. „Mit Foucault gedacht, sind Diskurse nicht bloß als ein Sprechen über die Dinge zu verstehen, sondern selbst als Praktiken, ‚die systematisch die Gegenstände bilden, von denen sie sprechen'" (Mareis, 2011).

Der Exploration folgt das Vertrauen. Vertrauen in das System und seine Erscheinungsform. Neben diesen integrativen Merkmalen des Designs sind gestalterische Designentscheidungen auch häufig von den Gestalter:innen selbst abhängig. In letzter Instanz entscheidet die gestalterische Expertise über die Formfindung: Welches Design passt zu welchem Anwendungsfall? Denn die Auswahl der Inhalte, ihre Aufbereitung und Erkennbarkeit werden durch Kommunikationsziele und Fragestellungen bestimmt. So situiert sich das Design in den ganz unterschiedlichen in diesem Sammelband vertretenen Disziplinen in einem Spannungsfeld zwischen praxisorientiertem und experimentellem Vorgehen. Während einige Designer:innen vorrangig forschungsgeleitet arbeiten (Beitrag von Bitten Stetter), bevorzugen andere eher eine explorative (Beiträge von Carmen Hartmann-Menzel und Andreas Teufel) oder auch analytische (Beitrag von Tanja Godlewsky und Claudia Herling) Betrachtungsweise. Die skizzierte Thematik zu einer eigenständigen Rolle des Designs im Wissenstransfer sind ihre Themenfelder.

6 Wissen im Diskurs: Zu den Beiträgen des Sammelbandes und der Illustration

Der Band bearbeitet die Reduktion von Komplexität im Wissenstransfer auf drei Ebenen. Die vorgenommene Systematisierung der Beiträge ist ein Vorschlag und wir sind uns darüber bewusst, dass auch eine andere Ordnung möglich gewesen wäre. Im ersten Abschnitt versammeln sich Beiträge, die ihren Fokus auf den Dialog bzw. die Beziehung von Wissenschaft und Gesellschaft setzen. Der zweite Abschnitt liefert Beispiele und Einblicke in die Gestaltung des Wissenstransfers innerhalb der Hochschulen. Im letzten Abschnitt versammeln sich Beiträge, die in ihrer disziplinären Verortung dem Design zuzurechnen sind. Allen Beiträgen gemeinsam ist, unabhängig dieser Zuordnung zu den einzelnen Abschnitten, dass sie die Rolle des Designs, mal mehr mal weniger, thematisieren.

Wissenstransfer I: Dialog Wissenschaft und Gesellschaft

Im ersten Beitrag der Soziologin **Hadjar Mojaherzad** und der Erziehungswissenschaftlerin **Inga Specht** vom Deutschen Institut für Erwachsenenbildung/Leibniz-Zentrum für Lebenslanges Lernen nehmen die Autorinnen das Vertrauen in Wissenschaft aus einer systemtheoretischen Perspektive in den Blick. Unter Bezugnahme eines fiktiven Beispiels wird die Funktion von Vertrauen in Wissenschaft und die Rolle von Informationen für Vertrauensbildung bearbeitet. Im Beitrag wird eine Systematisierung von Faktoren, die Vertrauen in Wissenschaft durch ihre Öffentlichkeiten beeinflussen, vorgeschlagen, gestützt auf die Sichtung und Analyse des aktuellen Forschungsstandes zu Vertrauen in Wissenschaft. Vertrauen in Wissenschaft dient aus systemtheoretischer Perspektive der Komplexitätsreduktion. Die Darstellung bzw. das Design der transferierten Inhalte spielen eine nicht zu unterschätzende Rolle, denn – so die Autor:innen – Laien haben mehr Vertrauen in wissenschaftliche Texte, wenn die Texte präzise und nicht widersprechend geschrieben sind. Mojaherzad und Specht zeigen auf, dass auch die Gestaltung von Abbildungen in wissenschaftlichen Publikationen einen Einfluss auf das Vertrauen haben können.

Im zweiten Beitrag von **Arne Arend**, Student der Pädagogik, und **Liska Niederschuh**, Studentin der Soziologie, beide an der Universität Halle, werden mit Verweis auf die Soziologen Rudolf Stichweh und Andrew Abbott wissenschaftliche Kommunikationszusammenhänge analysiert. Im Mittelpunkt steht die Bedeutung der Textsorten der *research article abstracts* sowie universitärer Pressemitteilungen im Rahmen interner und externer Wissenschaftskommunikation. Diese Textsorten werden auf Hinweise überprüft, wie es in diesen Texten gelingt, die Komplexität der Originalpublikation zu reduzieren. Neben forschungspraktischen Hinweisen wird zum Ende des Beitrags dafür plädiert, die prominenten linguistischen Untersuchungen dieser Textsorten um einen soziologischen Zugang hinsichtlich der Sicherung von Anschlussfähigkeit wissenschaftlicher Erkenntnis zu ergänzen.

Die Literatur- und Kulturwissenschaftlerin **Marina-Rafaela Buch**, die Sozialarbeiterin **Cäcilia Jeggle** und die Soziologin **Ariadne Sondermann** des Transfernetzwerks

Soziale Innovation – s_inn – ein Verbundprojekt der BMBF-Förderinitiative „Innovative Hochschule" der Katholischen Hochschule NRW und der Evangelischen Hochschule Rheinland-Westfalen-Lippe – bearbeiten im dritten Beitrag ausgewählte grundlegende Fragen des Sammelbandes, nämlich: Wie kann Wissenschaftskommunikation dialogisch und partizipativ gestaltet werden? Welche Übersetzungen müssen hierfür geleistet und umgesetzt werden? In welcher Weise verändern die jeweiligen Zielgruppen – bspw. Bürger:innen, bei denen keine Nähe zu akademischer Sprache vorausgesetzt werden kann – die Kommunikationsprozesse? Die Komplexitätsreduktion wird in diesem Beitrag weniger für die visuelle, sondern für die sprachliche Ebene diskutiert.

Den ersten Abschnitt des Bandes zum Dialog von Wissenschaft und Gesellschaft beschließen die Diplom-Pädagogin und Bildungsökonomin **Kathrin Bock-Famulla** von der Bertelsmann Stiftung gemeinsam mit der Erziehungswissenschaftlerin **Felicitas Sander** von der FernUniversität in Hagen mit ihrem Beitrag zum „Wissenstransfer im Bildungsmonitoring". In dem Beitrag wird zunächst auf einer übergeordneten Ebene der Wissenstransfer im Bildungsmonitoring und die Notwendigkeit von Komplexitätsreduktion bearbeitet. Bildungsmonitoring gilt gewissermaßen als eine „klassische" Variante des Wissenstransfers und muss sich gleichzeitig mit Prozessen der Komplexitätsreduktion und des Komplexitätsaufbaus auseinandersetzen, um an der Komplexität der Realität nicht zu scheitern. Anhand des Beispiels des „Ländermonitorings Frühkindliche Bildungssysteme", einem Bildungsbericht, zeigen die Autorinnen, wie, auch auf visueller Ebene, Bildungsdaten so aufbereitet und dargestellt werden, dass sie für unterschiedliche Akeur:innen (u. a. Praxis, Politik, Verwaltung) im besten Falle verständlich werden.

Wissenstransfer II: Dialog und didaktische Komplexitätsreduktion in hochschulischen Lehr-/Lernsettings

Die Bearbeitung von Wissen und Wissensproduktion spielt in jedweder akademischen Disziplin eine zentrale Rolle. In diesem Zusammenhang steht auch immer die Frage nach dem Curriculum im Vordergrund, d. h., welches Wissen soll in Lehr-/Lernprozessen vermittelt werden, was ist lehrreich und lernenswert? Die systematische Strukturierung und die didaktisch sinnvolle Integration von Forschungsbefunden in die Hochschullehre ist ein zentraler Handlungsbereich im Wissenstransfer und betrifft alle Disziplinen. Unter dem Stichwort des „Forschenden Lernens" – maßgeblich durch Ludwig Huber geprägt – wurden und werden in den letzten Jahren insbesondere im hochschuldidaktischen Diskurs Ansätze aufgegriffen und die Frage diskutiert, wie Wissenstransfer gelingen kann und ob mit dem Forschenden Lernen der Weg zum:zur kritisch-reflexiven Weltbürger:in beschritten ist (vgl. Kergel & Hepp, 2016). In diesem Abschnitt versammeln sich Beiträge, die ihr Hauptaugenmerk auf hochschulische Lehr-/Lernsettings legen und Anregungen zur didaktischen Gestaltung des Hochschullernens geben. Versammelt sind sowohl Beiträge aus der grundständigen Hochschullehre als auch Beiträge, die dem Bereich der wissenschaftlichen

Weiterbildung zuzuordnen sind als immer wichtiger werdende Aufgabe von Hochschulen.

Die Erziehungswissenschaftlerinnen **Miriam Hörnlein** von der Martin-Luther-Universität Halle-Wittenberg und **Janine Kuhnt-Rose**, Friedrich-Schiller-Universität Jena, fragen nach den Folgen digitaler Lehre für die Vermittlung komplexer wissenschaftlicher Wissensbestände. Dabei wird die These verfolgt, dass gerade der abrupte Übergang zur digitalen Hochschullehre, wie er seit Pandemiebeginn an vielen Hochschulen praktiziert werden musste, eine Verschärfung der vieldiskutierten und durchaus stark kritisierten Effekte des Bologna-Prozesses (Verknappung von Zeitressourcen, „Verschulung des Hochschullernens") evoziere. Die gesteigerte Anforderung, in digitalen Seminaren Wissen in einem funktionalen Design aufzubereiten, das es ermöglicht, erworbenes Wissen messbar zu machen und in kürzeren Zeitabständen zu präsentieren, erhöht zusätzlich den Druck auf die Akteur:innen. Dies legt einen pragmatischen Umgang mit universitären Bildungsangeboten im Sinne einer Bildungsdienstleistung nahe, die von Studierenden beansprucht wird. Die Autor:innen sehen die Muße im Studium in Gefahr und meinen damit die Zeit, die befreit ist von jeglicher Zweckbindung. Dadurch würde sich auch die Definition des Studienerfolgs verändern, so beschreiben sie: „Erfolg wäre dann nicht daran zu messen, dass die im Seminarplan präsentierte Idee erfolgreich vermittelt, konsumiert und reproduziert werden konnte und sich dieser Erfolg in einer möglichst guten Leistungsbewertung spiegelt, sondern daran, dass unter den Pandemiebedingungen, in deren Rahmen Freiheit begrenzt wird, Muße zur Aneignung wissenschaftlichen Wissens dennoch möglich wird."

Komplementär zu dieser analytischen Auseinandersetzung von Hörnlein und Kuhnt und der Frage, wie unter Pandemiebedingungen und im Zuge einer Komplexitätsreduktion die Muße im Studium ausgehebelt werde, wird im Beitrag von Betriebsökonomin **Claudia Brönimann**, Betriebswirtin **Martina Bechter** und Managementkybernetiker **Ronald Ivancic**, allesamt an der OST-Ostschweizer Fachhochschule, ein besonderes Lehr-/Lernsetting vorgestellt. In studentischen Beratungsprojekten, die von Unternehmen und Organisationen beauftragt und entlohnt und von Dozent:innen betreut werden, sollen Studierende in einem einfachen didaktischen Setting für die komplexen Herausforderungen des Arbeitsmarktes vorbereitet werden. Im Mittelpunkt dieses Lehr-/Lernformates stehen Fragen des professionellen Projektmanagements sowie Beratungsleistungen im unmittelbaren Dialog zwischen den auftraggebenden Unternehmen und den Lehrenden mit ihren Studierenden. Die Autorengruppe attestiert diesem didaktischen Format eine hohe Wirkung im Sinne von Berufsfähigkeit: „Reale studentische Beratungsprojekte bieten somit in einer einfachen Form Potenziale, zu erlernen mit herausfordernden Fragestellungen der Praxis umzugehen."

Der Beitrag von der Soziologin **Katharina Resch** und dem Wirtschaftspädagogen **Peter Slepcevic-Zach** schließt sich dem vorherigen gut an, denn in diesem wird Service-Learning als didaktisches Lehr-/Lernsetting in der Hochschulbildung anhand zweier Beispiele an den Hochschulstandorten Graz und Wien vorgestellt und bezüglich des Potenzials für den hochschulischen Wissenstransfer ausgeleuchtet. Service-Learning meint die Verbindung eines gesellschaftlichen Engagements der Studierenden (Service) mit dem Erwerb von fachlichen, methodischen und sozialen Kompetenzen (Learning) – methodisch-didaktisch durch die Hochschullehrenden begleitet. Es werden praxisnahe Fragestellungen, die einen realen Bedarf decken, von den Studierenden in Kooperation mit den Praxispartner:innen erarbeitet. Für den deutschsprachigen Hochschulraum bescheinigen Rech und Slepcevic-Zach diesem handlungsorientierten Ansatz eine eher geringe Prominenz. Deutlich wird, dass Service-Learning an sich bereits einen Wissenstransfer bereithält. Der Beitrag zeigt auch die Komplexität der Ebenen im hochschulischen Wissenstransfer auf und legt die Schwierigkeiten dar, diese empirisch festzuhalten und daraus Gestaltungsmöglichkeiten für die Lehre abzuleiten.

Kommunikations- und Medienwissenschaftler **Volker Banholzer** von der Technischen Hochschule Nürnberg befasst sich in seinem Beitrag ebenfalls mit dem Service-Learning-Ansatz und analysiert anhand eines Projektes Herausforderungen der Reduktion von Komplexität im hochschulischen Wissenstransfer in einer Verzahnung von forschungsnahem Lernen (Research-Based-Learning) und Lernen durch Lehren. „Die Komplexität der modernen Welt erfordert Modelle, die mit Faktoren der Kontingenz, der Unsicherheit, der Konflikthaftigkeit, des Pluralismus sowie der Volatilität und Ambiguität von Entwicklungsprozessen umgehen kann." Diesem Anspruch folgend werden in einem Projekt im Studiengang Technikjournalismus/Technik-PR sowohl Prozesse wissenschaftlicher als auch journalistischer Komplexitätsreduktion beschrieben. Einerseits erarbeiten Studierende den Themenbereich „Bioökonomie" und konzipieren daraus eine Trainings-/Lerneinheit für Schülermedien (Zeitungen/Blogs/Radio). Als theoretische Rahmung orientiert sich Banholzer am pädagogischen Ansatz John Deweys, der Lernen ausgehend von konkreten Problemlagen und der Diskussion möglicher Lösungswege mithilfe wissenschaftlicher Unterstützung modelliert hat.

Mit den handlungspraktischen An- und Herausforderungen, denen sich Fachkräfte im Feld der Sozialen Arbeit stellen müssen, setzen sich die Sozialwissenschaftlerin **Julia Breuer-Nyhsen** von der an der Katholischen Hochschule NRW und die Professorin für Theorien der Sozialen Arbeit an der Hochschule Darmstadt, **Verena Klomann**, in ihrem Beitrag auseinander. Die Autorinnen fokussieren auf die hochschulische Qualifizierung künftiger Sozialarbeiter:innen und führen mittels eines professionstheoretischen Zugangs aus, wie sich die Komplexität des im Studium anzueignenden Wissens und der spezifischen Art seiner späteren Nutzung in der professionellen Praxis als zentrale Charakteristika professioneller Sozialer Arbeit darstellen. Sie zeigen dabei auf, dass statt einer Reduktion von Komplexität die Annahme der didaktischen Herausforderung geboten ist, Studierenden Lust auf die Komplexität zu erfassender, kritisch zu hinterfragender und zu diskutierender Lerninhalte zu machen, und wie Hochschullehrende sie bei diesem Prozess der Wissensaneignung begleiten.

Die beiden letzten Beiträge dieses Abschnitts fokussieren auf Lehr-/Lernkontexte im Bereich der Wissenschaftlichen Weiterbildung. Die Überschneidung von Weiterbildung und Hochschulbildung existiert nicht zuletzt auch durch die den Hochschulen gestellte Aufgabe zur Ausgestaltung der wissenschaftlichen Weiterbildung sowie von der Kultusministerkonferenz formuliert als „die Fortsetzung oder Wiederaufnahme organisierten Lernens nach Abschluss einer ersten Bildungsphase und in der Regel nach Aufnahme einer Erwerbs- oder Familientätigkeit, wobei das wahrgenommene Weiterbildungsangebot dem fachlichen und didaktischem Niveau der Hochschule entspricht" (KMK, 2001, S. 2 f.). Damit ist wissenschaftliche Weiterbildung immer auch ein Verbindungsglied zu anderen, außerwissenschaftlichen Gesellschafts- und Funktionsbereichen, nämlich bereits in dem Moment, in dem Hochschullehrende und die zumeist berufstätigen Teilnehmer:innen des Weiterbildungsangebots im Lehr-/Lernsetting aufeinandertreffen.

Die Erziehungswissenschaftlerin **Anita Mörth** von der FernUniversität in Hagen legt in ihrem Beitrag ein Verständnis von Wissenstransfer als kommunikativem Geschehen zugrunde, in dem über die Begegnung unterschiedlicher Sichtweisen von Akteur:innen gemeinsam Wissen entsteht. Sie fokussiert auf die wissenschaftliche Weiterbildung als Zwischenraum gesellschaftlicher Subsysteme und skizziert anhand eines Weiterbildungsangebots, wie durch die Beforschung der eigenen beruflichen Praxis Wissenstransfer ein eigenes didaktisches Format erlangen kann. Ganz ähnlich den Beiträgen von Claudia Brönimann, Martina Bechter, Ronald Ivancic sowie Katharina Resch und Peter Slepcevic-Zach zeigt sich im Beitrag von Anita Mörth, dass die Integration außerhochschulischer Perspektiven in Lernformate für das Verstehen der eigenen Handlungspraxis dienlich sein kann, unabhängig davon, ob diese Praxis bereits real existiert oder erst zukünftig angestrebt wird.

An den Beitrag anschließend und ebenfalls im Bereich der wissenschaftlichen Weiterbildung zu verorten, stellen die Erziehungswissenschaftler:innen **Benjamin Klages** von der Universität Potsdam, **Anita Mörth** und **Eva Cendon**, beide an der FernUniversität in Hagen, eine Untersuchung vor, die danach fragt, warum eine Theorie-Praxis-Verzahnung in der wissenschaftlichen Weiterbildung als didaktisches Design verstanden werden kann, das Erfahrungen bündelt, Handlungen strukturiert und dadurch zur Komplexitätsreduktion beiträgt. Gegenstand der vorgestellten Untersuchung sind Interviews mit Studierenden, Studiengangleitenden und Lehrenden aus Studienangeboten wissenschaftlicher Weiterbildung, die thematisch auf die Verzahnung von Theorie und Praxis fokussieren. Gefragt wird nach den wahrgenommenen Bedeutungen der Orientierung sowohl an wissenschaftlichen Standards als auch an unmittelbarem berufs-/lebensweltpraktischen Nutzen der Studienangebote. In ihrem Beitrag zeigen die Autor:innen auf, dass das Aufeinandertreffen der gesellschaftlichen Systembereiche, vertreten einerseits durch die Studierenden mit ihren persönlichen und berufsfeldspezifischen Interessen und anderseits durch die Hochschuldozent:innen im Zusammenhang einer Bildungsmaßnahme als konkrete Form von Wissenstransfer zu verstehen ist.

Wissenstransfer III: Design im hochschulischen Wissenstransfer

Sind Designer:innen mehr und mehr Consultants? Dieser Frage geht die Interaktionsdesignerin **Carmen Hartmann-Menzel** von der Hochschule für Gestaltung Schwäbisch Gmünd nach. Sie diskutiert die Rolle interaktiver Systeme in der Wissensvermittlung und stellt Formen der Vermittlung von wissenschaftlichen Erkenntnissen anhand verschiedener Beispiele aus der Hochschullehre vor, bspw. Ergebnisse der Bachelorarbeit „Tangible Chemistry" in Kooperation mit dem TUMlab des Deutschen Museums in München. Sie beleuchtet darüber hinaus Szenarien als Möglichkeit zur Darstellung und Bewertung komplexer Sachverhalte und zeigt die Möglichkeiten auf, dass Design die Anforderungen an den Prozess sowie dessen Beteiligte im Kontext wissenschaftlicher Wissensvermittlung gestaltet.

Im Beitrag von **Andreas Teufel** von der Hochschule Bremen, unter dem Titel „Komplexität aushalten", werden die verschiedenen gestalterischen Ebenen von Datenvisualisierungen aufgezeigt. Er benennt die Visualisierung von Daten als „visualisiertes Denken". Zugrundegelegt werden die Bedeutungen von Symbolen, Icons und Index nach Peirce, um mittels verschiedener, auch historischer Beispiele wie einer Karte des Russlandfeldzugs 1812–1813, die Aspekte der Aufbereitung von Daten durch das Design zu illustrieren. Geschwindigkeit, Informationsdichte, Prägnanz und Interaktion helfen dabei, Komplexität zugänglich zu gestalten. Datenvisualisierungen schaffen eine eigenständige Form des Verstehens, indem sie helfen, mentale Modelle abstrakter Zusammenhänge zu entwickeln.

Welche Auswirkungen gendergeprägte Designentscheidungen haben können, zeigen **Tanja Godlewsky** und **Claudia Herling** auf. Beide sind sowohl Mitglieder im *International Gender Design Network* als auch in der Lehre an verschiedenen Hochschulen tätig. In Ihrem Beitrag weisen sie auf alltägliche, aber nicht immer offensichtliche Designentscheidungen hin, welche Geschlechterrollen sich auf visueller Ebene manifestieren können. Formen, Farben und Schriften sind nicht genuin weiblich oder männlich; sie werden jedoch als kulturell bedingte Gendercodes gelernt, wahrgenommen und finden insbesondere in geschlechtsspezifischen Entwürfen Anwendung.

Entscheidet Design über Leben und Tod? Den dritten Abschnitt des Bandes zum Design im hochschulischen Wissenstransfer beschließt die Diplom-Designerin **Bitten Stetter** von der Zürcher Hochschule der Künste. Sie analysiert Wege der Erkenntnis für Forscher:innen und Proband:innnen als Gestalter:innen von Daten mit den Mitteln des Designs. Die vorgestellten Mappingmethoden, die je nach Disziplin unterschiedliche kartografische Strategien anwenden, bieten vielfältige Möglichkeiten, um der Komplexität gerecht zu werden und Wissen zu destillieren. Zentral dabei sind zwei Begriffe: „Ästhetik" und „Komplexität", wobei der letzte im Zentrum dieses Bandes steht und uns Menschen auf unterschiedlichste Weise herausfordert.

Zur Illustration: Eine Art Metaphern der Komplexitätsreduktion im Wissenstransfer

Die Verwendung einer bebilderten Sprache findet sich in Lehr-/Lernprozessen häufig. In der antiken Rhetorik wurden Metaphern ausschließlich als sprachliche Stilfigur definiert. Nach Lakoff und Johnson begrenzt sich die Verwendung von Metaphern nicht nur auf das Sprachliche, sondern ist mit dem menschlichen Denken, Erleben und Handeln maßgeblich verbunden. „Das Wesen der Metapher besteht darin, dass wir durch sie eine Sache oder einen Vorgang in Begriffen einer anderen Sache bzw. eines anderen Vorgangs verstehen und erfahren können" (Lakoff & Johnson, 2000, S. 9). Zur sprachlichen Erfassung nicht gegenständlicher Phänomene (vgl. Guski, 2007), wozu zweifelsohne auch Lern-, Bildungs-, und Reflexionsprozesse als wichtige Zielperspektive von Wissenschaftskommunikation gehören, liegt die Verwendung von Metaphern also nahe und die Alma Mater, die nährende Mutter, die die Studierenden mit Bildung und Wissen um- und versorgt, ist inzwischen weniger Metapher als feststehender Begriff im akademischen Sprachgebrauch. Die sprachliche Ubiquität der Metaphern begleitet auch die wissenschaftliche Kommunikation, beispielsweise wenn es in der Pandemie-Situation darum geht, „auf Sicht zu fahren" oder im hochschuldidaktischen Handeln „den roten Faden in der Seminargestaltung nicht zu verlieren". Alexandra Guski weist auf die Gefahren von Metaphern hin. Sie schreibt, dass diese gleichzeitig „verdeutlichen und verunklaren" (ebd., S. 26). Sie vereinfachen Komplexes und tragen aufgrund dieser Vereinfachung dazu bei, dass Zusammenhänge wiederum verwischen. Problematisch ist auch, dass Metaphern häufig wörtlich genommen werden oder Sachverhalte verfremden.

Genau an dieser Stelle setzt die Illustration des Buches an. Auch in Illustrationen finden sich Metaphern, keine sprachlichen, sondern bildliche. Dazu gehört zweifelsohne der „springende Punkt". Der springende Punkt auf dem Buchcover nimmt den roten Faden bei Aristoteles (Historia animalium, 4. Jh.) auf, seiner Beobachtung des biologischen Phänomens des springenden Punktes bei der Entstehung neuen Lebens in einem Hühnerei. Es bezeichnet die Beobachtung, dass das zukünftige Herz bereits frühzeitig als pulsierender Punkt zu erkennen ist. Hierin findet sich der Ursprung dieser Metapher, also etwas Wichtiges wird auf den Punkt gebracht oder für Kommunikationskontexte: Der entscheidende Aspekt einer Fragestellung wird formuliert. Für uns hat diese gewählte Metapher des springenden Punktes eine mehrfache Bedeutung – sie umschreibt die Entstehung von etwas Neuem und tangiert die relevanten Fragestellungen des Bandes. Der springende Punkt als rotes Fadenknäuel ist die sprachlich-visuelle Illustration, durch die alle Beiträge miteinander verbunden sind.

Die eigens für diesen Band durch Gerald Moll erstellten Illustrationen vereinen Bild und Sprache. Dargestellt sind kommunikative Szenen, wie sie in hochschulischen Formaten häufiger vorzufinden sind. Die Figuren sind mit sprachlichen Formulierungen versehen. Beispielsweise ist „etwas naheliegend", „ein Gedanke wird entwickelt" und etwas anderes muss wiederum „mit Abstand betrachtet werden". Interessant ist, dass die gewählten Formulierungen, wie sie in wissenschaftlichen Kontexten anzutreffen sind, unmittelbare Bezüge für ein Handeln aufweisen. Gleichermaßen verhält es sich mit der Funktion der Illustration an sich. Sie bezeichnet etwas und ließe sich daher als eine Bezeichnung darstellen. Sie benennt dadurch sowohl eine sprachliche als auch eine bildhafte Instanz. Bezugspunkte der Illustrationen sind diese sprachlichen Bezeichnungen, Worte, die eine wissenschaftliche Tätigkeit umschreiben oder eben bezeichnen. Diese Bezeichnungen tragen ihre physische Repräsentanz bereits in sich, eine körperliche Tätigkeit, die, in Anlehnung an die Phänomenologie, als Voraussetzung für den Erkenntnisprozess evident ist. Der Leib, so bezeichnet sich die phänomenologische Vorstellung des „Leibes" als „Knotenpunkt lebendiger Bedeutungen" (Merleau-Ponty 1966, S. 181), durch sein „Zur-Welt-sein" (ebd., S. 107) aus, hat den Status eines eigenständigen Mediums. Ein leibliches beziehungsweise körperliches Verständnis zur Welt ist also für die Phänomenologie vorrangig, nicht der rein geistige Zugang zur Welt. So werden in den Illustrationen Forschungsgegenstände „aus der Ferne betrachtet" oder „in Betracht gezogen", Wissen wird durch Design „in Formation gebracht". Diese sprachlichen Bilder werden – so unsere Auffassung – von der Wissenschaftsgemeinschaft in der Kommunikation disziplinübergreifend genutzt und möglicherweise viel zu selten reflektiert. Dabei zeigen sie so eindrücklich, dass Sprache soziales Handeln ist.

Literaturverzeichnis

Ball, R. (2020). Wissenschaftskommunikation im Wandel. Wiesbaden: Springer Fachmedien. https://doi.org/10.1007/978-3-658-31541-2_5, korrigierte Publikation 2020.

Berger, P. L. & Luckmann, T. (2009). Die gesellschaftliche Konstruktion der Wirklichkeit: Eine Theorie der Wissenssoziologie. Fischer.

BMBF – Bundesministerium für Bildung und Forschung (2019): Grundsatzpapier des Bundesministeriums für Bildung und Forschung zur Wissenschaftskommunikation.

BMBF – Bundesministerium für Bildung und Forschung (2021). Grundlagenforschung: Basis für die Wissensgesellschaft. https://www.bmbf.de/de/grundlagenforschung-basis-fuer-die-wissensgesellschaft-874.html [letzter Zugriff: 9.2.2021]

Christ, J., Koscheck, S., Martin, A. & Widany, S. (2019). Wissenstransfer – wie kommt die Wissenschaft in die Praxis? http://www.die-bonn.de/id/37002 [letzter Zugriff: 5.5.2021]

Cross, C. (1999). Design Research: A Disciplined Conversation. https://www.jstor.org/stable/1511837?seq=1#metadata_info_tab_contents [letzter Zugriff: 5.5.2021]

Deutsche Gesellschaft für Soziologie (2020) (Hrsg.). Soziologie. Heft 4/2020, Jahrgang 49. Frankfurt a. M., New York: Campus

Deutsche Gesellschaft für Soziologie (2021) (Hrsg.). Soziologie. Heft 1/2021, Jahrgang 50. Frankfurt a. M., New York: Campus

Flusser, V. (1997). Vom Stand der Dinge: Eine kleine Philosophie des Designs. Steidl.

Guski, A. (2007). Metaphern der Pädagogik. Metaphorische Konzepte von Schule, schulischem Lernen und Lehren in pädagogischen Texten von Comenius bis zur Gegenwart. Bern: Peter Lang.

Jonas, M. (2000). Brücken zum Elfenbeinturm. Mechanismen des Wissens- und Technologietransfers an Hochschulen. Berlin: Sigma rainer bohn verlag.

Kergel D., Hepp R. (2016). Forschendes Lernen zwischen Postmoderne und Globalisierung. In D. Kergel & B. Heidkamp (Hg.), Forschendes Lernen 2.0. Wiesbaden: Springer VS. https://doi.org/10.1007/978-3-658-11621-7_2

KMK (2001). Sekretariat der ständigen Konferenz der Kultusminister der Länder in der Bundesrepublik Deutschland. Sachstands- und Problembericht zur „Wahrnehmung wissenschaftlicher Weiterbildung an den Hochschulen" (Beschluss der Kultusministerkonferenz vom 21.09.2001 – Online).

Könneker C. (2020). Wissenschaftskommunikation und Social Media: Neue Akteure, Polarisierung und Vertrauen. In J. Schnurr & A. Mäder (Hg.), Wissenschaft und Gesellschaft: Ein vertrauensvoller Dialog. Berlin, Heidelberg: Springer. https://doi.org/10.1007/978-3-662-59466-7_3

Kreitz, R. (2012). Wissen. In K.-P. Horn, H. Kemnitz, W. Marotzki & U. Sandfuchs (Hg.), Klinkhardt Lexikon Erziehungswissenschaft KLE, Band 3 (S. 419–420). Bad Heilbrunn: Julius Klinkhardt.

Krippendorff, K. (2013). Die semantische Wende: Eine neue Grundlage für Design. Basel: Birkhäuser Verlag.

Lakoff, G. & Johnson, M. (2000). Leben in Metaphern, Konstruktion und Gebrauch von Sprachbildern. Heidelberg: Auer.

Luhmann, N. (2014). Vertrauen. Ein Mechanismus der Reduktion sozialer Komplexität, 5. Aufl. Stuttgart: UTB.

Mareis, C. (2011). Design als Wissenskultur. Interferenzen zwischen Design- und Wissensdiskursen seit 1960. Transcript.

Merleau-Ponty, M. (1966). Phänomenologie der Wahrnehmung. Berlin: Walter de Gruyter.

Nolda, S. (1996). „Vulgarisation scientifique" und „scientific literacy". Vermittlung wissenschaftlichen Wissens als soziales Phänomen und als andragogische Aufgabe. In S. Nolda (Hg.), Erwachsenenbildung in der Wissensgesellschaft (S. 100–119). Bad Heilbrunn: Julius Klinkhardt.

Oestreicher, E. (2014). Wissenstransfer in Professionen. Grundlagen, Bedingungen und Optionen. Opladen: Budrich Uni Press Ltd.

Oliver, M. L. (2009). The transfer process: Implications for evaluation (S. 61–73). San Francisco: New Directions for Evaluation.

Oxford Dictionaries (2021): Design. Definition of design in English by Oxford Dictionaries. In Oxford Dictionaries. https://en.oxforddictionaries.com/definition/design [letzter Zugriff: 04.05.21]

Pickering, A. (1984). Constructing Quarks: A Sociological History of Particle Physics. Chicago: The University of Chicago Press.

Polanyi, M. (1966). Implizites Wissen. Frankfurt a. M.: Suhrkamp

Push-Memorandum (1999). Dialog Wissenschaft und Gesellschaft. https://www.stifterverband.org/ueber-uns/geschichte-des-stifterverbandes/push-memorandum [letzter Zugriff: 27.04.2021]

Rapp, C. (2013). Aristoteles, Werke in deutscher Übersetzung. Band 16: Zoologische Schriften I. Historia animalium. Berlin: Akademie Verlag (ab 2019: de Gruyter).

Reichertz, J. (2013). Grundzüge des Kommunikativen Konstruktivismus. In R. Keller, H. Knoblauch & J. Reichertz (Hg.), Kommunikativer Konstruktivismus. Theoretische und empirische Arbeiten zu einem neuen wissenssoziologischen Ansatz (S. 49–68). Wiesbaden: VS Verlag.

Rittel, H. W. J.; Webber, M. M. (1973). Dilemmas in a General Theory of Planning. In Policy Sciences. (4), 155–169.

Schweer, M. (Hg.). (1997). Vertrauen und soziales Handeln: Facetten eines alltäglichen Phänomens. Neuwied: Luchterhand.

Stanik, T. & Wahl, J. (2020). Wissenschaftliche Grundbildung in Zeiten von Corona. Verstehen oder glauben? weiter bilden. Die Zeitschrift für Erwachsenenbildung. 4/2020, 54–58.

Stehr, N. (1994). Arbeit, Eigentum und Wissen. Zur Theorie von Wissensgesellschaften. Frankfurt a. M.: Suhrkamp.

Stehr, N. (2001). Moderne Wissensgesellschaften. Politik und Zeitgeschichte, B36/2001, 7–14.

Stehr, N. (2013). Wissen und der Mythos von Nichtwissen. Politik und Zeitgeschichte. bpb, 56.

Tiefel, S. (2016). Vertrauen. In M. Dick, W. Marotzki & H. Mieg (Hg.), Handbuch Professionsentwicklung (S. 150–155). Bad Heilbrunn: Julius Klinkhardt.

Wagenblass, S. (2015). Vertrauen. In H.-U. Otto & H. Thiersch (Hg.), Handbuch Soziale Arbeit (S. 1825–1835). München, Basel: Ernst Reinhardt.

Warnecke, C. (2017): Wissenstransfer aus Hochschulen Methodik und Ergebnisse einer bundesweiten Professorenbefragung. Die Hochschule 1/2017, 135–147.

Wissenschaftsbarometer 2019. https://www.wissenschaft-im-dialog.de/projekte/wissen schaftsbarometer/wissenschaftsbarometer-2019/ [letzter Zugriff: 5.5.2021]

Über den Herausgeber und die Herausgeberin

Prof. Gerald Moll, Dipl.-Designer, ist Professor für Kommunikationsdesign an der Hochschule Macromedia am Campus Leipzig und Hamburg mit dem Schwerpunkt Interaction Design.
Kontakt: g.moll@macromedia.de

Prof.in Dr.in Julia Schütz, Dipl.-Pädagogin, ist Professorin für Empirische Bildungsforschung an der FernUniversität in Hagen. Ihre Forschungsschwerpunkte sind Professionsforschung, Hochschulforschung, pädagogische Berufsgruppenforschung.
Kontakt: julia.schuetz@fernuni-hagen.de

WISSENSTRANSFER I

Dialog Wissenschaft und Gesellschaft

„Vertrauen in Wissenschaft" als komplexes Konzept

Hadjar Mohajerzad & Inga Specht

Zusammenfassung
Der vorliegende Beitrag nimmt Vertrauen in Wissenschaft aus einer systemtheoretischen Perspektive in den Blick, die Vertrauen eine komplexitätsreduzierende Funktion zuspricht. Anhand einer systematischen Literaturrecherche wird zusätzlich eine Systematisierung von Faktoren, die Vertrauen von Öffentlichkeiten in Wissenschaft beeinflussen, vorgenommen. Diese zeigt, dass Vertrauen in Wissenschaft von drei Kontexten (Wissenschaft, Öffentlichkeiten, Vermittlung) und ihren jeweiligen Kontextfaktoren (z. B. Akteur:innen, subjektive Überzeugungen) abhängt.

Schlagworte: Vertrauen in Wissenschaft, Komplexitätsreduktion, Einflussfaktoren, narratives Review

Abstract
This article examines trust in science from a systems-theoretical perspective, which assigns trust a complexity-reducing function. Based on a systematic literature review, we propose a systematisation of factors that influence trust in science by its publics. This shows that trust in science depends on three contexts (science, publics, mediation) and their respective contextual factors (e. g. actors, subjective beliefs).

Keywords: Trust in science, complexity reduction, influencing factors, narrative review

1 Einleitung

Die moderne Gesellschaft trägt, folgt man dem Soziologen Rudolf Stichweh (2004), viele Namen (z. B. Netzwerk-, Risiko-, Informationsgesellschaft). Wird sie als Wissensgesellschaft bezeichnet, dann neigt sie zur Universalisierung und hängt laut Stichweh (ebd.) auch mit Strukturveränderungen des Wissenschaftssystems zusammen. Denn in einer Wissensgesellschaft durchdringt Wissenschaft andere Lebensbereiche wie Erziehung, Gesundheit, Politik, Recht, Wirtschaft etc. (Weingart, 2003). Spricht man von einer funktionaldifferenzierten Gesellschaft, erfasst dieser Begriff auch die „responsiven" Strukturen des Wissenschaftssytems. Gesellschaftlich relevante Phänomene und Probleme können so in die Wissenschaft aufgenommen werden (Stichweh, 2015), beispielsweise als Forschungsfragen.

Die aktuelle Corona-Pandemie verdeutlicht diese responsiven Strukturen, z. B.: Neben der Erforschung von Impfstoffen werden auch die gesellschaftsrelevanten Folgen der Pandemie untersucht – zum Beispiel werden Folgekosten der durch Corona bedingten Schulschließungen prognostiziert (Wößmann, 2020), die wiederum in die gesellschaftlichen Bereiche zurückgespielt werden. Dieses Zurückspielen wird häufig im wissenschaftlichen Diskurs als „(Wissens-)Transfer" bezeichnet. Die Problematik des Transferbegriffs ist, dass mit Transfer oft ein „Übertragen" assoziiert wird, welches vornehmlich als Kommunikation von Wissenschaftler:innen und wissenschaftlichen Organisationen *zu* gesellschaftlichen Öffentlichkeiten[1] verstanden wird. So wurde beispielsweise durch die evidenzbasierte Bildungsreform (für einen Überblick Schrader, 2014) der Anspruch auf Transfer von wissenschaftlichem Wissen nachdrücklich formuliert, um Öffentlichkeiten der Bildung bei Entscheidungen und Handlungen zu unterstützen (Bromme et al., 2014). Aber nicht nur Wissenschaftler:innen und wissenschaftliche Organisationen kommunizieren mit der Gesellschaft, sondern auch gesellschaftliche Öffentlichkeiten „sprechen" zur Wissenschaft, was ebenso in Transferprozessen münden kann. Transfer meint in diesem Sinn eine prozesshafte Vermittlung und/oder gemeinsame Neukonstruktion von wissenschaftlichem Wissen mittels Kommunikation (Kremer, 2003). Für diese komplexe Kommunikation zwischen Wissenschaft und ihren Öffentlichkeiten wird gegenseitigem Vertrauen eine Schlüsselfunktion zugesprochen (z. B. Bormann, 2012; Giddens, 1995; Weingart, 2017).

Der vorliegende Beitrag nimmt dieses Vertrauen in Wissenschaft aus einer systemtheoretischen Perspektive in den Blick. Mithilfe eines Beispiels wird die Funktion von Vertrauen in Wissenschaft und die Rolle von Informationen für Vertrauensbildung verdeutlicht. Zusätzlich wird der vorliegende Beitrag eine Systematisierung von Faktoren, die Vertrauen von Öffentlichkeiten in Wissenschaft beeinflussen, vorschlagen, die sich auf eine Sichtung und Analyse des aktuellen Forschungsstandes zu Vertrauen in Wissenschaft stützt (narratives Review). Der Fokus dieser Literaturrecherche liegt dabei auf Vertrauen von Öffentlichkeiten in (Bildungs-)Wissenschaften. Ausgeklammert wurden Forschungsarbeiten, die sich mit der Rolle des Vertrauens in Schule und Bildungsinstitutionen (Bartmann et al., 2012; Bormann, 2012) oder Vertrauen in pädagogischen Beziehungen (Schweer, 1997), wie zwischen Eltern und Lehrkräften (Bormann & Niedlich, 2017), o. Ä. beschäftigen.

Bevor die Funktion von Vertrauen aus systemtheoretischer Perspektive dargelegt wird, folgt an dieser Stelle zunächst das Beispiel, welches uns durch den Beitrag begleiten wird:

> Herr A.[2] nimmt wahr, dass der Wissenserwerb in seinem Lehr-/Lerngeschehen gering ausfällt. Nun will Herr A. sein Lehr-/Lerngeschehen anders gestalten. Dabei stößt er auf eine Metastudie des Clearinghouse der Technischen Universität München (TUM), die einen signifikant besseren Lernerfolg durch digitale Spiele als durch reguläre Lernange-

---

1 Wir argumentieren in Anlehnung an Bromme et al. (2014, S. 19), dass es nicht „die Öffentlichkeit" gibt, sondern vielmehr ganz unterschiedliche Öffentlichkeiten und schlagen unterschiedliche Öffentlichkeiten der Bildung vor: die Akteure in Bildungsadministration und Bildungspolitik, die professionellen Akteure im Bildungssystem (wie Lehrkräfte), die Subjekte des Bildungssystems (Schülerschaft, Studierende und ihre Eltern), die mediale Öffentlichkeit (d. h. also die Berichterstattung zu Bildungsthemen und zu Wissenschaftsthemen) in Massenmedien (Zeitungen, TV & Radio, Internet), die Erziehungswissenschaft sowie die anderen Wissenschaftsdisziplinen (z. B. Fachdidaktiken).

2 Um dem Rollenbild einer weiblichen Berufsgruppe in der Pädagogik entgegenzuwirken, wurde hier ein Mann als Lehrer präferiert. Eine diverse Person war zwar favorisiert, wie „Musterdivers" statt „Mustermann", diese hätte aber die Schreibweise erschwert.

bote aufzeigt. Die Darstellung erscheint insgesamt schlüssig. Herr A. steht nun vor der Entscheidung, ob er die Forschungserkenntnisse im Lehr-/Lerngeschehen anwenden soll (oder nicht), zumal ihm die wissenschaftlich-methodische Vorgehensweise einer Metastudie nicht vertraut ist.

2 Komplexitätsreduzierende Funktion von Vertrauen in Wissenschaft

Vertrauen ist ein vielfältiger Begriff, der je nach disziplinärem und kontextuellem Zusammenhang unterschiedlich verwendet wird.[3] Der Soziologe Martin Endreß hat dies wie folgt konstatiert:

> „Wenn nicht alles und jedes, so lässt sich offenkundig doch zumindest vieles unter dem scheinbar so vertrauten Begriff des ‚Vertrauens' thematisieren. Aufgrund dieses Befunds scheint Max Webers Urteil über den Begriff der ‚Macht' auch auf den des ‚Vertrauens' bezogen werden zu müssen: Vertrauen scheint soziologisch amorph." (Endreß, 2002, S. 6 f.)

Historisch etablierte Begriffsdefinitionen von Vertrauen im soziologischen Kontext haben sich insbesondere mit der gesellschaftlichen Dimension von Vertrauen auseinandergesetzt (z. B. Simmel, Durkheim, Weber, siehe Endreß, 2002). Georg Simmel beschreibt Vertrauen beispielsweise

> „als die Hypothese künftigen Verhaltens, die sicher genug ist, um praktisches Handeln darauf zu begründen, [Vertrauen] ist als Hypothese ein mittlerer Zustand zwischen Wissen und Nichtwissen um den Menschen. Der völlig Wissende braucht nicht zu vertrauen, der völlig Nichtwissende kann vernünftigerweise nicht einmal vertrauen." (Simmel, 2015, S. 393)

Während Simmel (ebd.) zwischen persönlichem und generalisiertem Vertrauen unterscheidet, differenziert Niklas Luhmann – ebenfalls Soziologe – zwischen persönlichem Vertrauen und Systemvertrauen (Luhmann, 2014). Persönliches Vertrauen entsteht am ehesten in Interaktionssystemen, denen die zwei folgenden Charakteristika zugrunde liegen: zum einen das „Gesetz des Wiedersehens" (ebd., S. 44) und zum anderen, dass die Interaktion unter Anwesenden stattfindet, also „sichtbar" (ebd., S. 48) ist. Mit Systemvertrauen meint Luhmann hingegen ein Vertrauen in symbolisch generalisierte Kommunikationsmedien wie Geld, (wissenschaftliche) Wahrheit, Macht.

„Wissenschaft" bezeichnet „ein soziales System (Institutionen, die Geräte wie Mikroskope [...] nutzen und dabei spezifischen sozialen Routinen, z. B. Begutachtungsverfahren zur Sicherung der Qualitätskontrolle, folgen [...])" (Bromme, 2020, S. 113 f.), das zu den vertrauenswürdigsten und zuverlässigsten Institutionen gehört (Krämer, 2009). Vertrauen in Wissenschaft kann, wegen der zugrunde liegenden kom-

---

3 Z. B. Disziplinen wie Philosophie, Psychologie, Ökonomie, Pädagogik oder Politikwissenschaft und in verschiedenen Fachbereichen der Soziologie wie Techniksoziologie, Organisationssoziologie und Arbeitssoziologie.

plexen Strukturen, nach Luhmann (2014) daher kein persönliches Vertrauen sein, auch wenn persönliches Vertrauen – gehen wir davon aus, Herr A. ist mit einer Wissenschaftlerin befreundet – weiterhin existiert. Vertrauen in Wissenschaft meint aus systemtheoretischer Perspektive ein Vertrauen in ein generalisiertes Kommunikationsmedium, nämlich Wahrheit (Luhmann, 2014) im Sinne einer wissenschaftlich wahren Aussage.[4]

Vertrauen ist für Luhmann zudem keine Folgerung aus der Vergangenheit, sondern sie nimmt Information, die selbst begrenzt ist, aus der Vergangenheit zu stark in Anspruch, sie *überzieht die Information*, um eine Bestimmung für die Zukunft zu riskieren, wobei Vertrauen ohne Vorabinformationen kaum möglich ist, denn sie benötigt irgendeinen *Anhaltspunkt* (ebd., S. 26).[5] Öffentlichkeiten benötigen folglich einen Anhaltspunkt, um Wissenschaft Vertrauen entgegenzubringen. Wissenschaftlich generierte Wahrheit, als generalisiertes Kommunikationsmedium, kann als ein solcher Anhaltspunkt genutzt werden. Vertrauen absorbiert nach Luhmann (ebd.) Unsicherheit. Unsicherheit über die Wahl, die durch eine Handlung getroffen wird, ist vorhanden, weil offen und ungewiss ist, wie und ob ein Ereignis eintrifft (Kontingenz). Diesbezüglich besteht die Komplexität einer Entscheidung in der Möglichkeit eines (Nicht-)Eintreffens von verschiedenen Handlungsmöglichkeiten. Vertrauen bedeutet in diesem Zusammenhang wiederum, sich dem Risiko zu stellen, denn „Vertrauen reflektiert Kontingenz, Hoffnung eliminiert Kontingenz" (ebd., S. 30). Wenn also eine Entscheidung mit ungewissem Ausgang getroffen werden soll, wird vertraut. Vertrauen ist stets riskant, das Risiko muss kalkulierbar und reflektierbar sein, ansonsten wäre es lediglich die Einschätzung einer Gefahr, der mit Hoffnung begegnet wird. Vertrauen bezieht sich auf ein erst künftig feststellbares Handeln und erschließt dabei „durch Reduktion von Komplexität Handlungsmöglichkeiten, die ohne Vertrauen unwahrscheinlich und unattraktiv geblieben, also nicht zum Zuge gekommen wäre[n]" (ebd., S. 31). Vertrauen in Wissenschaft dient aus systemtheoretischer Perspektive somit der Komplexitätsreduktion (ebd.; für Bildungswissenschaft: Bormann, 2012).

Um auf das Eingangsbeispiel zurückzukommen: Weder kennt Herr A. noch versteht er die wissenschaftlich-methodischen Vorgehensweisen einer Metastudie. Herr A. weiß nicht, ob die Erkenntnisse wissenschaftlichen Standards entsprechen – noch wichtiger: Herr A. ist sich nicht sicher, ob die Übersetzung der Erkenntnisse in sein Lehr-/Lerngeschehen Schaden anrichten würde. Herr A. könnte natürlich eine wissenschaftliche Methodenausbildung absolvieren, um die Erkenntnisgewinnung der Studie zu überprüfen, oder er könnte sich über die Integrität der Autor:innen ausgiebig informieren. Diese Möglichkeiten sind aber aufwendig und schließen nicht aus, dass digitale Spiele den Lernerfolg in seinem Lehr-/Lerngeschehen hemmen. Herr A. kalkuliert und reflektiert das Risiko, den Lehr-/Lernerfolg zu gefährden. Er nutzt hierfür sowohl das Sachwissen sowie seine Einblicke in der Produktion von wissenschaftlichem Wissen, die er im Lehramtstudium erhalten hat, als auch sein Wis-

---

4   Rainer Bromme (2020), Professor für Pädagogische Psychologie, spricht in diesem Zusammenhang von „wissenschaftlichen Geltungsbehauptungen".
5   Das findet sich in der vorhin zitierten Argumentation von Simmel wieder, dass wer nichts weiß auch kein Vertrauen entwickeln kann, sondern Vertrauen ein Zwischenstadium ist, das eine Wissensbasis braucht.

sen, dass er selbst kein Fachwissen besitzt und abhängig von den wissenschaftlichen Erkenntnissen für die Problemlösung ist. Herr A. kann dann entscheiden, ob er auf die Wahrheit der Erkenntnisse vertraut oder nicht. Herr A. verlässt sich in diesem Fall darauf, dass die Metastudie sachgerecht und den wissenschaftlichen Standards entsprechend durchgeführt wurde. Denn im (Wissenschafts-)System sind genügend Kontrollen der Zuverlässigkeit eingebaut, die unter Abwesenheit funktionieren, sodass Herr A. die Wissenschaftler:innen, die das wissenschaftliche Wissen bearbeitet haben, nicht persönlich kennen muss (Luhmann, 2014). Trotzdem besteht die Gefahr, dass sich diese Information bzw. dieses wissenschaftliche Wissen als falsch herausstellen kann oder sich nicht wie vorgesehen bewährt. In dem Moment, in dem Herr A. die digitalen Spiele als neues Lernangebot anwendet, vertraut er dem Forschungswissen, dass die digitalen Spiele den Lernerfolg in seinem Lehr-/Lerngeschehen steigern. Inwiefern die Entscheidung, dem wissenschaftlichen Wissen zu vertrauen, richtig ist, kann erst nach dem Ereignis, also dem Einsatz von digitalen Spielen im Lehr-/Lerngeschehen, eingeschätzt werden. Mit dem Vertrauen, das Herr A. dem wissenschaftlichen Wissen schenkt, reduziert er die verschiedenen Handlungsmöglichkeiten (Komplexitätsreduktion), um durch wissenschaftliche Erkenntnisse eine Verbesserung seines Lehr-/Lerngeschehens zu erzielen.

Vertrauen ist nicht die einzige notwendige Bedingung, wissenschaftliches Wissen in Öffentlichkeiten zu transferieren, aber Wissenstransfer erfolgt kaum ohne Vertrauen. Vertrauen muss folglich immer erst hergestellt werden bzw. entstehen. Dabei ist Vertrauen stets komplex und bleibt bedingt (Weingart, 2017)[6]. Von welchen Faktoren dieses Vertrauen in Wissenschaft im Einzelnen abhängt, ist eine empirische Frage, die vom Kontext bestimmt ist und in differenzierten Sozialordnungen komplexer wird. Denn das Vertrauen in Wissenschaft als Systemvertrauen wird „so oder so zustandekomme[n], den einzelnen aber je nach der Art seiner Persönlichkeit mehr oder weniger belaste[n]" (Luhmann, 2014, S. 70).

3 Systematisierung des Konzeptes „Vertrauen in Wissenschaft"

Während im vorigen Abschnitt die Definition und komplexitätsreduzierende Funktion von Vertrauen in Wissenschaft nach Luhmann skizziert wurde, wird im Folgenden ein Forschungsüberblick von Faktoren gegeben, die das Vertrauen von Öffentlichkeiten in Wissenschaft beeinflussen und eine Systematisierung dieser Faktoren vorgeschlagen.

Einige Survey-Studien liefern Daten zum Vertrauen in Wissenschaft aus repräsentativen Befragungen (für den aktuellen Stand in Deutschland siehe Bromme,

---

6 Entsprechend gelte es im Blick zu behalten, dass es – wie der Soziologe Brian Wynne (2006) beschreibt – möglicherweise nie eine Zeit gegeben hat, in der die Öffentlichkeit der Wissenschaft zweifellos vertraut hat. Vielmehr ist das Vertrauen der Öffentlichkeit in die Wissenschaft immer bedingt und ambivalent, geprägt von Glaubwürdigkeit und Skepsis (ebd.), das insbesondere je nach Thema unterschiedlich ausgeprägt ist (Bromme, 2020).

2020; für den internationalen Stand siehe Hendriks et al., 2016). Der Wellcome Global Monitor (Wellcome Trust, 2019) berichtet beispielsweise, dass insgesamt 72 % der befragten Personen aus 140 Ländern im Allgemeinen Wissenschaftler:innen vertrauen. In Deutschland ist das generelle Vertrauen in Wissenschaft und Forschung während der Corona-Pandemie mit 73 % deutlich gestiegen (Wissenschaft im Dialog, 2020), während in früheren Jahren nur 54 % der Befragten angaben, dass sie Wissenschaft und Forschung vertrauen (Wissenschafts im Dialog, 2018). Umfragen in den Vereinigten Staaten und Großbritannien zeigen, dass die Öffentlichkeit einigen wissenschaftlichen Themen generell skeptisch gegenübersteht und dass ihr Vertrauen gegenüber bestimmten wissenschaftlichen Themen inkonsistent ist (Hendriks et al., 2016).

Allgemein kann zwischen zwei Arten von Vertrauensgeber:innen[7] unterschieden werden: Zum einen gibt es Vertrauensgeber:innen innerhalb der Wissenschaft bzw. der jeweiligen Disziplin selbst. Denn wissenschaftliches Wissen ist das Produkt eines langen, komplexen Prozesses, welches sich bereits im Prozess selbst Vertrauen bedienen muss. So schreibt John Hardwig, „trust is often epistemologically even more basic than empirical data or logical arguments: the data and the argument are available only through trust" (1991, S. 694). Innerhalb der Wissenschaft bedarf es Vertrauen, da Wissenschaftler:innen in ihrer täglichen Praxis auf das Wissen anderer Expert:innen mit unterschiedlicher Spezialisierung und Fachkenntnis angewiesen sind (Hardwig, 1991; Hendriks et al., 2016), beispielsweise in kooperativen Beziehungen oder wissenschaftlichen Aktivitäten wie Veröffentlichungen oder Peer Reviews (Whitbeck, 1995). Wenn diese einen Beitrag einreichen oder einen Antrag auf Begutachtung bei Fachkolleg:innen stellen, vertrauen sie auf deren kompetente und angemessene Prüfung (Shamoo & Resnik, 2009).

Zum anderen vertrauen nicht nur weitere Forschende, sondern auch Öffentlichkeiten als weitere Vertrauensgeber:innen auf die Richtigkeit einer veröffentlichten Studie. Sie vertrauen dann auch darauf, dass die relevanten Informationen zur Bewertung der Methode sowie die Ergebnisse und die Daten nicht verfälscht oder erfunden sind (Whitbeck, 1995). Durch die mediale Berichterstattung über den Umgang mit Plagiaten oder Manipulation von Daten innerhalb der wissenschaftlichen Arbeit wird auch für Öffentlichkeiten deutlich, dass die alltägliche Praxis der Wissenschaft insbesondere auf Vertrauen beruht (Lindholm, 2015) und dass dieses Vertrauen folglich verletzt werden kann.

Die folgende Literaturrecherche, fokussiert auf Publikationen, die Öffentlichkeiten als Vertrauensgeber:innen in eine wissenschaftliche Wahrheit als generalisiertes Kommunikationsmedium (= Vertrauensobjekt) zum Thema haben – gemeint: Vertrauen von Öffentlichkeiten in Wissenschaft.

---

7 In Anlehnung an Bromme (2020) werden die Begriffe „Vertrauenssubjekt" („Vertrauensgeber:in") und „Vertrauensobjekt" („Vertrauensnehmer:in") verwendet.

3.1 Methodische Vorgehensweise

Von Januar bis November 2020 wurden sowohl eine systematische Literaturrecherche über das Fachinformationssystem Bildung (FIS-Bildung) als auch Handrecherchen in *Google-Scholar* sowie der *Fachzeitschrift Journal of Trust Research* nach den Prinzipien eines narrativen Reviews[8] durchgeführt. Folgende Frage lag der Sichtung und Analyse von Studien zugrunde: „Welche Faktoren beeinflussen das Vertrauen der Öffentlichkeit(en) in Wissenschaft (wissenschaftliche Wahrheit), die in der Institution Wissenschaft von Wissenschaftler:innen produziert wurde?" Da sich nur sehr wenig Forschungsarbeiten, die sich mit Vertrauen in die Bildungswissenschaften auseinandersetzen, gefunden wurden, wurde die Suche auch auf das Forschungsfeld der Wissenschaftskommunikation und Science and Technology Studies (STS) ausgeweitet, denn auch hier wird Vertrauen in Wissenschaft theoretisch und empirisch analysiert (vgl. Critchley, 2008). Zusätzlich wurden daher auch die folgenden Zeitschriften in die Handrecherche eingeschlossen: *Science Communication* (SAGE), *Journal of Science Communication* (JCOM), *Public Understanding of Science* (SAGE) und *Science and Public Policy* (OUP). Alle Zeitschriften sind wissenschaftlich begutachtende (peer-review) Fachzeitschriften. Tabelle 1 enthält eine Zusammenfassung der Recherchestrategie. In *Google Scholar* und *FIS-Bildung* wurden sowohl die deutschen als auch die englischen Suchbegriffe angewandt. Lediglich in den internationalen Fachzeitschriften kamen nur die englischen Begriffe zum Einsatz.

Tabelle 1: Recherchestrategie

Datenbank	Kombination von Suchbegriffen pro Suchdurchlauf*		
Fachinformations-system Bildung (FIS)**	Vertrauen	UND	1. Wissenschaft 2. Wissenschaftskommunikation 3. Forschung
	trust	AND	1. science 2. science communication 3. research
Google Scholar***	Vertrauen	UND	1. Wissenschaft 2. Wissenschaftskommunikation 3. Forschung
Google Scholar, Fachzeitschriften	trust	AND	1. science 2. science communication 3. research

* In der Suchstrategie wurde keine zeitliche Limitation vorgenommen.
** FIS-Bildung ermöglicht Stichwortsuche über verschiedene Suchfelder. So wurde der erste Suchbegriff jeweils im Suchfeld „Titel", „Schlagwort" und „Freitext" und der zweite Suchbegriff jeweils im Suchfeld „Titel" und im Suchfeld „Schlagwort" recherchiert.
*** Die Suchtreffer auf *Google Scholar* wurden nach Relevanz sortiert und jeweils die ersten 100 Suchtreffer gescreent. Aus forschungspragmatischen Gründen konnten nicht alle Suchtreffer auf *Google Scholar* gescreent werden, da allein die Suchwortstrategie „trust AND science" 3.960.000 Treffer ergab.

---

8 Ein narratives Review fasst Befunde aus mehreren Studien zu einer Forschungsfrage zusammen. Es ist besonders geeignet, um grundsätzlich einen ersten beschreibenden und kritisch würdigenden Einblick in ein Forschungsfeld zu bekommen. Weitere Differenzierung für Reviews siehe z. B. Herbrechter et al., 2018.

Die Suchbegriffe wurden auf Basis einer vorangegangenen Literaturrecherche entwickelt. Insgesamt wurden 708 Publikationen ermittelt (vgl. Abb. 1). Nach der Reduktion um Dubletten blieben 564 Publikationen übrig. In einem nächsten Schritt wurden dann graue Literatur (Konferenzberichte, (unveröffentlichte) Dissertationen, Praxishandbücher) und Veröffentlichungen, deren Abstracts keine Relevanz für die Fragestellung hatten, ausgeschlossen. Folgende Einschlusskriterien lagen der Volltextsichtung (drittes Screening) der übrigen 44 Publikationen zugrunde: empirischen Studien, die Vertrauen in Wissenschaft, Forschung, Wissenschaftler:innen, wissenschaftliche Organisationen, wissenschaftliches Wissen/Information/Darstellung durch die Vertrauensgeber:innen „Öffentlichkeiten" als Gegenstand haben. Weitere 19 Publikationen wurden schlussendlich ausgeschlossen (vgl. Abb. 1), da deren Handlungskontexte sich zwar auf Vertrauen, nicht aber auf Vertrauen in wissenschaftliche Wahrheit bezogen und/oder keine empirischen Studien zum Gegenstand umfassten. Die folgende Darstellung von Faktoren, die das Vertrauen von Öffentlichkeiten in Wissenschaft beeinflussen, basiert daher auf 25 Publikationen, die zwischen 2005 und 2020 publiziert wurden.

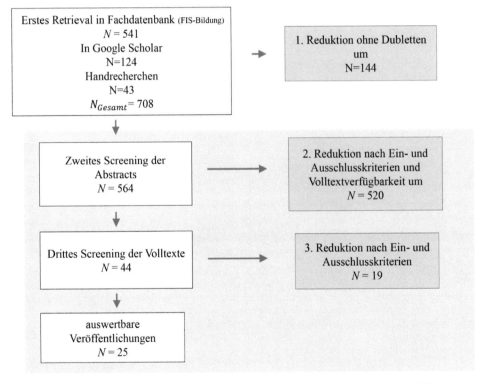

Abbildung 1: Flowchart der Suchstrategie mit Angabe der Anzahl an ein- und ausgeschlossenen Publikationen

3.2 Empirische Studien: Einflussfaktoren zum Vertrauen in Wissenschaft

Die folgende Systematisierung von Faktoren, die Vertrauen von Öffentlichkeiten in Wissenschaft beeinflussen, wurde durch eine deduktive Vorgehensweise entwickelt. Es konnten drei Kontexte und ihre möglichen Einflussfaktoren aus den empirischen Studien abgeleitet werden (vgl. Abb. 2): erstens der Kontext des Vertrauensobjektes (= Wissenschaft) – mit seinen Kontextfaktoren „Akteur:innen" und „Institutionen", „Inhalte" sowie „Darstellungsformen" –, zweitens die Kontextfaktoren des Vertrauenssubjektes – also den Merkmalen der Öffentlichkeit(en) – und drittens der Kontext der Vermittlung.

Insgesamt haben zwei Studien – Interviewstudie ([2][9]) und Feldstudie ([3]) – qualitative Forschungsmethoden verwendet, während die übrigen 23 Studien, davon 14 experimentelle und quasi-experimentelle Studien ([4, 5, 7, 10, 12, 13, 14, 15, 16, 17, 19, 21, 23, 25]) quantitative Forschungsmethoden eingesetzt haben. Während drei Studien Studierende ([8, 17, 22]), zwei Studien Schüler:innen ([6, 20]), eine Studie Lehrkräfte ([3]) und eine Studie Fokusgruppen ([2]) befragt haben, spezifizieren die restlichen 19 Studien ihre Teilnehmenden nicht genauer. Sieben Studien beziehen sich allgemein auf Wissenschaft und differenzieren nicht zwischen spezifischen Wissenschaftsdisziplinen oder Themen ([1, 8, 11, 12, 15, 19, 22]). Andere Studien haben verschiedene Disziplinen oder Themen wie Vertrauen in Klimaforschung und -wandel ([5, 9, 14, 17 20, 21, 23, 24]), Bildungsforschung ([3]), Stammzellenforschung ([7, 19]), Umweltforschung ([4]), Medizinforschung ([2, 10, 13]), Naturwissenschaften ([6]), erneuerbare Energien ([16]), CO_2- Emission ([25]) und gentechnisch veränderte Lebensmittel ([18]) zum Gegenstand. Jeweils zehn Studien berichten, dass sie nach Vertrauen in Wissenschaftler:innen ([2, 3, 4, 7, 9, 12, 14, 17, 20, 22]) und nach Vertrauen in Wissenschaft ([6, 11, 15, 19, 21, 22, 23, 24, 25]) gefragt haben. Drei Studien haben wissenschaftliche Informationen als Gegenstand untersucht ([1, 13, 18]) und vier Studien wissenschaftliche Institutionen ([5, 8, 10, 16]).

Von den 25 gefundenen Publikationen berichten 13 von Kontextfaktoren der Wissenschaft, die Einfluss auf Vertrauen in Wissenschaft haben ([2, 7, 9, 10, 12, 13, 17, 18, 21, 22, 23, 24, 25]). Drei dieser 13 Studien und acht weitere Studien legen dar, dass Charakteristika der Öffentlichkeiten das Vertrauen in wissenschaftliche Aussagen beeinflussen ([1, 4, 5, 8, 10, 11, 19, 20, 21, 23, 24, 25]). Lediglich vier Studien wurden dem Kontext „Vermittlung" zugeordnet. Die Systematisierung der Einflussfaktoren zum Vertrauen in Wissenschaft, Wissenschaftler:innen und/oder wissenschaftliches Wissen durch ihre öffentlichen Vertrauensgeber:innen ist in Abbildung 2 illustriert.

---

9 Die erfassten Studien sind im Literaturverzeichnis mit eckigen Klammern gekennzeichnet. Aus leser:innenfreundlichen Gründen wird im folgenden Text auch nur auf diese Nummern verwiesen.

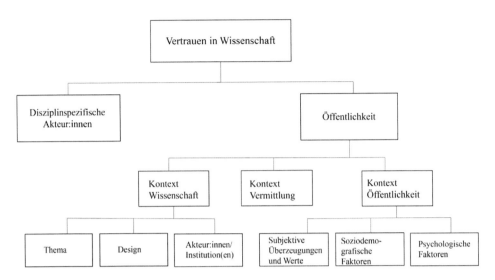

Abbildung 2: Systematisierung von Faktoren, die das Vertrauen in Wissenschaft durch Öffentlichkeit(en) beeinflussen

Kontext Wissenschaft

Öffentlichkeiten vertrauen der Wissenschaft bezüglich bestimmter **Themen** wie Kernenergie, Impfung oder gentechnisch veränderte Lebensmittel weniger, als wenn sie nach ihrem Vertrauen gegenüber der Wissenschaft im Allgemeinen befragt werden (Hendriks et al., 2016). Gründe dafür können einerseits sein, dass die persönliche Haltung bezüglich und/oder die Entwicklung eines bestimmten wissenschaftlichen Themas mit dem Vertrauen in die Wissenschaft verwechselt wird. Andererseits sind die Inhalte in den Studien medial kontrovers diskutierte wissenschaftliche Themen, die auch mit persönlicher Haltung zum Thema verwechselt werden können (ebd.). So zeigen die Untersuchungen von Myers et al. ([21]), dass Klimaforschung weniger vertraut wird als Wissenschaft im Allgemeinen (s. auch [24]). Eine weitere Studie berichtet, dass konservativ-dissonanten, wissenschaftlichen Themen wie „Klimawandel" und „Evolution" weniger vertraut wird als liberal-dissonanten Themen wie „Atomenergie" und „Hydraulic Fracturing" ([23]). Ein weiterer Einflussfaktor, der im Hinblick auf die Themen der Wissenschaft berichtet wird, ist die *Replikation* der Forschung. Wenn empirische Befunde von derselben oder einer anderen Forschungsgruppe widerlegt werden, ist das Vertrauen in das wissenschaftliche Wissen geringer ([13]).

Zudem scheinen die Darstellung bzw. das **Design** eine Rolle zu spielen. Denn das Vertrauen in wissenschaftliche Texte ist größer, wenn sie präzise und nicht widersprüchlich geschrieben sind ([10]). Und auch Arten von *Abbildungen* in wissenschaftlichen Publikationen können einen Einfluss auf das Vertrauen haben. Knuth-Herzig et al. ([16]) zeigen, dass „unterschiedliche Arten von Abbildungen das Verstehen wissenschaftsbezogener Texte in unterschiedlicher Richtung beeinflussen können, obwohl sie das Vertrauen in ähnlicher Weise erhöhen" (ebd.). Auch die *Transparenz* der Forschung hat einen starken Einfluss auf das Vertrauen in Wissenschaft ([2]). Allerdings stehen Transparenz und Vertrauen wechselseitig zueinander, denn ohne Vertrauen wird man auch gegenüber transparenten Informationen skeptisch sein ([2]). Transparenz ist erforderlich, um Vertrauen aufzubauen, und Vertrauen wiederum ist erforderlich, damit die Transparenz als angemessen anerkannt wird.

Weitere Studien untersuchen, ob das Vertrauen in Wissenschaft von den jeweiligen **Akteur:innen** und **Institutionen**, die die wissenschaftliche Information kommunizieren, abhängig ist. So berichten Sanz-Menéndez und Cruz-Castro ([25]), dass wissenschaftlichen Informationen zum Klimawandel von akademischen Forschenden mehr vertraut wird als Regierungsakteur:innen und NGOs, die dieselben wissenschaftlichen Informationen kommunizieren. Das geringste Vertrauen wird diesbezüglich wirtschaftlichen Akteur:innen und Verbänden entgegengebracht. Zu ähnlichen Ergebnissen kommen auch Lang und Hallman ([18]): Wissenschaftler:innen und Mediziner:innen wird bezüglich genetisch veränderten Lebensmitteln am meisten vertraut, während Regierungsinstitutionen, Verbraucherverbänden, Umweltorganisationen und Massenmedien mäßig vertraut wird. Am wenigsten wird Industrien und Lebensmittelgeschäften vertraut. Auch Politik bzw. die Vermischung von Wissenschaft mit anderen Domänen wie Politik und Wirtschaft beeinflussen das Vertrauen in Wissenschaft ([22]). Wissenschaftlichen Akteur:innen scheint mehr Vertrauen geschenkt zu werden als kommerziellen ([7]), da ein anderes Interesse bei der Produktion von wissenschaftlicher Wahrheit bei ihnen vermutet wird. Im Gegensatz dazu stehen aber Befunde, die zeigen, dass der wissenschaftliche Beruf als kompetent und weniger „warm" (freundlich und vertrauenswürdig) empfunden wird, weshalb der Berufsgruppe der Wissenschaftler:innen weniger Vertrauen entgegengebracht wird als anderen Berufen ([9]). *Eigenschaften der Akteur:innen*, die sich an wissenschaftlicher Forschung beteiligen, beeinflussen das Vertrauen ebenfalls. Beispielsweise lässt die Nutzung eines verbalen aggressiven *Sprachstils* die wissenschaftliche Information weniger vertrauenswürdig erscheinen ([17]). Zudem sind *Merkmale wie Expertise, Integrität* und *Wohlwollen*[10] der Wissenschaftler:innen ein wichtiger Prädiktor bei der Vertrauensbildung in die Wissenschaft ([12]; nur Wohlwollen bei [7]).

Kontext Vermittlung

Eine Publikation beschäftigt sich mit der Frage, ob *Vermittlungsveranstaltungen* das Vertrauen in Wissenschaft begünstigen ([6]). Sie berichtet, dass der Besuch einer *Wissensvermittlungs*veranstaltung das Vertrauen in Wissenschaft nicht beeinflusste ([6]). Bromme (2020) argumentiert in diesem Kontext, dass die Vertrauenswürdigkeit der Vermittler:innen wie Wissenschaftsjournalist:innen oder Medien im Vertrauensurteil eine Rolle spielen. So berichten zwei Studien über den Einfluss auf das Vertrauen in Wissenschaft durch soziale Medien ([14, 15]). Huber et al. ([15]) zeigen, dass die Nutzung von sozialen Medien das Vertrauen stärkt. Hmielowski et al. ([14]) kommen zudem zum Ergebnis, dass die Nutzung von konservativ orientierten Medien, wie *Fox*

---

10 *Expertise* bezieht sich auf die Menge an Wissen und Fähigkeit einer Person. *Integrität* meint das Befolgen von Regeln des Berufes und *Wohlwollen* berücksichtigt die Absicht der Wissenschaftler, das Wohl der Gesellschaft mitzudenken (Hendriks et al. 2016).

News, das Vertrauen in Wissenschaftler:innen reduziert, wohingegen die Nutzung von nicht-konservativen, mehr liberal orientierten Medien, wie dem Sender MSNBC, das Vertrauen in Wissenschaftler:innen verstärkt.

Als weitere Form der Vermittlung wird im vorliegenden Beitrag die Zusammenarbeit von Wissenschaft und Praxis verstanden, da innerhalb von Wissenschaft-Praxis-Kooperationen auch Wissensvermittlungen stattfinden, in denen es des Vertrauens bedarf. Studien, die sich damit befassen, wurden deshalb in den Kontext Vermittlung eingeordnet. So weist eine Studie, deren Gegenstand die Bildungswissenschaft ist, darauf hin, dass das Vertrauen zwischen Wissenschaftler:innen und pädagogischer Praxis während der Zusammenarbeit im Arbeitsprozess steigen kann ([3]). Über diese wenigen Studien hinaus konnten mit dem zugrunde liegenden Vorgehen keine weiteren Studien zu Einflussfaktoren der Vermittler:innen und/oder Vermittlungsformen von wissenschaftlicher Wahrheit auf das Vertrauen der Öffentlichkeiten gefunden werden.

Kontext Öffentlichkeit(en)

Subjektive Überzeugungen und **Werte** der Vertrauensgeber:innen beeinflussen das Vertrauen in wissenschaftliche Wahrheit. Denn, wenn wissenschaftliche wahre Aussagen im Widerspruch zum eigenen Vorwissen, eigenen Werten und Überzeugungen stehen, dann ist Vertrauen eine mögliche Strategie, um mit diesem Widerspruch umzugehen (Bromme & Kienhues, 2017). Wenn das wissenschaftliche Wissen mit den *eigenen Werten* übereinstimmt, dann wird der Wissenschaft eher vertraut ([5]). Die Autoren Sanz-Menéndez und Cruz-Castro ([25]) kommen zu dem Ergebnis, dass das *allgemeine menschliche Vertrauen* der Öffentlichkeit einen bedeutenden Einfluss auf Vertrauen in die Wissenschaft hat. Persönlichkeitsmerkmale sind bei der Vertrauensfrage in die Wissenschaft ebenfalls relevant. So weisen einige Studien darauf hin, dass die *politische Ausrichtung oder Ideologie* der Vertrauensgeber:innen das Vertrauen in die Wissenschaft beeinflusst. Politisch-konservative Personen vertrauen Wissenschaft weniger als politisch liberale ([4, 11, 21, 23]). McCright et al. ([19]) haben in ihrer Studie beispielsweise eruiert, dass mehr konservative Personen zwar weniger Vertrauen in Wissenschaftler:innen, die die Auswirkungen der wirtschaftlichen Produktion auf die Umwelt und die öffentliche Gesundheit identifizieren, haben, aber Wissenschaftler:innen, die neue Erfindungen oder Innovationen für die wirtschaftliche Produktion liefern, mehr vertrauen als liberale Personen. Auch die Einstellung zu Regierung und Unternehmen hat einen Einfluss auf Vertrauen in Wissenschaft ([24]). Motta ([20]) kommt diesbezüglich zu einem interessanten Befund: Quantitative Fähigkeiten, gemessen an statistischem Wissenstest, und wissenschaftlich verfügbares Vorwissen von Vertrauensgeber:innen können Vertrauen in (Klima-)Wissenschaftler:innen reduzieren. Dieser Befund deutet darauf hin, dass Vorwissen und Sachwissen durchaus einen Einfluss auf das Vertrauensurteil haben. So berichtet eine Studie: Je mehr an der wissenschaftlichen Vertrauenswürdigkeit von Texten gezweifelt wird, desto besser erkennen die Vertrauensgeber:innen, dass wissenschaftliche Texte tentativ und fragil sind ([10]).

Außerdem weisen die gefundenen Studien darauf hin, dass das Vertrauen in Wissenschaft auch von **soziodemografischen Faktoren** der Öffentlichkeiten beeinflusst wird. Wenn Interesse an Wissenschaft im Alter von 12–14 Jahren besteht, dann geht dies oft mit einem erhöhten Vertrauen in Klimawissenschaftler:innen im Erwachsenenalter einher, unabhängig von der politischen Ideologie der Proband:innen ([20]). Vertrauen in Wissenschaft steigt zudem mit dem Bildungsgrad sowie mit dem Einkommen, wobei in der Studie von Achterberg et al. ([1]) Geschlecht und Alter keinen Einfluss hatten. Brewer und Ley ([4]) kommen zum Ergebnis, dass ältere Personen weniger Vertrauen in Wissenschaft aufweisen als jüngere. Für den Einfluss von soziodemografischen Faktoren zeigt sich auch ein Befund, dass Männer mit höherem Einkommen und höherem Bildungsniveau Wissenschaft und Forschung eher vertrauen ([21]). Die letzten Kontextfaktoren lassen sich in die Kategorie der **psychologischen Faktoren** einordnen. Hier zeigt eine Studie, dass kognitive Dimensionen, wie die Disposition zu kritischem Denken als auch die Fähigkeit, dies in die Praxis umzusetzen, mit wissenschaftlichem Wissen und mit Vertrauen in Wissenschaft positiv korrelieren ([8]).

4 Diskussion

Öffentlichkeiten sind auf wissenschaftliches Wissen angewiesen, wenn sie eine Haltung zu wissenschaftlich fundierten Themen entwickeln und in ihre Entscheidungen einbeziehen wollen (Giddens, 1995). Ein vollständiges Verständnis von Wissenschaft durch Öffentlichkeiten kann allerdings nicht erfolgen, da Öffentlichkeiten meist das Fachwissen fehlt oder der Zugang zur Methode schwerfällt (Weingart, 2017). Daher bedarf es Vertrauen, wenn wissenschaftliches Wissen angewandt/eingesetzt werden soll. Insbesondere, wenn wissenschaftliche Wahrheit von (Bildungs-)Wissenschaft selbst in Öffentlichkeiten transferiert wird, nimmt Vertrauen eine Schlüsselfunktion ein. Vertrauen in Wissenschaft absorbiert dabei Unsicherheiten und reduziert somit aus systemtheoretischer Sicht Komplexität. Die zuvor dargelegte Systematisierung von Einflussfaktoren auf Vertrauen in Wissenschaft durch ihre Öffentlichkeiten zeigt, dass Vertrauen an sich ein komplexes Konstrukt ist, welches, um es aufzuschlüsseln, nicht nur der Betrachtung der Seite des Vertrauensobjektes sondern auch der Seite der Vertrauensgeber:innen sowie der Art des (Wissens-)Transfers bedarf. Um auf das Eingangsbeispiel zurückzukommen: Herr A. kalkuliert mit den Informationen, die er hat, das Risiko und entscheidet sich für oder gegen ein Vertrauen. Es können zum einen Informationen über die Wissenschaft sein, z. B.: Welche Akteur:innen sind an der Produktion des wissenschaftlichen Wissens beteiligt. Aus empirischer Sicht macht es einen Unterschied, ob nur Wissenschaftler:innen oder Wirtschaftler:innen das wissenschaftliche Wissen produziert haben, oder ob es durch die Zusammenarbeit von Wissenschaftler:innen und Wirtschaftler:innen entstanden ist ([22, 25]). Zum anderen beeinflussen auch die Themen und Merkmale der Wissenschaft (z. B. „Integrität") selbst das Vertrauen in die wissenschaftlichen Informationen.

Überträgt man weitere Befunde aus der entwickelten Systematisierung auf das Eingangsbeispiel, lässt sich zudem Folgendes ableiten: Würde Herr A. auf wissenschaftliche Befunde, die sich für gewaltverherrlichende Computerspiele aussprechen, stoßen, würde er diesen vermutlich skeptischer gegenüberstehen, da sie gesellschaftlich kontrovers diskutiert werden und eventuell gegen seine Überzeugungen und Werte sprechen. Im Beispiel handelt es sich aber um gewaltfreie, digitale Lernspiele. Herr A. entscheidet sich für deren Nutzung, weil die TUM eine universitäre Institution ist, der Vertrauen entgegengebracht wird (Krämer 2009), das Thema Digitalisierung zunehmend relevanter wird und weil Herr A. durch sein Studium wissenschaftlich ausgebildet ist ([1]). Außerdem ist er männlich sozialisiert, besitzt ein hohes Einkommen ([21]) sowie gut ausgeprägte kognitive Fähigkeiten ([8]). All das sind Faktoren, die dazu beitragen können, dass Herrn A. der Metastudie vertraut, einen besseren Lehr-/Lernerfolg erzielen zu können. Ob sich dieser Erfolg dann einstellt, hängt aber u. a. davon ab, wie Herr A. das wissenschaftliche Wissen, dem er vertraut, in Handlungen überträgt.

Abschließend sei darauf hingewiesen, dass die erstellte Systematisierung von Einflussfaktoren nicht den Anspruch auf Vollständigkeit erhebt. Sie soll vielmehr ein erster Entwurf sein, der weiterentwickelt werden kann und sollte. Die Systematisierung basiert überwiegend auf Studien, die sich mit dem Kontext „Wissenschaft" bzw. „Öffentlichkeit(en)" beschäftigt haben. Empirische Studien für den Kontext der Vermittler:innen/Vermittlung sind möglicherweise aufgrund unserer fokussierten Suchstrategie nur in geringem Umfang eingeflossen. Im Hinblick auf die zunehmende Relevanz der Wissenschaftskommunikation bedarf es aber einer näheren Betrachtung zum Vertrauen in Akteur:innen und Formen von wissenschaftlicher Vermittlung. Eine Recherchestrategie mit einer anderen Fokussierung könnte hier weitere Befunde liefern. Gerade mit Blick auf die Debatte um Evidenzbasierung der Bildungswissenschaft lohnt es sich, das Konstrukt „Vertrauen in Wissenschaft" in den Blick zu nehmen. Denn, während eine Reihe an Studien zum Vertrauen in naturwissenschaftliches Wissen vorhanden sind ([6, 16]), ist Vertrauen in Bildungswissenschaften bisher wenig erforscht worden. Das Konzept des „informierten Vertrauens" von Bromme (2020) könnte ein Ansatzpunkt sein, sich dem Thema Vertrauen in Bildungswissenschaften anzunähern. Hier werden drei empirisch fassbare Wissensbereiche benannt (Wissen über Wissenschaft als soziales System, Wissen über Sachverhalte und individuelles und soziales Metawissen), durch deren Zusammenwirken das Bilden von Vertrauensurteilen erst möglich wird.

Literaturverzeichnis

Die Studien, die für die Systematisierung der Einflussfaktoren gesichtet wurden, sind im Folgenden mit Nummern in eckigen Klammern gekennzeichnet (z. B. Achterberg et al. 2017 = [1]).

[1] Achterberg, P., Koster, W. de & Waal, J. van der (2017). A science confidence gap: Education, trust in scientific methods, and trust in scientific institutions in the United States, 2014. *Public Understanding of Science, 26*(6), 704–720.
[2] Aitken, M., Cunningham-Burley, S. & Pagliari, C. (2016). Moving from trust to trustworthiness: Experiences of public engagement in the Scottish Health Informatics Programme. *Science & Public Policy, 43*(5), 713–723.
[3] Barnett, M., Anderson, J., Houle, M., Higginbotham, T. & Gatling, A. (2010). The Process of Trust Building between University Researchers and Urban School Personnel. *Urban Education, 45*(5), 630–660.
Bartmann, S., Pfaff, N. & Welter, N. (2012). Vertrauen in der erziehungswissenschaftlichen Forschung. *Zeitschrift für Pädagogik, 58*(6), 772–783.
Bormann, I. (2012). Vertrauen in Institutionen der Bildung oder: Vertrauen ist gut – ist Evidenz besser? *Zeitschrift für Pädagogik, 58*(6), 812–823.
Bormann, I. & Niedlich, S. (2017). Das Vertrauen von Eltern in Schule. Wie Vertrauen zwischen Elternhaus und Schule hergestellt werden kann. *Friedrich-Jahresheft, 35*, 43–45.
[4] Brewer, P. R. & Ley, B. L. (2013). Whose Science Do You Believe? Explaining Trust in Sources of Scientific Information About the Environment. *Science Communication, 35*(1), 115–137.
Bromme, R. (2020). Informiertes Vertrauen: Eine psychologische Perspektive auf Vertrauen in Wissenschaft. In M. Jungert, A. Frewer & E. Mayr (Hg.), *Wissenschaftsreflexion. Interdisziplinäre Perspektiven zwischen Philosophie und Praxis* (S. 105–134). Paderborn: Mentis.
Bromme, R. & Kienhues, D. (2017). Gewissheit und Skepsis: Wissenschaftskommunikation als Forschungsthema der Psychologie. *Psychologische Rundschau, 68*(3), 167–171.
Bromme, R., Prenzel, M. & Jäger, M. (2014). Empirische Bildungsforschung und evidenzbasierte Bildungspolitik: Eine Analyse von Anforderungen an die Darstellung, Interpretation und Rezeption empirischer Befunde. *Zeitschrift für Erziehungswissenschaft, 17*(4), 3–54.
[5] Carlisle, J. E., Feezell, J. T., Michaud, K. E. H., Smith, E. R. A. N. & Smith, L. (2010). The public's trust in scientific claims regarding offshore oil drilling. *Public Understanding of Science, 19*(5), 514–527.
[6] Claussen, C., Knapp, J. M., Kapitza, M., Bernholt, A., Schulenburg, H. & Kremer, K. (2020). Metaorganismusforschung trifft Schule. *Biologie in unserer Zeit, 50*(4), 270–277.
[7] Critchley, C. R. (2008). Public opinion and trust in scientists: the role of the research context, and the perceived motivation of stem cell researchers. *Public Understanding of Science, 17*, 309–327.

Endreß, M. (2002). *Vertrauen*. Bielefeld: transcript.

[8] Fasce, A. & Picó, A. (2019). Science as a Vaccine: The Relation between Scientific Literacy and Unwarranted Beliefs. *Science & Education, 28*(1–2), 109–125.

[9] Fiske, S. T. & Dupree, C. (2014). Gaining trust as well as respect in communicating to motivated audiences about science topics. *Proceedings of the National Academy of Sciences of the United States of America, 111*(Supplement 4), 13593–13597.

[10] Flemming, D., Feinkohl, I., Cress, U. & Kimmerle, J. (2015). Individual Uncertainty and the Uncertainty of Science: The Impact of Perceived Conflict and General Self-Efficacy on the Perception of Tentativeness and Credibility of Scientific Information. *Frontiers in Psychology, 6*:1859.

[11] Gauchat, G. (2012). Politicization of Science in the Public Sphere. *American Sociological Review, 77*(2), 167–187.

Giddens, A. (1995). *Konsequenzen der Moderne*. Frankfurt a. M.: Suhrkamp.

Hardwig, J. (1991). The role of trust in knowledge. *The Journal of Philosophy, 88*(12), 693–708.

[12] Hendriks, F., Kienhues, D. & Bromme, R. (2015). Measuring Laypeople's Trust in Experts in a Digital Age: The Muenster Epistemic Trustworthiness Inventory (METI). *PloS one, 10*(10), e0139309.

Hendriks, F., Kienhues, D. & Bromme, R. (2016). Trust in science and the science of trust. In B. Blöbaum (Hg.), *Trust and communication in a digitized world: Models and concepts of trust research* (S. 143–159). Cham: Springer International Publishing.

[13] Hendriks, F., Kienhues, D. & Bromme, R. (2020). Replication crisis = trust crisis? The effect of successful vs failed replications on laypeople's trust in researchers and research. *Public Understanding of Science, 29*(3), 270–288.

Herbrechter, D., Hahnrath, E. & Kuhn, X. (2018). Professionelle Lerngemeinschaften als Konzept zur berufsbegleitenden Professionalitätsentwicklung der Lehrenden in der Erwachsenen- und Weiterbildung? Ein narratives Review. *Internationales Jahrbuch der Erwachsenenbildung, 41*, 85–105.

[14] Hmielowski, J. D., Feldman, L., Myers, T. A., Leiserowitz, A. & Maibach, E. (2014). An attack on science? Media use, trust in scientists, and perceptions of global warming. *Public Understanding of Science, 23*(7), 866–883.

[15] Huber, B., Barnidge, M., Gil de Zúñiga, H. & Liu, J. (2019). Fostering public trust in science: The role of social media. *Public Understanding of Science, 28*(7), 759–777.

[16] Knuth-Herzig, K., Horz, H. & Isberner, M.-B. (2017). Der Einfluss von Abbildungen auf das Verstehen von und Vertrauen in wissenschaftsbasierte Informationen. *Psychologische Rundschau, 68*(3), 198–202.

[17] König, L. & Jucks, R. (2019). Hot topics in science communication: Aggressive language decreases trustworthiness and credibility in scientific debates. *Public Understanding of Science, 28*(4), 401–416.

Krämer, H. (2009). *Vertrauen in der Wissenschaft Zur kommunikativen Konstruktion von Vertrauen in wissenschaftlichen Publikationen*. Aachen: Shaker.

Kremer, H.-H. (2003). *Implementation didaktischer Theorie - Innovationen gestalten: Annäherungen an eine theoretische Grundlegung im Kontext der Einführung lernfeldstrukturierter Curricula*. Paderborn: Eusl.

[18] Lang, J. T. & Hallman, W. K. (2005). Who does the public trust? The case of genetically modified food in the United States. *Risk Analysis, 25*(5), 1241–1252.

Lindholm, M. (2015). *VA Barometer 2014/15 – VA Report 2014:4*. Stockholm: Vetenskap & Allmänhet.

Luhmann, N. (2014). *Vertrauen: Ein Mechanismus der Reduktion sozialer Komplexität* (5. Aufl.). Konstanz/München: UKV Verlagsgesellschaft.

[19] McCright, A. M., Dentzman, K., Charters, M. & Dietz, T. (2013). The influence of political ideology on trust in science. *Environmental Research Letters, 8*(4), 044029.

[20] Motta, M. (2018). The enduring effect of scientific interest on trust in climate scientists in the United States. *Nature Climate Change, 8*(6), 485–488.

[21] Myers, T. A., Kotcher, J., Stenhouse, N., Anderson, A. A., Maibach, E., Beall, L. & Leiserowitz, A. (2017). Predictors of trust in the general science and climate science research of US federal agencies. *Public Understanding of Science, 26*(7), 843–860.

[22] Nadelson, L., Jorcyk, C., Yang, D., Jarratt Smith, M., Matson, S., Cornell, K. & Husting, V. (2014). I Just Don't Trust Them: The Development and Validation of an Assessment Instrument to Measure Trust in Science and Scientists. *School Science and Mathematics, 114*(2), 76–86.

[23] Nisbet, E. C., Cooper, K. E. & Garrett, R. K. (2015). The Partisan Brain: How Dissonant Science Messages Lead Conservatives and Liberals to (Dis)Trust Science. *The ANNALS of the American Academy of Political and Social Science, 658*(1), 36–66.

[24] Pechar, E., Bernauer, T. & Mayer, F. (2018). Beyond Political Ideology: The Impact of Attitudes Towards Government and Corporations on Trust in Science. *Science Communication, 40*(3), 291–313.

[25] Sanz-Menéndez, L. & Cruz-Castro, L. (2019). The credibility of scientific communication sources regarding climate change: A population-based survey experiment. *Public Understanding of Science, 28*(5), 534–553.

Schrader, J. (2014). Analyse und Förderung effektiver Lehr-Lernprozesse unter dem Anspruch evidenzbasierter Bildungsreform. *Zeitschrift für Erziehungswissenschaft, 17*(2), 193–223.

Schweer, M. (1997). *Interpersonales Vertrauen. Theorien und empirische Befunde*. Opladen: Westdeutscher Verlag.

Shamoo, A. S. & Resnik, D. B. (2009). *Responsible conduct of research* (2. Aufl.). New York, NY: Oxford University Press.

Simmel, G. (2015). *Soziologie: Untersuchungen über die Formen der Vergesellschaftung*. Villingen-Schwenningen: nexx.

Stichweh, R. (2004). Wissensgesellschaft und Wissenschaftssystem. *Schweizerische Zeitschrift für Soziologie, 30*(2), 147–165.

Stichweh, R. (2015). Regionale Diversifikation und funktionale Differenzierung. Zum Arbeitsprogramm des „Forum Internationale Wissenschaft Bonn". *FIW Working Paper*, Bonn.

Weingart, P. (2003). *Wissenschaftssoziologie*. Bielefeld: transcript.

Weingart, P. (2017). Wissenschaftskommunikation unter digitalen Bedingungen. Funktionen, Akteure und Probleme des Vertrauens. In P. Weingart, H. Wormer, A. Wenninger & R. Hüttl (Hg.), *Perspektiven der Wissenschaftskommunikation im digitalen Zeitalter* (S. 31–59). Weilerswist: Velbrück Wissenschaft.

Wellcome Trust. (2019). *Wellcome Global Monitor: How does the world feel about science and health?* https://wellcome.org/reports/wellcome-global-monitor/2018 [letzter Zugriff: 10.04.2021]

Whitbeck, C. (1995). Truth and trustworthiness in research. *Science and Engineering Ethics, 1*(4), 403–416.

Wissenschaft im Dialog (2018). *Wissenschaftsbarometer 2018*. Berlin.

Wissenschaft im Dialog (2020). *Wissenschaftsbarometer Corona Spezial 2020*. Berlin.

Wößmann, L. (2020). Folgekosten ausbleibenden Lernens: Was wir über die Corona-bedingten Schulschließungen aus der Forschung lernen können. *ifo Schnelldienst, 73*(06), 38–44.

Wynne, B. (2006). Public engagement as a means of restoring public trust in science-hitting the notes, but missing the music? *Community Genetics, 9*(3), 211–220.

Abbildungsverzeichnis

Abb. 1 Flowchart der Suchstrategie mit Angabe der Anzahl an ein- und ausgeschlossenen Publikationen ... 38

Abb. 2 Systematisierung von Faktoren, die das Vertrauen in Wissenschaft durch Öffentlichkeit(en) beeinflussen ... 40

Tabellenverzeichnis

Tab. 1 Recherchestrategie ... 37

Über die Autorinnen

Hadjar Mohajerzad, Soziologin M. A., ist Doktorandin im Projekt „Metavorhaben Digitalisierung im Bildungsbereich" am Deutschen Institut für Erwachsenenbildung – Leibniz-Zentrum für Lebenslanges Lernen e. V. mit dem Schwerpunkt Wissenstransfer und Wissenschaftskommunikation zur Nutzung digitaler Lern- und Bildungsmedien. Sie lehrt im Bereich der empirischen Sozialforschung.
Kontakt: Mohajerzad@die-bonn.de

Dr.in Inga Specht, Erziehungswissenschaftlerin, war wissenschaftliche Mitarbeiterin am Deutschen Institut für Erwachsenenbildung – Leibniz-Zentrum für Lebenslanges Lernen e. V. Sie hat im Rahmen des Schwerpunktprogramms „Wissenschaft und Öffentlichkeit" (SP-1409) zu kontroversen Informationen in Museen promoviert. Zum Zeitpunkt des Beitrags leitete sie am DIE ein Projekt zu Aneignungs- und Vermittlungsprozessen in Museumsführungen.
Kontakt: i.specht@leibniz-zfmk.de

Das täglich Brot akademischer Komplexitätsreduktion in Pressemitteilungen und Journal-Abstracts

Arne Arend & Liska Niederschuh

Zusammenfassung

In diesem Beitrag werden eingangs die Ausführungen des deutschen Soziologen Rudolf Stichweh bezüglich wissenschaftlicher Kommunikationszusammenhänge aktualisiert, indem sie mit einer Theorie gesellschaftlicher Überflusserscheinungen verknüpft werden, wie sie der amerikanische Soziologe Andrew Abbott formuliert. Diesen wissenschaftstheoretischen Überlegungen folgend liegt unser Anliegen darin, die Bedeutung der Textsorten der research article abstracts sowie universitärer Pressemitteilungen im Rahmen interner und externer Wissenschaftskommunikation zugänglich zu machen. Diese Textsorten werden näher vorgestellt und die vorliegende Literatur auf Hinweise überprüft, wie es in diesen Texten gelingt, die Komplexität der Originalpublikation zu reduzieren. Es werden anschließend Hilfen präsentiert, die in diesen Texten Verwendung finden, was allerdings weiterer empirischer Analyse bedarf. Neben forschungspraktischen Hinweisen wird zum Ende des Beitrags dafür plädiert, die prominenten linguistischen Untersuchungen dieser Textsorten um einen soziologischen Zugang hinsichtlich der Sicherung von Anschlussfähigkeit wissenschaftlicher Erkenntnis zu ergänzen.

Schlagworte: Interne Wissenschaftskommunikation, externe Wissenschaftskommunikation, Überfluss, Komplexitätsreduktion, research article abstract, universitäre Pressemitteilung

Abstract

This paper begins by updating what the German sociologist Rudolf Stichweh has written about scientific communication contexts by linking it to a theory of social excess phenomena as formulated by the American sociologist Andrew Abbott. Following these scientific theoretical considerations, our concern is to understand the significance of the text types of research article abstracts and university press releases in the context of scholary and public science communication. These text types are presented in more detail and the available literature is reviewed for indications of how these texts succeed in reducing the complexity of the original publication. Afterwards, assistances for this purpose are presented, although this requires further empirical analysis. In addition to research advices, the article concludes with a plea for supplementing the prominent linguistic studies of these texts with a sociological approach that should address the issue of ensuring the connectivity of scientific knowledge.

Keywords: Scholary communication, public science communication, excess, reduction of complexity, research article abstract, academic press release

1 Vorbemerkungen: Komplexität im Angesicht von Überfluss

Die Aufforderung, man möge sich kurzfassen und auf das Wesentliche konzentrieren, ist im wissenschaftlichen Publikationswesen allgegenwärtig. Trotz dieser eingeforderten Knappheit übersteigt die reine Menge an wissenschaftlichen Texten bereits in Teildisziplinen jegliche kognitiven und zeitlichen Kapazitäten. Weltweit tragen tausende von Wissenschaftler:innen täglich dazu bei, den Korpus wissenschaftlicher Erkenntnisdokumentationen zu maximieren (vgl. u. a. Larsen & Ins, 2010). Interessanterweise kommt es aber gerade nicht zu existenziellen Überforderungserscheinungen oder gar einem Produktivitätsstillstand. Entsprechend muss es im Umfeld von Wissenschaft Strategien geben, Veröffentlichungen zu selektieren, zu sortieren, zu gewichten oder zumindest handhabbarer zu machen – andernfalls wären ihre Erkenntnisgenese und gesellschaftliche Rezeption ein eher zufälliges Phänomen.

In unserem Beitrag nehmen wir zwei dieser Werkzeuge in den Blick, die auf die Absicht zurückzuführen sind, einen produktiven Umgang mit wissenschaftlichen Publikationen sicherzustellen: Abstracts und Pressemitteilungen. Diese Textsorten zeichnen sich dadurch aus, dass sie diesem Bedarf begegnen, indem paradoxerweise noch mehr Text produziert wird, welcher die Originalpublikation ergänzt. Einerseits zielen sie darauf ab, die wesentlichen Gedankengänge der Originalpublikation aufzugreifen, andererseits helfen sie dabei, in der Menge von wissenschaftlichen Veröffentlichungen eine Übersicht zu erlangen und bspw. Recherchevorgänge zu erleichtern. Dieser erste Befund hilft uns, den Blick auf unseren Untersuchungsgegenstand zu schärfen, denn wenn wir im Folgenden über Hilfen oder gar Strategien zur Komplexitätsreduktion sprechen, dann geht es immer um diese grundlegende Wechselbeziehung zwischen den textimmanenten Möglichkeiten zur Komprimierung von geschriebenen Sachverhalten bzw. Gedankengängen und der textmanenten Anforderung[1], Praktikabilität zu gewährleisten.

Bevor wir uns der eigentlichen Fragestellung zuwenden, muss an dieser Stelle erläutert werden, weshalb wir nicht über Kommunikation und Wissenschaft sprechen können, ohne den Aspekt des Überflusses adäquat zu beschreiben. Hierfür greifen wir auf die wissenschaftstheoretischen Ausführungen bei Stichweh (2013) zurück, die

---

[1] Es gibt natürlich weitere textmanente Anforderungen, wir werden darauf zurückkommen. Für diese einleitenden Ausführungen genügt es, sich zunächst auf den beschriebenen Dualismus zu konzentrieren, der im wissenschaftlichen Publikationswesen eingelassen ist.

wir mithilfe von Abbott (2014) und den von ihm identifizierten Strategien zum Umgang mit Überfluss einordnen.

Stichweh thematisiert u. a. die Innendifferenzierung des wissenschaftlichen Funktionszusammenhangs (vgl. Stichweh, 2013, S. 15 ff.). Um diese beschreiben zu können, nutzt Stichweh den Begriff der Disziplin. Er versteht darunter „einen hinreichend homogenen Kommunikationszusammenhang von Forschern – eine ‚scientific community'" (ebd., S. 17), die auf einen gemeinsamen Wissenskanon zurückgreift, problematische Fragestellungen benennt und bearbeitet, einen gemeinsamen Bestand an Forschungsmethoden nutzt sowie Karrierewege für den eigenen Nachwuchs bereithält (vgl. ebd.). Für Stichweh ist demnach Kommunikation ein konstitutives Ordnungsmerkmal für wissenschaftliches Arbeiten: Die Kommunikationsinhalte und die kommunizierenden Personen geben Hinweise darauf, wie sich die Innendifferenzierung der Wissenschaft vollzieht, d. h. was sich als Disziplin beschreiben lässt.

In seiner weiteren Argumentation nennt er zwei Bedingungen für eine selbsterhaltende Ordnung der Wissenschaft als eigenständiges, innergesellschaftliches System: einerseits die Nutzung gesellschaftlicher Ordnungsvorgaben, welche Kontakte zu anderen Teilsystemen grundsätzlich ermöglichen, aber kommunikativ zu spezifizieren sind, und andererseits die Notwendigkeit, dass ein disziplinär organisierter Kommunikationszusammenhang tatsächlich angemessene Termini enthält, um den eigenen Erkenntnisgegenstand hinreichend beschreiben zu können (vgl. ebd., S. 56). Zur Plausibilisierung seiner Argumentation zeigt er anschließend anhand der Textsorte der wissenschaftlichen Publikation und der dortigen Zitierweise, wie sich die genannten Bedingungen in autopoietischer Form vollziehen.

Es ist nicht unser Anliegen, das Für und Wider dieser systemtheoretischen Ausführungen darzulegen. Stichwehs Überlegungen sind aber ein hilfreicher Ausgangspunkt. Wir folgen ihm darin, dass die im wissenschaftlichen Publikationswesen verwendete Sprache als Spezifikation basaler Kommunikationsformen verstanden werden kann. Allerdings geht Stichweh kaum auf den Aspekt des Überflusses ein: Er vertraut darauf, dass die Restriktionen und Anforderungen zur Veröffentlichung bspw. eines Journal-Artikels die Kommunikation so hinreichend spezifizieren, dass sie von anderen Wissenschaftler:innen erwidert wird und mittels einer Zitation darauf Bezug genommen werden kann (vgl. ebd., S. 61). Findet diese Erwiderung nicht statt, habe die Publikation nicht zur Erkenntnisgenese der Disziplin beitragen können (vgl. ebd., S. 56). Dieser Zusammenhang greift unserer Ansicht nach zu kurz, da die hohe Qualität und Anschlussfähigkeit wissenschaftlicher Publikationen kein Kriterium dafür sein können, Überfluss zu begrenzen.

An dieser Stelle möchten wir den von Abbott (2014) vorgelegten Überblick zu Strategien des Umgangs mit Überfluss nutzen, um die Mechanismen zu verstehen, die die globale wissenschaftliche Kommunikation dennoch ermöglichen bzw. diese produktiv halten. Abbott wendet sich in seinem Aufsatz gegen das Knappheitspostulat vieler sozialwissenschaftlicher Theorien und betont stattdessen die Herausforderung moderner Gesellschaften, sich mit Überfluss auf individueller wie sozialer Ebene zu befassen. Er identifiziert vier Strategien, mit denen die Handhabe von Überfluss gelingt: „the two reduction strategies of defense and reaction and the two rescaling strategies of creativity and adaptation" (ebd., S. 16).

Dabei versteht er unter der defensiven Strategie, den Überfluss zu ignorieren, u.a. mithilfe von Gewohnheitsakten, Zufallsauswahlen oder indem man sich zu den Entscheidungsmustern anderer ins Verhältnis setzt. Insbesondere dem tradierten Handeln widmet sich Abbott, welches er explizit in die Nähe wissenschaftlichen Arbeitens rückt. Da dies aber auf individuelle Orientierungen zurückzuführen ist, werden wir diesen Aspekt nicht verfolgen. Aus demselben Grund können wir auch nicht die sogenannten kreative Strategien aufgreifen, die sich mit Zeitkontingenten abseits von Lohnarbeit beschäftigen.

Unter einer reaktiven Strategie fasst Abbott hingegen die Orientierung hin zum „top end of the hierarchy" (ebd., S. 18). Er sieht in hierarchischen Ordnungsformen, wie bspw. Ratings oder Reviews, den Vorzug, sich auf wenige bestplatzierte Vorschläge beschränken zu können, während die weiteren Einträge (bspw. einer Liste) ignoriert werden können. Dieses Vorgehen ist in der Wissenschaft allgegenwärtig: Verschiedene Indexierungen ermöglichen es mittlerweile, eine wissenschaftliche Relevanz von Veröffentlichungen zu bestimmen und durch diese Ordnung Aufmerksamkeit zu lenken. Sicherlich geht es hierbei auch um ein besonders hohes Maß an Qualität, aber es handelt sich eben auch um eine Hierarchisierung, die einen hilfreichen Überblick verschafft. Wie wir noch zeigen werden, lassen sich auch Pressemitteilungen zu wissenschaftlichen Veröffentlichungen dieser Kategorie zuordnen, da sie u. a. darauf hinweisen, dass es Wissenschaftler:innen schaffen, sich in diesen Hierarchien des wissenschaftlichen Publikationswesens zu bewähren und dass diese Strukturen durch die Anerkennungsvergabe in Form der Pressemitteilung implizit reproduziert werden.

Bei den adaptiven Strategien sieht Abbott allerdings einen anderen Handlungsmodus: „adaptive strategies focus less on ignoring or reducing excess than on finding it more desirable and less disturbing. They rescale excess" (ebd., S. 20). Demzufolge geht es bei dieser Art des Umgangs mit Überfluss darum, Analogien auszumachen und eigentlich getrennte Wissensdomänen miteinander zu verbinden. Stichwehs Beobachtung der nach innen gerichteten Referenzialität wissenschaftlicher Publikationen ist genau an diesem Punkt zu verorten. Die Komplexität des Verweisens auf weitere wissenschaftliche Schriften, dieses Netzwerk an Zitationen erschwert den Überblick und erweitert die Komplexität bspw. eines Artikels in einer wissenschaftlichen Zeitschrift. Gleichzeitig ermöglichen diese Verweise mittels Kozitationsanalysen ein Abbild eines Diskurses zu modellieren und somit eine Disziplinordnung darzustellen (vgl. Stichweh, 2013, S. 59 f.). Wie wir im nächsten Kapitel zeigen werden, beziehen sich Abstracts auf diese Mechanismen, da sie eine Publikation sozusagen zitationsfähig machen: Autor:innen legen mittels Abstracts ein Angebot vor, worin aus ihrer Sicht die Essenz ihrer Erkenntnisdokumentation liegt.

Mit der von Abbott vorgelegten Theorie zu Strategien des Umgangs mit Überfluss lässt sich die Notwendigkeit von Abstracts und Pressemitteilungen besser verstehen: Sie sind Bestandteile eines Sets von Möglichkeiten, wie dem Überfluss im wissenschaftlichen Publikationswesen begegnet werden kann. Damit wird die gemeinsame Bearbeitung dieser Textsorten in unserem Beitrag verständlich, da sie gleichzeitig 1. auf den Überfluss an Publikationen insgesamt referenzieren (s. o.), 2. als Bestandteile von Wissenschaftskommunikation (kurz: WK) verstanden werden können sowie 3. die Komplexität einer einzelnen Publikation zu fassen versuchen. Den zweiten und dritten Aspekt wollen wir aufgreifen. Uns interessiert die Frage, inwiefern Strategien zur Reduktion von Komplexität einer Originalpublikation in Schriften interner wie externer WK zur Anwendung kommen. Diesem Forschungsinteresse möchten wir nachgehen, indem wir von in wissenschaftlichen Journalen publizierten Artikeln als Originalpublikation ausgehen, um dann das dazugehörige Abstract als interne und eine dazugehörige Pressemitteilung der Stammuniversität als externe WK zu spezifizieren.

Zur Beantwortung der Forschungsfrage werden in Kapitel 2 und 3 die Textsorten *Abstract* und *Pressemitteilung* als Formate von Wissenschaftskommunikation näher betrachtet und die vorliegende Literatur dahingehend befragt, wie die Reduktion der Komplexität der Originalpublikation gelingen kann. Entsprechende Hinweise werden in Kapitel 4 zu einer Heuristik verdichtet, die in einer ersten kursorischen Begegnung mit empirischem Material detailliert und differenziert wird. In Kapitel 5 wird schließlich ein Ausblick zur Einordung und Weiterführung dieser Gedankengänge gegeben.

2 Die Textsorte „Abstract"

2.1 Was ist ein RA-Abstract?

Bei Abstracts handelt es sich im Rahmen des wissenschaftlichen Publikationswesens zunächst um Texte, die zu ganz unterschiedlichen Anlässen erstellt werden, bspw. als erste Strukturierung einer Doktorarbeit über mehrere Seiten, als Ankündigung für einen Vortrag auf einer Fachtagung oder auch als interner Vorschlag in Reaktion auf einen Teilnahmeaufruf für einen Sammelband. Neben diesen Formaten sticht eine Sorte von Abstracts heraus: der *research article abstract* (kurz: RA-Abstract). Er unterscheidet sich von den anderen Verwendungsbereichen vor allem durch eine Konvention der Zeichenanzahl (vgl. Swales & Feak, 2009, S. XIV–XV) und dass er sich auf einen fertiggestellten wissenschaftlichen Artikel erkennbar bezieht, dessen Inhalt mittels Abstraktion kurz und prägnant dargestellt werden soll (vgl. Huemer et al., 2012, S. 11).

Zur obigen Definition von RA-Abstracts aus den zwei Komponenten „Zeichenlänge" und „Bezugspunkt" möchten wir eine inhaltliche Bestimmung von Abstracts allgemein nach Pinto (2006) ergänzen: „Abstracts are reduced, autonomous and purposeful textual representations of original texts, above all, representations of the essential content of the represented original texts" (ebd., S. 215). Sie lassen sich somit von Extracts unterscheiden, die lediglich Sätze oder Satzteile des fertigen Textes selektieren und neu anordnen (vgl. Stock & Stock, 2008, S. 380 f.). Sie haben nach Pinto vielmehr den Sinn einer eigenständigen Repräsentation. Stock und Stock unterscheiden ferner in ihrer informationswissenschaftlichen Publikation zwischen einem dokumentorientierten Abstract, welches entsprechend einer homomorphen Informationsverdichtung „die relativen Anteile der Themen im Abstract mehr oder minder enthalten [soll]" (ebd., S. 385), und einem perspektivischen Abstract, welches einem paramorphen Vorgehen folgt, was bedeutet, dass „gewisse Teile der Aboutness der dokumentarischen Bezugseinheit referiert und andere ausgelassen werden, insofern die ausgelassenen Gesichtspunkte für die Zielgruppe irrelevant sind" (ebd.).

Stock und Stock weisen auf weitere Unterscheidungsebenen hin (vgl. ebd., S. 389 f.): So geht ein indikatives Abstract lediglich in verdichteter Form auf die verhandelten Sachverhalte eines umfangreichen Textes ein, während in informativen Abstracts ein Schwerpunkt darin liegt, die Ergebnisse und ihre Bedeutung darzulegen. Schließlich kann noch zwischen traditionellen (unstrukturierten) Abstracts unterschieden werden, die im Rahmen einer Zeichenbegrenzung als Blocktext erscheinen und gewisse Freiheiten zur Abfolge und zum Umfang von Inhalten ermöglichen, und strukturierten Abstracts, in denen vorgegebene Überschriften zur Gliederung und Ordnung genutzt werden (vgl. ebd., S. 390 f.).

Hinsichtlich der inhaltlichen Bestandteile eines RA-Abstracts möchten wir auf zwei Systematisierungsvorschläge hinweisen. So geht es bei der *move analysis* als Bestandteil der linguistischen Diskursanalyse darum, die Realisierung eines Schemas, wie der I-P-M-Pr-C-Abfolge, zu untersuchen (diese steht für Introduction, Purpose, Method, Product, Conclusion, vgl. Hyland, 2004, S. 67; vgl. Swales & Feak, 2009, S. 5). Alternativ dazu nehmen Huemer et al. (2012) eine eher wissenschaftstheoretische Perspektive ein und empfehlen in ihrer Schreibhilfe für wissenschaftliches Arbeiten eine Differenzierung der Textsegmente nach drei Kategorien: Verortung im Forschungsfeld, Aufzeigen einer Forschungsnische, Besetzen der Nische (vgl. ebd., S. 15).

2.2 RA-Abstracts als Untersuchungsgegenstand: Ein Literaturüberblick

Wissenschaftliche Untersuchungen und Einschätzungen zur Textsorte des RA-Abstracts haben in den vergangenen zwei Jahrzehnten Konjunktur erfahren. Dies dürfte einerseits mit der unproblematischen Zugänglichkeit dieser Texte in bereits sortierten digitalen Datenbanken zusammenhängen; andererseits lässt sich mit Blick auf Aussagen, wie „I routinely advise people to ‚spend as much time on your title and abstract as you spend on the rest of the paper'" (Eva, 2012, S. 40) konstatieren, dass RA-Abstracts im wissenschaftlichen Publikationswesen eine weitreichende Bedeutung zugemessen wird.

Wir konnten bei unserer Literaturrecherche mehrere Reflexionsräume zu Abstracts identifizieren, die teils aufeinander Bezug nehmen, teils weitgehend unabhängig geführt werden. Der folgende Überblick kann somit als Aktualisierung des Systematisierungsversuchs bei Kretzenbacher (1998) verstanden werden. So gibt es linguistische Untersuchungen in der Tradition der move analysis nach Swales und Feak (2009), die sich der Abfolge bestimmter rhetorischer Mittel in RA-Abstracts widmen (siehe bspw. Khany & Malmir, 2020). Auf die Thematisierung von RA-Abstracts in der Informations- und Bibliothekswissenschaft wurde bereits hingewiesen (Stock & Stock,

2008, s. o.). Möglichkeiten der automatisierten Erstellung von Abstracts werden in der Informatik thematisiert (siehe bspw. Saggion, 2008). Darüber hinaus finden auch disziplinspezifische Diskurse statt, die sich vor allem mit der Frage der Optimierung beschäftigen (allgemein Hartley, 1994; exemplarisch zum Diskurs in der Medizin: Vrijhoef & Steuten, 2007; Eva 2012). Abstracts als Möglichkeit, inhaltliche Analysen über ein bestimmtes Forschungsfeld durchzuführen, finden sich bspw. bei Kessler et al. (2020). Hier werden Abstracts genutzt, um die Disziplingenese zu beschreiben. Schließlich können Abstracts auch für vergleichende Analysen genutzt werden, bspw. hinsichtlich der Übersetzungen in andere Sprachen (Müller, 2008).

Parallel dazu finden sich Ratgeber für wissenschaftliches Arbeiten und Schreiben, die die Erstellung von RA-Abstracts thematisieren, indem sie Konventionen explizieren und Anleitungen zur Entwicklung handwerklicher Fähigkeiten mitliefern (bspw. Swales & Feak, 2009; Huemer et al., 2012). Teilweise werden diese auch von Lehrstühlen reformuliert und sind als Handreichung im Internet öffentlich auffindbar. Hinzu kommen natürlich noch die Vorgaben der Verlage, die die Gestalt(ung) von RA-Abstracts selbstredend beeinflussen (eine Linksammlung für medizinische Journale etwa bei Eva, 2012, S. 34).

Wir können auf diese Literatur insofern zurückgreifen, als dass wir die expliziten Verfahrensanweisungen für das Verfassen dieser Textsorten dahingehend prüfen können, ob diese hilfreiche Strategien zur Komplexitätsreduktion beinhalten. Damit möchten wir einen weiteren Reflexionsraum eröffnen, der ergänzend zur referierten Literatur RA-Abstracts als Variante von WK aufgreift und sich mit Fragen der Abstraktion und Vernetzung wissenschaftlicher Erkenntnis im Angesicht von Überfluss beschäftigt.

2.3 RA-Abstracts als Format interner Wissenschaftskommunikation

Ziel dieses Unterkapitels ist es, die Textsorte der RA-Abstracts über deren Reformulierung als Format interner WK mit den wissenschaftstheoretischen Vorbemerkungen aus Kapitel 1 zu verknüpfen. Dies gelingt, indem das RA-Abstract als Bestandteil der „*scholary communication*" (Lüthje, 2017, S. 110 – Herv. i. Orig.) verstanden wird, d. h. als eine Möglichkeit der wissenschaftlichen Kommunikation, sich über gemeinsame Fragestellungen und Forschungsergebnisse auszutauschen, wie es nach Stichweh für Disziplinen konstitutiv ist.

Interne WK wird durch die Normierung der Kommunikation charakterisiert, „wobei alle Regeln wissenschaftsintern erzeugt, historisch gewachsen und gleichzeitig prinzipiell wandelbar sind durch die Interaktion von wissenschaftlichen Feldregeln und individuellem Habitus" (Lüthje, 2017, S. 110). RA-Abstracts können der formalen internen WK zugeordnet werden, da sie sich als begleitende Praktik der Textsorte „Zeitschriftenartikel" zählen lässt (vgl. ebd., S. 111). Es handelt sich damit um ein Konstrukt, welches seine formale Gestalt dadurch erlangt, dass es beständig im wissenschaftlichen Kommunikationszusammenhang reproduziert wird, womit sich ein reziprokes Verhältnis von Erwartungen an die Textgestaltung einstellt, welches sich aus dem Lesen anderer und dem Schreiben eigener Abstracts speist. RA-Abstracts sind eng mit der Originalpublikation, auf die sie verweisen, verknüpft.

Damit gilt auch für sie, dass sie „sich an einen nicht spezifizierten, personell potentiell unbeschränkten Adressatenkreis" (Taubert, 2017, S. 126) richten, was dadurch nochmals gesteigert wird, dass RA-Abstracts im Internet – im Gegensatz zu den Artikeln selbst – meist öffentlich und kostenlos angeboten werden. Insofern weist die Bezeichnung „intern" weniger auf den öffentlichen Zugang hin, sondern markiert den Bedarf an Fachkompetenz, um an dieser Kommunikation teilnehmen zu können (vgl. ebd.) – also kurz: technische Zugänglichkeit ungleich inhaltliche Zugänglichkeit. Die nach Stichweh erforderlichen Termini zur Beschreibung des Erkenntnisgegenstandes werden daher wie selbstverständlich in RA-Abstracts referiert (vgl. Stichweh, 2013, S. 56), da die Autor:innen nicht erwarten müssen, an dieser Stelle den Kontakt zu einem anderen gesellschaftlichen Teilsystem zu bewältigen.

Wir hatten in den Vorbemerkungen bereits darauf verwiesen, dass Stichweh das Zitieren in wissenschaftlichen Publikationen als zentrales Kriterium ansieht, um die moderne Wissenschaft als autopoietisches System zu verstehen. Der Publikationsverweis als Akt „extreme[r] Reduktion" (Stichweh, 2013, S. 60) kann realisiert werden, da sich auf den Kern des vorausgegangenen Erkenntnisgewinns konzentriert wird. RA-Abstracts unterstützen diese Praxis: weniger als Formulierungsvorschlag, sondern eher in der Konkretisierung des wissenschaftlichen Mehrwerts, d. h. als explizierte Vorstellung der Autor:innen, wie sie in der Community rezipiert werden möchten[2] sowie der selbstbewussten Behauptung, sich für den jeweiligen Diskurszusammenhang einer Disziplin qualifiziert zu haben und anschlussfähig (d. h. zitationsfähig) zu sein. Damit ergänzen wir gängige Funktionssammlungen, wie etwa bei Swales und Feak (2009), um eine neue Komponente. Wird Komplexitätsreduktion in RA-Abstracts betrieben, geschieht dies nicht als reiner Selbstzweck, da es sich in den meisten Fällen um ein perspektivisches, informatives Kurzreferat handelt (s. o.), welches in einer hochformalisierten und erwartungsgetriebenen Umgebung die genannten Funktionen interner WK zu erfüllen hat.

3 Die Textsorte „Pressemitteilung"

3.1 Was ist eine universitäre Pressemitteilung?

Ob Großunternehmen, Museen, Ämter oder Universitäten – Pressemitteilungen gehören zum ältesten Repertoire professioneller Öffentlichkeitsarbeit und ihre verschiedenartigen Gestaltungsweisen sind direkt an die strategischen Ziele von organisationaler Kommunikation gebunden (vgl. Bischl, 2015, S. 3). Diese Ziele können sowohl kurzfristig, auf die schnelle Verbreitung von Informationen über wichtige Veranstaltungen, neue Produkte oder wissenschaftliche Erkenntnisse ausgelegt sein, als auch die langfristige Etablierung einer konsistenten Außendarstellung anstreben (vgl. ebd.). Letzteres gelingt durch eine bewusste Auswahl und Kuratierung der zu veröffentlichenden Meldungen.

---

[2] Selbstverständlich ist damit nichts darüber gesagt, wie eine Publikation tatsächlich rezipiert wird – das ist abhängig von den jeweiligen Diskurskonjunkturen in der Disziplin.

Die hier untersuchten Pressemitteilungen von Universitäten (kurz: PM) dienen der sekundären Publikation neuer wissenschaftlicher Erkenntnisse. Diese wurden zuvor in fachspezifischen Publikationsformaten veröffentlicht, die auf ein fachinternes Publikum ausgerichtet sind (siehe Kapitel 2.3). Den Zugang zu diesem Wissen jedoch auch einer fachexternen, allgemeineren Öffentlichkeit zu ermöglichen, bedarf einer professionellen Übersetzungsleistung, die Universitäten u. a. mithilfe von PM umsetzen. Dabei konkurrieren sie insbesondere um die Aufmerksamkeit von Journalist:innen der lokalen sowie überregionalen oder auch internationalen Presse, die als Sprachrohre für die Verbreitung der PM dienen und als Hauptadressat:innengruppe gelten (vgl. ebd., S. 4). In Anpassung an die Bedürfnisse dieser Zielgruppe ist die Verwendung einer journalistischen Schreibweise bei PM unumgänglich, da sie Journalist:innen die Übernahme der Inhalte erleichtert und entsprechend eine regelmäßige Berichterstattung über die Universität und ihre Mitglieder sichern soll (vgl. ebd., S. 1). Aufgrund der hier beschriebenen geradlinigen Kommunikationskette, die dann von Journalist:innen selbst noch verlängert wird, ist die PM als eine monodirektionale Form der WK einzuordnen (vgl. Autzen, 2018, S. 10; vgl. Kapitel 3.3).

Als *Sekundärtextsorte* nach Göpferich-Görnert (2018) erfüllen PM die Funktionen, den Inhalt der vorausgegangenen Publikation zu subsumieren, mit Blick auf einen allgemein verständlichen Zugang dessen wichtigsten Erkenntnisse zu selektieren und zu erläutern und diese alltagsnah zu kontextualisieren sowie zu evaluieren (vgl. ebd., S. 550). Ziel ist es, dass sich für die Leser:innen der PM die Relevanz ihres Inhalts unabhängig von der eigenen Fachkompetenz offenbart (vgl. Autzen, 2014, S. 3). Die sprachliche Ausgestaltung des Textes bewegt sich dabei auf dem schmalen Pfad zwischen einem Höchstmaß an Verallgemeinerung und einem Mindestmaß an Spezialisierung (vgl. ebd.). Die Qualität einer PM verwirklicht sich somit in einer Vereinfachung der komplexen Sachverhalte, ohne dabei ihre wissenschaftliche Evidenz zu verringern oder gar Fakten zu verfälschen.

3.2 Universitäre Pressemitteilungen als Untersuchungsgegenstand: Ein Literaturüberblick

Aus unseren Literaturrecherchen zur Rolle von PM im wissenschaftlichen Diskurs ergab sich das Bild, dass diese in zweierlei Hinsicht thematisiert werden: indirekt, als eine von vielen Kommunikationsformen, die in der Forschung zu Hochschul- und Wissenschaftskommunikation aufgegriffen werden, und direkt, als ein strategisches Textformat, welches nicht nur Auskunft über wissenschaftliche Inhalte, sondern auch Anlass zum Metadiskurs und einer genauen Analyse ihrer organisationalen sowie institutionellen Rahmenbedingungen gibt.

Im Rahmen der indirekten Auseinandersetzung mit PM wird die Entwicklung der Pressearbeit wissenschaftlicher Einrichtungen bereits zu Beginn des 20. Jahrhunderts verortet (vgl. Koenen & Meißner, 2019, S. 44). Dieses berufliche Handlungsfeld hat sich innerhalb eines Jahrhunderts stark professionalisiert und institutionalisiert. Im Anschluss daran haben sich mehrere Forschungsfelder zur Untersuchung dieser Praxis herausgebildet.

So erarbeiten Fähnrich et al. (2019) ein Mehrebenenmodell zur Strukturierung verschiedener Ansätze der Organisationskommunikationforschung. Die PM lässt sich darin hinsichtlich Komplexitätsreduktion vor allem der Frage nach „Funktionen, Zielgrößen und Strategien von Hochschulkommunikation" (ebd., S. 62.), also dem „Wie?" auf der Mesoebene zuordnen. Daran anschließend fasst Raupp (2017) unter dem Begriff der „strategischen Wissenschaftskommunikation" jene intentionale Kommunikation zusammen, die sowohl organsationsintern als auch -extern ausgerichtet ist, deren organisationale Ziele sich jedoch stets an jener Umwelt der Organisation orientieren, an deren Erwartungen sie sich gebunden sieht, um Legitimation zu generieren (vgl. ebd., S. 145 f.).

Bei der direkten Auseinandersetzung mit PM ist hingegen zunächst jene Literatur zu benennen, welche sie als eine professionelle Tätigkeit in Lehrbüchern und Ratgebern für Beschäftigte von PR- und Pressestellen erläutert, wie bspw. in *Die professionelle Pressemitteilung* von Bischl (2015). In dieser Monografie werden verschiedenartige PM und deren Spezifika in Zielgruppe, Textaufbau und Sprache exerziert. Hier lassen sich einige Indizien für die Gestaltung und Relevanz von Komplexitätsreduktion in der direkten Textpraxis finden, die für die Beantwortung unserer Fragestellung hilfreich sind (siehe Kapitel 4.1).

Einen metadiskursiven Beitrag zu PM leistet Autzen (2014; 2018). Sie verortet diese in einem Diskurs zwischen der Öffentlichkeitsarbeit und der WK akademischer Einrichtungen. Dabei stellt sie heraus, dass diese beiden Funktionsbereiche in PM untrennbar miteinander verwoben sind und ein reziprokes Abhängigkeitsverhältnis bilden (vgl. Autzen, 2014, S. 5). In Folge der Annahme der Unvermeidbarkeit von organisationaler Selbstdarstellung in WK formuliert sie ähnlich Raupps Definition der strategischen WK die These, dass PM signifikante Einsichten in die Beschaffenheit, Ziele, Schwerpunkte und Strukturen einer Organisation geben, d. h. ihrer Identität und der Art, wie sie sich zu ihrer Umwelt positioniert (vgl. Autzen, 2018, S. 10). Des Weiteren konstatiert Autzen, dass von dem einst vermuteten Aussterben der PM als ein veraltetes Kommunikationsformat nicht mehr zu sprechen sei, da sie häufiger erforscht werden und für Universitäten im Kontext der WK eine der wohl wichtigsten Brücken zur nachgeschalteten Berichterstattung durch Journalist:innen und damit zur Öffentlichkeit darstellen (vgl. ebd., S. 11).

In dieser Entwicklung zeichnet sich ein Trend des *copying and pasting* ab, den Autzen als eine gängige Praxis bei der Verwendung der PM in der WK identifiziert (vgl. ebd., S. 2). Die Inhalte der PM werden häufig auf direktem Wege kopiert und als journalistischer Artikel veröffentlicht. Dies spielt dahingehend eine große Rolle, dass die normativen Intentionen der Universitäten, welche in die PM eingebettet sind, ggf. ungefiltert in die Öffentlichkeit getragen werden.

3.3 Universitäre Pressemitteilungen als Format externer Wissenschaftskommunikation

Im vorangegangenen Abschnitt wurde die PM in verschiedenen Kontexten als fachexterne, monodirektionale, strategische und sekundäre Kommunikation charakterisiert. Diese Charakterisierung soll nun unter dem Begriff der externen WK nach Könneker

(2017) zusammengefasst werden, der sich durch die Adressierung von „Nicht-Spezialisten" auszeichnet (ebd., S. 445). Fundament für diese Kommunikation sei die Zusammenarbeit der drei Hauptakteur:innen (I) Wissenschaftler:innen – als organisationsinterne, forschende Individuen; (II) Journalist:innen – als autarke, kritische Beobachter:innen sowie Berichterstatter:innen; (III) Beschäftigte der Medien- und Öffentlichkeitsarbeit – als mittelnde Instanz zwischen der Wissenschaft und der Gesellschaft (vgl. ebd., S. 461–464). Das Zusammentreffen dieser Akteur:innen zeigt sich anhand der PM besonders deutlich: Wissenschaftler:innen werden aktiv in den Entstehungsprozess der PM eingebunden, um die komplexen, wissenschaftlichen Themen adäquat aufzuarbeiten, und treten nicht selten mit ihren eigenen Worten in Form von kurzen, erläuternden Zitaten auf. Ziel dieses Arbeitsprozesses ist es, die Inhalte der PM möglichst passgenau für die Bedürfnisse der Adressatengruppe aufzubereiten. Die Bemühungen dieser drei Gruppen bestehen laut Könnecker in der „Kommunikation von Wissenschaft" (ebd., S. 456), die allgemeinhin dem Ziel dient, die *„science literacy"* (ebd. – Herv. i. Orig.), also die wissenschaftliche Bildung der Nicht-Expert:innen, zu verbessern.

Diese hier beschriebene Dimension der „Kommunikation *von* Wissenschaft" erweitert er durch zwei weitere Dimensionen – der „Kommunikation *für* Wissenschaft" und „Kommunikation *über* Wissenschaft" – zu einem Modell praktischer, externer WK (ebd., S. 469 – Herv. i. Orig.).

Die Dimension „Kommunikation *für* Wissenschaft" reicht über das reine Kommunizieren von Wissen hinaus, da hierbei die individuellen und organisationalen Intentionen realisiert werden (vgl. ebd., S. 460). Wie in Unterkapitel 3.2 bereits herausgearbeitet wurde, sind PM von diesen Intentionen maßgeblich bestimmt. Zeitgleich wird das durch die PM verbreitete Wissen als ein vorzeigbares, hohes Gut der Universität bestimmt. Schlussfolgernd aus dieser Feststellung kann in der PM eine Demonstration und Reproduktion der Bedeutung von Universitäten gesehen werden, da sie zu den wenigen gesellschaftlichen Organisationen gehören, die explizit zur Generierung von neuem Wissen befugt sind (vgl. Autzen, 2014, S. 4). Sie befinden sich ebenso in Relation zu den Forschungsarbeiten anderer Universitäten, mit denen sie u. a. auf dem Markt der Studierenden, des wissenschaftlichen Nachwuchses und in Publikationsrankings konkurrieren (vgl. ebd.). Darüber hinaus sind Universitäten dazu in der Lage, durch erfolgreiche PM Themen ihrer organisationalen Forschungsschwerpunkte auf der gesellschaftlichen Agenda zu platzieren (vgl. ebd., S. 4). Dies kann bspw. auch hinsichtlich der Entstigmatisierung und Legitimation der Erforschung gesellschaftlich umstrittener Forschungsbereiche genutzt werden, wie bspw. die Humangenomforschung (Könneker, 2017, S. 469; Raupp, 2017, S. 157).

Im Rahmen der Dimension von „Kommunikation *über* Wissenschaft" können dann Journalist:innen als unabhängige Instanz auftreten und die Aufgabe übernehmen, Wissenschaft im Kontext anderer gesellschaftlicher Bereiche kritisch zu hinterfragen (vgl. Könneker, 2017, 470; in Kapitel 3.2 wurde auf gegenläufige Entwicklungen hingewiesen).

Mithilfe Könnekers Perspektive auf PM wird deutlich, was Abbott als charakteristisch für reaktive Strategien des Umgangs mit Überfluss beschreibt: Erst durch die Würdigung einzelner Publikationen von Universitätsmitgliedern in Form von PM bei gleichzeitiger Nichterwähnung der restlichen Publikationsleistungen am Standort erscheint die Universität anschlussfähig an die gesellschaftlichen Rezeptionskapazitäten für wissenschaftliche Erkenntnis.

Dieser Bearbeitungsmechanismus zum Umgang mit der Menge wissenschaftlicher Erkenntnis ist jedoch verschränkt mit den organisationalen Zielen der Universitäten. Sie versuchen auch mithilfe von PM eine bestimmte Außendarstellung zu konstruieren. Dafür greifen sie auf bewährte Vergabemechanismen von Anerkennung in der Wissenschaft zurück, bspw. indem in den PM das Renommee eines Journals aufgegriffen wird. Die Ausführungen dieses Kapitels lassen sich darin verdichten, dass PM die Kulmination dreier Selektionsebenen darstellt: 1. der Bedarf der Selektion von Wissen am Übergang zu anderen gesellschaftlichen Teilsystemen, 2. die Reproduktion wissenschaftsinterner Selektionsverfahren (bspw. das Publizieren in gut indexierten Journalen) sowie 3. die Selektion der Publikationsleistung von Universitätsmitgliedern hinsichtlich der organisationalen Profilierungsziele. Eine Begleiterscheinung dessen scheint die Anpassung des Wissenschaftssystems an das Gesellschaftssystem in Form der Medialisierung von Wissenschaft zu sein (vgl. Weingart, 2001). Diese Entwicklungslinie der WK beschreibt die zunehmende Übernahme der Medienlogik in die Wissenschaftslogik, wie es sich schließlich auch anhand der Adaption der journalistischen Schreibweise in PM verdeutlicht. Werden PM und ihre inhärenten Logiken des Auswählens in Teilen oder im Ganzen von Journalist:innen übernommen, kann die Universität die drei genannten Ziele (Gesellschaft über einzelne Aktivitäten informieren, Anerkennungsvergabe in der Wissenschaft berücksichtigen, eigene Organisationsziele verfolgen) realisieren. Die Chance zur Übernahme lässt sich entsprechend steigern, indem die PM weitestgehend journalistischen Gepflogenheiten entspricht.

4 Strategien der Komplexitätsreduktion? Eine rekursive Suche

Es geht nun darum, die vorangegangenen Literaturhinweise hinsichtlich unserer Fragestellung zu prüfen: Lassen sich in diesen Texten tatsächlich Strategien zur Reduktion von Komplexität ausmachen?

4.1 Hinweise aus der Literatur

Bei der Sichtung der Literatur sahen wir uns mit der Herausforderung konfrontiert, dass oft darüber geschrieben wird, worauf zu achten sei und aus welchen Bausteinen die Texte bestehen, statt näher darauf einzugehen, wie man aus einem Komplex von Argumentationssträngen und Nebenerläuterungen das Wesentliche einer wissenschaftlichen Publikation extrahiert und reformuliert. Zu explizieren, wie Komplexitätsreduktion genau funktioniert, scheint bislang kaum möglich – stattdessen wird von Kunstfertigkeit, Übung oder der Notwendigkeit einer professionellen Ausbildung gesprochen. Zusammenhängende Strategien, die bei solchen Arbeitsschritten mit dem Ziel der Komplexitätsreduktion Anwendung finden, lassen sich mit Blick auf die vorliegende Literatur bislang nicht darstellen.

Wir haben uns daraufhin entschieden, das ambitionierte Ziel einer Explikation von verschiedenen Strategien fallen zu lassen und uns stattdessen dem Strategiebegriff durch die Bestimmung einzelner Hilfskonstrukte zu nähern. Das bedeutet nicht, dass keine Strategien als Ausdruck wissenschaftskommunikativer Logiken zur Anwendung kommen – wir müssen allerdings erst beschreiben können, welche Strategiekomponenten zur Verfügung stehen. Wie diese kombiniert und welche Spannungen und Widersprüche dadurch evoziert werden, können wir an dieser Stelle allerdings nicht vollständig darlegen. Wir haben uns im Folgenden darauf konzentriert, die in der Literatur verhandelten Sollens-Bestimmungen dahingehend zu prüfen, ob sie nicht auch als Hilfe zu verstehen sind, solch anspruchsvolle Texte wie RA-Abstracts und PM anzufertigen. Da es sich um einen Querschnitt der Literatur handelt und viele Aspekte bereits erläutert wurden, verzichten wir auf genaue Verweise. Die Schriften von Autzen (2014), Bischl (2015), Eva (2012), Huemer et al. (2012), Swales und Feak (2009) sowie Vrijhoef und Steuten (2007) sind allerdings als vorrangige Bezugspunkte zu verstehen, die die folgenden Hilfen oftmals angedeutet haben, sie jedoch nicht systematisch und in verdichteter Form in den Blick nehmen.

Als erste Hilfe lässt sich die Berücksichtigung formaler Vorgaben beschreiben: Sowohl RA-Abstracts als auch PM haben restriktive Vorgaben zum Textumfang und zur Textgestalt, die zwar leicht variieren können, aber gleichsam formbestimmend sind. Es mag paradox klingen, dass eine Zeichenbegrenzung oder auch Zwischenüberschriften dabei helfen, einen Text zusammenzufassen – allerdings wirkt es sich positiv aus, wenn die äußere Form im Voraus feststeht und dann ausgefüllt werden muss. Die formalen Vorgaben beziehen sich aber auch oft auf den Inhalt und damit auf den Aspekt der Wohlgeformtheit: Damit ist angesprochen, dass in den beiden Textsorten darauf zu achten ist, die verschiedenen, jeweils relevanten Textbestandteile auszubalancieren, d. h. sie in einem ausgewogenen Verhältnis anzusprechen. Als Herausforderung wird bspw. genannt, in RA-Abstracts den Methodenteil knapp zu halten. Für PM wären andere Textbestandteile von Bedeutung, wie bspw. Erklärungen oder auch wörtliche Zitate, die nicht im Übermaß verwendet werden dürfen. Etwas anders gelagert ist die Hilfe der Kohärenz: Hier geht es darum, thematische Sprünge zu vermeiden, die einzelnen Sätze aufeinander abzustimmen, sodass der jeweilige Text eine eigene, durchgehende und vollständige Argumentation erhält. Um solche Empfehlungen einzuüben, wird in der Literatur häufig empfohlen, bereits veröffentlichte Texte zu lesen und deren Struktur nachzuempfinden. Dies ist Hilfe durch Imitation, was meint, dass beide Textsorten sich durch einen hohen Grad an Selbstähnlichkeit auszeichnen. Des Weiteren finden sich Aufforderungen dazu, die Terminologie der Publikation aufzugreifen, was ebenfalls beim Textbau helfen kann. Allein diese fünf Hilfen zusammengenommen können als große Herausforderung verstanden werden – wir argumentieren jedoch, dass sich gerade diese starre Formulierungsumgebung als hilfreich erweisen kann, da es vergleichsweise einfach ist, einen ersten Anfang zu finden (bspw. mit den zentralen Begriffen der Originalpublikation), was dann unmittelbar eine Kaskade fortführender Sollens-Bestimmungen aktiviert, die der weiteren Wortfindung dienlich sind. Schließlich sei noch zu ergänzen, dass wir in der vorgestellten Literatur zu beiden Textsorten Aufforderungen gefunden haben, die zuspitzende Formulierungen einforderten und empfahlen, klar zu benennen, warum nun genau diese wissenschaftliche Arbeit geleistet werden musste, d. h. eine Bedarfsanzeige. Wir gehen davon aus, dass diese beiden letztgenannten Hilfen zur Komplexitätsreduktion im Besonderen mit der Überfluss-Problematik zusammenhängen. Sie leisten Hilfe, indem eine subsumptionslogische Ausrichtung aktiviert wird, d. h. die Argumentationslinie wird dann in Abhängigkeit zu einem bestimmten Bedarf oder einer provokanten Aussage aufgebaut.

Neben diesen Hilfen, die den beiden hier verhandelten Textsorten gemein sind, konnten wir auch Hilfen ausmachen, die textsortenspezifisch zur Anwendung kommen. So gibt es bei den RA-Abstracts eine ausgeprägte Orientierung hinsichtlich der Struktur und Abfolge in der Originalpublikation. Diese ist besonders eindrücklich, wenn es sich um strukturierte Abstracts handelt. Es ist zu vermuten, dass eine geforderte Abstract-Struktur ihrerseits wieder auf die Formulierung und Abfolge von Kapitelüberschriften Einfluss nimmt. Das Resultat besteht dann oft in der Formel: ein Satz im RA-Abstract = ein Kapitel im Volltext. Eine weitere Hilfe ergibt sich aus dem Umstand, dass es um interne WK geht: Wir gehen davon aus, dass es bei der Erstellung eines RA-Abstracts hilft, wenn bestimmte, disziplinspezifische Codes eingebaut werden. Diese sollen freilich auf den gemeinsamen Kommunikationszusammenhang verweisen und die Zitationsfähigkeit unterstützen (bspw. mittels Begriffen, Namen, Zeichen oder einer Kombination von diesen), helfen aber auch dabei, Relevanzen herauszustellen: Worin möchte man keinesfalls falsch verstanden werden? An welchen Diskurs möchte man anknüpfen? Solche Fragen zu verfolgen scheint bei der Suche nach zu verbindenden Textbausteinen ein probates Mittel zu sein.

Weitere Hilfen lassen sich spezifisch für PM identifizieren; hier wurde bereits darauf hingewiesen, dass mittels PM organisationale Ziele verfolgt werden können. Wenn also der Zweck einer PM bereits (implizit) feststeht, gelingt die Textformulierung ggf. leichter. Hinzu kommt eine Ergebnisorientierung, d. h. eine Fokussierung darauf, was genau neu an einer Erkenntnis ist, bei gleichzeitiger Vernachlässigung theoretischer und methodischer Feinheiten. Drittens ist es in PM möglich, wesentliche Abstraktionsleistungen den Wissenschaftler:innen selbst zu überlassen und diese zu zitieren. Indem bspw. Erläuterungen aus erster Hand Verwendung finden, müssen Pressestellenmitarbeiter:innen nicht mehr auf mühsame Paraphrasierungstechniken zurückgreifen. Ferner ist es in einer PM möglich, Kontextinformationen zur Frage „Wer war wo, wann und wie beteiligt?" zu liefern. Auch hier scheint es zunächst widersprüchlich, dass zusätzliche Details bei der Komplexitätsreduktion helfen, doch lassen sich darüber auch simplifizierende Erzählfäden spinnen, die die komplexe Forschung griffig werden lassen. So kann es bspw. hilfreich sein zu erläutern, wer bei einem Forschungsteam mitgewirkt hat und welche Gerätschaften benutzt wurden. Schließlich möchten wir darauf hinweisen, dass es für die Verfasser:innen einer PM produktiv sein kann, immer wieder zwischen den Modi des Nachvollzugs und der Verfremdung zu wechseln. Es handelt sich sozusagen um ein verkürztes „Stille-Post"-Prinzip, bei dem es darum geht, einen Sachverhalt mehrmals einem Prozess des Verstehens und Artikulierens auszusetzen.

Diese Liste kann selbstverständlich nicht als vollständig angesehen werden, doch ist sie aus unserer Sicht ein Anfang bei der Beantwortung der Frage, wie die Reduktion von Komplexität alltäglich im Kontext akademischen Arbeitens vollzogen wird.

4.2 Empirische Zugänge

An dieser Stelle können lediglich Eckpunkte einer noch durchzuführenden empirischen Erhebung zusammengetragen sowie anhand eines Beispiels ein Ausblick darauf geben werden, was eine solche materialbasierte Untersuchung zu leisten imstande wäre. Die folgenden Überlegungen beziehen sich auf dieselbe Fragestellung wie dieser Beitrag.

Aus unserer Sicht würde es sich bei einem solchen Vorhaben anbieten, die aufgeworfene Perspektive beizubehalten, d.h. PM und RA-Abstracts zu suchen, die dieselbe Originalpublikation zum Gegenstand haben. Dies ermöglicht es, bereits zu einem frühen Zeitpunkt komparativ zu arbeiten. Inwiefern diese Originalpublikation ebenfalls Gegenstand der Analyse sein soll, bleibt an dieser Stelle eine offene Frage: Je nach konkreter Zielsetzung käme es darauf an, tatsächlich die Komplexität des Volltextes und ihre Weiterverarbeitung zu analysieren – oder zu beobachten, welche typischen sprachlichen Realisierungen unabhängig vom Inhalt in RA-Abstracts und PM als standardisierte Formate verwendet werden. Daran würde sich die Frage anschließen, ob die Erhebung interdisziplinär angelegt sein kann oder fachspezifisch realisiert werden soll. Es müssten dann Spezifikationen vorgenommen werden, die berücksichtigen, inwiefern das Erstellen von PM und die Fachkommunikation in Journalen für die jeweilige Disziplin typisch bzw. von Relevanz ist.

Wir hatten bereits darauf hingewiesen, dass es sich bei RA-Abstracts und PM um Texte handelt, die in aufbereiteter und gut zugänglicher Form vorliegen. Plattformen wie der *Informationsdienst Wissenschaft* (idw) erlauben es, mit einer Abfrage die gesuchten PM zu erhalten – die dortigen Meldungen enthalten unserer Erfahrung nach zu einem Großteil direkte Links oder DOI-Identifier, die schnell zum jeweiligen Artikel und damit zum RA-Abstract führen. Es bietet sich an, einen längeren Zeitraum in den Blick zu nehmen, um sicherzustellen, dass bestimmte thematische Konjunkturen keinen Einfluss auf die Beobachtungen haben.

Schwieriger ist die Bestimmung eines adäquaten methodischen Vorgehens zur Analyse des empirischen Materials der beiden Textsorten: Die vorgestellten Hilfen zur Komplexitätsreduktion gehen über die Ebene des Inhalts einzelner Textelemente hinaus, wie sie u.a. in der move analysis oder der Qualitativen Inhaltsanalyse von Interesse wären. So geht es, mit Blick auf die beschriebenen Hilfen im vorherigen Kapitel, bspw. bei einem hohen Formalisierungsgrad vielmehr darum, die Textgestalt zu begreifen, oder beim Aspekt der Zuspitzung wäre genau zu beschreiben, wie dieser eingesetzt wird. Das gelingt mit paraphrasierenden und subsumierenden Methoden nicht zufriedenstellend. Zudem bestünde die Gefahr, dass solche Methoden der bewusst eingesetzten Strukturierung des Textes aufsitzen und redundante Daten erzeugen. Hier brauchte es ein flexibles qualitatives Verfahren mit dem Ziel einer (wissens-)soziologischen Theoriegenerierung. Es wäre zu prüfen, ob die *Grounded Theory* die notwendige Offenheit im Kodieren ermöglicht, um die in diesem Beitrag angedeuteten empirischen Phänomene angemessen zu erfassen.

Daran schließen sich weitere forschungspraktische Fragen an: Inwiefern werden Titel und Schlagworte in die Analyse integriert? Spielt die Autorschaft bei diesen Texten eine Rolle? Können Texte in unterschiedlichen Sprachen unmittelbar verglichen werden? Inwiefern ist der Vergleich von kommunikativen Praktiken verschiedener Disziplinen zulässig? Reichen Klassifizierungen wie die DFG-Fachsystematik aus, um disziplinäre Grenzen für die Bestimmung des Samples ausreichend beschreiben zu können? Je nachdem, wie solche Fragen begründet werden, könnten Erhebungen mit Fragestellungen zur Komplexitätsreduktion bei derselben Art von Datenmaterial sehr unterschiedliche Ergebnisse hervorbringen, deren Vergleichbarkeit nicht automatisch gegeben ist.

Gleichwohl möchten wir einen Ausblick geben, dass durch die Berücksichtigung empirischen Materials die obige Sammlung von Hilfen produktiv ergänzt und zu zusammenhängenden Strategien der Komplexitätsreduktion verdichtet werden kann. So dürfte es gewinnbringend sein, für RA-Abstracts den Aspekt der Zuspitzung detaillierter auszuarbeiten: Was bedeutet es, wenn wissenschaftliche Erkenntnis im Angesicht von Überfluss den Sensationsbezug als probates Mittel zur Relevanzsetzung verwenden muss, wenn es bspw. für die Abstract-Erstellung heißt „Be provocative and enticing" (Eva, 2012, S. 36)? Handelt es sich dabei um eine zulässige Hilfe oder bewirken solche Orientierungen eine zu starke Veränderung des Inhalts?

Des Weiteren ist auffällig, dass für PM oft die beteiligten Wissenschaftler:innen interviewt und Zitate daraus in die Meldung eingelassen werden. Dabei werden sie offenbar dazu angehalten, ihrer Forschung einen Sinn zu geben, d. h. zu explizieren, welchen allgemeinen gesellschaftlichen Zielen man ihre Arbeit zu- bzw. unterordnen kann. Dazu gehört auch das Äußern von Wünschen und Hoffnungen. Ein Beispiel einer PM zu Ergebnissen einer Forschungsgruppe, die sich mit der Kommunikation von Hirnregionen bei der Verarbeitung auditiver Impulse beschäftigt hat:

> „Die Forscher hoffen nun, dass das bessere Verständnis dieser Umstrukturierung von Hirnnetzwerken und des damit einhergehenden individuell unterschiedlichen Hörerfolgs zukünftig zu Fortschritten in der Behandlung von Sprachverständnisschwierigkeiten sowie der Weiterentwicklung von Hörgeräten beitragen kann." (Labahn, 2019)

Ein solcher Satz wäre untypisch für die schriftliche, innerdisziplinäre Fachkommunikation. Für die PM hingegen scheint sie jedoch – zumindest in Form eines indirekten Zitats – angemessen. Mehr noch: Offenbar haben solche Aussagen in diesen Texten eine wichtige Funktion, da sie als Versuch zu verstehen sind, eine wissenschaftliche Arbeit einem fachexternen Publikum zu erklären. Möglicherweise ist es für PM als Format externer WK hilfreich, auf solche allgemeinverständlichen Sinnbestimmungen zu rekurrieren, um die eigene Arbeit verständlich zu halten. Anders gesagt: Eine Forschungsleistung wird in PM mit zusätzlichen Aspekten angereichert und kontextualisiert, damit es Laien möglich wird, den vorgestellten Erkenntnisfortschritt in generalisierten Kategorien zu subsumieren und Bezüge herzustellen, die für das Verstehen des Inhalts gebraucht werden.

4.3 Wie gelingt es, Komplexität zu reduzieren? Eine Heuristik

Die in Folge der aufgeworfenen Fragestellung ausgearbeiteten Überlegungen zu Komplexitätsreduktion in RA-Abstracts und PM gilt es nun in eine Heuristik zu überführen, die anschlussfähig für weitere Untersuchungen zu den wissenschaftskommunikativen Logiken dieser beiden Textsorten ist.

Vor diesem Hintergrund bietet sich eine Heuristik an, die hinsichtlich der Hilfen zur Komplexitätsreduktion einen Bestand gemeinsamer wie differenter Ansätze beinhaltet und eine Forschungsperspektive zukünftiger materialgestützter Untersuchungen bietet. Sie stellt anhand von Stichworten jene Hilfen zur Komplexitätsreduktion dar, deren Verwendung ausgehend von der obigen Recherche in den beiden Textsorten zu erwarten ist:

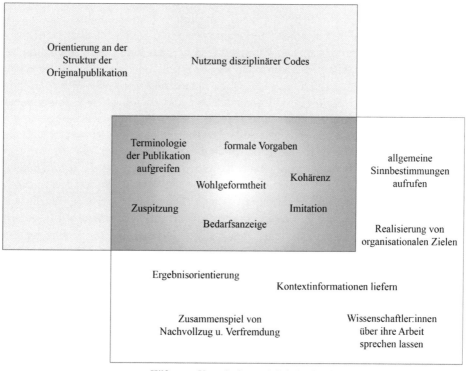

Abbildung 1: Hilfen zur Reduktion von Komplexität

Es ist erkennbar, dass die vorgestellten Textsorten eine größere Menge von gemeinsamen Hilfen zur Komplexitätsreduktion teilen, wenngleich ihre spezifische Anwendung unterschiedlich ausfallen dürfte. Es ist denkbar, dass dies den Hintergrund hat, dass beide Textsorten ihren Beitrag dazu leisten sollen, zeitökonomische Effizienz im Umfeld eines verstärkt mit Überfluss konfrontierten Kommunikationszusammenhangs herzustellen. Die Nutzung strukturierter RA-Abstracts und die Tendenz zur ungefilterten Übernahme von PM in nachgeschalteten Medien geben Anlass zu dieser Annahme. Unterschiede in der Anwendung könnten dann damit zusammenhängen, dass Komplexitätsreduktion in RA-Abstracts eher dem Modus der Verdichtung bei weiterhin hoher Komplexität folgt, während in PM der Modus der Vereinfachung mittels Erklärung präsent ist.

5 Ausblick: Hilfen bei der Reduktion von Komplexität

Dieser Beitrag beschäftigte sich vergleichend mit Abstracts zu wissenschaftlichen Artikeln in Fachzeitschriften sowie den dazugehörigen universitären Pressemitteilungen. Ziel war es, Strategien zu identifizieren, die in diesen Texten genutzt werden, um die Komplexität der Originalpublikation in der weiteren Kommunikation (intern/extern) zu reduzieren. Unser Beitrag konnte in diesem Zuge die Rahmenbedingungen solcher Texte anhand diverser Literaturhinweise und wissenschaftstheoretischer Überlegungen zusammentragen sowie einzelne Hilfen zur Komplexitätsreduktion benennen, nicht aber Strategien bestimmen. Es wäre somit Aufgabe einer empirischen Untersuchung, weitere Hilfen am Material zu identifizieren und die Verschränkung mehrerer Hilfen innerhalb eines Textes als Strategien zu reflektieren. Aus unserer Sicht ist es dabei gewinnbringend, diese Abfolge von Textbestandteilen weniger in linguistischer Tradition zu analysieren, sondern vorrangig eine (wissens-)soziologische Perspektive einzunehmen. In dieser Perspektive stehen dann nicht die Zusammenfassungsstrategien im Vordergrund, die sich ausschließlich aus dem textimmanenten Möglichkeitsraum speisen, sondern es geht um die Rekonstruktion von Spannungen und Widersprüchen, die entstehen, wenn in diesen Texten konfligierende Handlungsorientierungen vereint werden sollen. Es wäre zu vermuten, dass eine solche Arbeit im Ergebnis Antinomien identifiziert, welche grundsätzlich bei der Sicherung von Anschlussfähigkeit wissenschaftlicher Erkenntnis im Angesicht von Überfluss auftreten.

Literaturverzeichnis

Abbott, A. (2014). The Problem of Excess. *Sociological Theory, 32*(1), 1–26. https://doi.org/10.1177/0735275114523419

Autzen, C. (2014). Press releases – the new trend in science communication. *Journal of Science Communication, 13*(03), 1–8. https://doi.org/10.22323/2.13030302

Autzen, C. (2018). *Academic press releases caught between theory and practice: Making sense of a contested science communication practice* [unveröffentlichte Ph.D. thesis]. Odense: Syddansk Universitet Denmark.

Bischl, K. (2015). *Die professionelle Pressemitteilung*. Wiesbaden: Springer VS. https://doi.org/10.1007/978-3-531-19977-1

Eva, K. W. (2012). Titles, abstracts and authors. In G. M. Hall (Ed.), *How To Write a Paper* (pp. 33–41). Chichester: John Wiley & Sons Ltd.

Fähnrich, B., Kuhnhenn, M. & Raaz, O. (2019). Organisationsbezogene Theorien der Hochschulkommunikation. In B. Fähnrich, J. Metag, S. Post & M. S. Schäfer (Hg.), *Forschungsfeld Hochschulkommunikation* (S. 61–94). Wiesbaden: Springer VS. https://doi.org/10.1007/978-3-658-22409-7_4

Göpferich-Görnert, S. (2018). Textverständlichkeit. In N. Janich & K. Birkner (Hg.), *Handbuch Text und Gespräch* (S. 229–248). Berlin: De Gruyter. https://doi.org/10.1515/9783110296051-009

Hartley, J. (1994). Three ways to improve the clarity of journal abstracts. *British Journal of Educational Psychology, 64*(2), 331–343. https://doi.org/10.1111/j.2044-8279.1994.tb01106.x

Huemer, B., Rheindorf, M. & Gruber, H. (2012). *Abstract, Exposé und Förderantrag: Eine Schreibanleitung für Studierende und junge Forschende*. Wien: Böhlau.

Hyland, K. (2004). *Disciplinary discourses: Social interactions in academic writing*. Ann Arbor: University of Michigan Press.

Kessler, S. H., Fähnrich, B. & Schäfer, M. S. (2020). Science communication research in the German-speaking countries: A content analysis of conference abstracts. *Studies in Communication Sciences, 19*(2), 243–251. https://doi.org/10.24434/j.scoms.2019.02.012

Khany, R. & Malmir, B. (2020). A Move-marker List: A Study of Rhetorical Move-lexis Linguistic Realizations of Research Article Abstracts in Social and Behavioural Sciences. *RELC Journal, 51*(3), 381–396. https://doi.org/10.1177/0033688219833131

Koenen, E. & Meißner, M. (2019). Historische Perspektiven der Hochschulkommunikation. In B. Fähnrich, J. Metag, S. Post & M. S. Schäfer (Hg.), *Forschungsfeld Hochschulkommunikation* (S. 39–59). Wiesbaden: Springer VS. https://doi.org/10.1007/978-3-658-22409-7_3

Könneker, C. (2017). Wissenschaftskommunikation in vernetzten Öffentlichkeiten. In H. Bonfadelli, B. Fähnrich, C. Lüthje, J. Milde, M. Rhomberg & M. S. Schäfer (Hg.), *Forschungsfeld Wissenschaftskommunikation* (S. 453–476). Wiesbaden: Springer VS. http://doi.org/10.1007/978-3-658-12898-2_24

Kretzenbacher, H. L. (1998). Fachtextsorten der Wissenschaftssprachen III: Abstract und Protokoll. In L. Hoffmann, A. Burkhardt, G. Ungeheuer, H. E. Wiegand, H. Steger & K. Brinker (Hg.), *Handbücher zur Sprach- und Kommunikationswissenschaft* (S. 493–499). Berlin: De Gruyter.

Labahn, R. (2019). *Wie Hirnregionen einander zuhören* [Pressemitteilung: 02.01.2019]. Universität zu Lübeck. https://idw-online.de/de/news708421 [letzter Zugriff: 04.02.2021]

Larsen, P. O. & Ins, M. von (2010). The rate of growth in scientific publication and the decline in coverage provided by Science Citation Index. *Scientometrics, 84*(3), 575–603. https://doi.org/10.1007/s11192-010-0202-z

Lüthje, C. (2017). Interne informelle Wissenschaftskommunikation. In H. Bonfadelli, B. Fähnrich, C. Lüthje, J. Milde, M. Rhomberg & M. S. Schäfer (Hg.), *Forschungsfeld Wissenschaftskommunikation* (S. 109–124). Wiesbaden: Springer VS. https://doi.org/10.1007/978-3-658-12898-2_6

Müller, I. (2008). *Die Übersetzung von Abstracts aus translationswissenschaftlicher Sicht (Russisch-Deutsch-Englisch)*. Berlin: Frank & Timme.

Pinto, M. (2006). A grounded theory on abstracts quality: Weighting variables and attributes. *Scientometrics, 69*(2), 213–226. https://doi.org/10.1007/s11192-006-0150-9

Raupp, J. (2017). Strategische Wissenschaftskommunikation. In H. Bonfadelli, B. Fähnrich, C. Lüthje, J. Milde, M. Rhomberg & M. S. Schäfer (Hg.), *Forschungsfeld Wissenschaftskommunikation* (S. 143–163). Wiesbaden: Springer VS. https://doi.org/10.1007/978-3-658-12898-2_8

Saggion, H. (2008). Automatic Summarization: An Overview. *Revue française de linguistique appliquée, XIII* (1), 63. https://doi.org/10.3917/rfla.131.0063

Stichweh, R. (2013). *Wissenschaft, Universität, Professionen: Soziologische Analysen*. Bielefeld: transcript.

Stock, W. G. & Stock, M. (2008). *Wissensrepräsentation: Informationen auswerten und bereitstellen*. München: Oldenbourg.

Swales, J. & Feak, C. B. (2009). *Abstracts and the writing of abstracts*. Ann Arbor: University of Michigan Press.

Taubert, N. (2017). Formale wissenschaftliche Kommunikation. In H. Bonfadelli, B. Fähnrich, C. Lüthje, J. Milde, M. Rhomberg & M. S. Schäfer (Hg.), *Forschungsfeld Wissenschaftskommunikation* (S. 125–139). Wiesbaden: Springer VS. https://doi.org/10.1007/978-3-658-12898-2_7

Vrijhoef, H. J. & Steuten, L. M. (2007). How to write an abstract. *European Diabetes Nursing, 4*(3), pp. 124–127. https://doi.org/10.1002/edn.93

Weingart, P. (2001). *Die Stunde der Wahrheit? Zum Verhältnis der Wissenschaft zu Politik, Wirtschaft und Medien in der Wissensgesellschaft*. Weilerswist: Velbrück Wissenschaft.

Abbildungsverzeichnis

Abb. 1   Hilfen zur Reduktion von Komplexität 67

Über den Autor und die Autorin

Arne Arend ist Student am Institut für Pädagogik der Martin-Luther-Universität Halle-Wittenberg und Sprecher des studentischen Arbeitskreises „Uni im Kontext".
Kontakt: arne.arend@student.uni-halle.de

Liska Niederschuh ist Studentin am Institut für Soziologie sowie am Institut für Pädagogik der Martin-Luther-Universität Halle-Wittenberg und Mitglied des studentischen Arbeitskreises „Uni im Kontext".
Kontakt: liska.niederschuh@student.uni-halle.de

Wissenstransfer und Partizipation: Herausforderungen durch heterogene gesellschaftliche Zielgruppen

Cäcilia Jeggle, Marina Buch & Ariadne Sondermann

Zusammenfassung

Durch eine zielgruppenorientierte Wissenschaftskommunikation und die Umsetzung dialogischer und partizipativer Ansätze kann bidirektionaler Transfer zwischen Hochschule und Gesellschaft realisiert und zu Lösungsansätzen für gesellschaftliche Herausforderungen beigetragen werden. Anhand ausgewählter Transferformate werden im folgenden Artikel neben neuen Potenzialen auch Herausforderungen wie notwendige Übersetzungsprozesse verdeutlicht.

Schlagworte: Soziale Innovation, Transfer, Partizipation und partizipative Forschung, zielgruppenorientierte Wissenschaftskommunikation, Leichte Sprache

Abstract

Through target group-oriented science communication and the implementation of dialogic and participatory approaches bidirectional transfer between university and society can be implemented and contribute to solutions for challenges in society. Using selected formats of transfer, the following article will highlight new potentials as well as challenges such as necessary translation processes.

Keywords: Social innovation, transfer, participation and participatory research, target group-oriented science communication, easy-to-read

1 Einleitung

In den folgenden Ausführungen werden Formen und Herausforderungen des hochschulischen Wissenstransfers mit Blick auf die Disziplinen des Sozial- und Gesundheitswesens näher betrachtet. Dabei stehen weniger Komplexitätsreduktionen auf visueller Ebene als auf sprachlicher Ebene im Fokus. Der Beitrag orientiert sich an Aktivitäten des Transfernetzwerks Soziale Innovation – s_inn, welches seit 2018 im Rahmen der BMBF-Förderinitiative „Innovative Hochschule" als Verbundprojekt der Katholischen Hochschule NRW und der Evangelischen Hochschule Rheinland-Westfalen-Lippe gefördert wird. Transfer wird in diesem Rahmen nicht allein als verständliche Darstellung oder Aufbereitung von Forschungsinhalten, sondern darüber hinaus als *wechselseitiger* Austausch zwischen Hochschule, des Sozial- und Gesundheitswesens und gesellschaftlichen Akteur:innen verstanden. Insofern spielen in der konkreten Arbeit nicht zuletzt Herausforderungen der (Rück-)Übersetzung zwischen verschiedenen Wissensformen – forschungsbasiertem Wissen, professionellem Handlungswissen sowie Erfahrungs- und Alltagswissen – eine wichtige Rolle.

Ausgehend von den beiden Arbeitsbereichen der Wissenschaftskommunikation und der partizipativen Forschung soll vor allem folgenden Fragen nachgegangen werden: An welchen Stellen müssen Übersetzungen geleistet werden und wie werden diese umgesetzt? In welcher Weise verändern die jeweiligen Zielgruppen – bspw. Bürger:innen, bei denen keine Nähe zu akademischer Sprache vorausgesetzt werden kann – die Kommunikationsprozesse? Welche besonderen Herausforderungen gehen mit partizipativen Transferformaten und -projekten einher?

Bevor die genannten Fragen anhand konkreter Transferaktivitäten aufgegriffen werden, soll es zunächst um die Ziele des Transfers sowie um das Verständnis von Partizipation gehen. Resümierend soll zudem betrachtet werden, inwiefern mit dem Anspruch eines wechselseitigen Transfers auch eine Veränderung des eher klassischen Rollen-/Selbstverständnisses einer wissensvermittelnden Wissenschaft erforderlich wird.

2 Kontextualisierung, Ziele und Transferverständnis

Mit der Stärkung des Transfers durch den Aufbau eines Netzwerks knüpfen beide Hochschulen sowohl an die Verankerung von Wissenstransfer im Hochschulgesetz als auch die wissenschaftspolitischen Diskussionen über die Third Mission an. Unter letzterer werden hierbei in Bezugnahme auf Roessler et al. alle Tätigkeiten verstanden, „die zu einer gewinnbringenden Verflechtung der Hochschule mit ihrer außerhochschulischen Umwelt durch wechselseitige Interaktionen im Bereich von Transfer und Humankapital führen." (2015, S. 39). Der Begriff der Third Mission kann sich damit auch auf allgemeinere Wirkungen beziehen, die Hochschulen bereits durch bloße Anwesenheits- oder Größeneffekte in ihrer Umgebung erzielen (Wissenschaftsrat, 2018, S. 15). Bezüglich der Differenzierung zwischen der Third Mission und Transfer gibt die Einordnung des Wissenschaftsrats Orientierung: Dieser versteht Transfer als einen Teil der *Third Mission*, der all jene Aktivitäten mit außerwissenschaftlichen Akteur:innen zusammenfasst, die mit den Leistungsdimensionen Forschung und Lehre verschränkt sind (ebd.).

In Anlehnung an diese Definitionen versteht das Transfernetzwerk unter „Transfer" zunächst die Nutzbarmachung von Lehr- und Forschungsinhalten für Gesellschaft, Kultur, Wirtschaft und Politik. Weiterhin zählt zu dem zugrunde liegenden Transferverständnis „die systematische Erhebung jener gesellschaftlichen Fragen und Problemstellungen, die bei der Anwendung und Umsetzung sozialer Erkenntnisse entstehen" (Transferstrategie s_inn, online). Eine Besonderheit des Transferverständnisses liegt in der Zielgerichtetheit der Transferaktivitäten, denn mit diesen sollen soziale Innovationen gefördert werden. In Anlehnung an die christliche Orientierung der Hochschulen wird das Ziel sozialer Innovationen und insofern auch der Transferaktivitäten dahingehend bestimmt, den Respekt vor der Menschenwürde sowie Achtung, Schutz und Verwirklichung der Menschenrechte zu verbessern und damit zu sozialer Gerechtigkeit beizutragen. Durch soziale Innovationen sollen die Teilhabechancen von Menschen verbessert werden, die von Ausgrenzungsrisiken bedroht sind. Damit schließt das Transfernetzwerk eine definitorische Lücke, die sich auch in einschlägigen Definitionen von sozialen Innovationen wiederfindet. Howaldt und Schwarz definieren soziale Innovationen etwa als

> „von bestimmten Akteuren bzw. Akteurskonstellationen ausgehende intentionale, zielgerichtete Neukombination bzw. Neukonfiguration sozialer Praktiken in bestimmten Handlungsfeldern bzw. sozialen Kontexten, mit dem Ziel, Probleme oder Bedürfnisse besser zu lösen bzw. zu befriedigen, als dies auf der Grundlage etablierter Praktiken möglich ist." (Howaldt & Schwarz, 2010, S. 54)

Nicht näher bestimmt wird hierbei, wer die Probleme, Bedürfnisse und die normativen Kriterien für die Bewertung „besser" definiert. Immanent ist bei einer Orientierung an den Menschenrechten und sozialer Gerechtigkeit durchgehend die inter- und transdisziplinäre Auseinandersetzung mit sozialethischen Fragestellungen, die sich im Sozial- und Gesundheitswesen sowie in der Gesellschaft als Ganze stellen. Die vier großen gesellschaftlichen Herausforderungen, an denen sich die Transferaktivitäten des Transfernetzwerks orientieren, sind die Inklusion von Menschen mit Behinderung und von Menschen mit Flucht- oder Migrationsgeschichte, die Gestaltung einer alternden Gesellschaft sowie die Bewältigung der zunehmenden gesellschaftlichen Segregation.

Eine weitere Konkretisierung wurde im Transfernetzwerk hinsichtlich der Frage vorgenommen, was genauer unter sozialen Innovationen verstanden wird. Anders als in der Definition von Howaldt und Schwarz nahegelegt, umfassen soziale Innovationen nicht nur die Veränderung von sozialen Praktiken, sondern auch von Haltungen, Einstellungen, Institutionen und Strukturen. Dies bedeutet, dass sich der Fokus etwa sowohl auf die Verbesserung von Dienstleistungen für Klient:innen des Sozial- und Gesundheitswesens als auch auf neue Qualifizierungsangebote richtet, die einer Reflexion der beruflichen Praxis dienen. Spezifische Bedeutung wird zudem der Entwicklung neuer Organisationsformen beigemessen. Schließlich ist es eine der Hauptaufgaben eines so verstandenen Transfers, bessere gesellschaftliche und politische Rahmenbedingungen für soziale Innovationen zu schaffen (Transferstrategie s_inn, o. J.).

Wichtig ist, dass in dem Transferverständnis der beiden Hochschulen nicht davon ausgegangen wird, dass es sich bei sozialen Innovationen um das Ergebnis linearer, vorhersagbarer Prozesse handelt. Es wird vielmehr ein systemisches, interaktives Modell zugrunde gelegt, bei dem die Vernetzung von Institutionen und unterschiedlichen Akteur:innen aus dem Sozial-/Gesundheitswesen und aus Bildung, Kultur, Kirche, Politik sowie Zivilgesellschaft an Bedeutung gewinnt. Somit verstehen sich die Hochschulen im Sinne eines Impulsgebers für soziale Innovationen. Ob tatsächlich ein Beitrag zu sozialer Innovation geleistet wird, lässt sich dabei erst retrospektiv beurteilen.

Ausgehend von diesem Verständnis spielen in der Arbeit von s_inn Transferaktivitäten eine wichtige Rolle, an denen auch verschiedene nicht-wissenschaftliche Akteur:innen gleichberechtigt beteiligt werden – z. B., um neue Lösungsansätze zu entwickeln.

3 Partizipation als wichtige Dimension des Transfers

Die theoretische und praktische Auseinandersetzung mit Voraussetzungen, Forschungsansätzen und Methoden für die Umsetzung von Partizipation stellt insofern eine wichtige Querschnittsaufgabe im Transfernetzwerk dar. Sowohl bei der Konzeption von Veranstaltungsformaten, der Gestaltung der Homepage als auch der Durchführung von Transfer-/Pilotprojekten wird von den Mitarbeitenden die Frage berücksichtigt, in welchem Umfang und in welcher Weise die unterschiedlichen Zielgruppen von s_inn jeweils aktiv beteiligt werden sollten.

Das Ziel einer partizipativen Vorgehensweise findet sich in verschiedenen Handlungsfeldern. So hat der Anspruch, gesellschaftliche Akteur:innen stärker einzubeziehen, nicht nur in der Wissenschaft, sondern ebenso – häufiger mit Bezugnahme auf den Begriff der Bürgerbeteiligung – auf verschiedenen Ebenen der Politik an Bedeutung gewonnen. Die Relevanz von Partizipation wird hier mit zunehmenden Transparenz- und Mitwirkungsansprüchen der Bürger:innen und einer zunehmend kritischen Hinterfragung der Legitimität politischer Entscheidungen begründet. In der Wissenschaftspolitik bzw. von wissenschaftspolitischen Beratungsgremien wird mit Blick auf Partizipation zusätzlich die „Komplexität und Reichweite Großer [sic] gesellschaftlicher Herausforderungen" (Wissenschaftsrat, 2015, S. 26) wie etwa des Klimawandels hervorgehoben. So betont der Wissenschaftsrat, dass für die Bewältigung solcher Herausforderungen möglichst

> „alle Potenziale für die Entwicklung und Umsetzung innovativer Lösungen genutzt [...] und neben der Wirtschaft auch weitere nicht-wissenschaftliche gesellschaftliche Akteure an Forschungs- und Innovationsaktivitäten bzw. ihrer Initiierung beteiligt werden" (ebd.)

sollten. Die

> „Berücksichtigung spezifischer Wissensbestände, Interessen und Wertvorstellungen verschiedener gesellschaftlicher Akteursgruppen" erhöhe „die Perspektivenvielfalt" und „verbreiter[e] die Wissensbasis" (ebd.).

Das Erfordernis einer solchen Beteiligung gilt umso mehr – so lässt sich mit Blick auf die Arbeit des Transfernetzwerks ergänzen –, wenn das Ziel in der Förderung *sozialer* Innovationsprozesse besteht. Denn gemäß des neuen Innovationsparadigmas, wie es etwa Howaldt und Schwarz (2010) beschreiben, entstehen soziale Innovationen gerade durch das Zusammenspiel unterschiedlicher Akteur:innen – wird „die Gesellschaft selbst zum Ort von Innovationen" (Howaldt et al., 2008, S. 64).

Der hohe Stellenwert von Partizipation begründet sich im Transfernetzwerk darüber hinaus durch den werteorientierten Anspruch, die Teilhabechancen von Bürger:innen zu verbessern. Dieser Anspruch schließt mit ein, die entsprechenden Adressat:innen – bspw. Menschen mit Behinderung oder von Wohnungslosigkeit betroffene Menschen – mit ihren Perspektiven und Erfahrungen bereits in den wechselseitigen Transfer einzubeziehen und ihre verbesserte Teilhabe nicht erst im Sinne eines Ergebnisses vorangegangener Austausch- und Entwicklungsprozesse zu verstehen. Indem diese Zielgruppen insofern nicht allein als Nutzer:innen, sondern gerade auch als Expert:innen in eigener Sache betrachtet werden, trägt Partizipation idealer Weise zu ihrem Empowerment bei.

Um das Begriffsverständnis weiter zu präzisieren, ist zudem die Frage wichtig, ab welchem Grad der Einbeziehung oder Beteiligung von Partizipation gesprochen wird oder werden sollte. In der Transferstrategie von s_inn wird bereits festgehalten, dass neben „der Zugänglichkeit der jeweiligen Prozesse und Entscheidungsfelder für die Beteiligten" deren „Mitbestimmungsrecht" ein maßgebliches Kriterium sei (Transfernetzwerk s_inn, Transferstrategie, s_inn, o. J., S. 13). Dieser Bewertungsmaßstab der Einflussnahme oder Mitbestimmung wird ebenfalls in verschiedenen Pyramidenmodellen zugrunde gelegt, um die Grenze zwischen Vorstufen und eigentlicher Partizipation zu ziehen. Auf den Vorstufen von Partizipation werden die Zielgruppen etwa in transparenter Weise informiert oder auch aktiver mit ihren Erfahrungen und Meinungen in die Diskussion einbezogen, also: ‚gehört'. Erst wenn ihre Perspektiven oder Bedarfe aber verbindlich weiter berücksichtigt werden und/oder die Adressat:innen selbst Entscheidungskompetenz übertragen bekommen, beginnt in entsprechenden Modellen Partizipation im engeren Sinne (u. a. Wright et al., 2010).

Übertragen auf den Wissenstransfer bedeutet die Orientierung an diesen Stufenmodellen, dass klassisch gestaltete Fachvorträge oder Fachtagungen mit nur geringer Einbeziehung des Publikums auf einer eher niedrigen Vorstufe von Partizipation bzw. an der Grenze zur Nicht-Partizipation einzuordnen sind. Selbst stärker dialogische Kommunikations-/Veranstaltungsformate wären noch als Vorstufen von Partizipation zu verstehen, sofern sie vor allem einem „nur" situativen Austausch unterschiedlicher Perspektiven dienen. Ein alternatives Beispiel stellt hingegen die partizipative Forschung dar, deren Selbstverständnis wesentlich auf der Einflussnahme gesellschaftlicher Akteur:innen beruht. Indem letztere dort in einem koproduktiven Sinne am Forschungsprozess beteiligt werden, tritt die klassische Rollenaufteilung zwischen aktiven, forschenden Wissenschaftler:innen und eher passiven, rezipierenden Nicht-Wissenschaftler:innen besonders deutlich in den Hintergrund.

Obwohl Partizipation bzw. der jeweilige partizipative Anteil im Folgenden als eine Heuristik für die Darstellung konkreter Transferaktivitäten dient, wird der Fokus nicht allein auf der partizipativen Forschung oder auf partizipativen Transferformaten wie der Entwicklungswerkstatt liegen. Denn zum einen ist eine partizipative Vorgehensweise, die auch das erwähnte Kriterium der Mitbestimmung erfüllt, kein durchgängiges Ziel des Transfernetzwerks. Zum anderen fördern verschiedene Formate und Methoden der Wissenschaftskommunikation die „Zugänglichkeit" von Inhalten für unterschiedliche Zielgruppen und können insofern – auch wenn sie nicht dezidiert partizipativ gestaltet sind – als *Voraussetzung* für Beteiligungsprozesse verstanden werden, oder – anders formuliert – bliebe ein Teil der Adressat:innen des

Transfernetzwerks ohne zielgruppenorientierte Formen der Kommunikation weiterhin vom wissenschaftlichen Diskurs ausgeschlossen.

4 Auf dem Weg zu einer kommunizierenden und partizipativen Wissenschaft

Die primäre Aufgabe der Wissenschaftskommunikation wird, um das Verständnis dieses wichtigen Arbeitsfeldes zunächst grundsätzlicher zu bestimmen, als Dissemination forschungsbasierter Inhalte oder wissenschaftlicher Prozesse und Erkenntnisse definiert. Forschungsthemen sollen verstärkt in den gesellschaftlichen Diskurs eingebunden und auch nichtwissenschaftliche Adressat:innen und Handlungsfelder erreicht werden. Dies bedeutet, dass die Kommunikation als solche stärker zielgruppenorientiert gestaltet werden muss. Zudem ist es wichtig, sich von einem einseitigen – unidirektionalen – Verständnis von Wissenstransfer abzugrenzen und Möglichkeiten eines Dialogs zu schaffen. Dies gilt umso mehr, wenn man sich den Anspruch des Transfernetzwerks vergegenwärtigt, gezielt den gleichberechtigten Austausch zwischen Hochschule, Sozial- und Gesundheitswesen und Zivilgesellschaft zu fördern. Dernbach et al. (2012) unterscheiden hier drei Ebenen – die Makro-, Meso- und Mikroebene – von Wissenschaft und der damit einhergehenden Wissenschaftskommunikation, die sich jeweils anderer Kommunikationsinstrumente bedient oder gezielt spezifische Zielgruppen anspricht. Orientiert wird sich hier an der Mikroebene, auf der die „Leistungen und Aufgaben [des einzelnen Wissenschaftlers] konkret darin bestehen, Forschungsthemen aufzugreifen und sie in Projekten umzusetzen" (ebd., S. 3). Die Kommunikation der Ergebnisse und Resultate erfolgt dann wiederum über verschiedene Kommunikationsmedien oder eben Transferformate.

Das Transfernetzwerk folgt einer Weiterentwicklung des bekannten Sender-Empfänger-Modells (Röhner & Schütz, 2015) und hat hierzu ein Kommunikationsmodell entwickelt, das aus dem vermeintlich passiven „Empfänger" einen aktiven „Rezipienten" macht, der in die Kommunikation und den eigentlichen Wissenstransfer mit eingebunden ist. Durch diesen dialogischen Prozess entwickeln sich die Kommunikationsfiguren – idealtypisch – und somit auch der Wissenstransfer immer weiter, sodass es zu einem stetigen und aktiven Rückkopplungseffekt kommt. Im Falle des Nichtgelingens eines solchen dialogischen respektive partizipatorischen Prozesses wäre der Wissenstransfer entsprechend gestört oder unproduktiv (Schmid, 2013, S. 22). Hierbei sei noch einmal die Wichtigkeit der Übersetzungsarbeit betont: „Unter Wissenstransfer ist die zielgerichtete Wiederverwendung des Wissens eines Transferpartners durch eine(n) andere(n) Transferpartner(in) zu verstehen [...]" (Thiel, 2002, S. 32). Wissen muss übersetzt, sprich: zielgruppen- und adressatenorientiert, vermittelt werden. Es geht somit nicht nur um einen schlichten Informationsfluss, sondern um einen Transformationsprozess der Wissensinhalte.

Was im Transfernetzwerk dabei als Spezifikum hinzukommt, ist die Adressierung und Einbindung sehr heterogener Zielgruppen. Denn neben Akteur:innen aus dem wissenschaftlichen Feld und Praxispartner:innen aus dem Sozial- und Gesundheitswesen gehören zu den Zielgruppen nicht zuletzt auch Bürger:innen, die sich für die Themen interessieren und/oder zu den sogenannten Betroffenen gehören. Durch die Adressierung von beispielsweise Menschen mit Fluchtgeschichte oder Behinderung werden explizit Akteur:innen einbezogen, die in der Wissenschaftskommunikation seltener Berücksichtigung finden. Dieses Spektrum an Zielgruppen bedeutet für die Gestaltung der Homepage, Kommunikationskanäle und Veranstaltungsformate auch spezifische Herausforderungen: Neben der jeweiligen Nähe respektive Distanz zu wissenschaftlich geprägter Semantik sind etwa ebenso audiovisuelle Barrieren zu beachten, denen mit einer möglichst barrierearmen Wissenschaftskommunikation zu begegnen ist.

4.1 Durch Sprache Zugang zu Wissen schaffen

Wie eingangs erwähnt, erfolgt Wissenschaftskommunikation durch verschiedene digitale und analoge Kommunikationskanäle mit spezifisch angepassten Sprachcodes, damit der Inhalt für die jeweiligen Bereiche und Zielgruppen nicht erst dekodiert und somit „übersetzt" werden muss. Übersetzung wird hier ganz im Sinne der kulturwissenschaftlich orientierten Übersetzungsforschung als „kreativer Prozeß [sic] der Interpretation und Kontextualisierung" (Bachmann-Medick, 1997, S. 6) verstanden. Von der *inter*lingualen Übersetzung verschiedener Kulturräume sprechend, unterstreicht Bachmann-Medick, dass „die Perspektive der Übersetzung von Kulturen dazu an[regt], auch angesichts der Sprach- und Textübersetzung nicht nur die Übertragung von Wörtern und Begriffen ins Auge zu fassen, sondern auch die Übertragung von Denkweisen [...]" (ebd., S. 5). Dieser prozesshafte Vorgang lässt sich aber eben auch in der *intra*lingualen Übersetzung beobachten. Tatsächlich muss Wissen dahingehend übersetzt werden, dass dieses sowohl auf der Ebene der Sprache als auch auf jener des Inhalts für mehrere unterschiedliche Zielgruppen verständlich und fassbar ist.

Um noch mehr Menschen an den Aktivitäten des Transfernetzwerks teilhaben zu lassen, werden die Inhalte der Webseite nun auch in Leichte Sprache übersetzt. Leichte Sprache ist eine stark vereinfachte und geregelte Form des Deutschen und der intralingualen Übersetzung zuzuordnen. Das Konzept der Leichten Sprache wurde vor allem für Menschen mit Lernschwierigkeiten entwickelt und dient auch der „Überwindung von Kommunikationsbarrieren" (Maaß & Bredel, 2016, S. 56). Im Sinne des Partizipationsziels und ausgehend von der Heterogenität der Zielgruppen ist hierbei Folgendes zu unterstreichen: „Leitend [ist] der Gedanke der Inklusion, das Informationsangebot so zu verändern, dass möglichst allen Gesellschaftsmitgliedern [...] eine umfassende Partizipation an gesellschaftlichen Prozessen möglich wird." (ebd.) Leichte Sprache hilft also nicht nur Menschen mit Kommunikationsbeeinträchtigungen bzw. kognitiven Beeinträchtigungen, sondern kommt einer sehr viel größeren Nutzer:innengruppe zugute (Maaß & Rink, 2020). Personen mit geistiger Behinderung, Demenz, prälingualer Gehörlosigkeit oder Aphasie zählen ebenfalls zur Adressat:innengruppe der Leichten Sprache. Aber auch funktionale Analphabet:innen und Personen mit geringen Deutschkenntnissen profitieren von Informationen in Leichter Sprache, da Barrieren abgebaut und Teilhabechancen somit erhöht werden.

Wenn man davon ausgeht, dass von einer Übersetzung gesprochen werden muss, wenn „der Ausgangstext für die intendierte Zielleserschaft eine Barriere [...] darstellt, die der Zieltext zu überwinden sucht" (Maaß, 2020, S. 292), so ist das Feld der Transformationsmöglichkeiten noch sehr viel größer. Diese werden auch im Transfernetzwerk in Bezug auf eine möglichst barrierearme Wissenschaftskommunikation genutzt. Das geschieht u. a. durch den Einsatz von Comics, um so die Arbeit von Pilotprojekten wie dem *Sozial*-Wissenschaftsladen (SoWiLa) oder der Unabhängigen Beschwerde- und Informationsstelle Flucht (UBIF) visuell zu übersetzen und somit anschaulich darzustellen. Zusätzlich werden bei Veranstaltungen Gebärdensprach- und/oder Schriftdolmetscher:innen eingesetzt, um so den Kommunikationsbedarfen der Teilnehmenden möglichst gerecht zu werden.

4.2 Der Wissenschaftspodcast s_innzeit

Um Adressat:innen außerhalb der beteiligten Hochschulen und nicht nur ein Fachpublikum im engeren Sinne zu erreichen, wurde zudem der Wissenschaftspodcast s_innzeit entwickelt. Das Transfernetzwerk etablierte damit ein leicht zugängliches Kommunikationsmedium, welches in den letzten Jahren – und durch die Corona-Pandemie noch verstärkt – für die Vermittlung auch wissenschaftlicher Inhalte an Bedeutung gewonnen hat. Im Podcast *s_innzeit* werden in jeweils etwa 30 Minuten aktuelle Projekte aus der Wissenschaft oder dem Sozial- und Gesundheitswesen sowie gesellschaftspolitische Fragen aufgegriffen. Mit Blick darauf, dass „Podcasthörer [...] überdurchschnittlich gebildet [sind], [...] im Berufsleben [stehen], [...] technik- und wissenschaftsaffin [sind] [...] " (Kube 2012, S. 278), wird die Komplexität der jeweiligen Themen und Diskurse in den Folgen durchaus sichtbar gemacht und nicht auf „einfache" Kernbotschaften reduziert. Um zugleich Hörer:innen ohne tiefergehende Fachkenntnisse einen Zugang zu ermöglichen, wird das jeweilige Thema jedoch zunächst durch die beiden Moderator:innen grob umrissen und eingeordnet, um dann mit dem oder der jeweiligen Expert:in aus Wissenschaft oder Praxis weiter in die Tiefe zu gehen. Durch Begriffserklärungen und Nachfragen wird die Verbindung zum (antizipierten) Publikum auch im Verlauf der Folgen durch die Moderator:innen hergestellt. Zudem wird in den Gesprächen der persönliche Bezug des Gastes zum Thema – etwa seine oder ihre Motivation, sich mit der Fragestellung zu beschäftigen – miteinbezogen, wodurch der „Wissenschaftler [selbst] [...] im Podcast zum Menschen" (Wöhrl, o. J., zitiert nach Gruberger, 2016) wird.

Dies war etwa in der Podcastfolge „Mehr als satt und sauber – welche Pflege und Seelsorge brauchen Menschen?" mit Marion Riese, einer wissenschaftlichen Mitarbeiterin des Transfernetzwerks, der Fall. Ausgehend von verschiedenen Aspekten ihrer aktuellen Tätigkeit wurde den Hörer:innen sowohl die Vorgehensweise des Pilotprojektes „Versorgungsbrücken statt Versorgungslücken" als auch die allgemeinere Bedeutung von Seelsorge in der Begleitung älterer, versorgungsbedürftiger Menschen vermittelt. Dabei wurde ebenso die Frage diskutiert, welchen Beitrag die Zivilgesellschaft gegen die Vereinsamung älterer Menschen leisten könnte, die während der Pandemie besonders von den geltenden Kontaktbeschränkungen betroffen sind.

Während der inhaltliche Impuls hier vonseiten der Hochschule ausging, war in der Podcastfolge „Housing first, Bedenken second – jeder Mensch braucht ein Zuhause" mit Hubert Ostendorf ein Experte aus der Praxis zu Gast, der den *Housing-First*-Ansatz bereits seit einigen Jahren erfolgreich umsetzt. Die Vorteile dieser Form der Unterstützung, bei der wohnungslose Menschen ohne die Erfüllung bestimmter Bedingungen eine Wohnung erhalten, wurden in der Podcastfolge nicht zuletzt anhand von Erfahrungen und positiver Fallbeispiele aus der Praxis verdeutlicht. Gleichwohl wurde damit ein Thema aufgegriffen, das auch in der Wissenschaft erforscht und diskutiert wird.

Über die Themenwahl sollen insofern sowohl innovative Projekte und Lösungsansätze für die Bewältigung gesellschaftlicher Herausforderungen als auch ethische bzw. gesellschaftspolitische Fragen zugänglich gemacht werden. Durch die (bei diesem Format nur begrenzte) Komplexitätsreduktion und die diskursive Form wird zugleich das Ziel verfolgt, die Hörer:innen zu einer Reflexion eigener Einstellungen anzuregen, was wiederum dem erweiterten, die Ebene der Haltung einschließenden, Verständnis sozialer Innovationsprozesse des Transfernetzwerks entspricht.

4.3 Verschränkung dreier Perspektiven mit gesellschaftlichen Herausforderungen

Wie bereits an früherer Stelle erwähnt, findet der Transfer zwischen Hochschule, Praxis und Gesellschaft darüber hinaus auch in verschiedenen *gemeinsamen* Veranstaltungsformaten statt. Die Themen hierfür werden dabei nicht von der Hochschule oder den Mitarbeitenden des Transfernetzwerks gesetzt, sondern sind zumeist das Ergebnis eines vorangegangenen Austauschs mit Praxispartner:innen über aktuell relevante Fragestellungen oder Innovationsbedarfe. Seit dem Frühjahr/Sommer 2020 sind Folgen der Pandemie – etwa weiter zunehmende Belastungen in der stationären Pflege oder Verstärkungen sozialer Ungleichheiten – zu einem wichtigen Themenschwerpunkt geworden, der sich in verschiedenen Veranstaltungen des Transfernetzwerks wiederfindet.

Ein Spezifikum der digitalen Themenreihe „Zeit der Pandemie – Herausforderung Solidarität" besteht dabei darin, die aktuelle Situation vulnerabler gesellschaftlicher Gruppen wie beispielsweise Bewohner:innen von Pflegeheimen oder wohnungsloser Menschen aus zugleich drei Perspektiven zu betrachten und jeweils Wissenschaft, Praxis und Gesellschaft miteinander interagieren zu lassen. Konkret folgen an den Themenabenden nach einem kurzen wissenschaftlichen Impulsvortrag ein moderiertes Gespräch und eine Diskussion, an dem ebenso ein:e Vertreter:in aus dem Sozial- oder Gesundheitswesen sowie ein:e Bürger:in, der oder die selbst unmittelbar von negativen Folgen „betroffen" ist, als Expert:innen teilnehmen.

Wesentlich ist, dass die zuletzt genannte Perspektive eines:r Expert:in in eigener Sache nicht auf wenige O-Töne reduziert, sondern gleichberechtigt in Gespräch und Diskussion teilnimmt. Da bei den betreffenden Akteur:innen kein akademisches Wissen vorausgesetzt werden kann, sind in der Moderation Komplexitätsreduktionen nötig: So wird in der Adressierung eine Reproduktion von Fachtermini oder ein direkter, „unübersetzter" Bezug auf den wissenschaftlichen Impulsvortrag vermieden. Bei einem Themenabend zu den Folgen der Pandemie für wohnungslose Menschen wurde die „betroffene" Akteurin entsprechend stärker zu ihren konkreten Alltagsproblemen und zu der von ihr wahrgenommenen Solidarität von Bürger:innen seit Beginn der Pandemie befragt.

Für das Publikum wie auch die beiden weiteren Gäste aus Wissenschaft und Wohnungslosenhilfe wurden dadurch Aspekte deutlich, die die abstraktere Perspektive des Impulsvortrags komplementär ergänzten: Wo dort etwa die statistische Zunahme von Armut und Wohnungslosigkeit sowie die politische Vernachlässigung dieser Probleme im Zentrum standen, wurden durch die Alltagsperspektive Erfahrungen zunehmender Isolation und der Verlust von Rückzugsräumen für wohnungslose Menschen während des Lockdowns sichtbar gemacht.

Durch die dialogische Verbindung der unterschiedlichen Perspektiven entwickelte sich im Verlauf des Themenabends ein erweitertes Wissen nicht nur über die Folgen der Pandemie, sondern auch in Bezug auf die Dringlichkeit von Veränderungen bei der Unterbringung wohnungsloser Menschen. Ohne dass das Ziel der Veranstaltung bereits darin bestanden hatte, gemeinsam praktische Lösungskonzepte zu erarbeiten, entstanden dennoch Impulse für weitere Transferaktivitäten zum Themenfeld gesellschaftlicher Segregation.

4.4   Gemeinsam Neues schaffen: Die Entwicklungswerkstatt

Das Transferformat der Entwicklungswerkstatt orientiert sich an dem Ziel, dass Wissenschaftler:innen und Beschäftigte des Sozial- und Gesundheitswesens in einem wechselseitigen und partizipativ gestalteten Reflexionsprozess Lösungsansätze für die Praxis erarbeiten. Das Transferformat stellt damit eine Ergänzung zu den bereits stattfindenden Fachtagungen dar, an denen zwar auch Praxisvertreter:innen teilnehmen, bei denen der Schwerpunkt jedoch häufiger auf der theoretischen Auseinandersetzung mit den jeweiligen Themen liegt. In der Entwicklungswerkstatt wird das Forschungswissen hingegen gemeinsam auf praxisrelevante Fragestellungen geprüft und konkret für die Praxis nutzbar gemacht. Forschungsergebnisse werden also nicht nur in die Praxis transferiert, sondern transformiert – z. B. in Konzepte, Fortbildungen oder Dienstleistungen in sozialen Einrichtungen. Der Prozess soll zudem in Folgeveranstaltungen fortgeführt werden, um die Wirkungen der erarbeiteten Ergebnisse in der konkreten professionellen Anwendung zu reflektieren und das Arbeitsfeld kooperativ weiterzuentwickeln.

2019 fand eine Entwicklungswerkstatt unter dem Titel „Professionelle Einschätzungsprozesse im Kinderschutz zwischen Wunsch und Wirklichkeit?!" statt, an der Leitungs- und Fachkräfte aus verschiedenen Jugendämtern des Rheinlandes teilnahmen. Nach einer kurzen Präsentation von Forschungsergebnissen zu den erwähnten Einschätzungsprozessen diskutierten die Teilnehmenden die von ihnen wahrgenommenen Übereinstimmungen und Widersprüche zwischen Forschungsperspektive und ihrer beruflichen Praxis.

Bei der Präsentation der Forschungsergebnisse muss verhältnismäßig wenig Übersetzungsarbeit im Sinne einer Komplexitätsreduktion geleistet werden, da die Fachkräfte größtenteils akademisch ausgebildet sind und ein grundständiges Verständnis von der Generierung und Aneignung wissenschaftlichen Wissens haben. Gleichzeitig interagieren in der Entwicklungswerkstatt unterschiedliche Perspektiven, da sich die Fachkräfte durch ihre berufliche Sozialisation auch Handlungslogiken und Qualitätsmaßstäbe angeeignet haben, die mit einem wissenschaftlichen Professionsverständnis konkurrieren können.

Nach einem weiteren wissenschaftlichen Input zu Spannungsfeldern, innerhalb derer sich die Praxis des Kinderschutzes bewegt, wurden in moderierten Kleingruppen konkrete Ideen und Entwicklungsperspektiven für die Weiterentwicklung der Kinderschutzpraxis in den Jugendämtern erarbeitet und anschließend im Rahmen einer Podiumsdiskussion zusammengetragen und diskutiert.

Die Erfahrung hat gezeigt, dass die Fachkräfte die Entwicklungswerkstätten sehr begrüßen und dieses Format den Bedarfen der Praxis entspricht. Neben einer solchen anwendungsbezogenen Verwertung wissenschaftlichen Wissens kann dieses Wissen jedoch auch selbst – wie im Falle partizipativer Forschung – unter Beteiligung gesellschaftlicher Akteur:innen generiert werden.

5 Partizipative Forschung: *Sozial*-Wissenschaftsladen

Abschließend soll daher anhand des Pilotprojektes „*Sozial*-Wissenschaftsladen" die Umsetzung partizipativer Forschung innerhalb des Transfernetzwerkes dargestellt werden. Wie in Abschnitt 3 erwähnt, reichen die Möglichkeiten der Einflussnahme gesellschaftlicher Akteur:innen im Rahmen partizipativer Forschung insofern besonders weit, als diese in einem *koproduktiven* Sinne an der Entstehung wissenschaftlichen Wissens beteiligt werden. Ziel ist es, so etwa von Unger, „die soziale Wirklichkeit partnerschaftlich [zu] erforschen und [zu]beeinflussen" (Unger, 2014, S. 1). Danach machen weniger bestimmte Forschungs*methoden* das Gemeinsame partizipativer Forschungsprojekte aus als „Forschungsstrategien, die [...] den Einbezug der Forschungspartner/innen in den Erkenntnisprozess fördern und fordern" (Bergold & Thomas, 2012, S. 1). Dabei stehen nicht zuletzt marginalisierte, von Ausgrenzung „betroffene" Bürger:innen im Fokus. Denn ein wesentlicher Anspruch partizipativer Forschung besteht darin, bei den Co-Forschenden Befähigungs- und Ermächtigungsprozesse zu fördern und zu einer Verbesserung ihrer Lebensbedingungen und Handlungsräume beizutragen. Den Anspruch, zu gesellschaftlichen Veränderungen im Sinne größerer sozialer Gerechtigkeit beizutragen, teilt partizipative Forschung mit Ansätzen der Aktionsforschung. Allerdings findet bei ihr eine Verschiebung in „der Schwerpunktsetzung von der Betonung des Handlungs- und Veränderungsaspektes hin zu der gemeinsamen Gestaltung von Forschung" (ebd., S. 4) statt.

An diesem Verständnis partizipativer Forschung orientiert sich auch der *Sozial*-Wissenschaftsladen, der sich als „Einrichtung [versteht,] die unabhängige Forschungsunterstützung ermöglicht und Forschungsanfragen, die von der Zivilgesellschaft an die Hochschule herangetragen werden, möglichst partizipativ bearbeitet". Dabei adressiert er vor allem „Personen, Gruppen und Organisationen, die von sozialer Ausgrenzung bedroht oder betroffen sind und in der Regel über keine oder eingeschränkte finanzielle Ressourcen für Auftragsforschung verfügen" (Kurzkonzept des SoWiLa, online). Die Mitarbeiterinnen des *Sozial*-Wissenschaftsladens vermitteln die Forschungsanfragen aus der Gesellschaft an Lehrende und Studierende zur weiteren Bearbeitung im Rahmen von Seminaren, Abschlussarbeiten oder Lehrforschungsprojekten. Sie begleiten jedoch ebenso verschiedene Austausch- und Übersetzungsprozesse, die aufgrund der engen Verschränkung von Wissenschaft und Gesellschaft inhärenter Teil partizipativer Forschung sind.

Solche Prozesse spielen etwa bei der Entwicklung von Forschungsfrage und -design eine wichtige Rolle. Um sich über eine gemeinsam geteilte Forschungsfrage zu verständigen, müssen einerseits wissenschaftliche Qualitätsmaßstäbe und andererseits die Interessen und Erwartungen der gesellschaftlichen Akteur:innen berücksichtigt werden. Komplexitätsreduktion kann in diesem Kontext gerade auch bedeuten, weit gefasste Anliegen oder Bedarfe aus der Gesellschaft in wissenschaftlich bearbeitbare Forschungsfragen zu übersetzen. Dies zeigte sich beispielhaft in einem Workshop, den die Mitarbeiterinnen des *Sozial*-Wissenschaftsladens im Oktober 2020 mit Mitgliedern und Verbündeten der Selbstvertretung wohnungsloser Menschen durchführten. Dort wurden seitens der „Betroffenen" vielfältige pandemiebedingte Herausforderungen und Problemlagen formuliert, die zunächst in einem partizipativen Prozess auf zwei Themen reduziert wurden und in der Folge wiederum gemeinsam mit interessierten Studierenden in konkrete Forschungsfragen und -designs übersetzt werden müssen.

Neben der Mitbestimmung über die Forschungsfragen ist die Rückübersetzung der Ergebnisse ein weiteres wichtiges Qualitätskriterium für die Arbeit des *Sozial*-Wissenschaftsladens: Die gesellschaftlichen Akteur:innen sollen sich die forschungsbasierten Erkenntnisse aneignen und dazu ermächtigt werden, die forschungsbasierten Erkenntnisse im Sinne einer Verbesserung ihrer Situation anzuwenden, diese also in ihrem eigenen Interesse nutzbar zu machen. Die Umsetzung dieses Anspruchs kann exemplarisch anhand des abgeschlossenen Projektes „Gemeinsamkeiten und Unterschiede in der Selbstvertretung wohnungsloser Menschen" am Standort Bochum illustriert werden. Mitglieder der Selbstvertretung wurden dabei nicht nur an der Entwicklung der Forschungsfrage sowie an einem wechselseitigen Austausch über Zwischenergebnisse, sondern nach Abschluss der Auswertung ebenso in verschiedenen Kontexten – etwa auf dem Lehrforschungstag der Evangelischen Hochschule RWL – an der Ergebnispräsentation beteiligt. Damit hatten sie auch in dieser Phase nicht die Rolle von „Beforschten", sondern von Forschungspartner:innen, die die Ergebnisse „nach außen" präsentieren. Darüber hinaus wurden sie in anschließende Austauschtreffen einbezogen, in denen das Potenzial der gewonnenen Erkenntnisse für eine weitere Stärkung ihrer Interessen – etwa einen Ausbau der Selbstvertretungsstrukturen wohnungsloser Menschen auf regionaler Ebene – ausgelotet wurde.

Über die Einbeziehung in den Forschungsprozess können sich aufseiten der gesellschaftlichen Akteur:innen insofern Kompetenzen und Handlungsmöglichkeiten erweitern. Durch die enge Kopplung der Forschung an ihre Bedarfe lassen sich die Ergebnisse für sie direkter in weitere praktische Schritte übersetzen, als dies bei nichtpartizipativen Forschungsprojekten der Fall wäre, die sich mit ihren Forschungsfragen stärker am disziplinären Wissensbestand, also an der Scientific Community, orientieren.

6 Fazit und Ausblick

Insbesondere anhand der zuletzt skizzierten Beispiele, dem Transferformat der Entwicklungswerkstatt und den partizipativen Forschungsprojekten im Rahmen des *Sozial*-Wissenschaftsladens, wurde deutlich, dass durch einen *wechselseitigen* Wissenstransfer eine Transformation von Wissen im Sinne neuer Lösungsansätze oder Handlungsperspektiven für gesellschaftliche Herausforderungen entstehen können. Anders als bei einem einseitigen und wissenschaftszentrierten Transferverständnis entwickelten sich hier durch die Verschränkung unterschiedlicher Wissensformen – wissenschaftlichen Wissens, professionellen Handlungswissens sowie Erfahrungs- und Alltagswissens – Ansatzpunkte für *bedarfsorientierte* Veränderungsprozesse, welche durch die partizipative Ausrichtung von den jeweiligen nicht-wissenschaftlichen Akteur:innen „mitgetragen" werden.

Das bedeutet im Gegenzug nicht, dass ein solches Potenzial wechselseitigen Transfers oder gemeinsamen Forschens voraussetzungslos wäre. Vielmehr wird nicht zuletzt bei den wissenschaftlichen Akteur:innen die Bereitschaft erforderlich, sich auf einen Perspektivwechsel und auf Aushandlungs- wie auch Übersetzungsprozesse einzulassen. Ohne die spezifische Qualität wissenschaftlichen Wissens damit infrage zu stellen, müssen sich Wissenschaftler:innen auf andere Wissensbestände und -formen einlassen und auf ein Selbstverständnis verzichten, nach dem sie das „richtige" Wissen *in die* Praxis oder Gesellschaft transferieren. Von Unger betont mit Blick auf die partizipative Forschung entsprechend eine „Selbstreflexivität im Auftreten und Umgang miteinander" (Unger, 2014, S. 87), die bei einem stärker an Grenzziehungen zwischen Wissenschaft und gesellschaftlicher Umwelt orientierten Rollenverständnis nicht in diesem Maße notwendig wäre. Diese Anforderungen stellten und stellen sich im Transfernetzwerk auch im Rahmen von Veranstaltungen, bei denen als Gäste oder Referent:innen nicht allein Wissenschaftler:innen, sondern ebenso Akteur:innen aus Praxis und Gesellschaft mit ihren Perspektiven auf das jeweilige Thema einbezogen werden.

Wichtig ist in diesem Kontext, dass diese Herausforderungen für Wissenschaftler:innen zugleich auch mit der Chance einer Erweiterung respektive Veränderung ihres eigenen Wissens verbunden sind. Durch die Offenheit für Impulse und Perspektiven aus Praxis oder Gesellschaft können bspw. disziplinäre Prämissen oder eigene, inkorporierte Deutungen der sozialen Wirklichkeit (kritisch) reflektiert werden. Zudem ermöglichen – und diesen Punkt hebt wiederum von Unger hervor – partizipative Formen der Wissensproduktion Erkenntnisse, die „über die Grenzen des Wissenschaftssystems hinaus Relevanz [haben], indem sie eine sozial-gesellschaftliche Praxiswirkung entfalte[n]" (ebd., S. 94).

Eine sozial-gesellschaftliche Wirkung haben aber, so lässt sich ergänzen, auch bereits zielgruppenorientierte Formen der Wissenschaftskommunikation, bei denen die Adressat:innen nicht selbst in die Wissensproduktion einbezogen werden. Denn durch eine zielgruppengerechte, teils deutlich komplexitätsreduzierende Vermittlung und einen barrierearmen Zugang zu Wissensinhalten können Bürger:innen erreicht werden, die sonst von wissenschaftlichen Diskursen ausgeschlossen blieben. Gerade wenn die Forschungsthemen oder -ergebnisse die Lebenssituation von Adressat:innen betreffen, ist es wichtig, nicht primär nur *über sie*, sondern auch *für sie* und *mit ihnen* zu kommunizieren.

Literaturverzeichnis

Bachmann-Medick, D. (1997). Einleitung: Übersetzung als Repräsentation fremder Kulturen. In D. Bachmann-Medick (Hg.), *Übersetzung als Repräsentation fremder Kulturen* (S. 1–18). Erich Schmidt-Verlag.

Bergold, J. & Thomas, S. (2012). Partizipative Forschungsmethoden: Ein methodischer Ansatz in Bewegung. *Forum Qualitative Sozialforschung*, 13(1). http://nbn-resolving.de/urn:nbn:de:0114-fqs1201302 [letzter Zugriff:18.02.2021]

Bredel, U. & Maaß, C. (2016). *Leichte Sprache. Theoretische Grundlagen. Orientierung für die Praxis*. Berlin: Duden.

Dernbach, B., Kleinert, C. & Münder, H. (2012). Einleitung: Die drei Ebenen der Wissenschaftskommunikation. In B. Dernbach, C. Kleinert & H. Münder (Hg.), *Handbuch Wissenschaftskommunikation* (S. 1–15). Springer VS.

Gruberger, J. (2016). Der Ton macht die Wissenschaft. *Merton: Onlinemagazin des Stifterverbandes.* https://merton-magazin.de/der-ton-macht-die-wissenschaft [letzter Zugriff: 18.02.2021]

Howaldt, J, Kopp, R. & Schwarz, M. (2008). Innovationen (forschend) gestalten – Zur neuen Rolle der Sozialwissenschaften. *WSI Mitteilungen*, 2/2008, 63–69.

Howaldt, J. & Schwarz, M. (2010). Soziale Innovation – Konzepte, Forschungsfelder und -perspektiven. In J. Howaldt & H. Jacobsen (Hg.), *Soziale Innovation* (S. 87–108). Springer VS.

Kube, J. (2012). *Podcasts sind ein Element des Web 1.5*: In B. Dernbach, C. Kleinert & H. Münder (Hg.), *Handbuch Wissenschaftskommunikation* (S. 275–282). Springer VS.

Maaß, C. (2020). *Übersetzen in Leichter Sprache*. In C. Maaß & I. Rink (Hg.), *Handbuch Barrierefreie Kommunikation* (S. 283–302). Berlin: Frank & Timme.

Maaß, C.; Rink, I. (2020). Wissenskommunikation barrierefrei. https://www.wissenschaftskommunikation.de/wissenskommunikation-barrierefrei-42457/ [letzter Zugriff: 06.04.2021]

Roessler, I.; Duong, S. & Hachmeister, C. (2015). *Welche Missionen haben Hochschulen? Third Mission als Leistung der Fachhochschulen für die und mit der Gesellschaft*. Centrum für Hochschulentwicklung (CHE).

Röhner, J. & Schütz, A. (2015). *Psychologie der Kommunikation*. Springer VS.

Schmid, H. (2013). *Barrieren im Wissenstransfer. Ursachen und deren Überwindung*. Springer Gabler.

Sozial-Wissenschaftsladen (o. J.). *Kurzkonzept.* https://www.s-inn.net/fileadmin/redak tion/bilder/SOWILA/Konzept_Sozial-Wissenschaftsladen.pdf [letzter Zugriff: 31.03.2021]

Thiel, M. (2002). *Wissenstransfer in komplexen Organisationen. Effizienz durch Wiederverwendung von Wissen und Best Practice.* Dt. Univ.

Transfernetzwerk s_inn (o. J.). *Transferstrategie.* https://www.s-inn.net/fileadmin/redak tion/pdf/Transferstrategie_s_inn.pdf [letzter Zugriff: 31.03.2021]

Unger, H. von (2014). *Partizipative Forschung. Einführung in die Forschungspraxis.* Springer VS.

Wissenschaftsrat (2015). *Zum wissenschaftspolitischen Diskurs über Große gesellschaftliche Herausforderungen.* Drs. 4594–15. Stuttgart.

Wissenschaftsrat (2018). *Empfehlungen zu regionalen Kooperationen wissenschaftlicher Einrichtungen.* Drs. 6824–18. Berlin.

Wright, M. T., von Unger, H. & Block, Martina (2010). Partizipation der Zielgruppe in der Gesundheitsförderung und Prävention. In M. T. Wright (Hg.), *Partizipative Qualitätsentwicklung in der Gesundheitsförderung und Prävention* (S. 35–52). Bern: Huber.

Über die Autorinnen

Dr.in Marina-Rafaela Buch ist Literatur- und Kulturwissenschaftlerin. Ihre theoretischen Schwerpunkte liegen u. a. im produktiven Rezeptionsprozess verschiedener Kulturräume sowie in den sozialkulturellen Auswirkungen der vorherrschenden Exotismus- und Orientalismus-Diskurse im Europa des 19. und 20. Jahrhunderts. Sie ist Agenturleiterin des Transfernetzwerks Soziale Innovation – s_inn und arbeitet hier verstärkt in der Durchführung wissenschaftskommunikatorischer Prozesse des Verbundprojektes.
Kontakt: m.buch@katho-nrw.de

Cäcilia Jeggle ist Sozialarbeiterin M. A. mit dem Schwerpunkt klinischer Sozialarbeit. Sie ist Forschungsreferentin für Soziale Innovation im Transfernetzwerk s_inn an der KatHO NRW. Zudem arbeitet sie in einer Unternehmensberatung für Einrichtungen aus dem Sozial- und Gesundheitswesen und als Lehrbeauftragte mit den Schwerpunkten Ethik und Methoden der Sozialen Arbeit.
Kontakt: c.jeggle@katho-nrw.de

Ariadne Sondermann ist Soziologin. Zu ihren Forschungsthemen gehören u. a. der Wandel im Verhältnis von (Sozial-)Staat und Bürger:innen, Entwertungs- und Prekarisierungsprozesse von Arbeit sowie die Folgen von Hochschulreformen für die berufliche Identität von Professor:innen. Als Mitarbeiterin der Agentur des Transfernetzwerks Soziale Innovation – s_inn identifiziert sie aktuelle gesellschaftliche Themen oder Innovationsbedarfe und beteiligt sich an der Konzeption auch partizipativer Veranstaltungsformate.
Kontakt: sondermann@evh-bochum.de

Wissenstransfer im Bildungsmonitoring: das Ländermonitoring Frühkindliche Bildungssysteme

Kathrin Bock-Famulla & Felicitas Sander

Zusammenfassung

Bildungsmonitoring als eine Form des Wissenstransfers kann als komplexes System verstanden werden und muss sich daher zwangsläufig mit Prozessen der Komplexitätsreduktion und des Komplexitätsaufbaus bzw. Transformationsprozessen von Wissen und Komplexität auseinandersetzen, um an der Komplexität der Realität nicht zu scheitern. Insbesondere im Rahmen eines Transferverständnisses von Wissen, welches einen interaktiven, wechselseitigen und rückgekoppelten Prozess zwischen wissenschaftsinternen und -externen Akteur:innen in den Mittelpunkt stellt, gewinnt der Umgang mit Komplexität im Bildungsmonitoring in seiner Definition als datengestützte Grundlage „für Zieldiskussionen, politische Entscheidungen, Bildungsplanung, Rechenschaftslegung und öffentliche Diskussion" (Döbert, 2009, S. 12) im Bildungswesen an Relevanz.

Dieser Beitrag beschäftigt sich zunächst auf übergeordneter Ebene mit Wissenstransfer im Bildungsmonitoring und der Notwendigkeit von Komplexitätsreduktion. Anschließend werden anhand eines Praxisbeispiels die Auswirkungen der komplexen Herstellungsstruktur des *Ländermonitorings Frühkindliche Bildungssysteme* auf den Wissenstransfer und die angenommene Komplexitätsreduktion dargestellt. Dabei wird herausgearbeitet, wie mit Entscheidungen der Komplexitätsreduktion/des Komplexitätsaufbaus bzw. Komplexitätstransformation im Rahmen des Wissenstransfers umgegangen wird.

Zentrale Fragestellung dieses Beitrags ist demnach: Welche Auswirkungen hat die komplexe „Herstellungsstruktur" des Bildungsmonitorings inklusive Berichterstattung auf den Wissenstransfer und angenommene Komplexitätsreduktion bzw. die Transformation von Wissen und Komplexität?

Schlagworte: Bildungsmonitoring, Wissenstransfer, Komplexität, Transformation, Bildungsberichterstattung, Frühkindliche Bildung

Abstract

Educational Monitoring as a form of knowledge transfer can be understood as a complex system and therefore necessarily has to address processes of complexity reduction as well as complexity construction or transformation processes of knowledge and complexity, in order not to fail at the complexity of reality. Especially in course of a recursive understanding of knowledge transfer, which focusses an interactive, reciprocal and feedback-oriented process between science internal and external stakeholders, dealing with complexity in educational monitoring gains relevance in its definition as a databased foundation for target discussions, political decisions, educational planning, accountability and public discussions (Döbert, 2009).

In this article, knowledge transfer in educational monitoring and the necessity of complexity reduction is first discussed on a higher level. Subsequently the effects of the complex creation structure of the *Ländermonitoring Frühkindliche Bildungssyteme* on knowledge transfer and assumed complexity reduction are described and it is illustrated, how decisions concerning complexity reduction and complexity construction or complexity transformation in course of knowledge transfer are made.

The central issue of this article is therefore: Which effects has the complex creation structure of educational monitoring including educational reports on knowledge transfer and the assumed reduction of complexity or the transformation of knowledge and complexity?

Keywords: Educational monitoring, knowledge transfer, complexity, transformation, education report, early childhood education

1 Einleitung

Zur Klärung des Gegenstands werden zunächst die Begriffe „Bildungsmonitoring", „Bildungsberichterstattung" und „Bildungsbericht" näher bestimmt und Bezüge zum Wissenstransfer verdeutlicht. Döbert beschreibt *Bildungsmonitoring* als

> „die kontinuierliche, datengestützte Information von Bildungspolitik und Öffentlichkeit über Rahmenbedingungen, Verlaufsmerkmale, Ergebnisse und Erträge von Bildungsprozessen. Es macht das Bildungsgeschehen in der Gesellschaft bzw. in der jeweiligen Region transparent und ist damit Grundlage für Zieldiskussionen, politische Entscheidungen, Bildungsplanung, Rechenschaftslegung und öffentliche Diskussion. Im Zentrum eines Bildungsmonitorings steht die Arbeit der Institutionen des Bildungswesens, von der Kinderkrippe bis zur Weiterbildung im Erwachsenenalter". (Döbert, 2009, S. 12)

Bildungsmonitoring kann somit als Oberbegriff für die vielfältigen Datenerhebungen und -analysen im Bildungswesen verstanden werden (Rürup et al., 2010), die Prozesse des Bildungserwerbs auf individueller und institutioneller Ebene betrachten und vor dem Hintergrund gesellschaftlicher Rahmenbedingungen analysieren (DIPF, 2018). Hervorzuheben ist, dass Bildungsmonitoring eine spezifische Form der wissenschaftlichen Bearbeitung von Fragestellungen ist, die oftmals von Politik und Verwaltung beauftragt wird. Die Zielsetzungen des Monitorings bestehen damit aus einem Geflecht der selbstreferenziellen Logiken der einzelnen beteiligten Systeme (Wissenschaft, Politik, Verwaltung usw.), und sind somit quasi von ihrer Anlage durch eine „Mehrfachkomplexität" konstituiert. Die *Bildungsberichterstattung* wird in diesem Verständnis als Teil eines umfassenderen Bildungsmonitorings angesehen. Dabei geht es darum, den Prozess der Gewinnung, Aufbereitung, Darstellung, Verfügbarmachung und Analyse von Daten und Informationen über Bildung sichtbar zu machen (Döbert, 2009). Der *Bildungsbericht* schließlich wird als ein Produkt der Bildungsberichterstattung betrachtet, dessen Kern einen überschaubaren, systematischen, regelmäßig aktualisierbaren Satz von Indikatoren darstellt, die jeweils für ein zentrales Merkmal von Bildungsprozessen bzw. einen zentralen Aspekt von Bildungsqualität stehen (Döbert, 2009).

Dieser Beitrag beschäftigt sich auf übergeordneter Ebene mit dem Wissenstransfer im Bildungsmonitoring, wobei insbesondere anhand des Praxisbeispiels konkret auf den Wissenstransfer in der Bildungsberichterstattung eingegangen wird. Wissenstransfer beschreibt nach Froese et al. (2014) einen interaktiven, wechselseitigen und rückgekoppelten Prozess zwischen Wissenschaft und Praxis, der nachfolgend konkreter vorgestellt wird.

Bildungsmonitoring richtet sich an diverse Akteur:innengruppen wie Politik, Verwaltung, päd. Praxis, Wissenschaft und Gesellschaft. Deshalb hängen die Entscheidungsprozesse im Bildungsmonitoring auch mit den Chancen und Herausforderungen des Wissenstransfers von Forschungsergebnissen in andere gesellschaftliche Bereiche und somit mit der Komplexitätsreduktion sowie auch mit der Kontingenz von wissenschaftlich generiertem Wissens zusammen: Im Prozessmodell der Wissenstransformation nach Froese et al. (2014) wird ein rekursives Transferverständnis zwischen der Wissenschaft und wissenschaftsexternen Akteur:innen deutlich, welches Prozesse sichtbar macht, die die wechselseitige Übersetzung von wissenschaftlich generierten Erkenntnissen in eine verständliche, zugängliche Form beinhaltet sowie umgekehrt auch Übersetzungen von außerwissenschaftlich generierten Problemstellungen in wissenschaftliche Fragestellungen berücksichtigt (Wissenschaftsrat, 2016). An diesen Schnittstellen der Übersetzung finden zwangsläufig Reduktionsprozesse statt, die Bestandteil des Wissenstransfers sind. Froese et al. (2014, S. 5) erstellen ein Prozessmodell des Wissenstransfers, welches nach Angaben der Autor:innen

> „als Heuristik zu verstehen [ist], in der sowohl unterschiedliche Forschungstypen als auch Wissensgenerierung, Wissenstransfer und Wissensnutzung lediglich auf analytischer Ebene zu trennen sind. In der Forschungspraxis greifen sie jedoch ineinander. Es lassen sich deswegen unter anderem weder der Entstehungs- noch der Zielort von Wissen a priori und eindeutig bestimmen".

Aufgrund dessen und um ein rückgekoppeltes Transferverständnis zwischen der Wissenschaft und wissenschaftsexternen Akteur:innen noch deutlicher herauszuarbeiten, wurde das Modell von Froese et al. (2014) dahingehend angepasst, dass die Rekursivität und Interaktivität der Prozesse noch deutlicher betont wird (siehe Abb. 1). In der Überarbeitung wurden die Prozesse der Wissensgenerierung, des Wissenstransfers und der Wissensnutzung auch seitens wissenschaftsexterner Akteur:innen mit aufgegriffen. Zudem wird anstelle des Begriffs der *Reduktion* von Komplexität der Begriff der *Transformation* von Wissen und Komplexität verwendet. Wissen wird dabei als Konstruktion und nicht als Abbildung von Realität verstanden; sodann ist Wissen und somit auch die hergestellte Komplexität stark an die Wahrnehmung und Interpretation der beteiligten Systeme (Wissenschaft, Politik usw.) und Akteur:innen gebunden. Diese Akteursbeteiligungen führen zu Transformationen, die auch, aber nicht notwendigerweise eine Reduktion von Wissen und Komplexität bedeuten können; vielmehr kann eine neue Komplexität entstehen.

Abbildung 1: Prozessmodell des Wissenstransfers in Anlehnung an Froese et al. (2014, S. 5)

Wie genau der Prozess des Wissenstransfers und darin enthaltene Transformationsprozesse für ein Bildungsmonitoring sowie verwendete Berichtssysteme aussehen können, soll in diesem Beitrag konkret am Projekt *Ländermonitoring Frühkindliche Bildungssysteme* dargestellt werden, in dem unter anderem Daten der amtlichen Kinder- und Jugendhilfestatistik sekundär ausgewertet werden und für die pädagogische Praxis, Wissenschaft, Verwaltung, Politik, Gewerkschaften und Verbände aufbereitet werden.

Zentrale Fragestellung dieses Beitrags ist demnach: Welche Auswirkungen hat die komplexe „Herstellungsstruktur" des Bildungsmonitorings inklusive Berichterstattung auf den Wissenstransfer und angenommene Komplexitätsreduktion bzw. die Transformation von Wissen und Komplexität?

2 Bildungsmonitoring und Wissenstransfer

Bildungsmonitoring und auch konkreter die Bildungsberichterstattung als Verfahren der systematischen Informationsgewinnung und -aufbereitung über das Bildungswesen, mit denen Gestaltungsentscheidungen zielgerichtet vorgenommen werden sollen und sich an die Öffentlichkeit und politisch-administrative Entscheidungsträger richten, bestehen bereits seit Jahrzehnten, wenn nicht Jahrhunderten (Rürup et al., 2010). Sie sollen eine datengestützte, evaluative Gesamtschau über das Bildungswesen ermöglichen und beanspruchen, eine Übersichtlichkeit und Klarheit über den Verlauf und die Ergebnisse von Bildungsprozessen herzustellen (ebd.). Bildungsmonitoring richtet sich demnach an eine Vielzahl von unterschiedlichen Adressat:innen, die durch einen solchen institutionalisierten Beobachtungs- und Analyseprozess auf der Basis empirisch gesicherter Daten Steuerungswissen generieren bzw. erweitern und Steuerungshandeln begründbar und zielgerichtet gestalten sollen (Döbert, 2009). Dabei fehlt bislang eine differenzierte systematische Auseinandersetzung darüber, inwieweit die jeweils produzierten Daten tatsächlich als Steuerungswissen bzw. auf welcher Ordnungsebene (Bund, Länder, Kommunen) verwendbar sind. Je nach Aggregationsniveau bieten die Daten möglicherweise Hinweise für politische Zielsetzungen, bspw. für den KiTa-Platzausbau, aber keine detaillierten Informationen über konkrete Bedarfszahlen auf der kommunalen Ebene, die für Verwaltungsmaßnahmen erforderlich sind. In diesem Zusammenhang ist es wichtig, Bildungsmonitoring auch immer in Verbindung mit Wissenstransfer zu sehen: Wissenstransfer wird nach Froese et al. (2014, S. 4)

> „als interaktiver, wechselseitiger und rückgekoppelter Prozess zwischen Wissenschaft und Praxis definiert. Er verläuft in Feedbackschleifen und kann deshalb als Prozess des Austauschs zwischen Wissenschaft und Praxis verstanden werden, der auch die Vermittlung von Forschungsergebnissen an verschiedene wissenschaftsexterne Akteure einschließt".

Da Bildungsmonitoring eine zielgruppenadäquate Darstellung von Forschungsergebnissen für unterschiedliche Adressat:innen miteinschließt, ist Bildungsmonitoring per se als eine Form des Wissenstransfers anzusehen. So heißt es auch in der Gesamtstrategie der Kultusministerkonferenz (KMK) zum Bildungsmonitoring, dass „Forschungswissen in Kooperation mit wissenschaftlichen Einrichtungen adressatengerecht für die Schulen, die Bildungsadministration und die Bildungspolitik aufzubereiten und zu verbreiten" ist (KMK, 2015, S. 15), woraufhin sich die Landesinstitute und Qualitätseinrichtungen der Länder in einem Positionspapier auf ein gemeinsames Transferverständnis und die Ausgestaltung der Transferaufgabe verständigt haben (Bieber et al., 2018). Auch wird die Relevanz der Transferierbarkeit von Forschungswissen in Bildungseinrichtungen, Bildungspolitik und Bildungsadministration hinein zunehmend gestärkt (Bremm et al., 2018) und die Zusammenarbeit beteiligter Transferakteur:innen macht Kooperationsfähigkeit zu einem wichtigen Erfolgskriterium des Transfers (Matthies & Rehbein, 2016).

Da Bildungsmonitoring als eine Form des Wissenstransfers angesehen werden kann, sollen zunächst mögliche Ziele und Aufgaben von Bildungsmonitoring herausgearbeitet und Bezüge zum Wissenstransfer verdeutlicht werden.

2.1 Ziele und Aufgaben von Bildungsmonitoring

Nach Döbert (2009) haben Bildungsmonitoring und Bildungsberichterstattung zum Ziel,

> „nicht bloß Daten über institutionalisierte Bildungsangebote und deren Nutzung zur Verfügung [zu] stellen, sondern umfassender nach den Chancen von Menschen, sich kulturelle Traditionen und Wissensinhalte anzueignen, ihre Persönlichkeit zu entwickeln und

so eigenverantwortlich ihr Leben in Partnerschaft und Familie zu gestalten, beruflichen Ansprüchen gerecht zu werden sowie aktiv am sozialen und politischen Leben teilzunehmen", [zu] fragen. (S. 16)

Dabei sind, wenn man Bildungsmonitoring in seiner Definition als datengestützte Grundlage für Diskussionen und Entscheidungen im Bildungswesen sowie die Gesamtstrategie der KMK und Hochschulgesetze ernst nimmt, zwei Aufgaben zentral:
1. Zum einen die Generierung bzw. Erweiterung von „Steuerungswissen" und begründbarer und zielgerichteter Gestaltung von „Steuerungshandeln" auf Grundlage empirisch gesicherter Daten. Dabei stehen die folgenden drei Funktionen im Vordergrund:
   a) die Funktion der Beobachtung, Analyse und Darstellung wesentlicher Aspekte eines Bildungswesens,
   b) die Funktion der Systemkontrolle, vor allem mit Blick auf Leistungsmaßstäbe (Benchmarks), sowie
   c) die Funktion der „Systemdiagnostik", indem Entwicklungen und Problemlagen identifiziert werden (Döbert, 2009).
2. Zum anderen der Transfer des Wissens (Bieber et al., 2018; KMK, 2015) sowie im weiteren Sinne die damit zusammenhängende Erforschung der Wissensverwendung (Rürup et al., 2010).

So ist Bildungsmonitoring mit den Herausforderungen konfrontiert, auf der einen Seite neues, wissenschaftlich, d.h. methodisch abgesichertes und geprüftes Wissen im Sinne der Freiheit von Wissenschaft und Forschung zu generieren, und auf der anderen Seite, im Austausch mit den wissenschaftsexternen Akteur:innen zu reflektieren, welche Informationen für die Steuerung im Bildungswesen genutzt werden können.

Die wissenschaftliche Diskussion zu Bildungsmonitoring als Instrument und seinen Spezifika der Akteurskonstellationen ist bislang noch wenig ausdifferenziert. Zudem werden Besonderheiten des Monitorings verschiedener Bildungsbereiche wenig behandelt, bspw. worin Differenzen zwischen dem Monitoring von formalen und dem von informellen Bildungsbereichen bestehen. Für den frühkindlichen Bildungsbereich liegt eine Zusammenstellung von Qualitätsmonitorings vor, die international ein breites Spektrum mit Blick auf Verfahren, Gegenstandsbereiche und Akteurskonstellationen sichtbar machen (OECD, 2016). Für die Fragestellung des Wissenstransfers sowie die zu prüfende Annahme, dass Bildungsmonitoring als „Verfahren" durch Komplexitätsreduktion gekennzeichnet ist, bieten Bormann, Hartong und Höhne (2018) den Reflexionsimpuls, dass „daten- bzw. indikatorengesteuerte Bildungsberichterstattung ein spezifisches Bildungsverständnis konstruiert" (S. 8). Damit wird der mögliche komplexitätsreduzierende Zugang von Bildungsmonitoringverfahren mit Blick auf die Beobachterperspektiven (die beteiligten Akteur:innen), die Wissensformen (primär „quantifizierte und quantifizierbare Daten") und darüber hinaus auch den spezifischen Verwendungszweck von Monitorings, „Anhaltspunkte für ‚richtige' Interventionen" zu erhalten, problematisiert (Bormann et al., 2018, S. 8). Wissenstransfer und in Verbindung damit Komplexitätsreduktion von Bildungsmonitorings müssen deshalb mit Blick auf den Gegenstandsbereich, die verwendeten Forschungsmethoden, Formate der Erkenntnisdarstellung sowie die beteiligten Akteur:innen und ihre Rollen in ihrer prinzipiellen Kontingenz betrachtet werden. So bedeutet bspw. die Entscheidung für den Einsatz der jeweils verwendeten Forschungsmethoden auch den Verzicht auf andere und die durch sie different erfolgende Realitätskonstruktion.

Bevor nun anhand eines bestehenden Monitorings der Frage nachgegangen wird, welche Auswirkungen seine komplexe „Herstellungsstruktur" inklusive Berichterstattung auf den Wissenstransfer und angenommene Komplexitätsreduktion hat, folgt eine knappe Behandlung vom „Wissenstransfer" und „Komplexitätsreduktion".

2.2 Wissenstransfer und Komplexitätsreduktion

Wissenstransfer umfasst den Austausch zwischen Wissenschaft und außerwissenschaftlichen Akteur:innen. Dazu zählt die Vermittlung wissenschaftlicher Ergebnisse an Akteur:innen aus anderen Gesellschaftssystemen ebenso wie Feedbackschleifen und interaktive Austauschprozesse zwischen Wissenschaft und Praxis (Froese & Mevissen, 2016). Allerdings ist Wissenstransfer aufgrund zunehmender Ausdifferenzierung wissenschaftlicher Disziplinen und Praktiken immer in Abhängigkeit von der Disziplin und dem institutionellen Kontext, in dem er stattfindet, zu sehen (ebd.). Zwar gibt es im Gegensatz zu den Natur- und Technikwissenschaften in den Sozialwissenschaften geringere Kenntnisse über das Verständnis, die Formate, Zielgruppen und Kriterien von Wissenstransfer (ebd.), jedoch bieten Froese et al. (2014) Handlungsempfehlungen für Forschungsprojekte, Forschende, Forschungsinstitute und das Wissenschaftssystem in den Sozialwissenschaften an. So wird empfohlen, Wissenstransfer durch eine gezielte Projektstruktur, verbesserte Kooperation mit Praxisakteur:innen, ein verändertes Selbstverständnis von Forschenden, die Stärkung der Motivation für und der Befähigung zu Wissenstransfer, durch Strategien in Organisationen, sowie eine adäquate Bewertung von Transferleistungen in den Sozialwissenschaften etc. zu fördern.

Weiter weisen Froese und Mevissen (2016) im Rahmen des Wissenstransfers auf Spannungsfelder zwischen Erwartungen an Forschungsexzellenz und gesellschaftlich relevanter Forschung auf verschiedenen Ebenen wie bspw. Ressourcenkonflikte, Karriererisiken und unklare Standards hin. Als zentrale Herausforderung von Wissenschaft im Allgemeinen und von Wissenstransfer im Besonderen soll hier die Komplexitätsreduktion genannt werden bzw. die Herausforderung, eine Balance zwischen erforderlicher Abstraktionshöhe und angemessenem Konkretisierungsgrad zu finden. Denn um an der Komplexität der Realität nicht zu scheitern, findet durch die Wissenschaft immer eine Reduktion der Wirklichkeit statt. Eine zentrale Herausforderung von Wissenschaft besteht darin, die Komplexität der Wirklichkeit auf der einen Seite so weit zu reduzieren, dass sie bearbeitbar ist, und auf der anderen Seite nicht so sehr zu abstrahieren, dass die Bearbeitung an der Realität vorbeigeht (Schöneck & Voß, 2013). Das impliziert auch, dass je nach Forschungsansatz und beteiligten Forscher:innen, die Wirklichkeit unterschiedlich wahrgenommen bzw. konstruiert wird.

An dieser Stelle treten wir aber nochmals einen Schritt zurück und fragen: Was ist eigentlich Komplexität? Zunächst einmal spricht Luhmann (1994) von (organisierter) Komplexität, wenn bei einer zusammenhängenden Menge von Elementen aufgrund immanenter Beschränkungen der Verknüpfungskapazität der Elemente nicht mehr jedes Element jederzeit mit jedem anderen verknüpft sein kann. Aufgrund dieser selektiven Beziehungen zwischen den Elementen, also der Reduktion von Beziehungen entsteht Komplexität, wobei die Reduktion der Beziehungen eines Systems nach innen und nach außen erfolgen kann. So wird von „Systemkomplexität" gesprochen, wenn ein System spezifische Strukturen entwickelt, um die eigene Vielschichtigkeit zu minimieren und damit handlungsfähig zu sein. Von „Umweltkomplexität" ist die Rede, wenn die Umwelt eines Systems wesentlich komplexer ist als es selbst und ein Zwang zur Selektion der Umweltinformationen, die im System verarbeitet werden, besteht (Dernbach et al., 2019b; Luhmann, 1994; Schoeneberg, 2014).

So bestehen verschiedene Möglichkeiten der Reduktion von Komplexität, um die Informationssammlung und -verarbeitung aus der Umwelt möglichst effizient zu organisieren (Dernbach et al., 2019b): auf der einen Seite durch ein Ausblenden von Systemteilen sowie auf der anderen Seite durch eine Fokussierung auf interessierende Eigenschaften. So soll der eigentliche Sachverhalt nicht verändert oder verfälscht, dafür aber bearbeitbar gemacht werden. Dabei stellen Kommunikation und Sprache wichtige Hilfsmittel dar (Dernbach et al., 2019a; Luhmann, 1994). Jedes System, auch die Wissenschaft bzw. hier das Bildungsmonitoring, muss also Komplexität reduzieren, um, wie zu Beginn dieses Kapitels erwähnt, an der Komplexität der Realität nicht zu scheitern, bzw. um seinen unter 3.1 dargestellten Aufgaben der Generierung bzw. Erweiterung von Steuerungswissen und begründbarer und zielgerichteter Gestaltung von Steuerungshandeln auf Grundlage empirisch gesicherter Daten sowie dem Transfer des Wissens nachzukommen. Das System Bildungsmonitoring wird so zur komplexitätsreduzierenden Instanz, die gleichzeitig aber auch Komplexität aufbaut, „denn die Komplexität kommt nicht von sich aus in die (soziale) Welt; und auch ihre Reduktion erfordert eine eigene Komplexität eines komplexitätsreduzierenden Systems" (Scholl & Loosen, 2019). In diesem Zusammenhang ist die komplexitätsreduzierende Instanz damit konfrontiert, professionelle Reduktion zu betreiben, zu selektieren und zu fokussieren, wodurch zwangsläufig auch ein Komplexitätsverlust entsteht, da nicht alles vom Bildungsmonitoring aufgegriffen werden kann. Deshalb muss der Selektionsprozess möglichst transparent und nachvollziehbar gestaltet werden (Dernbach et al., 2019b).

Betrachtet man diese Überlegungen zur Komplexitätsreduktion nun vor dem herausgearbeiteten Verständnis eines wechselseitigen Wissenstransfers nach Froese et al. (2014), stellt man fest, dass die bisherige Darstellung eher unidirektional von den beteiligten komplexitätsreduzierenden Instanzen ausgeht. Denn die bestimmen, was interessierende Eigenschaften sind bzw., was ausgeblendet wird. Daher ist es insbesondere auch im Rahmen der Komplexitätsreduktion relevant, die Perspektiven wissenschaftsinterner sowie -externer Akteur:innen zu berücksichtigen. Wird dies nicht beachtet, kann auch kein Wissenstransfer im Sinne eines interaktiven, wechselseitigen und rückgekoppelten Prozesses zwischen Wissenschaft und Praxis erfolgen.

Versteht man Bildungsmonitoring als Form des Wissenstransfers als komplexes System, so muss sich zwangsläufig mit Prozessen der Komplexitätsreduktion und des Komplexitätsaufbaus auseinandergesetzt werden. Dabei könnte der Terminus der Komplexitätstransformation hilfreich sein zu betonen, dass eine neue, andere Komplexität von den beteiligten Akteur:innen am Monitoring auch gemeinsam hergestellt werden kann. Diese „gemeinsame" Komplexität könnte das Verstehen und damit auch die Nutzung des Wissens von allen Akteur:innen erhöhen, da sie einen gemeinsamen Blick auf den Gegenstandsbereich entwickelt haben. Wie im *Ländermonitoring Frühkindliche Bildungssysteme* mit Entscheidungen der Komplexitätsreduktion/des Komplexitätsaufbaus bzw. Komplexitätstransformation im Rahmen des Wissenstransfers umgegangen wird, soll nach einer kurzen Vorstellung des Ländermonitorings im nachfolgenden Kapitel beschrieben werden.

3 Beispiel: *Ländermonitoring Frühkindliche Bildungssysteme*

Zielsetzungen des seit 2008 bestehenden *Ländermonitorings Frühkindliche Bildungssysteme* der Bertelsmann Stiftung sind, insbesondere für zentrale Akteursgruppen (Politik, Verwaltung, Gewerkschaften und Verbände, pädagogische Praxis, Wissenschaft) Transparenz bezüglich des Status quo und der Entwicklungstrends der 16 frühkindlichen Bildungssysteme herzustellen sowie Impulse für die Weiterentwicklung der Systeme zu setzen, die für eine quantitative sowie qualitätsorientierte Ausgestaltung der institutionellen frühkindlichen Bildung, Betreuung und Erziehung (FBBE) relevant sind. Dafür wertet das Ländermonitoring Daten über die frühkindlichen Bildungssysteme aus, bereitet sie auf und bildet jährlich den Status quo im Längsschnitt ab. So werden bspw. Angaben über die Bildungsbeteiligung und den Betreuungsumfang von Kindern in Kindertagesbetreuung, über das Alter und die Qualifikation des pädagogischen Personals oder über die Größe und Personalschlüssel in den Gruppen gemacht. Wissenstransfer findet dabei an verschiedenen Stationen der „Herstellung" des Monitorings statt: im Sinne eines gelungenen Ergebnistransfers von Wissen dahin gehend, dass die ausgewerteten und aufbereiteten Daten über die FBBE von den adressierten Zielgruppen wahrgenommen und diskutiert werden. Aber auch im Erstellungsprozess findet zwischen den beteiligten Akteur:innen aus Wissenschaft, der Stiftung und jenen in den Systemen agierenden ein kontinuierlicher, wechselseitiger Wissenstransfer statt, durch den das „akteurspezifische" Wissen in interaktiven Austauschprozessen und Feedbackschleifen verwendet wird, um das Konzept des Ländermonitorings weiterzuentwickeln. Die systemimmanente Komplexität der frühkindlichen Bildungssysteme soll dabei durch die unterschiedlichen beteiligten Akteur:innen und ihre Perspektiven bzw. ihr Wissen repräsentiert werden. In Veranstaltungen wird bspw. gezielt der Dialog zwischen allen Akteur:innen unterstützt, um jenes „Wissen" zu bestimmen, das als handlungsrelevant, auch für die Weiterentwicklung der Systeme, eingeordnet wird. Dafür arbeitet die Bertelsmann Stiftung seit Bestehen des Ländermonitorings mit wissenschaftlichen Partner:innen zusammen und bezieht die verschiedenen Akteur:innen der FBBE mit ein. Bspw. beteiligen sich alle zuständigen Landes- und Bundesministerien in einem Gremium sowie in einem weiteren Gremium Vertreter:innen der Trägerverbände, Gewerkschaften, kommunalen Spitzenverbände sowie weiterer Verbände. Von der primärstatistischen Datenerhebung der Statistischen Ämter der Länder über die Aufbereitung und Bereitstellung der Daten für die Wissenschaft, über die sekundärstatistischen Auswertung und Aufbereitung der Universität sowie der Stiftung selbst bis zur visuellen Kommunikation durch die Stiftung, in Kooperation mit einer Grafikerin und IT-Expert:innen findet kontinuierlich eine Reduktion, Transformation und Verdichtung von wissenschaftlich generiertem Wissen statt, die bereits bei der primärstatistischen Erhebung anfängt. Durch die im Projekt hergestellten Kooperations- und Dialogstrukturen wird gewissermaßen ein fortlaufender Wissenstransfer zwischen den beteiligten Akteur:innen für die Erstellung des Monitoring unterstützt, sodass Komplexitätstransformationen ermöglicht werden, die das gemeinsame Verstehen und damit auch Handlungsrelevanz fördern.

Im Ländermonitoring wird eine übersichtliche Darstellung, „akteursübergreifende" Verständlichkeit sowie eine primär grafisch anschauliche Visualisierung mit erläuternden Texten als Konzept verfolgt. Dabei bestehen zwei Formen der Berichterstattung: der alle zwei Jahre erscheinende „Länderreport Frühkindliche Bildungssysteme" sowie das jährlich aktualisierte Online-Portal „Ländermonitor Frühkindliche Bildungssysteme"[1]. Um das komplexe System der FBBE bzw. der 16 Bundesländersysteme abbilden zu können, ist über die Jahre eine komplexe Herstellungsstruktur des Bildungsmonitorings entstanden. Die Produktion des Ländermonitorings erfolgt in einer etablierten Projektstruktur mit mehreren Organisationen, in der „Schnittstellen der Übersetzung bzw. Transformation" zwischen den verschiedenen Akteursgruppen entstehen, um zu dem (angepassten) Prozessmodell des Wissenstransfers (Abb. 1) zurückzukommen.

Die Stationen in der Herstellungsstruktur des Ländermonitorings, in denen Prozesse des Wissenstransfers und der Komplexitätsreduktion bzw. -transformation stattfinden (siehe Abb. 2), sollen nun genauer betrachtet werden und darin erhaltene Entscheidungen im Rahmen des Bildungsmonitorings/der Berichterstattung exemplarisch reflektiert werden.

---

1 https://www.laendermonitor.de/de/startseite/

Abbildung 2: Projektstruktur im Ländermonitoring Frühkindliche Bildungssysteme

3.1 Wissenstransfer und Komplexitätsreduktion in der Indikatorenauswahl und -diskussion

Im Ländermonitoring werden zum Stand 2020 circa 85 verschiedene Indikatoren ausgewertet, anhand derer der Status Quo der 16 frühkindlichen Bildungssysteme (der 16 Bundesländer) im Längsschnitt abgebildet wird. Diese Indikatoren sind das Produkt aus insgesamt 13 Projektzeiträumen, in denen jeweils die inhaltliche und konzeptionelle Weiterentwicklung der Indikatoren zwischen den wissenschaftlichen Akteur:innen und der Bertelsmann Stiftung sowie punktuell mit den weiteren Akteursgruppen in den Systemen kontinuierlich diskutiert wird. Im Rahmen der Indikatorenauswahl und -diskussion sind die folgenden Fragestellungen zentral:

1. Welche Indikatoren bleiben unverändert?
2. Welche Indikatoren werden weiterentwickelt?
3. Welche Indikatoren sollten angesichts aktueller fachlicher und politischer Diskussionen neu aufgenommen werden?
4. Welche neuen Perspektiven werden durch Veränderungen in der amtlichen Erhebung eröffnet?
5. Welche Indikatoren sind verzichtbar?

Mithilfe der Beantwortung dieser Fragestellungen wird selektiert, inwiefern welche Indikatoren inhaltlich, konzeptionell und auch visuell/grafisch weiterentwickelt werden sollen, ohne Veränderung bestehen bleiben oder nicht mehr aktualisiert werden. Diese Aushandlungsprozesse finden zum einen zwischen der Stiftung und der wissenschaftlichen Begleitung statt, zum anderen stellt der Einbezug von verschiedenen wissenschaftsexternen Akteur:innen der FBBE eine zentrale Komponente im Ländermonitoring dar. So werden in zwei fortlaufenden Gremien sowie Workshops und Fachtagungen die Perspektiven, Bedürfnisse und Expertisen der beteiligten Akteur:innen in den FBBE-Systemen berücksichtigt und können so in die Weiterentwicklung des Ländermonitorings mit einfließen.

Die Auswahl der Indikatoren, die letztlich ausgewertet werden (können) und für die die Daten nach entsprechender (datenschutzrechtlicher) Prüfung durch das Forschungsdatenzentrum zur Veröffentlichung freigegeben werden, stellt auf der einen Seite zwangsläufig eine Komplexitätsreduktion der Realität dar, da bestimmte für das frühkindliche Bildungssystem besonders relevante Indikatoren ausgewählt und andere Systemteile ausgeblendet werden. So kann ein Teil der Komplexität der FBBE-Systeme nicht erfasst werden, weil die Daten dazu nicht zur Verfügung stehen: bspw. erfasst die Kinder- und Jugendhilfestatistik nicht alles, was von wissenschaftlichem und auch politischem Erkenntnisinteresse ist, und nicht alle Auswertungen sind aus datenschutzrechtlichen Gründen möglich. Dies beeinflusst zusätzlich die Realitätskonstruktion.

Auf der anderen Seite werden durch die Art der Auswertung und Aufbereitung eine Transformation der Daten sowie eine neue Komplexität geschaffen. Die so abgebildeten frühkindlichen Bildungssysteme bieten somit auch eine Grundlage für die Herstellung einer „geteilten" Realität, im Sinne des Verständnisses der Situation in den Systemen zwischen den beteiligten Akteur:innen. Damit wird die Basis für einen gemeinsamen Dialog über die Reform- und Entwicklungsbedarfe geschaffen.

3.2 Wissenstransfer und Komplexitätsreduktion in der Datenauswertung

Die amtliche Kinder- und Jugendhilfestatistik liefert als Vollerhebung die zentrale Datengrundlage für sekundärstatistische Auswertungen der Einrichtungen, Kinder und des Personals in der Kindertagesbetreuung (Kindertageseinrichtungen und Kindertagespflege) im Ländermonitoring. Es werden also deutschlandweit Daten in allen Einrichtungen der Kindertagesbetreuung, des darin tätigen Personals und der betreuten Kinder erfasst. Die Daten werden jeweils zum ersten März eines Jahres vom Statistischen Bundesamt über Fragebögen erhoben. Dadurch, dass die Gesetzgeber sowie das Statistische Bundesamt festlegen, welche Variablen konkret erhoben werden, findet an dieser Stelle bereits eine notwendige Form der Komplexitätsreduktion statt, auf die das Ländermonitoring keinen Einfluss hat. Durch die Auswertungen der Daten nach bestimmten Kategorien findet eine Reduktion der Komplexität durch Zusammenfassung statt, die es bspw. ermöglicht, datengestützte Aussagen über die Qualifikation des pädagogischen Personals in einem bestimmten Bundesland zu machen. So wird zum einen anhand von Arbeitsbereichen festgelegt, welches Personal als pädagogisches Personal definiert wird, und zum anderen werden Qualifikationen nach der Art des Abschlusses in Kategorien (Hochschulabschluss/Fachschulabschluss/Berufsfachschulabschluss/Sonstige Ausbildungen/In Ausbildung/Ohne Abschluss) unterteilt. Diese Unterteilung erfolgt, um die Qualifikation des pädagogischen Personals überhaupt erst auswertbar und vergleichbar zu machen. Durch diese Reduktion von

Komplexität gehen allerdings auch Informationen verloren, und auf die Art und Weise, wie die Kategorien gebildet werden, haben die Nutzer:innen keinen Einfluss. Daher ist es wichtig, Selektionsprozesse und Zusammenfassungen zu Kategorien als Formen der Komplexitätsreduktion, theoretisch bzw. empirisch begründbar sowie im Austausch mit den unterschiedlichen Akteursgruppen zu erstellen, um Kategorien und Gruppen zu bilden, die die Situation in allen 16 frühkindlichen Bildungssystemen vergleichend sinnvoll abbilden. So stellen die benannten Kategorien sicherlich nur eine Möglichkeit dar, die Qualifikation des pädagogischen Personals abzubilden. Andere Möglichkeiten, bspw. eine Kategorienbildung nach Kompetenzniveau des Deutschen Qualifikationsrahmens sind ebenfalls möglich und wurden im Rahmen des Ländermonitorings bereits in der Zusammenarbeit wissenschaftsinterner und -externer Akteur:innen diskutiert.

3.3 Wissenstransfer und Komplexitätsreduktion in der Datenaufbereitung

Sind die Daten ausgewertet, werden sie in Form von Tabellen und Grafiken aufbereitet. Im Ländermonitor stehen die Auswertungen in Form von Tabellen als Download zur Verfügung. Diese Tabellen eignen sich besonders, wenn man möglichst detaillierte Informationen über die Werte in allen Bundesländern und Kategorien betrachten möchte (siehe Tabelle 1).

Tabelle 1: Beispiel: Tabellenübersicht im Ländermonitor

Bundesland	Krippengruppe			
	Gruppen	Personalressourceneinsatzschlüssel		
	Anzahl	Median	Mittelwert	Standardabweichung
Baden-Württemberg	5.274	3,0	3,2	1,4
Bayern	3.163	3,7	3,9	1,5
Berlin	833	5,2	5,6	2,2
Brandenburg	1.414	5,3	5,6	1,7
Bremen	172	3,1	3,3	1,3
Hamburg	1.110	4,3	4,6	2,1
Hessen	2.490	3,8	4,0	1,4
Mecklenburg-Vorpommern	1.355	5,9	6,1	2,1
Niedersachsen	1.322	3,7	3,8	1,4
Nordrhein-Westfalen	1.599	3,7	3,9	1,4
Rheinland-Pfalz	854	3,7	3,8	1,4
Saarland	424	3,7	3,8	1,1
Sachsen	2.593	5,5	5,9	2,3
Sachsen-Anhalt	1.339	5,6	5,9	3,7
Schleswig-Holstein	1.000	3,6	3,8	1,3
Thüringen	1.400	5,4	5,7	1,9
Ostdeutschland (mit Berlin)	8.934	5,5	5,8	2,4
Westdeutschland (ohne Berlin)	17.408	3,5	3,7	1,5
Deutschland	26.342	4,1	4,4	2,1

Bei der graphischen Darstellung in Form von Diagrammen wird Komplexität insofern reduziert, als nur ausgewählte Kennzahlen, wie bspw. Prozentwerte oder der Median, ausgewiesen werden. Optional kann die Komplexität weiter reduziert werden, indem über verschiedene Auswahlmöglichkeiten nur ausgewählte Bundesländer oder Gruppierungen angezeigt werden.

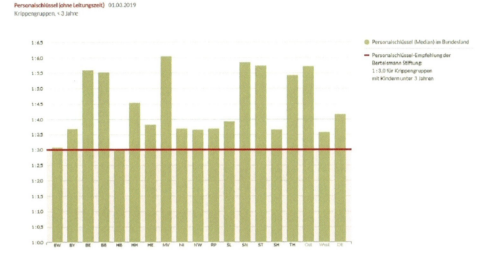

Abbildung 3: Beispiel: grafische Darstellung im Ländermonitor

Diese Art der grafischen Aufbereitung wie in Abbildung 3 unterstützt den Vergleich der Personalschlüssel zwischen den einzelnen Bundesländern. Zudem wird auf einen Blick durch die rote Markierung deutlich, ob die Empfehlungen für einen angemessenen Personalschlüssel in Krippengruppen in den einzelnen Bundesländern erreicht werden oder ein ungünstigerer Personalschlüssel vorliegt. In Abbildung 3 wurde also Komplexität insofern reduziert, als nur auf eine Kennzahl fokussiert wird, diese jedoch entsprechend grafisch aufbereitet wurde, sodass der Vergleich zwischen den Bundesländern und die Interpretation des Indikators erleichtert wird. Informationen zu bspw. der Anzahl der Gruppen, auf die sich die Personalschlüssel beziehen, werden hier nicht gegeben, sondern finden sich in der komplexeren Tabelle (siehe Tab. 1).

Zusätzlich wird bei komplexen Indikatoren wie dem Personalschlüssel mit der Unterstützung eines kurzen Erklärvideos gearbeitet, welches die grundlegende Berechnung des Personalschlüssels darlegt, allerdings auf die Erklärung methodischer Einzelheiten zur Berechnung verzichtet und so Komplexität reduziert[2]. Diese Einzelheiten können bei Bedarf in den methodischen Hinweisen nachvollzogen werden.[3] Da sie aber für ein grundlegendes Verständnis des Personalschlüssels nicht benötigt werden, werden diese bewusst nicht im Video benannt. Eine weitergehende Komple-

---

2 https://www.laendermonitor.de/de/vergleich-bundeslaender-daten/personal-und-einrichtungen/personalschluessel
3 https://www.laendermonitor.de/fileadmin/files/laendermonitor/methodiktexte/Methodik_qualitaet.pdf

xitätsreduktion besteht in der Methodik der Personalschlüsselberechnung. Denn diese besteht aus verschiedenen Berechnungsschritten sowie Annahmen, die prinzipiell auch anders gewählt werden könnten, sodass hier letztlich auch eine Komplexitätstransformation vorliegt.

Auch im Länderreport wird der Wissenstransfer über die grafische Darstellung gezielt unterstützt. So finden sich im Anhang ebenfalls die konkreten Tabellen mit den einzelnen Kennzahlen für alle Bundesländer wie in Tabelle 1. Fokussiert wird im Länderreport allerdings nicht der Vergleich zwischen den Bundesländern, sondern der Status quo für jedes Bundesland wird in einem Länderprofil nach drei Themenschwerpunkten abgebildet. So werden im Länderreport auch andere Möglichkeiten der visuellen Kommunikation genutzt, die bspw. den Vergleich der einzelnen Gruppenarten in einem Bundesland fokussieren (siehe Abbildung 4) und damit die Komplexität grafisch erhöhen.

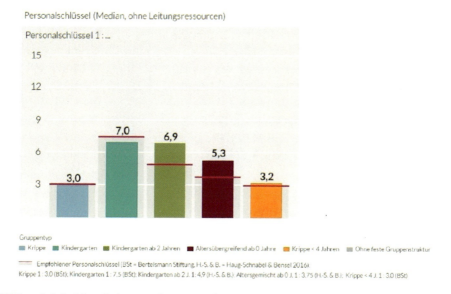

Abbildung 4: Beispiel: grafische Darstellung im Länderreport

3.4 Wissenstransfer und Komplexitätsreduktion in der Dokumentation

Neben der grafischen Aufbereitung werden die Daten durch Texte im Ländermonitor und Länderreport gerahmt. Im Ländermonitor wird eher der Vergleich unter den Bundesländern sowie im Längsschnitt fokussiert, wobei zu jedem Indikator Informationen zum Thema, eine zentrale Datenanalyse, methodische Hinweise sowie die Quellen- und Literaturangaben zu finden sind. Im Länderreport steht eher der Status quo der einzelnen Bundesländer im Fokus; er wird anhand ausgewählter Indikatoren dargestellt. Für den Wissenstransfer wird gezielt primär auf die visuelle Kommunikation durch Grafiken und Schaubilder gesetzt und kurze Texte werden zur Erläuterung verwendet. Die Länderprofile werden zudem durch eine zusammenfassende, textliche Darstellung der jeweiligen Bundeslandsituation sowie Reformvorschläge eingeleitet. Die Darstellung des Status quo erfolgt primär grafisch mit kurzen Texten. Für die Nutzer:innen soll durch diese Aufbereitung die Verständlichkeit erhöht werden; dabei ist ein kontinuierlicher Abwägungsprozess zwischen einerseits Verständlichkeit und dafür notwendige Komplexitätsreduktion sowie andererseits sachangemessene Systemdarstellung als Grundlage für Reformprozesse immanent.

3.5 Wissenstransfer und Komplexitätsreduktion in der Kommunikation

Eine zentrale Zielsetzung des Ländermonitorings ist die Unterstützung einer öffentlichen Debatte über notwendige Reformmaßnahmen in den FBBE-Systemen, damit jedes Kind in Deutschland die Chance auf ein kindgerechtes Angebot in der Kindertagesbetreuung hat. Die Veröffentlichung der aktualisierten Daten wird deshalb einmal jährlich mittels einer Pressemitteilung zu der Situation und den Entwicklungsbedarfen der FBBE aus Bundessicht sowie 16 Mitteilungen über die jeweiligen Trends und erforderlichen Reformen in den einzelnen Bundesländern bekannt gegeben. Für diese Kommunikationsarbeit wird wiederum eine Fokussierung auf einzelne Themen vorgenommen, sodass die ausgewählten Daten wiederum eine Komplexitätsreduktion des gesamten Datenpools darstellen. Gleichzeitig kann durch diese Form der Pressearbeit auf die verfügbaren Formen der Berichterstellung, den Länderreport sowie den Ländermonitor aufmerksam gemacht werden, sodass die Wahrnehmung und Nutzung der gesamten Daten unterstützt wird. Zudem werden gezielt Materialien, *Keyfacts*, bereitgestellt, die ausgewählte Inhalte für jedes Bundesland auf einer Seite weitgehend grafisch aufbereitet zur Verfügung stellen.[4] Damit werden sehr gezielt für den politischen Diskurs ausgewählte Kennziffern jeweils für ein Bundesland „auf einen Blick" dargestellt. Dies ist einerseits eine Komplexitätsreduktion, unterstützt damit aber andererseits einen Wissenstransfer für spezifische Zielgruppen, die nicht die umfassenderen Materialien rezipieren. Die Kommunikationsarbeit muss dabei immer als Abwägungsprozess zwischen einerseits den Risiken der Komplexitätsreduktion und andererseits einer unzureichenden Rezeption bei zu hoher Komplexität der aufbereiteten Informationen verstanden werden.

Externe Evaluationen und eigene Medienanalysen zeigen eine breite Rezeption der Daten sowie Reformempfehlungen aus dem Ländermonitoring, die bspw. in Bundes- und Landtagsanhörungen von politischen Akteur:innen oder auch von fachpolitischen Akteur:innen, wie den Wohlfahrtsverbänden oder Gewerkschaften, verwendet werden. Die Diversität der Nutzer:innen, wie KiTa-Fachkräften, Kommunalvertreter:innen oder auch Wissenschaftler:innen usw. scheint zu bestätigen, dass das Ländermonitoring akteursübergreifend handlungsrelevant ist.

---

[4] Bspw. https://www.laendermonitor.de/de/report-profile-der-bundeslaender/bundeslaender/nordrhein-westfalen

4 Zusammenfassung und Fazit

Die Auseinandersetzung mit Komplexitätsreduktion und Komplexitätsaufbau im Wissenstransfer zwischen Forschung (Hochschulen) und Gesellschaft gewinnt im Kontext des Bildungsmonitorings eine besondere Relevanz.

Bildungsmonitoring in seiner Definition als datengestützte Grundlage für Diskussionen und Entscheidungen im Bildungswesen zielt zum einen darauf ab, „Steuerungswissen" und eine begründbare und zielgerichtete Gestaltung von „Steuerungshandeln" auf Grundlage empirisch gesicherter Daten zu generieren und weiterzuentwickeln (Döbert, 2009). Zum anderen wird der Transfer des Wissens explizit als Aufgabe von Bildungsmonitoring genannt (Bieber et al., 2018; KMK, 2015).

Begreift man Wissenstransfer in Anlehnung an Froese et al. (2014) als einen rekursiven Transfer zwischen der Wissenschaft und wissenschaftsexternen Akteur:innen, welcher Prozesse sichtbar macht, die die wechselseitige Übersetzung von wissenschaftlich generierten Erkenntnissen in eine verständliche, zugängliche Form beinhaltet sowie umgekehrt auch Übersetzungen von außerwissenschaftlich generierten Problemstellungen in wissenschaftliche Fragestellungen berücksichtigt (Wissenschaftsrat, 2016), müssen diese Prozesse der Zusammenarbeit zwischen wissenschaftsinternen und -externen Akteur:innen auch beim Bildungsmonitoring berücksichtigt werden.

Darüber hinaus muss das komplexe System *Bildungsmonitoring*, insbesondere im Rahmen eines rekursiven Transferverständnisses Komplexität reduzieren, um an der Komplexität der Realität nicht zu scheitern und den Transfer von Steuerungswissen und Steuerungshandeln auf Grundlage empirisch gesicherter Daten erfolgreich zu gestalten. Gleichzeitig entsteht partiell auch eine neue, aber von den beteiligten Akteur:innen geteilte Komplexität bzw. Realität der Bildungssysteme.

Um das frühkindliche Bildungssystem abbilden zu können, ist im Rahmen des *Ländermonitorings Frühkindliche Bildungssysteme* eine komplexe Herstellungsstruktur des Bildungsmonitorings inklusive zwei Formen der Berichterstattung entstanden, um den Herausforderungen des Wissenstransfers und dem Umgang mit Komplexitätsreduktion sowie -transformation gerecht zu werden. So wird bei der Weiterentwicklung und Erstellung des Ländermonitorings auf die Zusammenarbeit wissenschaftsinterner und -externer Akteur:innen gesetzt, um Informationen über das frühkindliche Bildungssystem für Politik, Verwaltung, Verbände und Gewerkschaften sowie für die Zivilgesellschaft und pädagogische Fachkräfte so auszuwerten und aufzubereiten, dass sie für eine qualitätsorientierte Ausgestaltung der frühkindlichen Bildung, Betreuung und Erziehung für die Nutzer:innen verwertbar sind. Dabei wird auf der einen Seite Komplexität in der Indikatorendiskussion, der Datenauswertung und -aufbereitung, der Dokumentation und Kommunikation reduziert und transformiert; auf der anderen Seite wird der Wissenstransfer durch die visuelle Kommunikation gestützt.

Literaturverzeichnis

Bieber, G., Egyptien, E. L., Klein, G., Oechslein, K. & Pikowsky, B. (2018). Positionspapier der Landesinstitute und Qualitätseinrichtungen der Länder zum Transfer von Forschungswissen. https://ibbw.kultus-bw.de/site/pbs-bw-km-root/get/documents_E-43043805/KULTUS.Dachmandant/KULTUS/Dienststellen/ibbw/Empirische%20Bildungsforschung/Schwerpunkte/Wissenschaftstransfer/Positionspapier_Transfer_31.10.18.pdf [letzter Zugriff: 29.12.2020]

Bormann, I., Hartong, S. & Höhne, T. (Hg.). (2018). Bildung unter Beobachtung. Kritische Perspektiven auf Bildungsberichterstattung, 1. Aufl.. Weinheim: Beltz Juventa. https://www.beltz.de/fachmedien/erziehungs_und_sozialwissenschaften/buecher/produkt_produktdetails/33329-bildung_unter_beobachtung.html [letzter Zugriff: 15.04.2021]

Bremm, N., Hillebrand, A., Manitius, V. & Jungermann, A. (2018). Wissenstransfer im Bildungssystem. Chancen und Herausforderungen kooperativer Akteurskonstellationen. Transfer Forschung – Schule, 4, 133–141.

Dernbach, B., Godulla, A. & Sehl, A. (Hg.). (2019a). Komplexität im Journalismus, 1. Aufl.. Wiesbaden: Springer Fachmedien. https://doi.org/10.1007/978-3-658-22860-6

Dernbach, B., Godulla, A. & Sehl, A. (2019b). Komplexität und deren Reduktion im und durch Journalismus. In B. Dernbach, A. Godulla & A. Sehl (Hg.), Komplexität im Journalismus, 1. Aufl. (S. 1–12). Wiesbaden: Springer Fachmedien.

DIPF (2018). Bildungsberichterstattung am DIPF. https://www.bildungsbericht.de/de/autorengruppe-bildungsbericht/bildungsberichterstattung-am-dipf [letzter Zugriff: 15.04.2021]

Döbert, H. (2009). Bildungsbericht und Bildungsmonitoring – Kriterien und Standards. Vortrag auf der Fachtagung der DGBV, Esslingen. https://www.yumpu.com/de/document/read/36264454/bildungsbericht-und-bildungsmonitoring-a-kriterien-und-dgbv [letzter Zugriff: 04.10.2021]

Froese, A. & Mevissen, N. (2016). Fragmentierter Wissenstransfer der Sozialwissenschaften: Zur Relevanz disziplinenspezifischer Kontextfaktoren. In A. Froese, D. Simon & J. Böttcher (Hg.), Sozialwissenschaften und Gesellschaft. Neue Verortungen von Wissenstransfer (S. 31–63). Bielefeld: transcript.

Froese, A., Mevissen, N., Böttcher, J., Simon, D., Lentz, S. & Knie, A. (2014). Wissenschaftliche Güte und gesellschaftliche Relevanz der Sozial- und Raumwissenschaften: Ein spannungsreiches Verhältnis. Handreichung für Wissenschaft, Wissenschaftspolitik und Praxis, WZB Discussion Paper, No. SP III 2014-602, Wissenschaftszentrum Berlin für Sozialforschung (WZB), Berlin. https://www.econstor.eu/bitstream/10419/96510/1/784946973.pdf [letzter Zugriff: 04.10.2021]

KMK – Kultusministerkonferenz. (2015). Gesamtstrategie der Kultusministerkonferenz zum Bildungsmonitoring. https://www.kmk.org/fileadmin/Dateien/veroeffentlichungen_beschluesse/2015/2015_06_11-Gesamtstrategie-Bildungsmonitoring.pdf [letzter Zugriff: 28.12.2020]

Luhmann, N. (1994). Soziale Systeme: Grundriß einer allgemeinen Theorie. Frankfurt a. M.: suhrkamp taschenbuch wissenschaft.
Matthies, H. & Rehbein, S. (2016). Ignorieren – Anpassen – Widersetzen: Wie Wissenschaftler_innen auf die Anrufungen der neuen Governance antworten. Feministische Studien, 34(1) (S. 23–38). https://doi.org/10.1515/fs-2016-0104
OECD. (2016). Starting Strong IV: Qualitätsmonitoring in der Frühkindlichen Bildung, Betreuung und Erziehung. Paris/DJI, Munich: OECD Publishing. https://doi.org/10.1787/9789264268289-de
Rürup, M., Fuchs, H.-W. & Weishaupt, H. (2010). Bildungsberichterstattung – Bildungsmonitoring. In H. Altrichter & K. Maag Merki (Hg.), Handbuch Neue Steuerung im Schulsystem, Bd. 7, 1. Aufl. (S. 411–437). Wiesbaden: Springer VS. https://doi.org/10.1007/978-3-531-92245-4_15
Schoeneberg, K.-P. (2014). Komplexität – Einführung in die Komplexitätsforschung und Herausforderungen für die Praxis. In K.-P. Schoeneberg (Hg.), Komplexitätsmanagement in Unternehmen. Herausforderungen im Umgang mit Dynamik, Unsicherheit und Komplexität meistern (S. 13–27). Wiesbaden: Springer Fachmedien.
Scholl, A. & Loosen, W. (2019). Die Komplexität der Komplexitätsforschung. Theoretische Herkunft und Anwendung in der Journalismusforschung. In B. Dernbach, A. Godulla & A. Sehl (Hg.), Komplexität im Journalismus, 1. Aufl. (S. 15–30). Wiesbaden: Springer Fachmedien.
Schöneck, N. M. & Voß, W. (2013). Das Forschungsprojekt. Planung, Durchführung und Auswertung einer quantitativen Studie, 2. Aufl.). Wiesbaden: Springer. https://doi.org/10.1007/978-3-531-19502-5
Wissenschaftsrat. (2016). Wissens- und Technologietransfer als Gegenstand institutioneller Strategien | Positionspapier (Drs. 5665–16). Berlin. https://www.wissenschaftsrat.de/download/archiv/5665-16.pdf?__blob=publicationFile&v=1 [Letzter Zugriff: 29.07.2020]

Abbildungsverzeichnis

Abb. 1 Prozessmodell des Wissenstransfers in Anlehnung an Froese et al. (2014, S. 5)   92

Abb. 2 Projektstruktur im Ländermonitoring Frühkindliche Bildungssysteme   99

Abb. 3 Beispiel: grafische Darstellung im Ländermonitor   102

Abb. 4 Beispiel: grafische Darstellung im Länderreport   103

Tabellenverzeichnis

Tab. 1 Beispiel: Tabellenübersicht im Ländermonitor   101

Über die Autorinnen

Kathrin Bock-Famulla, Dipl.-Pädagogin, ist Senior Expert Frühkindliche Bildung, Educational Governance und Bildungsfinanzierung im Programm Wirksame Bildungsinvestitionen der Bertelsmann Stiftung. Ihre Forschungsschwerpunkte umfassen Frühkindliche Bildung, Betreuung und Erziehung, KiTa-Finanzierung und Bildungsqualität.
Kontakt: kathrin.bock-famulla@bertelsmann-stiftung.de

Felicitas Sander, M. A., ist wissenschaftliche Mitarbeiterin am Lehrgebiet Empirische Bildungsforschung der FernUniversität in Hagen. Ihre Forschungsschwerpunkte umfassen Frühkindliche Bildung, Betreuung und Erziehung und (Pädagogische) Qualität.
Kontakt: felicitas.sander@fernuni-hagen.de

WISSENSTRANSFER II
Dialog und didaktische Komplexitätsreduktion in hochschulischen Lehr- Lernsettings

Wie in der Lehre durch Komplexitätsreduktion die Muße ausgehebelt wird

Miriam Hörnlein & Janine Kuhnt-Rose

Zusammenfassung

Im vorliegenden Beitrag wird die Frage nach den Folgen digitaler Lehre für die Vermittlung komplexer wissenschaftlicher Wissensbestände gestellt. Dabei wird die These verfolgt, dass der abrupte Übergang zur digitalen Hochschullehre, wie er seit 2020 unter Pandemiebedingungen vollzogen wird, eine Fortschreibung und womöglich auch Verschärfung der Effekte des Bologna-Prozesses sei. Befunde legen nahe, dass bereits durch die Modularisierung des Studiums, die Verknappung von Zeitressourcen bis zum Studienabschluss (Regelstudienzeit) und die Einführung von Creditpoints das Konzept der akademischen Freiheit als Angebot, sich selbstgesteuert mit komplexen Wissensbeständen in Muße auseinanderzusetzen, ausgehebelt wird. Hier findet sich u. a. der Begriff der Verschulung, der auf eine vorselektierende didaktische Aufbereitung wissenschaftlichen Wissens durch die Lehrenden und einen gelenkten Zugriff der Studierenden auf dieses verweist. Die gesteigerte Anforderung, in digitalen Seminaren Wissen in einem funktionalen Design aufzubereiten, das es ermöglicht, erworbenes Wissen messbar zu machen und in kürzeren Zeitabständen zu präsentieren, erhöht zusätzlich den Druck auf die Akteur:innen, was einen pragmatischen Umgang mit universitären Bildungsangeboten im Sinne einer Bildungsdienstleistung nahelegt, die von Studierenden beansprucht wird. Im Aufsatz wird zur Bearbeitung der Fragestellung auf Annahmen und Befunde aus den Bildungswissenschaften und der (Organisations-)Pädagogik rekurriert und eine erste analytische Auseinandersetzung mit den impliziten Handlungsanforderungen, die im Design von Seminarplänen an die Studierenden herangetragen werden, unternommen.

Schlagworte: Bologna-Prozess, Digitalisierung, akademische Freiheit, Wissensvermittlung, Wissenserzeugung, Hochschuldidaktik

Abstract

In this article, the question of the consequences of digital teaching for the communication of complex scientific knowledge is raised. The thesis is pursued that the abrupt transition to digital university teaching, as it has been taking place under pandemic conditions since 2020, is a continuation and possibly also an intensification of the effects of the Bologna Process. Findings suggest that the modularization of the study, the shortage of time resources up to graduation (standard period of study) and the introduction of credit points are already lever out the concept of academic freedom as an offer to deal with complex knowledge in leisure. In this context the concept of schooling can be found, which aim to a pre-selective didactic processing of scientific knowledge by the teachers and a controlled access of the students to the same. The increased requirement in digital seminars to prepare knowledge in a functional design, which makes it possible to make acquired knowledge measurable and to present it at shorter intervals, also increases the pressure on the actors. This suggests a pragmatic approach to university educational offers in the sense of an educational service that is used by students. In the contribution, assumptions and findings from educational sciences and (organizational) pedagogy are used to deal with the question. In this process an initial analytical examination of the implicit requirements for action that are brought to the students in the design of seminar plans is undertaken.

Keywords: Bologna Process, digitalization, academic freedom, knowledge transfer, knowledge production, university didactics

1   Einleitung oder: was die künstlerische mit der akademischen Freiheit zu tun hat

Was verbindet Design und Studium und welche Chancen und Risiken liegen, unter Berücksichtigung der Komplexität wissenschaftlichen Wissens und universitärer Lehre, in deren Verbindung? Dies ist die Ausgangsfrage der nachfolgenden Gedankengänge, in denen versucht wird, organisationspädagogische und bildungswissenschaftliche Perspektiven zu verknüpfen. Zunächst einmal vereinen beide die Prämissen „Freiheit" und „Funktion". Design ist Ausdruck *künstlerischer Freiheit* und zugleich immer auch auf die *Erfüllung einer Funktion*[1] ausgerichtet. In der künstlerischen Freiheit begründet, mag ein Produkt in den unterschiedlichsten Formen, Farben etc. gestaltet sein; diese Gestaltung folgt aber immer dessen Funktion. Zugleich gilt:

> „And: design is apriori social because it has to be used and only exists when it is used. Design is, however, not always able to control or prescribe the ways in which people will use it. [...] What is designed is open to all kinds of changes" (Erlhoff, 2018, S. 7).

Das Design eines Gegenstandes gewährt somit nicht, dass Zugriff nehmende Personen dies entsprechend der Intention der Designer:innen tun. Weitergedacht ist bereits das Design einer Sache eine Interpretation der Funktion eines Gegenstandes und somit bereits ein erster deutender handlungspraktischer Bezug. Die Funktion eines Studiums ist, so ein Gründungsgedanke der modernen Universität, eine Intention, wenn man so will, auf der Prämisse *akademischer Freiheit*, d. h. der Freiheit von

---

[1] „It is the pervading law of all things organic and inorganic, of all things physical and metaphysical, of all things human and all things superhuman, of all true manifestations of the head, of the heart, of the soul, that the life is recognizable in its expression, that *form ever follows function. This is the law.*" (Sullivan, 1896, S. 408; Hervorhebung: d. V.)

Forschung und Lehre, darauf ausgerichtet, *zu bilden*. Dabei ist universitäre Bildung traditionell am

> „[...] Postulat der Einheit von Lehre und Forschung, dem Betriebsgeheimnis einer über das Phantasma bloßer Wissensvermittlung hinausgehenden geistigen Anstrengung, von der eine intellektuelle und individuelle Reifung überhaupt erst ihren Ausgang nimmt[, orientiert; d. V.]" (Haß, 2008, S. 108).

Weiterhin soll das Studium der Qualifizierung und Rekrutierung neuer Wissenschaftler:innen dienen und muss entsprechende Rahmenbedingungen für Bildungsprozesse der Noviz:innen bereits in der Studienzeit zur Verfügung stellen (vgl. Stichweh, 2016, 2013). Es lässt sich anhand dieser Paradigmen ableiten, dass sich das Design von universitären Bildungsangeboten an den funktionalen Anforderungen der Komplexität wissenschaftlichen Wissens orientieren muss. Zugleich wird aber auch deutlich, dass bereits in einem ersten Schritt die Deutung der Lehrenden, was die gegenstandsangemessene didaktische Aufbereitung desselben sei, das Design eines Vermittlungsangebotes präformiert. In einem zweiten Schritt nehmen Studierende in ihrer ebenfalls individuellen Interpretation der Ansprüche eines Bildungsgegenstandes darauf Bezug, wobei sie darauf verwiesen sind, sich an der didaktischen Überformung der Sache durch die Lehrenden zu orientieren. Wissenschaftliches Wissen ist somit an dieser Stelle bereits zweimal durch Zugriffe der Akteur:innen gedeutet worden und immer dem Risiko einer komplexitätsreduzierenden Deutung ausgesetzt. Hier zeigen sich die hohen Anforderungen, die mit einer komplexitätserhaltenden Vermittlung und Aneignung wissenschaftlichen Wissens einhergehen, welche zusätzlich durch den strukturellen Wandel der Handlungsrahmen universitärer Lehre eine weitere Steigerung erfährt. Eine erste erfährt diese traditionelle Vorstellung der Aneignung wissenschaftlichen Wissens mit der grundlegenden Umstrukturierung universitärer Studiengänge als Ergebnis des Bologna-Prozesses. Studieninhalte und Abschlüsse sollen innerhalb des Europäischen Hochschulraumes vergleichbar sein und sowohl auf der Organisations- als auch der Subjektebene Employability und Wettbewerbsfähigkeit generieren (vgl. Pohlenz, 2018). Folgen auf der Handlungsebene, wie die Modularisierung von Studiengängen und die Einführung von Creditpoints, durch die Studieninhalte und der damit verknüpfte Stundenaufwand transparent gemacht und zugleich normiert werden, lassen sich polemisch mit dem Begriff „Verschulung" (Winter, 2009, S. 46) zusammenfassen. Leistungen aufseiten von Studierenden und Lehrenden werden vergleich- und messbar gemacht, was sich auch in der Strukturierung und Aufbereitung des angebotenen Wissens manifestiert und ein Risiko zur Komplexitätsreduktion desselben darstellt (vgl. ebd.).

Nun stehen die Hochschulen mit SARS-CoV-2[2] vor einer Herausforderung, die eine adäquate Anpassung universitärer Lehr- und Lernsettings notwendig macht. Um eine weitgehende Teilhabe aller Studierenden zu ermöglichen, wird die bisher vor allem in Präsenz stattfindende Lehre in den digitalen Raum verlegt. Aufgrund der veränderten Handlungsanforderungen innerhalb digitaler Lernsettings – etwa der Bereitstellung asynchroner Angebote oder der durch technische Grenzen notwendigen Anpassungen der Diskursorganisation in synchronen Seminarphasen – erscheint eine Komplexitätsreduktion wissenschaftlichen Wissens pragmatisch notwendig. In der Bilanzierung des ersten digitalen Semesters wird von Funktionsträgern in deutschen Hochschulen resümiert, dass Lehrende und Studierende gemeinsam Wege gefunden hätten, das Semester *erfolgreich* zu gestalten (vgl. u. a. Winkler, 2020) und somit auch große Chancen für die Hochschulentwicklung in diesem Format steckten, was eine Verstetigung digitaler Angebote als Erweiterung universitärer Lehre wahrscheinlich erscheinen lässt.

Überdies kann die Frage nach der Verbindung von Design und Studium damit beantwortet werden, dass im elementaren Werkzeug universitärer Lehre – und als solches lässt sich der Seminarplan verstehen – Design und Studium eng verzahnt sind. Dabei ist die *Funktion* eines Seminarplans auf die Präsentation einer Idee der Vermittlung und Aneignung bestimmter Wissensbestände gerichtet. Im Seminarplan, als einer aus akademischer und künstlerischer Freiheit geronnenen *präsentierten Idee* von intendierten Prozessen hochschulischen Wissenstransfers, äußern sich die aufseiten Lehrender bestehenden Ansprüche, (1) Orientierung bezüglich der zu erwartenden Wissensinhalte zu schaffen und zugleich (2) (Frei-)Räume für Bildungsprozesse zu eröffnen. Mit der präsentierten Idee werden Erwartungen[3] formuliert und mitunter auch erst geweckt. Ebenso wird ein studentischer Vertrauensvorschuss auf die Erfüllung der formulierten Erwartungen im Rahmen des Seminars und nach dessen Beendigung impliziert. Wenn für den Seminarplan als Präsentation einer Idee gilt, dass dessen Form seiner Funktion *folgt*, dann wäre dieser so zu gestalten, dass in ihm grafisch *formiert* und textlich *formuliert* wird[4], was inhaltlich als Gegenstand verhandelt, vermittelt und angeeignet werden soll. Auch wäre er so zu *gestalten*, dass er über die grafische Form und die textliche Formulierung im Sinne universitären Wissenstransfers Bildungsprozesse eröffnet. Grafische Formierung und textliche Formulierung können so als Bildungsanlässe verstanden werden. Dabei stehen die Funktionen,

---

2 „SARS-CoV-2 (severe acute respiratory syndrome coronavirus type 2) ist ein neues Beta-Coronavirus, das Anfang 2020 als Auslöser von COVID-19 identifiziert wurde. [...] Der Hauptübertragungsweg für SARS-CoV-2 ist die respiratorische Aufnahme virushaltiger Partikel, die beim Atmen, Husten, Sprechen, Singen und Niesen entstehen. [...] Bei längerem Aufenthalt in kleinen, schlecht oder nicht belüfteten Räumen kann sich die Wahrscheinlichkeit einer Übertragung durch Aerosole auch über eine größere Distanz als 1,5 m erhöhen, insbesondere dann, wenn eine infektiöse Person besonders viele kleine Partikel (Aerosole) ausstößt, sich längere Zeit in dem Raum aufhält und exponierte Personen besonders tief oder häufig einatmen." (Robert KochInstitut 2020, o. S.; Auslassungen: d. V.). Um eine Übertragung des Virus im Zuge der Anwesenheit mehrerer Personen in Seminarräumen zu verhindern, wurden Präsenzlehrveranstaltungen in „digitale Räume" verlegt.
3 So z. B. die Erwartung, die mit der Zielstellung verbunden ist, welche auf Seminarplänen formuliert wird (exemplarisch): „Im Rahmen des Seminars werden Sie sich mit Theorien von Bildung und Erziehung auseinandersetzen..."; im Fortgang dieses Beitrags werden ausgewählte Seminarpläne hinsichtlich ihrer präsentierten Ideen zur Vermittlung und Aneignung bestimmter Wissensbestände – vor und während der Pandemie – miteinander verglichen.
4 Wenn man so will, emergieren hier künstlerische und akademische Freiheit.

Orientierung hinsichtlich der zu erwartenden Gegenstände zu geben und Freiräume für Bildungsprozesse zu schaffen, in einem Spannungsverhältnis, das nicht einseitig auflösbar ist. So geht Orientierung mit einer (Vorab-)Festlegung dessen einher, was seitens der Lehrenden erwartet wird und seitens der Studierenden erwartet werden kann. Dies kann zur Folge haben, dass potenzielle Aneignungsprozesse enggeführt – als Idee präformiert und präformuliert – werden und die Freiheit der individuellen studentischen Bezugnahme so beschränkt wird. Zugleich liegt in der Präformierung und -formulierung der Idee, wenn sie als offene, von außen irritierbare präsentiert wird, eine Möglichkeit, sich mit wissenschaftlichem Wissen in *Muße* auseinanderzusetzen, in dem Vertrauen, dass auch unter den gegebenen Bedingungen ein erfolgreiches Studieren möglich ist. Muße wird dabei verstanden „[...] als Zeit für Studium, Übung und Denken – Zeit, die befreit ist von jeglicher unmittelbar produktiven Beschäftigung und Zweckbindung, Zeit, die nicht von (direkten) ökonomischen, politischen und ideologischen Interessen in Beschlag genommen wird" (Masschelein, 2016, S. 39). Erfolg wäre dann nicht daran zu messen, dass die im Seminarplan präsentierte Idee erfolgreich vermittelt, konsumiert und reproduziert werden konnte und sich dieser Erfolg in einer möglichst guten Leistungsbewertung spiegelt, sondern daran, dass unter den Pandemiebedingungen, in deren Rahmen Freiheit begrenzt ist[5], Muße zur Aneignung wissenschaftlichen Wissens dennoch möglich wird.

In diesem Beitrag wird daher die Annahme erörtert, dass ein Studium unter Pandemiebedingungen die durch *Bologna* eingeleiteten Risiken einer Selektion von Wissensbeständen und die Komplexitätsreduktion der zu studierenden Inhalte weiter verschärft. Die digitale Verfügbarmachung wissenschaftlichen Wissens könnte das Konsumieren von Lehre als Dienstleistung und Wissen als Produkt begünstigen und so ein Studieren in Muße im Sinne akademischer Freiheit und hochschulischem Wissenstransfer weiter erschweren. Hier lässt sich der Gedanke der Verschulung mit Blick auf Studien der praxeologischen Bildungsforschung (vgl. Breidenstein, 2006) noch schärfen, hin zu einem Didaktisierungsjob bzw. Studierendenjob der Akteur:innen universitärer Lehre. Aufschluss über diese Annahme sollen eine empirische Betrachtung der (Vor-)Leistungserbringung von Lehrenden[6] sowie auf Erkenntnissen der Schulforschung basierende Annahmen über nicht-intendierte Effekte derselben auf studentische Lernpraktiken geben. Die Diskussion wird durch eine organisationspädagogische Perspektive auf die Universität und die Erwartungshaltungen an ihre Mitglieder respektive ihr Verhalten gerahmt. Es wird angenommen, dass die Erwartungen auch die Gestaltung von Lehr-Lernarrangements beeinflussen, was sich im Medium „Seminarplan" als präsentierte, konkret grafisch *formierter* und textlich *formulierter* Idee davon, was Lehrende und Studierende erwarten (können), zeigt.

---

5 Begrenzt werden z. B. der Zugang zu Bibliotheksbeständen, die unmittelbare Interaktion, in der (auch spontane) Reaktionen und Diskurse anders möglich sind als in durch Bildschirme vermittelten Interaktionen oder didaktische Möglichkeiten des Wissensaustausches.

6 Gegenstand der Analysen sind zwei Seminarpläne von inhaltlich identischen Lehrveranstaltungen die in bildungswissenschaftlichen/erziehungswissenschaftlichen Studiengängen im Sommersemester 2019 in Präsenz und im Sommersemester 2020 unter Pandemiebedingungen digital stattgefunden haben.

2 Komplexitätsreduktion nach der Studienstrukturreformen von *Bologna*

Bereits vor der Pandemie zeichnet sich der Universitätsbetrieb durch Normen aus, die als zu erwartende Erwartungen die Prämisse des Handelns von Akteur:innen in Forschung, Lehre und zunehmend auch der „Third Mission"[7] bilden. „Erwartungserwartungen veranlassen alle Teilnehmer, sich wechselseitig zeitübergreifende und in diesem Sinne strukturelle Orientierungen zu unterstellen" (Luhmann, 1991, S. 414). Hinsichtlich des universitären Lehrbetriebes in erziehungswissenschaftlichen Studiengängen kann angenommen werden, dass zu erwartende Erwartungen darin bestehen, dass Lehrende Materialien, wie Seminarpläne und Literaturlisten, wissenschaftliche Artikel, die Folien ihrer *PowerPoint*-Präsentationen oder Skripte ihrer Vorlesungen auf Onlineplattformen hochladen, damit Studierende sich mithilfe dieser Materialien auf die Lehr-Lernarrangements vorbereiten und in den Diskurs treten, respektive diese nachbereiten zu können, um wissenschaftliche Wissensbestände für das Ablegen von Prüfungen fruchtbar zu machen. Es handelt sich hierbei um eine Annahme; denn für die Erziehungswissenschaft als Disziplin wird auf der Grundlage einer Dokumentenanalyse[8] festgestellt, dass diese „[...] für Themen mit Bezug auf Hochschule im Allgemeinen und Hochschuldidaktik im Besonderen bisher wenig Interesse gezeigt hat" (Huber & Reiber, 2017, S. 88), und das, obwohl *eine* Aufgabe der Erziehungswissenschaft beziehungsweise ihrer Vertreter:innen darin besteht, zu analysieren, was im Kontext sich verändernder Bedingungen[9] „[...] überhaupt unter einem Studium zu verstehen ist und an welchen Formen und Praktiken der Wissensbildung dies orientiert ist" (Thompson, 2020, S. 40). Um sich mit dieser Frage für den institutionalisierten Bildungskontext „Hochschule" zu befassen, wird im Folgenden zunächst auf die Schule eingegangen, da Schüler:innen in dieser – als heteronomer Institution – zu Autonomie beziehungsweise Freiheit befähigt werden sollen. Zielstellungen, die, so kann angenommen werden, für das Absolvieren eines Studiums befähigen sollen. Schulische Akteur:innen jedoch sind aufgrund der Struktur von Schule, die Hierarchien erzeugt und erzwingt (vgl. Helsper, 2016; Oevermann, 2002, 2003), eben nicht autonome Subjekte. Hier treffen sich gegenseitig ausschließende normative Erwartungen aufeinander, die in gesellschaftlichen Erwartungen und rechtlichen Anforderungen gerinnen und in der Gestalt von Schule institutionalisiert werden. Diese paradoxe Verstrickung wird durch die Modularisierung von Studiengängen sowie die Praktiken der Gratifikation auch Teil universitärer Handlungsrahmen. Es finden sich vergleichbare Praktiken und Mechanismen, die auf eine Angleichung von

---

7   7 Im Rahmen der „Third Mission" besteht z. B. die Erwartung, dass Hochschulakteur:innen gesellschaftliche Verantwortung übernehmen und hierzu u. a. Organisationsstrukturen ausbilden und Lehr-Lernarrangements wie Service Learning einführen; hierzu z. B. Kuhnt (i. E.) und Gerholz et al. (2018).
8   In die Dokumentenanalyse sind Beiträge aus der Zeitschrift für Pädagogik, das Dissertationsverzeichnis und von den Autor:innen als „maßgeblich" bezeichnete Handbücher eingeflossen.
9   Genannt werden können sowohl Reformen (wie *Bologna* oder die Einführung von Managementprinzipien in Universitäten) (hierzu Teichler, 2010) als auch aktuell die Planung und Durchführung von Lehr-Lernarrangements im Rahmen eines Studiums unter Pandemiebedingungen.

Handlungslogiken schließen lassen. Bezogen auf Aneignungsprozesse (vgl. Gruschka, 2002; Oevermann, 1996), die synchron zu „Lernen in Muße und Freiheit" verstanden werden können, ist Schule ein ungeeigneter Lernort. Wissen wird didaktisch stark überformt angeboten und verunmöglicht auf individuellem Interesse beruhende Zugänge zur Sache (vgl. Gruschka, 2002; Wernet, 2006). Bedingt wird diese Transformation von Wissen durch die institutionellen Strukturen von Schule, die bestimmt sind von – durchaus widersprüchlichen – gesellschaftlichen Handlungsaufträgen. So ist Schule zunächst der Ort der Vermittlung gesellschaftlich als relevant markierter Wissensbestände, Werte und Normen mit dem Ziel einer Reproduktion gesellschaftlicher Ordnung. Auf einer zweiten Ebene ist sie aber auch eine Akteurin der Verankerung meritokratischer Prinzipien, die eine Akzeptanz von ungleichen Lebenschancen bedingen und so auch die Stabilität gesellschaftlicher Machtverhältnisse (vgl. Bourdieu & Passeron, 1971; Foucault, 2004) garantieren. Weiterhin dient die Schule der Selektion und Allokation potenzieller Arbeitnehmer:innen und ist so ein Ort der Sichtbarmachung von Kompetenzen und Humankapital, gekoppelt mit dem Versprechen, dass diese Zuordnungen objektiv anhand der Messung kognitiver Leistungen vorgenommen werden können.

Wenn sich der Handlungsrahmen von Universität durch einen veränderten gesellschaftlichen Auftrag[10], in Richtung eines stark strukturierten Formates wandelt, vollzieht sich dadurch auch eine Annäherung an die strukturell fundierte Handlungsproblematik von Schule. So wird Universität zu einer Fortsetzung schulischer Lehr- und Lernpraktiken und kann ihrem eigentlichen Auftrag und dem eigenen organisationalen Mythos der Freiheit von Forschung und Lehre[11] nicht mehr gerecht werden. Bereits Stichweh (2013, S. 245 ff.) stellt fest, dass es zunehmend Studiengänge gibt, die vor allem eine starke Marktorientierung aufweisen und nicht auf die Reproduktion und Erzeugung wissenschaftlichen Wissens abzielen. Dies wird aber erst durch *Bologna* in ein festes strukturelles Konzept eingebunden. Damit wird eine bereits vorfindliche Praktik verbindlich für alle Akteur:innen institutionalisiert. Die Lehre unter Pandemiebedingungen scheint eine Fortführung und Verfeinerung dieses Konzeptes zu erzwingen, mit dem Risiko, dass eine avisierte Institutionalisierung digitaler Lehrkonzepte eine Verschulung der Universität weiter verschärft.

3 (Vor-)Leistungserbringung unter Pandemiebedingungen

Die vom digitalen Format erzwungene Anpassung von Lehrveranstaltungen, und hier besonders Seminaren, kann mit einer pragmatischen Reduktion der Komplexität von Wissen durch die Lehrenden einhergehen, die Inhalte stark vorselektieren, um sie für die Vermittlung und Aneignung in digitalen Räumen verfüg- und nutzbar zu machen. Studierende sind aufgrund der Asynchronität und anderer „Verfügbarkeit", sowohl

---

10 Wie die Ausbildung vergleich- und verwertbaren Humankapitals, das Absolvent:innen auf Arbeitsmärkten einsetzen können oder in kapitalistisch organisierten Gesellschaften zur Existenzsicherung müssen.
11 Hierzu Fuchs, 2007, S. 139.

von Lernmitteln als auch der Lehrenden selbst, darauf verwiesen, Vertrauen auszubilden; und zwar Vertrauen darauf, dass ein Studium unter diesen für alle Beteiligten veränderten Bedingungen gelingen wird. Luhmann (1991, S. 181) definiert „Vertrauen" als einen universalen sozialen Tatbestand, das nur dadurch überdeckt wird, dass

> „[...] es funktional äquivalente Sicherheitsstrategien und Situationen fast ohne Wahlfreiheit gibt, etwa im Bereich von Recht und Organisation. Auch hier mag aber Vertrauen als eine Art redundante Sicherheitsgrundlage erforderlich werden, wenn die üblichen Verhaltensregulierungen erschüttert werden" (ebd., S. 181f.).

Lehre unter Pandemiebedingungen, also unter Bedingungen, die die üblichen Verhaltensregulierungen potenziell erschüttern, zu planen und zu gestalten – und in diesem Kontext den Aufforderungen der Universitätsleitungen zu folgen, „Präsenzveranstaltungen so vorzubereiten, dass sie kurzfristig digital angeboten werden können", „Online-Prüfungen nach Möglichkeit zu bevorzugen" oder Lehrveranstaltungen im Präsenzbetrieb als die absolute Ausnahme zu betrachten[12] – stellt die Lehrenden und Studierenden vor weitgehend neue Herausforderungen. Die Anforderungen erzwingen trotz bereits etablierter digitaler Praktiken, wie die Kombination von online zur Verfügung gestellten Materialen mit Präsenz-Lehre, eine grundlegende Veränderung etablierter Handlungsmodi. Die notwendigen Modifikationen lassen sich in Anlehnung an Schröder, Thompson und Wrana (2018, S. 349) auch als „Leistung vor der Leistung"[13] bezeichnen. Diese umfasst aufseiten der Lehrenden – mehr denn je –, in *Vorleistung* zu gehen: in Vorleistung für die Selektion „geeigneter" Materialen, für die Art und Weise ihrer Darstellung und ihre Verfügbarmachung sowie die Wahl, Installation und Nutzung „geeigneter" technischer Übermittlungsformate. Aufseiten der Studierenden besteht die Leistung vor der Leistung insbesondere darin, Vertrauen auszubilden, dass ein Studium unter diesen für alle Beteiligten anderen/neuen Bedingungen, die ein gesteigertes Maß an Eigenverantwortung für Lernprozesse nach sich ziehen, *gelingen* wird. Dabei wird das „Gelingen" aufseiten der Studierenden daran gemessen, inwiefern es ihnen gelingt, sich in die bestehende Neu- und/oder Anordnung einzufügen, sich also „[...] im Horizont der a sie gerichteten Anforderungen und Versprechen als Studierende zu subjektivieren" (Schröder et al., 2018, S. 349). Während in Präsenzformaten der Lehre gegenseitige Erwartungshaltungen und Positionierungen – sowohl inhaltlich als auch räumlich – in Teilen diskursiv zur Sprache und zum Ausdruck gebracht sowie problematisiert werden können, verschiebt sich die Lehre und damit die Möglichkeit des Sich-Adressierens und Sich-zur-Sprache-Bringens unter Pandemiebedingungen auf virtuelle Räume, wobei durch Software-

---

12 Die durch die Vizepräsidentin für Studium und Lehre der Friedrich-Schiller-Universität Jena formulierten und hier zitierten *Rahmenbedingungen* für Forschung und Lehre im Kontext der Corona-Pandemie (vgl. Friedrich-Schiller-Universität Jena 2020) sind exemplarisch zu betrachten. Außerdem können die auf der Website der Martin-Luther-Universität Halle-Wittenberg veröffentlichten Informationen für Studierende zum Lehrbetrieb im Kontext der Corona-Pandemie angeführt werden.

13 Im zitierten Beitrag werden Online-Self-Assessments (als gouvernementale Praktiken) analysiert, die Anwärter:innen auf einen Studienplatz durchlaufen. Die im Zuge der analysierten Praktiken eingenommene und problematisierte Perspektive auf Leistung und (wechselseitige) Leistungsverhältnisse zwischen Anwärter:innen, beziehungsweise auch Studierenden und Lehrenden erweist sich als anschlussfähig für den vorliegenden Beitrag.

einsatz Quasi-Präsenzen[14] der Seminar- und Vorlesungsteilnehmenden inszeniert werden können. Beide Seiten verbindet der Rahmen für die zu erbringenden *Vorleistungen*: Die je spezifischen Lehr-Lernarrangements werden innerhalb der Organisation Universität von *Institutionen* gerahmt. Mit Institutionen als Regelwerke innerhalb von Organisationen sind *Erwartungen* an das Verhalten der Organisationsmitglieder verbunden. Zech (2018, S. 180) differenziert die zu einem organisationsspezifischen Regelsystem geronnenen Verhaltenserwartungen, auf der Prämisse systemtheoretischer Vorüberlegungen, auf drei Ebenen als *formale, informelle* und *latente* Regeln. Kurz gefasst sind in den formalen Regeln die Bedingungen der Mitgliedschaft festgelegt, in den informellen Regeln spiegelt sich der Umgang der Beteiligten innerhalb einer Organisation untereinander bei der Erledigung ihrer Aufgaben und latente Regeln sind Erwartungsstrukturen innerhalb einer Organisation, die den Beteiligten nicht bewusst sind, aber das Funktionieren der Organisation bestimmen (vgl. ebd.).

Eines dieser formalen Regelwerke, das zugleich informelle und latente Regeln „zwischen den Zeilen" enthält und insofern auch unausgesprochene reziproke Verhaltenserwartungen an die Leistungs- im Sinn von Funktionserfüllung der Lehrenden und Studierenden, ist das jeweilige Modulhandbuch eines Studiengangs. In den universitären Modulhandbüchern lassen sich zu jedem Modul eines Studiengangs Modulbeschreibungen finden, in denen für Lehrende und Studierende (1) mögliche Inhalte eines der im jeweiligen Modul verorteten Seminare vorformuliert werden, (2) der für das Seminar aufzuwendende Workload definiert wird, (3) die zu erlangenden Creditpoints und die zu erwartende „Kompetenzaneignung" aufseiten der Studierenden durch Teilnahme an einem Seminar/einer Vorlesung innerhalb des Moduls festgelegt und (4) die mit dem Modul verbundenen formalen Zielstellungen – wenn auch nur in Form von Schlagworten – schriftlich fixiert werden. Ihre feingliederigere Ausformulierung finden die Zielstellungen dann in den Seminarplänen. Mit Seminarplänen wird eine Idee entworfen und schriftlich fixiert, zu welcher Zeit, an welchem Ort welche Themen zum Gegenstand gemacht werden *sollen*. Was dann tatsächlich Inhalt der jeweiligen Veranstaltung ist, ist vorab ungewiss und wird in der Lehr-Lernsituation, in Anwesenheit der Beteiligten, *zur Sprache* und *zum Ausdruck* gebracht. Die Möglichkeiten des Zur-Sprache- und Zum-Ausdruck-Bringens sind unter Pandemiebedingungen neue/andere als jene im „etablierten", im Sinne eines zu erwartenden Modus, mit dem Adressierungen und Erwartungshaltungen an die Beteiligten einhergehen. Im Vergleich von Seminarplänen vor und während der Pandemie werden diese neuen/anderen (Un-)Möglichkeiten deutlich, auf die im Fortgang eingegangen wird.

---

14 Unter Quasi-Präsenz wird die Inszenierung der vor dem Bildschirm Sitzenden verstanden, deren Präsenz für die anderen an einer Sitzung Teilnehmenden nicht sichtbar sein muss. Sichtbar wird aus der Perspektive der anderen nur jener Ausschnitt, den die Kamera des Endgerätes einfängt. Die vor dem Bildschirm Sitzenden haben die Möglichkeit, sich jederzeit einer Präsenz und direkten Adressierung (durch Augenkontakt, Aufzeigen etc.) zu entziehen, indem sie sich für andere nicht sichtbar und hörbar machen (Stummschaltung des Mikrofons, Ausschalten der Bildschirmkamera).

4 Verändertes Design als Ausdruck der Komplexitätsreduktion in Lehr-Lernarrangements

Seminarpläne, die Lehrende in bildungs- und erziehungswissenschaftlichen Studiengängen den Seminarteilnehmer:innen in Studienportalen zum Download zur Verfügung stellen, unterscheiden sich vor und während der Pandemie, sowohl hinsichtlich ihrer *Form* als auch ihrer *Funktion*. Auf die Unterschiede in den Seminarplänen und damit die (Un-)Möglichkeiten, sich mit wissenschaftlichem Wissen in *Muße* auseinanderzusetzen, wird durch eine inhalts- und sodann bildhermeneutische Analyse im Folgenden eingegangen.

Ausgewählt wurden als Kontrastfälle jeweils ein Seminarplan einer Präsenz- (Sommersemester 2019) und einer rein digital sowie teilweise asynchron stattfindenden Lehrveranstaltung (Sommersemester 2020). Ein weiteres Auswahlkriterium lag in den mit den Lehrveranstaltungen verbundenen Zielsetzungen. Die beiden im Fokus stehenden Seminarveranstaltungen sollen der Entwicklung eines kasuistischen Blickes auf das eigene spätere Berufshandeln dienen. Medium der Einübung ist die Analyse von durch die Studierenden erhobenen Daten mithilfe von Methoden qualitativer Sozialforschung und die Einbettung daraus abgeleiteter Befunde in den aktuellen wissenschaftlichen Diskurs. Solche eigenständigen Forschungsprozesse sind ein Mittel der Erzeugung wissenschaftlichen Wissens an der Universität und zugleich originärer Bestandteil desselben. Auch sind sie zentraler Bestandteil der Sozialisation und Ausbildung von „Noviz:innen" im Feld der Wissenschaft. Die Rekonstruktion des Materials erfolgte in zwei Schritten. Zunächst wurden die gewählten Seminarpläne mit der zusammenfassenden qualitativen Inhaltsanalyse in Anlehnung an Mayring (2016) anhand von Kategorien ausgewertet, die sich mit den Forschungsfokussen *Design* und *Funktion* aus den Daten ableiten ließen[15]. Nach dieser ersten Sondierung des Feldes wurden mittels der objektiven Hermeneutik (vgl. Oevermann, 2000; Wernet, 2009) bzw. einer daran orientierten Bildhermeneutik (vgl. Peez, 2006) dem Material inhärente Handlungsanforderungen – mit Blick auf die Funktion – rekonstruiert. Ergänzend zu den hier dargestellten Befunden einer ersten Analyse wurden Daten weiterer Lehrveranstaltungen vergleichbarer Formate hinzugezogen.[16]

---

15 Hier: Anordnung, Abfolge, Struktur, Schriftgröße, Schriftformat, Markierungen respektive Hervorhebungen, Tabellen und Abbildungen, Detaillierung sowie weitere formale Merkmale.
16 Das hier verwendete Material entstammt eigenen Veranstaltungen der Autorinnen, die sie unabhängig voneinander, das heißt ohne vorherigen Austausch über diese geplant und umgesetzt haben. Interessant ist, dass die miteinander anhand der Merkmale verglichenen Seminarpläne – vor und während der Pandemie – hinsichtlich ihres Designs und ihrer Funktion deutliche Ähnlichkeiten aufweisen. Aus Darstellungsgründen wird in diesem Beitrag auf *zwei* exemplarisch ausgewählte Seminarpläne eingegangen.

SoSe 2019 – Modul I – Fallseminar: Seminartitel (anonymisiert)
Mi 14-18 (14tägig) – Angabe zum Ort und zum Seminarraum (anonymisiert)

Name der Dozentin und wo diese zur angegebenen Sprechzeit angetroffen werden kann (anonymisiert)

Seminarplan – Modul I/1

	Termin	Thematik
1	03.04.2019	Besprechung Seminarablauf
		Austausch Praktikum
		Bildung von Arbeitsgruppen / Auswahl Protokolle
2	17.04.2019	Einführung des methodischen Vorgehens (Literatur: Andreas Wernet 2009)
		Übung: Gemeinsame Fallinterpretation
…	…	…
4	29.05.2019	Fallarbeit
		Stand der Auswertung und Unterstützung bei theoretischer Einbettung

Literatur zu Methode (Auswahl)
Oevermann, U. (2000): „Die Methode der Fallrekonstruktion in der Grundlagenforschung sowie der klinischen und pädagogischen Praxis". In: Kraimer, K. (Hg.): Die Fallrekonstruktion. Sinnverstehen in der sozialwissenschaftlichen Forschung. Frankfurt a. M., 59-156.
Wernet, Andreas (2000): „Wann geben Sie uns die Klassenarbeiten wieder?" Zur Bedeutung der Fallrekonstruktion für die Lehrerausbildung. In: Kraimer, Klaus (Hg.): Die Fallrekonstruktion. Sinnverstehen in der sozialwissenschaftlichen Forschung. Frankfurt am Main. Suhrkamp. S. 275-300.
Wernet, Andreas (2009): Einführung in die Interpretationstechnik der Objektiven Hermeneutik. Wiesbaden. VS-Verlag.

Abbildung 1: Seminarplan 1 zur Präsenz-Lehrveranstaltung im Sommersemester 2019 (eigene, modifizierte Darstellung)

Im Seminarplan zur analogen Lehrveranstaltung fällt bezogen auf das Design zunächst die starke Schematisierung auf, die in ihrer Monotonie an einen Bauplan erinnert. Im Zentrum steht eine Tabelle, in der in drei Spalten die Nummer, das Datum und das Thema des Termins benannt werden. Die einzige optische Hervorhebung findet sich in der Literaturliste und verweist auf die stärkere Gewichtung eines der in der Liste angeführten Texte. Dessen Lektüre wird als einzige auch als Aufgabe in die Liste der Themen eingebunden, während die Funktion und Bedeutung der anderen Texte unklar bleibt. Die Literaturliste verweist somit implizit auf weitere mögliche Quellen. Der vorliegende Plan bedarf der Kommentierung durch die Lehrenden, denn die aufgelisteten Themen geben kaum Aufschluss über konkreten Inhalt, Ausgestaltung, Ziele oder Erwartungshorizont des Seminars. Diese bedürfen einer diskursiven Aushandlung und Klärung. Die hermeneutische Rekonstruktion verdeutlicht, dass durch die expliziten Themensetzungen und die nur in der Modulordnung sichtbare Leistungsfestlegung die tatsächliche inhaltliche Ausgestaltung des Seminars zunächst begrenzt wird. Implizit wird allerdings über weitgehend unsichtbare Aufgaben – den nicht benannten Erwartungshorizont und die offene Literaturliste – Freiheit bei der Auseinandersetzung mit dem Seminarthema eröffnet, die in einer ersten inhaltlichen Besprechung durchaus Modifikationen und Neuausrichtungen möglich erscheinen lässt. Die angebotene Struktur bietet also (Frei-)Räume für Muße im Hinblick auf die Auseinandersetzung mit vorgegebenen Rahmen-Inhalten. Dem Plan ist eine Einladung zur individuellen Ausgestaltung inhärent, die zugleich eine voraussetzungsreiche Anforderung zu selbstgesteuertem Lernen beinhaltet. Der übersichtliche Plan vermittelt trotz der eigentlich hoch komplexen Handlungsanforderung den Eindruck, dass die Aufgabe, sich vertiefend – auch selbstgesteuert – mit Themenstellungen im Seminar zu befassen, zu managen sei. Sie schafft so *potenziell Vertrauen*[17] darin, dass für die Bewältigung der Studienanforderung relevantes wissenschaftliches Wissen und Fähigkeiten, sich mit diesem analytisch auseinanderzusetzen, im Seminar erworben werden können. Das notwendige Vertrauen unter Ungewissheitsbedingungen kann hier als Potenzial für die Eröffnung von *(Frei-)Räumen in Bildungsprozessen* gedeutet werden.

---

17 Die Perspektive der Studierenden, die Vertrauen unter Ungewissheitsbedingungen ausbilden, ist eine, die im Anschluss an diesen Beitrag erfasst und analysiert werden könnte.

Zeit	Ort	Thema und Format	wer	Ergebnis
15.04.2020 14:15-17:30	Zuhause Nachfragen per Mail	Methode und Begründung aus Text von Wernet ableiten Ggf. Protokolle noch fertig stellen	alle	Ausarbeitung zu Text Beobachtungs-Protokoll
		Aufarbeiten der Beiträge aus Selbststudium Auswahl Protokolle	Dozentin	PPT für Seminar Handout Methode Protokolle für Arbeitsgruppen
	Onlineportal A (anonymisiert): Dateien und Abstimmung zu Arbeitsgruppen, Chat (nur schriftlich)	14.15 bis 14.45 Besprechung Seminarplanung in Meeting in Onlineportal B (Audio und Video möglich), notfalls Fragen über Chat in Onlineportal A		Vorgehen klar
29.04.2020 14:15-17:30	Onlineportal B (anonymisiert): Dateien Meeting (Abstimmung zu Gruppen nur per Mail möglich)	14.45 bis 16.00 Vorstellung der Methode ausgehend von Ihren Ausarbeitungen mittels PPT und Nachfragen im Meeting (schalten Sie sich selbst bitte stumm und aktivieren Sie Ihr Mikro nur für Fragen) Ab 16.00 bis Freitag 24.00 Uhr Lesen der ausgewählten Protokolle (Dateien in Onlineportal A und Onlineportal B) und Gruppenbildung per Abstimmungstool (in Onlineportal A, rechte Seite unter Kalender)	alle	Erste Orientierung in der Methode Klären offener Fragen Fallauswahl und Gruppenbildung
08.07.2020 14:15-17:30 Notfalls alternativer Termin	Onlineportal B Meeting	Rückmeldung Absprachen und Hilfestellung zu Portfolio	Gruppen	Alle erarbeiteten Texte werden in Onlineportal A und Onlineportal B eingestellt (Orientierung für alle Seminarteilnehmer)

Literatur

Oevermann, U. (2000): „Die Methode der Fallrekonstruktion in der Grundlagenforschung sowie der klinischen und pädagogischen Praxis", In: Kramer, K. (Hg.): Die Fallrekonstruktion. Sinnverstehen in der sozialwissenschaftlichen Forschung, Frankfurt a. M., 59-156.

Wernet, Andreas (2000): „Wann geben Sie uns die Klassenarbeiten wieder?" Zur Bedeutung der Fallrekonstruktion für die Lehrerausbildung. In: Kraimer, Klaus (Hg.): Die Fallrekonstruktion. Sinnverstehen in der sozialwissenschaftlichen Forschung. Frankfurt am Main. Suhrkamp. S. 275-300.

Wernet, Andreas (2009): Einführung in die Interpretationstechnik der Objektiven Hermeneutik. Wiesbaden. VS-Verlag.

Abbildung 2: Seminarplan 2 zur online und asynchron durchgeführten Lehrveranstaltung im Sommersemester 2020 (eigene, modifizierte Darstellung)

Die analytische Erschließung des Seminarplanes für die digitale Lehrveranstaltung zeigt auf der Ebene des Designs die starke Schematisierung als eine Parallele der beiden Pläne. Auch hier ist die zentrale Struktur eine Tabelle, die aber deutlich umfangreicher und mit mehr Textinhalt versehen ist. Durch die Fülle innerhalb der einzelnen Spalten – teilweise finden sich bis zu vier Unterpunkte oder auch inhaltliche Überschneidungen zwischen den Punkten *Zeit* und *Ort* als auch Aufgaben und Themen sowie Zielen – erscheint die Tabelle nur auf den ersten Blick als hilfreiche Strukturierung. Auch die Literaturverweise gestalten sich in beiden Plänen identisch, werden aber durch den schieren Umfang des Plans und der Positionierung am Ende der dritten Seite in ihrer Bedeutung für das Seminar im Sommer 2020 zurückgesetzt. Allerdings sind sie hier in der Tabelle in konkrete Aufgabenstellungen eingebunden. Der für jeden Termin formulierte Erwartungshorizont ist neben Ort und technischen Hinweisen ein neues Merkmal dieses Ablaufplans und ein deutlicher Unterschied zum analogen Seminarplan. Der Ablaufplan bedarf aufgrund der Ausführlichkeit eigentlich keiner Kommentierung, denn die Angaben der Tabelle verweisen relativ deutlich und kleinschrittig auf den konkreten Inhalt und die *erwartete* Arbeitsleistung zum jeweiligen Termin. Allerdings erzeugt die dadurch entstehende Fülle an Text zugleich wieder Unübersichtlichkeit, die Erläuterung erzwingt. Der Versuch, organisationale Fragen in ein Schriftformat zu binden, erzeugt also ebenso Kommunikationsbedarf, der hier jedoch durch das hohe Maß an Detaillierung eher in Richtung einer formalen Klärung, denn in Richtung einer individuellen Ausgestaltung des zu erwartenden Vermittlungsangebotes lenkt. Es wird durch das Design eine starke Steuerung der Handlungspraxis angelegt, die die individuelle formale und inhaltliche Ausgestaltung weitgehend eingrenzt. Potenziell ist inhaltliche Freiheit in der Auseinandersetzung mit der vermittelten Forschungsmethode möglich, da der Erwartungshorizont hier immer noch viel Deutungsfreiheit lässt. Die Asynchronität des Angebotes erzeugt aber im Hinblick auf die Modulleistung den Zwang zur Schließung, um zu signalisieren, dass das Seminar auf die entsprechende Leistung vorbereitet.

Insgesamt vermittelt das hohe Maß an Strukturierung den Anschein, dass Aufgabenstellungen und Erwartungshaltungen, welche im analogen Seminarplan allenfalls implizit deutlich werden, im digitalen Seminar kaum zu bewältigen seien. Als erster Eindruck für Seminarteilnehmer:innen lässt sich rekonstruieren, dass hier hochkomplexe inhaltliche Anforderungen bestehen. Eine analytische Betrachtung zeigt jedoch, dass hier in erster Linie Handlungsanleitungen in den Vordergrund treten, während mögliche zeitentlastete Zugänge zu wissenschaftlichem Wissen wegreduziert werden. Die Formulierung von Aufgaben und Zielen suggeriert ein hohes Maß an Verpflichtung, weshalb es hier des *Mutes* bedürfte, sich zu verweigern und auf (Frei-)Räume im Studium zu pochen.

Einzelne hausinterne Evaluationen des ersten digitalen Semesters verdeutlichen bereits, dass die Studierenden grundsätzlich ein höheres Arbeitspensum wahrnehmen. Ein zusätzlicher Zeitaufwand liegt zum Beispiel in der permanenten Dokumentation der eigenen Arbeitsleistung, um diese für die Lehrenden sichtbar zu machen, also in erster Linie eine Orientierung auf Produkte und die Sichtbarmachung von

Aktivität (vgl. Breidenstein, 2006). Es ist anzunehmen, dass dies die Orientierung auf als zu bewältigende wahrgenommene Angebote verstärkt, um insgesamt die Arbeitsanforderungen bedienen zu können. Die im einzelnen Seminarplan angelegte Reduktion von Komplexität wissenschaftlichen Wissens könnte sich also durch diese Rahmenbedingungen grundsätzlich als für Studierende tragfähiges Konzept der Bewältigung der Studienanforderungen bewähren.

Wenn die Lehre „[...] als Leistungsbereich konstituiert [wird; d. V.], wobei die konkreten Bedingungen einer gelingenden Leistung jedoch nicht eindeutig bestimmt sind" (Schröder et al., 2018, S. 352), dann kann für Lehre unter Pandemiebedingungen festgestellt werden, dass ein Gelingen auf das Erreichen vorab formulierter *Ergebniserwartungen* beschränkt wird. Unter Pandemiebedingungen wird der Seminarplan zu einem (Kommunikations-)Medium, in dem die Komplexität durch Hinzufügen von Handlungsanleitungen gesteigert, jedoch gleichzeitig die Komplexität der zu studierenden wissenschaftlichen Wissensbestände geschmälert wird. Der Fokus der Lehre und – so ist anzunehmen – auch des Lernens wird auf das Erreichen formulierter Ergebniserwartungen gerichtet und weniger auf die Eröffnung von Freiräumen für Bildungsprozesse sowie auf Auseinandersetzung mit wissenschaftlichem Wissen in Muße. Es wird „geleistet", d. h. sich angeeignet und reproduziert, was als formierte und formulierte Idee der Lehre und des Lernens erwartet wird.

Es verbirgt sich das Risiko, dass Studierende ihren *Job* im Sinne des Erfolges bei der Bewältigung von Leistungsanforderungen ökonomisch an Kosten und Nutzen ausrichten und ein universitärer Wissenstransfer – wie ihn ein freies selbstverantwortetes und selbst gestaltetes Studium ermöglicht – in den Hintergrund tritt. Das Studium stände dann in der Gefahr, zu der Fortsetzung eines stark gesteuerten, institutionalisierten und an vergleichbaren Leistungsnachweisen ausgerichteten schulischen Lernens zu werden. Eine Fortsetzung der Komplexitätsreduktion wissenschaftlichen Wissens wäre eine mögliche handlungspragmatisch erzwungene Folge der Digitalisierung von universitärer Lehre. Aufschlussreich und interessant erscheint nach einer ersten Analyse die Suche nach anderen digitalen Seminarkonzepten, die implizit offenere Handlungsanforderungen transportieren sowie auf einer weiteren Ebene die Rekonstruktion von ethnografisch erhobenen studentischen Handlungspraktiken, die hier allenfalls als Hypothesen, basierend auf Erkenntnissen der Schulforschung, formuliert werden können.

5 Studium als Aneignungs- und Reproduktionsjob oder „Anlass, zu antworten"?

In der Pandemie wird die Muße ausgehebelt, wenn Lehren und Lernen rein zweckgebunden erfolgt: Auf den Zweck ausgerichtet, vorab formulierte Ergebniserwartungen zu erfüllen, die eine Aneignung und Reproduktion komprimierter, zur Verfügung gestellter wissenschaftlicher Wissensbestände umfassen sowie Handlungsanweisungen über die erwartete Form Ihrer Erbringung. Ein entsprechendes didaktisches Design richtet seine Form nicht an der tatsächlichen Funktion universitärer Vermittlungsangebote aus und schränkt die deutenden Bezugnahmen der Akteur:innen auf eine Ergebnis- bzw. Produktorientierung ein.

Verstehen wir Studium als Zeit für Muße, so stellen wir im Angesicht von Lehre unter Pandemiebedingungen fest, dass diese weitgehend ausgehebelt wird:

1. Durch räumlich-örtliche Beschränkungen werden Orte des Lesens und Denkens (öffentliche Bibliotheken) auf die eigenen vier Wände und/oder digitale Datenbanken begrenzt.
2. Der Diskurs verlagert sich in digitale Räume, die zum einen spezifischer Zugänge bedürfen und zum anderen über Bildschirme vermittelt, synchron oder asynchron stattfinden, sodass Antworten verzögert, verzerrt, nicht unmittelbar begreifbar werden.
3. Wenngleich mit dem Modus des Arbeitens von zu Hause Zeit nicht unmittelbar weniger verfügbar ist (sich vielmehr Zeitressourcen neu eröffnen, wenn etwa Arbeitswege wegfallen), so verändern sich doch die Optionen, Zeiträume zu gestalten. Lehrende planen vorausschauend und in abschätzender Wahrscheinlichkeit, wie hoch der *Workload* für das Studieren der online zur Verfügung gestellten Wissensbestände sein mag, und veranlassen Studierende, ihren *Workload* und ihre Produktivität unter Bedingungen sozialer Distanz selbstständig zu managen. Das heißt, verfügbare Zeit so zu investieren, dass die zu erwartenden, da im Seminarplan formulierten (Teil-)Ergebnisse zufriedenstellend erreicht werden.
4. Die Pandemie wirkt daher wie ein Verstärker für das Regime „unternehmerische Hochschule", innerhalb dessen Bildung „[...] zur ‚Investitionszeit' [wird; d. V.], die effektiv und zweckmäßig zu sein hat, weshalb die Produktion von Lernergebnissen und die Zufriedenstellung (der Studierenden) im Sinne einer Maximierung von (individuellen) Lernzuwächsen immer stärker beschleunigt werden. [...] Damit einher geht die ständige Angst, Zeit zu verlieren und nicht produktiv zu sein" (Masschelein, 2016, S. 48 f.).

Anstatt die Muße auszuhebeln, könnte eine erziehungswissenschaftliche Position zur Beantwortung der eingangs gestellten Frage, was überhaupt unter einem Studium zu verstehen ist und an welchen Formen und Praktiken der Wissensbildung dies orientiert ist, lauten: unter Pandemiebedingungen Zeit für Bildungs- als *Denk*anlässe zu geben, die weniger auf die Reproduktion in ihrer Komplexität reduzierter, vorselektierter Wissensbestände ausgerichtet sind, als vielmehr auf den Selbstzweck der Wissensaneignung im ursprünglichen universitären Sinn. Die Mußezeit schließt überdies die Auseinandersetzung der am Seminar beteiligten Akteur:innen mit den Anlässen zur Bildung, hier am (designten) Seminarplan expliziert, ein – denn: „What is designed is open to all kinds of changes" (Erlhoff, 2018, S. 7) – und lädt daher grundsätzlich dazu ein, dass die Beteiligten die in ihm liegenden (Frei-)Räume für sich deuten und sich (ggf. in verändernder Absicht) zu diesem verhalten.

Literaturverzeichnis

Bourdieu, P. & Passeron, J. C. (1971). *Die Illusion der Chancengleichheit. Untersuchungen zur Soziologie des Bildungswesens am Beispiel Frankreichs.* Stuttgart: Klett.

Breidenstein, G. (2006). *Teilnahme am Unterricht. Ethnographische Studien zum Schülerjob.* Wiesbaden: VS Verlag.

Erlhoff, M. (2018). On design, research and pudding: An essayistic introduction. In M. Erlhoff & W. Jonas (Hg.), NERD – New Experimental Research in Design (S. 7–11). Berlin/Boston: Birkhäuser. https://doi.org/10.1515/9783035617429

Foucault, M. (2004). *Geschichte der Gouvernementalität 1. Sicherheit, Territorium, Bevölkerung.* Frankfurt a. M.: Suhrkamp.

Friedrich-Schiller-Universität Jena (2020): FAQ zum digitalen Semester – Lehrende. Fragen und Antworten rund um das Lehren. https://www.uni-jena.de/FAQ_Coronavirus_Lehrende [letzter Zugriff: 08.09.2020]

Fuchs, E. (2007). Entmystifizierung und Internationalisierung: Anmerkungen zur gegenwärtigen Bildungsdebatte. In L. A. Pongratz, R. Reichenbach & M. Wimmer (Hg.), *Bildung – Wissen – Kompetenz* (S. 136–154). Janus-Software-Projekte.

Gerholz, K.-H., Backhaus-Maul, H. & Rameder, P. (2018). Editorial: Civic Engagement in Higher Education Institutions in Europe. *Zeitschrift für Hochschulentwicklung 13*, 9–19.

Gruschka, A. (2002). *Didaktik: Das Kreuz mit der Vermittlung; Elf Einsprüche gegen den didaktischen Betrieb.* Wetzlar: Gerth.

Haß, U. (2008). Gründungen/Generationen. In U. Haß & N. Müller-Schöll (Hg.), *Was ist eine Universität?* (S. 107–124). Bielefeld: transcript.

Helsper, W. (2016). Lehrerprofessionalität – Der strukturtheoretische Ansatz. In M. Rothland (Hg.), *Beruf Lehrer/Lehrerin. Ein Studienbuch* (S. 103–125). Münster/New York: Waxmann.

Huber, L. & Reiber, K. (2017). Hochschule und Hochschuldidaktik im Blick der Erziehungswissenschaft. *Erziehungswissenschaft* 28(1), 85–94.

Kuhnt, J. (i. E.): Service Learning als grenzüberschreitendes Bildungsarrangement. In A. Schröer, S. Köngeter, S. Manhart, C. Schröder & T. Wendt (Hg.), *Organisation über Grenzen. Jahrbuch der Sektion Organisationspädagogik.* Wiesbaden: Springer VS.

Luhmann, N. (1991). *Soziale Systeme: Grundriß einer allgemeinen Theorie* (4. Aufl.). Frankfurt a. M.: Suhrkamp.

Masschelein, J. (2016). Akademische Freiheit und das Prinzip „Schule". Öffentliche Begegnungsorte als Voraussetzung für Autonomie. *Die Hochschule: Journal für Wissenschaft und Bildung* 25(2), 37–53.

Mayring, P. (2016). *Einführung in die qualitative Sozialforschung. Eine Anleitung zu qualitativen Denken* (6., überarb. Aufl.). Weinheim u. a.: Beltz.

Oevermann, U. (1996). Theoretische Skizze einer revisierten Theorie professionalisierten Handelns. In A. Combe & W. Helsper (Hg.), *Pädagogische Professionalität. Untersuchungen zum Typus pädagogischen Handelns* (S. 70–182). Frankfurt a. M.: Suhrkamp.

Oevermann, U. (2000): Die Methode der Fallrekonstruktion in der Grundlagenforschung sowie der klinischen und pädagogischen Praxis. In K. Kraimer (Hg.), *Die Fallrekonstruktion. Sinnverstehen in der sozialwissenschaftlichen Forschung* (S. 58–156). Frankfurt a. M.: Suhrkamp.

Oevermann, U. (2002). Professionalisierungsbedürftigkeit und Professionalisiertheit pädagogischen Handelns. In M. Kraul, W. Marotzki & C. Schweppe (Hg.), *Biographie und Profession* (S. 19–63). Bad Heilbrunn/Opladen: Springer VS.

Oevermann, U. (2003): Brauchen wir heute noch eine gesetzliche Schulpflicht und welches wären die Vorzüge ihrer Abschaffung? *Pädagogische Korrespondenz* 30, 54–70.

Peez, G. (2006). Fotoanalyse nach Verfahrensprinzipien der Objektiven Hermeneutik. In W. Marotzki & H. Niesyto (Hg.), *Bildinterpretation und Bildverstehen* (S. 121–141). Wiesbaden: Springer VS.

Pohlenz, P. (2018): Der Bologna-Prozess und die institutionellen Veränderungen der Universität. *Enzyklopädie Erziehungswissenschaft Online*, https://doi.org/10.3262/EEO20180392

Robert Koch-Institut (2020): Epidemiologischer Steckbrief zu SARS-CoV-2 und COVID-19 (Stand: 11.12.2020). https://www.rki.de/DE/Content/InfAZ/N/Neuartiges_Coronavirus/Steckbrief.html;jsessionid=6F4B0F33D73339F21F476DFF7EDEF908.internet051#doc13776792bodyText1 [letzter Zugriff: 14.12.2020]

Schröder, S., Thompson, C. & Wrana, D. (2018). Die Leistung vor der Leistung. In S. Reh & N. Ricken (Hg.), *Leistung als Paradigma* (S. 347–370). Wiesbaden: Springer Fachmedien.

Stichweh, R. (2013). *Wissenschaft, Universität, Professionen: soziologische Analysen* (Neuaufl.). Bielefeld: transcript.

Stichweh, R. (2016). Akademische Freiheit in europäischen Universitäten. Zur Strukturgeschichte der Universität und des Wissenschaftssystems. *Die Hochschule: Journal für Wissenschaft und Bildung* 25(2), 19–36.

Sullivan, L. (1896). The tall office building artistically considered. *Lippincott's Magazine*, März 1896, 403–409.

Teichler, U. (2010). Hochschulen: Die Verknüpfung von Bildung und Forschung. In R. Tippelt & B. Schmidt (Hg.), *Handbuch Bildungsforschung* (S. 421–444). Springer VS.

Thompson, C. (2020). „Science, not silence". Die Öffentlichkeit der Universität an ihren Grenzen. In Deutsche Gesellschaft für Erziehungswissenschaft, I. van Ackeren, H. Bremer, F. Kessl, H.-C. Koller, N. Pfaff, C. Rotter, E. D. Klein, U. Salaschek & B. Budrich (Hg.), *Bewegungen. Beiträge zum 26. Kongress der Deutschen Gesellschaft für Erziehungswissenschaft* (S. 33–44). Opladen, Berlin, Toronto: Barbara Budrich.

Wernet, A. (2006). *Hermeneutik – Kasuistik – Fallverstehen*. Eine Einführung. Stuttgart: Kohlhammer.

Wernet, A. (2009). *Einführung in die Interpretationstechnik der objektiven Hermeneutik* (3. Aufl.). Wiesbaden: Springer VS.

Winkler, I. (2020). Der Newsletter für Lehre an der Friedrich-Schiller-Universität Jena. https://www.uni-jena.de/newsletterlehre02 [letzter Zugriff: 18.09.2020]

Winter, M. (2009). *Das neue Studieren. Chancen, Risiken, Nebenwirkungen der Studienstrukturreform: Zwischenbilanz zum Bologna-Prozess in Deutschland.* Wittenberg: Institut für Hochschulforschung (HoF) an der Martin-Luther-Universität Halle-Wittenberg.

Zech, R. (2018). Systemtheoretische Grundlagen der Organisationspädagogik. In M. Göhlich, A. Schröer & S. M. Weber (Hg.), *Handbuch Organisationspädagogik. Organisation und Pädagogik* (S. 175–186). Wiesbaden: Springer Fachmedien Wiesbaden.

Abbildungsverzeichnis

Abb. 1   Seminarplan 1 zur Präsenz-Lehrveranstaltung im Sommersemester 2019 121

Abb. 2   Seminarplan 2 zur online und asynchron durchgeführten Lehrveranstaltung im Sommersemester 2020 123

Über die Autorinnen

Dr.in Miriam Hörnlein ist wissenschaftliche Mitarbeiterin am Institut für Schulpädagogik und Grundschuldidaktik an der Martin-Luther-Universität Halle-Wittenberg. Ihre Forschungsschwerpunkte sind u. a. Professionsforschung und Bildungsforschung.
Kontakt: miriam.hoernlein@paedagogik.uni-halle.de

Janine Kuhnt-Rose, M. A., ist wissenschaftliche Mitarbeiterin am Institut für Erziehungswissenschaft an der Friedrich-Schiller-Universität Jena. Ihre Forschungsschwerpunkte sind u. a. Engagement-/Dritter Sektor-/Zivilgesellschaftsforschung und Organisationspädagogik.
Kontakt: janine.kuhnt@uni-jena.de

Einfachheit in didaktischer Form – Erkenntnis durch komplexe Herausforderungen: Wissenstransfer in studentischen Beratungsprojekten

Claudia Brönimann, Martina Bechter & Ronald Ivancic

Zusammenfassung

Die Welt ist dynamisch und komplex wie nie; auf der anderen Seite wird sie nie mehr so einfach sein wie heute. Um innerhalb dieser zu bestehen, sind neue Fähigkeiten notwendig, die es entsprechend zu erwerben gilt. Das Departement Wirtschaft der OST-Ostschweizer Fachhochschule versucht dies durch ermöglichende forschende Lernprozesse mittels entgeltlicher von Unternehmen und Organisationen beauftragter und durch Dozent:innen betreuter, studentischer Beratungsprojekte zu fördern. Der Ansatz bereitet Studierende in einem einfachen didaktischen Setting für komplexe und anspruchsvolle Herausforderungen des Arbeitsmarktes vor, sorgt für einen Transfer von Wissen zu Auftraggeber:innen in Themenbereichen, die für diese von Relevanz sind, und konfrontiert Dozent:innen und ihre Forschungsergebnisse mit realen Gegebenheiten der Praxis. Um die Projekte erfolgreich bewältigen zu können, sind Kompetenzen im Projektmanagement ebenso notwendig wie funktionale Vertrautheit im Zusammenarbeiten sowie eine dem zugrunde liegende Projektkultur.

Schlagworte: VUCA, reale Projektarbeit, funktionale Vertrautheit, Projektkultur

Abstract

The world is dynamic and complex as never before; on the other hand, it will never be as simple as it is today. In order to succeed within these constellations, new skills are necessary and must be acquired accordingly. The School of Management at OST-Eastern Switzerland University of Applied Sciences tries to promote problem-based learning processes by means of paid student consultancy projects commissioned by companies and organisations and supervised by lecturers. The approach prepares students in a simple didactic setting for complex and demanding challenges of the labour market, ensures transfer of knowledge to clients in subject areas that are of relevance to them and confronts lecturers and their research results with real conditions of practice. In order to successfully manage the projects, project management skills are necessary as well as functional familiarity in working together and an underlying project culture.

Keywords: VUCA, real project work, functional familiarity, project culture

1 Komplexitätsreduktion als Notwendigkeit erfolgreichen Wissenstransfers

Globalisierung, Technologisierung, Digitalisierung sowie ein Zusammenwachsen unterschiedlicher Lebensbereiche haben zu unübersichtlichen, dynamischen und komplexen Konstellationen im alltäglichen Handeln geführt. Diese dominieren sowohl Ökonomisches als auch Ökologisches, Kulturelles, Soziales und Technologisches und erfordern neue Kompetenzen, um bewältigbar zu bleiben. In den letzten Jahren lässt sich feststellen, dass sich diese Entwicklungen exponentiell beschleunigen und teils unüberschaubare Zustände zur Folge haben (Hengstschläger & Strugl, 2015). Rieckmann (1992), der im Kontext von Unternehmensführung den Neologismus „Dynaxity" als Resultat aus „Dynamics" und „Complexity" zur Beschreibung dieser Entwicklungen ins Treffen führt und dabei vier Stufen unterscheidet, beschriebe die aktuellen Managementherausforderungen an der Grenze der Zonen drei (turbulent) und vier (chaotisch). Dabei wird die Steuerung von organisationalen Systemen zusehends schwierig und mechanistische Denkweisen versagen. Ähnliches bringt auch das Akronym VUCA zum Ausdruck, das in diesem Kontext auf eine noch nie dagewesene Komplexität, Unsicherheit, Vieldeutigkeit, Ambivalenz und Volatilität (*Volatility, Uncertainty, Complexity* und *Ambiguity*) abstellt (Bennet & Lemoine, 2014a; 2014b). Einzelne Elemente stehen in starkem Zusammenhang und beeinflussen sich gegenseitig, woraus ein chaotisches, fluides Bild der Welt entsteht (Joy, 2017), dem es im Leben, Arbeiten und Lernen umfassend zu begegnen gilt.

Hierzu sind Fähigkeiten wie der Umgang mit Unsicherheiten, Resilienz und Offenheit notwendig, die unter dem Begriff „Dynaxibility" (Rieckmann, 2005) subsumiert werden können. In der VUCA-Terminologie bleibt es beim gleichen Akronym, und Visionen, Verständnis, Klarheit sowie Agilität (*Vision, Understanding, Clarity* und *Agility*) rücken in den Fokus. „In this VUCA world, much can be achieved when one is open to learning" (Pangaribuan et al., 2020, S. 271), was sowohl auf Individuen als auch Organisationen zutrifft. Dabei kommt offenen, forschenden Lernprozessen, verstanden als konstruktivistische Vorgänge der Selbstaneignung des Wissens (Huber, 2009), eine entscheidende Rolle zu, um dem Charakter von sozialen Systemen (Luhmann, 1984) gerecht zu werden und nicht in überholten, mechanistischen sowie formalistischen Weltbildern zu agieren. Wissen wird dabei verstanden als zweckdienliche Vernetzung von Information (North, 2016).

Das Departement Wirtschaft der OST-Ostschweizer Fachhochschule versucht solchen Lernprozessen mittels eines dualistischen Ansatzes gerecht zu werden. Neben praxisorientiertem Unterricht, der ca. 80 % des Studiums umfasst, agieren sowohl Vollzeit- als auch berufsbegleitende Studierende zu 20 % ihres Studiums von sechs bzw. acht Semestern innerhalb studentischer, teambasierter, durch Dozent:innen begleiteter Beratungsprojekte. Den Projekten zugrunde liegende Aufträge werden intensiv mit den Auftraggeber:innen diskutiert und fokussieren auf entscheidende Herausforderungen derselben. Das projektbasierte, intensive Zusammenwirken der Beteiligten stellt einen fundierten Wissenstransfer sicher. Studierende experimentieren mit der Anwendung von Gelerntem auf konkrete Fragestellungen, Dozent:innen gewinnen an tieferem Verständnis der Praxis und unterziehen wissenschaftliche Erkenntnisse einem Realitätstest, und Auftraggeber:innen erhalten Lösungen für konkrete Herausforderungen. Das Einbringen von Knowhow und Kompetenzen der Projektbeteiligten führen zu Wissenszuwächsen auf allen Seiten.

Aus inhaltlicher Perspektive sind diese Projekte sehr divers, komplex und in unterschiedlichen Branchen, Märkten und Themenbereichen verortet; aus organisatorischer Perspektive wird den Teams eine formgebende Struktur des Projektmanagements (grober Projektablauf inkl. Meilensteine, Rahmenbedingungen für diverse Coachings und Auftraggebermeetings, unterstützende Werkzeuge) zur Verfügung gestellt. Das Lerndesign im Sinne des Projektprozesses soll durch Reduktion von Komplexität in der organisatorischen und formalen Projektarbeit dabei helfen, inhaltlicher Komplexität der Themenstellung mittels forschenden Lernens begegnen zu können. Erst eine Einfachheit der didaktischen Form, so die fokale These, schafft Raum für die erfolgreiche Bearbeitung komplexer Inhalte und so einen gewinnbringenden Wissenstransfer zwischen involvierten Anspruchsgruppen. Diese Divergenz inhaltlicher und organisatorischer Komplexitäten und damit einhergehende Erfolgsfaktoren in der ziel- und anwendungsorientierten Projektarbeit, sowie Lernprozesse aufseiten der Studierenden, Dozent:innen und Auftraggeber:innen, stehen im Fokus des vorliegenden Beitrags, der somit in den Geistes- und Humanwissenschaften (Pädagogik, Didaktik), Wirtschaftswissenschaften (v. a. Betriebswirtschaftslehre) sowie Sozialwissenschaften zu verorten ist. Diese Disziplinen sind im Kontext von Lehre und Beratung untrennbar miteinander verbunden. Nach Vorstellung des einleitend kurz beschriebenen Beratungsprojektmodells des Wissenstransfers zwischen Studierenden, Auftraggeber:innen und Dozent:innen mittels realer entgeltlicher Beratungsprojekte als einfaches Design für forschendes Lernen (2) und der Hervorhebung von Erfolgsfaktoren auf differenten Ebenen (3), wird Wissenstransfer zwischen erwähnten Stakeholdergruppen (4) behandelt. Anwendungspotenziale, Grenzen und Möglichkeiten des Ansatzes (5) schließen den Beitrag ab.

2 Einfaches Design für forschendes Lernen

Bachelorstudierende der OST-Ostschweizer Fachhochschule setzen die im Studium erworbenen Kenntnisse, Fähigkeiten und Fertigkeiten im Rahmen dreier Beratungsprojekte (Unternehmensanalyse, Marktforschung und Managementkonzeption) an Herausforderungen des Marktes um. Die Themen resultieren aus konkreten Fragestellungen von Unternehmen und Organisationen, die in entgeltlichen (CHF 7.500 bis CHF 25.000) Beratungsprojekten, welche zur Selbstfinanzierung der verantwortlichen Stelle beitragen, durch Studierendenteams unter Coaching durch Dozent:innen bearbeitet werden. Der seitens Auftraggeber:innen zu entrichtende Preis stellt die Ernsthaftigkeit der Themeneingaben sicher und verhindert die Erarbeitung von Pseudofragestellungen. Auf der anderen Seite entfaltet dieser auch eine motivierende

Wirkung auf Studierende, die sich so der Wichtigkeit der Aufgabenstellung stärker bewusst werden. Die Projektteams bestehen aus vier bis sechs Studierenden, die einen Aufwand von 800 bis 1.000 Stunden je Projekt leisten. Jedes Projekt wird durch eine:n Dozenten:in im Umfang von 50 bis 120 Stunden begleitet sowie nach Bedarf durch weitere Expert:innen (Statistik, Sprache, Interkulturalität etc.) unterstützt. Die Auftraggeber:innen erhalten bei Projektabschluss einen ausführlichen Schlussbericht, eine Präsentation vor Ort im Unternehmen und einen Public-Relations-Bericht (Bechter et al., 2019). Sollten Projekte nicht die erwarteten Ergebnisse erzielen und scheitern, wird deren Preis rückerstattet.

Aus Perspektive eines Lerndesigns werden die Beratungsprojekte im Rahmen klassischer Projektarbeit durchgeführt. Dabei gibt eine Terminübersicht die wesentlichen Phasen vor (Abb. 1). Die inhaltliche und engere organisatorische Ausgestaltung der Arbeit fällt in den Verantwortungsbereich der Studierenden.

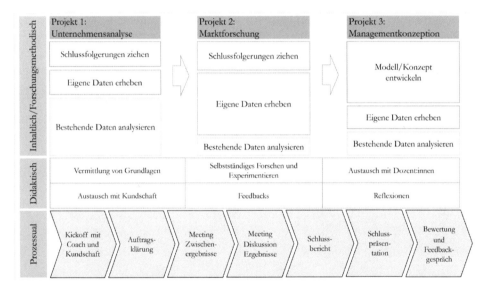

Abbildung 1: Design für forschendes Lernen in Beratungsprojekten

Folgend sollen die eingangs skizzierten Beratungsprojekte differenziert nach den Ebenen *Prozess*, *Didaktik* sowie *Inhalt* und *Forschungsmethodik* näher vorgestellt werden. Dabei ist festzuhalten, dass didaktische und prozessuale Vorgehensweisen über alle Projekttypen gleich verlaufen, was Sicherheit vermittelt und durch Gewöhnungseffekte Halt gibt und so im Zeitablauf der Abarbeitung der einzelnen Projekte organisatorische Komplexität reduziert. Aus Aufgabensicht steigt diese jedoch an, da Studierende zunehmend weniger inhaltliche Hilfestellungen zur Verfügung haben und schlussendlich Ansprüche an die Zielsetzungen von der Analyse über die Forschung bis hin zu Konzeption höher werden.

2.1 Prozessuales Design

Der Rahmen der Projektarbeit basiert auf allgemein geltenden Grundsätzen des Projektmanagements und wurde als Basis etabliert und standardisiert sowie in mehrjähriger Erfahrungspraxis kontinuierlich entwickelt. Während sich nach Wilkesmann und Rascher (2002) Wissen nicht managen lässt, sondern es Strukturen für die Elaboration und Nutzung von Wissen bedarf, bilden studentische Beratungsprojekte den nötigen Rahmen, um fachliches Wissen an Beispielen zu erproben und weiter aufzubauen. Dabei sind Projekte auf Basis bestehender Regeln stehts ähnlich, während inhaltliche Anforderungen steigen. Auf das erste Projekt mit überwiegend standardisierter Datengewinnung und -analyse folgt ein herausfordernderes Vorhaben im Bereich Marktforschung und schlussendlich eine tiefergehende Modell- und Konzeptentwicklung. Die geltenden Prozesse und Normen bilden einen Raum für die Verortung von fachlichen Fragestellungen, Analyseprozessen und Ergebnissen der realen Aufträge und reduzieren so bei steigender inhaltlicher Komplexität jene der Zusammenarbeit.

Diese Einfachheit der Form lässt sich am Beispiel eines Fischhandelsunternehmens nachzeichnen. Für dieses soll Liquidität nachhaltig gesichert und eine effektive Marktpositionierung gefestigt werden, weshalb eine Analyse des Unternehmens unter Ableitung strategischer Maßnahmen initiiert wird. Das Beratungsprojekt beginnt mit einem gemeinsamen Kickoff zur Sondierung des Auftrags im Detail. Nach erfolgter Auftragsklärung beginnt das studentische Projektteam mit der Gewinnung von Daten sowie einer grundlegenden Analyse, wobei in einem festgelegten Zeitraum bereits erste Zwischenergebnisse mit der Kundschaft diskutiert werden. Dieses Feedback einbeziehend, werden ergänzende Daten gewonnen, Untersuchungen erweitert und Handlungsempfehlungen entwickelt. Die weiteren Ergebnisse werden erneut mit der Kundschaft besprochen und final im Rahmen einer Schlusspräsentation bei der Kundschaft vorgestellt, diskutiert und als Schlussbericht übergeben. Damit sind alle Phasen im klassischen Sinne vorgezeichnet und eignen sich durch die Einfachheit und Verständlichkeit des Modells sowohl für die Bearbeitung der Anforderungen als auch für die Erfolgskontrolle (Völl, 2020). Durch die abschließende Bewertung in Form eines Notenblatts durch Dozent:in und Auftraggeber:in wird das Projekt beendet, wodurch die Studierenden neben dem für den Studienfortschritt notwendigen Erfolgsnachweis auch qualitatives Feedback, nutzbar für die folgenden Projekte, erhalten.

Als dahinterstehende Hilfsmittel sind etwa ein allgemeines Projekthandbuch, eine detaillierte Terminübersicht des Projektformats, Vorlagen für alle offiziellen Meetings, Zwischen- und Endergebnisse sowie eine digitale Kollaborationsplattform verfügbar.

Durch die inkrementelle Prozesslogik im Projekt und der Perspektive, diese Schritte rein formal auch im nächsten Projekt anwenden zu können, entsteht eine Belastbarkeit und Sicherheit im Tun, durch die sich alle Studierenden auf die fachlichen Inhalte und kreativen Prozesse im Sinne eines forschenden Lernens konzentrieren können. Im Durchlaufen der unterschiedlichen Projekttypen internalisieren die Studierenden prozessuale Schritte, um schließlich mit höchster thematischer

Komplexität, bspw. der Analyse und Optimierung innerbetrieblicher Logistikprozesse für einen technischen Betrieb oder auch der Entwicklung eines ausgereiften Marketingkonzepts für einen Lebensmittelhersteller, bedarfsgerecht umgehen zu können.

2.2 Didaktisches Design

Ausgehend von dem im Studienfortschritt bereits erworbenen Know-how beginnen die Beratungsprojektformate mit der Vermittlung der für die Projektumsetzung ergänzend notwendigen Grundlagen. Damit werden im Projektformat Marktforschung bspw. noch eingehender die unterschiedlichen Ansätze der Primärforschung sowie Statistik vermittelt; für die Unternehmensanalyse wiederum findet die Lehre zu einer relevanten forschungsmethodischen Vorgehensweise statt. Die Studierenden erhalten somit neben grundsätzlichen Studieninhalten das spezifisch nötige Rüstzeug für eine fachliche und forschungsmethodische Umsetzung der realen Aufträge.

Während die Projektteams bereits seit 2017 kollaborative Online-Plattformen wie *Sharepoint* und später *MS Teams* für die Teamarbeit nutzen, ist der Bedarf nach dezentraler virtueller Zusammenarbeit durch die Covid-19-Pandemie innerhalb kürzester Zeit zur Grundbedingung für eine Aufrechterhaltung der Arbeitsfähigkeit und damit des Projektfortschritts geworden. Als Merkmale virtueller Teams sind einerseits eingeschränkte Möglichkeiten des physischen Zusammentreffens identifizierbar und andererseits stellen sich dadurch auch besondere Anforderungen an die Projektleitung (Orlikowski et al., 2004). Auch Akin und Rumpf (2013) sehen in ihrer Studie mit Fach- und Führungskräften den Erfolg von Projekten durch insgesamt sechs Faktoren bedingt, darunter den Vertrauensaufbau und die Rolle der Teamleitung. Während die Projektteams eine:n Studierende:n als Projektleitung nominieren und darüber hinaus wöchentliche Rücksprachen mit ihren Dozent:innen abhalten, werden in der ersten Phase insbesondere die konkreten Projektziele formuliert und zielorientierte Arbeitspakete in der studentischen Gruppe delegiert. Dieses Führen durch Management by Objectives und das Geben von Feedback gelten gleichwohl als wesentliche Kennzeichen erfolgreicher virtueller Teams (Orlikowski et al., 2004).

Neben dem nötigen Aufbau von Vertrauen spielen Zeitkompetenz und Prozessfeedback eine Rolle, wenn es darum geht, virtuelle Arbeitsstrukturen in Teams zu fördern. Die eingebrachten Feedbackprozesse in den Beratungsprojekten finden zu verschiedenen Zeitpunkten, auf mehreren Ebenen und durch unterschiedliche Sender:innen statt. Dabei kann zwischen Leistungsfeedback, oftmals ausgehend von der Lehrkraft und insbesondere der Auftraggeber:innen, sowie Prozessfeedback (Müller et al., 2017), ausgehend von der studentischen Projektleitung und der Lehrkraft, unterschieden werden. Das im Prozess vorbestimmte Minimum an Austausch mit Dozent:in und Auftraggeber:innen wird punktuell durch Spezialcoachs für Statistik, Sprache und Interkulturalität ergänzt. Alle beteiligten Dozent:innen und die Kundschaft werden durch das Team jeweils zeitgerecht in die Inhalte einbezogen und haben damit Gelegenheit, ihr fachliches und prozessuales Feedback zu Auftragsdefinition, Forschungsdesign, Zwischenergebnissen und Schlussbericht zu geben.

Im Sinne organisatorischer Komplexitätsreduktion wird zu Projektbeginn ein studentisches Teammitglied für die gesamte Kommunikation mit der Kundschaft nominiert, auf deren Seite wiederum eine einzige Person als offizielle Projektleitung steht. Diese beiden Personen verantworten als Schnittstelle zwischen Auftraggeber:in und Auftragnehmer:in den Informationsfluss für ein erfolgreiches Gelingen des Vorhabens. Im Laufe des Projektes nehmen die Projektbeteiligten, darunter je nach Bedarf auch die Dozent:in, an rund sechs offiziellen Meetings mit der Kundschaft zu Themen wie Auftragsklärung, Zwischen-/Endergebnisdiskussion, Schlusspräsentation etc. teil. Die Kundschaft wird bereits vor dem Projektstart durch die Hochschule aktiv dazu ermutigt, den Studierenden in der Projektumsetzung regelmäßig Feedback zu geben. Dieses zielt auf inhaltliche Projektfortschritte wie bspw. Ableitungen aus Ist-Analyse, Anwendbarkeit, Zielerreichung etc. sowie auf die Projektorganisation und Kommunikation. Nicht zuletzt die anteilige Notengebung schließt diesen Feedbackprozess zu Projektende offiziell ab.

Den Studierenden wird aus inhaltlicher Sicht ein größtmögliches Maß an Freiheiten im Rahmen formeller Projektvorgaben gewährt. Letztere sollen sicherstellen, dass im Zuge forschender Lern- und Experimentierprozesse Studierende die erforderlichen Hilfestellungen und Anleitungen bedarfs-, zeit-, situationsgerecht sowie unkompliziert erhalten und so eigene Lösungsansätze zielorientiert reflektieren können.

2.3 Inhaltliches/Forschungsmethodisches Design

Nach Huber (2004) ist es nicht die Wissenschaft, die Studierende weitgehend passiv vermittelt bekommen, sondern jene, die sie selbst treiben und die stets mit Selbstreflexion verbunden ist, die forschendes Lernen ermöglicht. In einer These zum forschenden Lernen statuiert er:

> „Die Begründung dafür, selbst Fragen entwickeln und definieren lernen zu sollen, sind nicht nur alte idealistische, sondern auch moderne pragmatische Zielvorstellungen für das Studium: Sie knüpfen sowohl an die Formel ‚Bildung durch Wissenschaft' an wie auch an die neuere Forderung nach Schlüsselqualifikationen." (Huber, 2004, S. 32)

Während die Prozesse den Rahmen für die Beratungsprojekte bilden und die Didaktik Kontaktpunkte des individuellen und gemeinsamen Lernsettings darstellen, sind es Inhalte und Forschungsmethoden, die den Studierenden den größtmöglichen Freiraum für Exploration, Analyse und Experimente bieten. Nachdem sich die Lernenden auf sicherem Terrain bewegen, was den groben Ablauf und die begleitenden Unterstützungsmaßnahmen betrifft, sind sie unter Berücksichtigung der Ziele frei in der Wahl anzuwendender Forschungsmethoden und deren Einsatz im Projekt.

Die unterschiedlichen Projektformate bieten diverse Möglichkeiten des Vorgehens und erfordern in der Folge ein hohes Maß an Selbstorganisation, die bspw. durch selbst gewählte Kreativitäts-, Auswahl- und Strukturierungstechniken ausgeführt werden kann. Durch die Themen vom Markt sehen sich Studierende oftmals Inhalten gegenüber (z. B. Energiemarkt, Logistikprozesse, Sozialhilfestandards, etc.), in denen erst eine eigenständige Orientierung erfolgen muss. Häufig angewandte Vorgehensweisen sind Sekundärrecherchen und Situationsanalysen, um das Themenfeld in Bezug auf die Auftragsziele zu analysieren und überschaubar zu machen.

In späteren Projekten sind Studierende darin geübt und bereits in der Lage, ein Themenfeld rasch zu überblicken und sich stärker auf die selbstständige Entwicklung von Modellen und Konzepten zu konzentrieren.

Somit kann der Schwierigkeitsgrad vom ersten bis zum letzten Beratungsprojekt fachlich, inhaltlich und forschungsmethodisch stetig steigen, während Didaktik und Prozesse eine belastbare und zunehmend besser erprobte Basis bilden. Ein hohes Maß an Selbstständigkeit der Studierenden wird durch ein hilfestellendes Umfeld im Sinne eines begleiteten Selbststudiums unterstützt. Durch die weitgehend selbstorganisierten Lernprozesse entwickeln Studierende eine forschende Haltung, die Selbstreflexion voraussetzt und begünstigt (Wiemer, 2017). Die komplexitätsreduzierende Form der Projektumsetzung sowie zunehmende Kompetenzen der Studierenden sichern so die Bewältigung immer komplexerer Herausforderungen auf inhaltlicher Ebene.

3 Erfolgsfaktoren im forschenden Lernen

Der organisatorische Rahmen bzw. der didaktische Einsatz studentischer Beratungsprojekte gibt also einen einfachen Rahmen vor. Aus inhaltlicher Sicht sind Studierende vor dem Hintergrund der jeweiligen Aufgabe frei, einen vielversprechenden Weg zur Zielerreichung zu wählen. Dozent:innen stehen dem Team zwar, wie erwähnt, unterstützend zu Seite, sind aber nicht dazu angehalten, Lösungswege vorzugeben. Erfahrungen aus mittlerweile knapp 1.000 Projekten und damit einhergehende Debriefingprozesse bei sämtlichen Beteiligten zeigen, dass unterschiedlichen Faktoren (Abb. 2) eine besondere Rolle einzuräumen ist, um erfolgreiche inhaltliche Erarbeitungen und so einen Erkenntnis- und Kompetenzgewinn bei Studierenden, Auftraggeber:innen und Dozent:innen zu ermöglichen.

	Komplexitätsreduktion durch:		
Projektmanagement	Organisation, Planung, Überwachung, Steuerung	Weiterführende theoretische Grundlagen	Individuelle Coachings
	Unterstützung Blick von außen	Rolle der studentischen Projektleitung	Reflexionen
Funktionale Vertrautheit	Motivation	Stärken/Schwächen	Bewerbungsprozesse
	Persönlichkeiten	Kompetenzkombination	Teambildungsprozesse
Projektkultur	Vertrauen	Teammitglieder	Regulatorien
	Geteilte Normen und Werte	Strukturen	Eskalationsmöglichkeiten

Abbildung 2: Komplexitätsreduktion auf unterschiedlichen Ebenen

Diese Erfolgsfaktoren, die teils aus den in Abschnitt 2 beschriebenen Ebenen resultieren bzw. abgeleitet werden können, reichen von operativen Optimierungen des Projektmanagements über die Lenkung gruppendynamischer Prozesse mit dem Ziel der Schaffung einer funktionalen Vertrautheit bis hin zur Kultivierung einer Projektkultur, die dabei hilft, auf schwache Signale adäquat zu reagieren und Innenkomplexität durch einen vertrauensvollen Umgang weiter zu reduzieren.

3.1   Projektmanagement – die operative Ebene

Projekte werden in der Literatur als abgrenzbare Einzelvorhaben neuartig, risikoreich und per definitionem komplex charakterisiert (Litke, 2007). Aus Sicht von Oswald et al. (2016) ist für ein erfolgreiches Projektmanagement im 21. Jahrhundert v. a. die Beherrschung von Komplexität eine notwendige Voraussetzung, da Projekte zunehmend in einem unüberschaubaren und unvorhersehbaren Umfeld stattfinden. Dieser Anspruch an den Umgang mit Komplexität kann in studentischen Beratungsprojekten, angesichts realer Aufträge ebenfalls festgestellt werden. Um den Fragestellungen gerecht zu werden, ist professionelles Projektmanagement als Halt gebender Faktor erfolgsentscheidend.

Projektmanagement in den studentischen Beratungsprojekten umfasst die Organisation, Planung, Überwachung und Steuerung. Die Erfüllung aller Aktivitäten in Bezug auf das Projektmanagement erfolgt, im Sinne des forschenden Lernens, selbstständig und eigenverantwortlich durch die Studierenden, insbesondere durch die:den studentische:n Projektleiter:in. Grundsätzliche Normen, wie Anfang und Ende des Projektes oder die Teamgröße, sind zwecks eines professionellen Projektmanagements sowie im Hinblick der Vergleichbarkeit und Bewertung der Leistungen vorgegeben.

Diese Komplexitätsreduktion durch klare organisatorische und prozessuale Vorgaben, v. a. in den ersten Schritten des Projekts, helfen den Studierenden sich schneller und gezielter dem Thema zu nähern. Im weiteren Verlauf stehen diese vor zahlreichen Herausforderungen und Unsicherheiten, die sie so aus ihren klar strukturierten Lerneinheiten nicht kennen (Schulte et al., 2018) und auf die sie flexibel sowie situationsadäquat sowohl inhaltlich als auch organisatorisch (re)agieren müssen.

Um die Studierenden auf diesen Lernprozess optimal vorzubereiten, werden Grundlagen zum Projektmanagement in Vorlesungen begleitend zum ersten Beratungsprojekt vermittelt und geübt. Zudem wird der Rolle der studentischen Projektleitung besondere Aufmerksamkeit geschenkt, da sie großen Einfluss auf das Gelingen hat. Diese wichtige Funktion wird mit Reflexionsaufgaben sowie individuellen Coachings durch Dozent:innen begleitet.

So zeigt sich über die Beratungsprojekte hinweg eine positive Entwicklung der Studierenden im Projektmanagement und es werden wesentliche Kompetenzen – insbesondere im Umgang mit Komplexität – für die spätere Berufstätigkeit erworben.

3.2 Funktionale Vertrautheit der Teammitglieder – die soziale Ebene

Das studentische Projektteam steht oftmals vor Aufgabenstellungen, die nur durch gemeinsames Zusammenwirken aller Projektbeteiligten und zielführender Kombination vorhandener, bereits erworbener Personal-, Fach-, Methoden- und Sozialkompetenzen zu bewältigen sind. Dies führt zur Notwendigkeit des Aufbaus von Teamstrukturen und -prozessen, die dazu geeignet sind, inhaltlichen Herausforderungen zu begegnen.

Denkt man an Zusammenarbeitsprozesse innerhalb von Organisationen und Projekten, so wird schnell klar, dass Formalismen sowie ein professionelles Prozessmanagement allein nicht dazu in der Lage sind, ein Vorankommen in Projekten zu garantieren. Viel eher rückt die Motivation einzelner Organisations- oder Teammitglieder in den Fokus, die in starkem Zusammenhang mit Gruppenprozessen, sogenannten sozialen Kernprozessen, aber auch mit der Auswahl einzelner Personen steht.

Neben mengenmäßigen und kompetenzbasierten Anforderungen an die Bereitstellung von Projektmitarbeiter:innen kommt deren Persönlichkeitsstruktur sowie einer Integration ins Gesamtgefüge eine besondere Rolle zu. Erst durch Akzeptanz der eigenen Rolle in diesem Gefüge ist es möglich, eigene Kompetenzen zielorientiert zum Einsatz zu bringen, was einer gewissen Zeit der Integration und Abstimmung bedarf. So gilt es auch in Beratungsteams, die Phasen der Teambildung Forming, Storming, Norming und Performing (Tuckman, 1965) sauber und bewusst zu durchlaufen, also den sozialen Kernprozess voranzutreiben. Dieser beschreibt die Zusammenführung individueller Energien im Rahmen von Kollaborationsformen auf Basis einer notwendigen funktionalen Vertrautheit (Rieckmann, 2005). Dabei ist von Relevanz, dass sich einzelne Teammitglieder ihrer Stärken und Schwächen bewusst sind und diese im Sinne eines gemeinschaftlichen Vorankommens zum Einsatz bringen. Das vertrauensvolle Zusammenwirken verhindert energieraubende Positionskämpfe und Scheingefechte, reduziert so Teamkomplexität und ermöglicht die Konzentration auf Inhalte.

In studentischen Projekten ist eine wesentliche Voraussetzung zur Etablierung solcher leistungsfähigen Teams bereits vor der eigentlichen Arbeit gegeben. Studierende bilden ihre Projektgruppen und versuchen so mit ihnen sympathischen und gut zusammenarbeitenden Personen eine Gemeinschaft zu formen. Auf der anderen Seite beeinflusst auch die Bewerbung auf Beratungsprojekte die allgemeine Gruppenmotivation. So spielen Interesse am Thema als auch notwendige Kompetenzen in der Themenbewältigung eine wesentliche Rolle, der es seitens Multiprojektmanagement insbesondere in der Zuteilung der jährlich rund 100 Teamarbeiten bestmöglich zu entsprechen gilt.

Gelingt eine optimale Abstimmung von Studierendenwünschen und Projektanforderungen, ist es möglich, begünstigte Voraussetzungen für soziale sowie individuelle Lernprozesse auf Basis intrinsischer Motivation zu schaffen.

3.3 Projektkultur – die normative Ebene

Zwecks Nutzung möglicherweise auftretender unerwarteter Potenziale und Chancen in der Projektarbeit, bzw. Verhinderung unvorhersehbarer Gefahren, ist die Etablierung einer entsprechenden vertrauensvollen Projektkultur höchster Reife (Ivancic, 2020) notwendig, die auf die Detektion schwacher Signale sowie das Erkennen besonderer Möglichkeiten ausgerichtet ist. Dabei wird Kultur verstanden als Summe „[...] aller Normen, Werte, die den Geist [...] des Unternehmens ausmachen. [...] Normen und Werte sind Steuerungsgrößen. Sie kanalisieren das Verhalten [...]" (Doppler & Lauterburg, 1996, S. 390). Durch diese Kanalisierung wird Komplexität reduziert und die systemische Kontingenz, als der Grad an Aktivitätsmöglichkeiten, erhöht (Luhmann, 1972).

Kultur wird durch die in ihr interagierenden Persönlichkeiten (Projektmitglieder) sowie Strukturen (Projektformalia und -rahmenbedingungen) bestimmt und steht somit mit Erfolgsfaktoren auf operativer Ebene (Projektmanagement) sowie jenen auf sozialer (funktionale Vertrautheit) in engem Zusammenhang. Daraus resultiert u. a. die bekannte Metapher der Kultur als Eisberg, die darauf abstellt, dass Strukturen, Prozesse und Symbole über der Wasseroberfläche, unbewusste Grundannahmen und Überzeugungen jedoch darunterliegen (Maak & Ulrich, 2007). Eine entsprechende Kulturentwicklung kann niemals, so auch nicht in studentischen Beratungsprojekten, verordnet, sondern nur deren intendierte Entwicklung durch Kontext- (Ivancic & Huber, 2018) und umsichtiges Projektmitgliedermanagement (Ivancic, 2019) gefördert werden.

Diese Aufgabe wird in den studentischen Projekten bspw. mittels klarer Prozessorganisation (Terminplanungen inkl. Meilensteine) und Regulatorien (detailliertes Projekthandbuch) wahrgenommen. Teambildungsprozesse sowie die Zuteilung klarer Verantwortlichkeiten, die Bereitstellung technischer Hilfsmittel und Ressourcen (zeitlich, räumlich und monetär) sowie klare Kommunikationsprozesse und Code of Conducts in der Teamarbeit schaffen erforderliche Strukturen. Darüber hinaus werden Teamprozesse mittels spezifischen Coachings unter Fokussierung auf einen Abgleich von Team-Selbst- und -Fremdbild unterstützt. Im Falle gruppendynamischer Herausforderungen sind Eskalationsmöglichkeiten bis zum Ausschluss aus dem Projektteam vorhanden, um direkt auf das Verhalten Einzelner Einfluss nehmen zu können. Im Idealfall entsteht dadurch eine proaktive und antizipative Teamkultur, welche auf Grundlage gegenseitigen Vertrauens zu Komplexitätsreduktionen beiträgt und so einen Möglichkeitsraum schafft, auf schwache Signale zu reagieren und die dadurch entstehende Chancen zu nutzen.

Organisationale Lernkultur, Zufriedenheit der Mitarbeiter:innen sowie Commitment sind also wichtige Indikatoren eines Lerntransfers (Pangaribuan et al., 2020). Somit ist eine intensive Förderung einer belastbaren Projektkultur nicht nur für den Erfolg studentischer Beratungsprojekte vonseiten der Auftraggeber:innen, sondern auch aus Perspektive von Dozent:innen und Studierenden von ausnehmender Relevanz.

4 Wissenstransfer zwischen Stakeholdergruppen

Beschäftigungsfähigkeit (Employability) ist für den Wohlstand von Volkswirtschaften von wesentlicher Bedeutung. Aus einer systemischen Perspektive fragen dabei Arbeitnehmer:innen Anstellungsverhältnisse bei Arbeitgeber:innen sowie Bildung bei entsprechenden Institutionen nach. All diesen drei Gruppierungen kommt auch innerhalb der Beratungsprojekte eine wesentliche Rolle zu. Künftige Arbeitnehmer:innen lernen forschend mit Komplexität umzugehen, Dozent:innen aktualisieren ihr Wissen und stellen Theorien und Forschungsergebnisse auf einen praktischen Prüfstand, während Arbeitgeber:innen bedarfsgerechte Erkenntnisse gewinnen. Unterschiedliches Wissen und Erfahrungen kumulieren in regem Austausch im Rahmen der gemeinsamen Projektarbeit, die so für die kritische Reflektion bestehenden sowie die Aneignung und praktische Prüfung neuen Wissens und dadurch für einen gewinnbringenden Transfer zwischen allen involvierten Anspruchsgruppen sorgt.

4.1 Studierende

Die Beratungsaufträge fordern von Studierenden umfangreiches Wissen, Kenntnisse und Fertigkeiten, welche von Methodenkompetenzen, über Fach-, Sozial- bis hin zu personalen Kompetenzen reichen (hierzu und im Folgenden Bechter et al., 2019). Als Berater:innen sind Studierende für den gesamten Projektprozess verantwortlich. Dies erfordert eine adäquate Anwendung bekannter Projektmanagementinstrumente von der Planung über die Durchführung und Kontrolle. Dabei gilt es seitens der studentischen Projektleitung, sowohl Teammitglieder zu führen als auch Auftraggeber:innen sowie Dozent:innen bedarfsgerecht einzubinden und proaktiv zu kommunizieren, effiziente und effektive Meetings abzuhalten und durch umsichtige Projektplanung die zeitliche und inhaltliche Erreichung der Projektziele sicherzustellen (Methodenkompetenz).

Aus inhaltlicher Perspektive ist das erworbene Wissen sämtlicher Studienbereiche gefordert. Beginnend bei fachlichen Methoden der Primär- und Sekundärforschung bis hin zur Anwendung spezifischer Modelle und theoretischer Ansätze gilt es, forschend zu ergründen, welcher Weg der Komplexitätsreduktion dazu geeignet scheint, Projektziele zu erreichen. Schlussendlich müssen zum Ende der Projektlaufzeit den Auftraggeber:innen realistische, umsetzbare und zielorientierte Lösungen präsentiert werden (Fachkompetenz). Die intensive Interaktion mit Auftraggeber:innen und Dozent:innen führt zu einer Stärkung des Selbstbewusstseins der Studierenden. Auch werden Stressresistenz, Selbstständigkeit, Reflexion und Resilienz entwickelt (personale Kompetenz) sowie durch die Teamarbeit und einen mit den Projekten einhergehenden Erfolgsdruck Sozialkompetenzen trainiert. So führt neben forschendem Lernen und fachlicher Auseinandersetzung mit der jeweiligen Themenstellung ein intensives Erlebnislernen zur Festigung zunehmend wichtiger werdender Soft Skills. Neben den Effekten der Kompetenzentwicklung aufseiten der Studierenden werden Dozent:innen durch diese mit teils innovativen Ansätzen und Gedankengängen konfrontiert und gewinnen Einblick in bereits aufgearbeitete und strukturierte Herausforderungen der Auftraggeber:innen.

4.2 Auftraggeber:innen

Erwartungen von Auftraggeber:innen an studentische Projekte sind vielfältiger Natur und reichen vom Zugang zu potenziellen Arbeitnehmer:innen bis hin zum Bedarf an Wissen, innovativen Ansätzen und umsetzbaren Lösungen (hierzu und im Folgenden Bechter et al., 2019). Insbesondere die Integration neuesten Wissens in betriebliche Abläufe stellt einen Mehrwert für Unternehmen und Organisationen dar. So sorgen Studierende im Rahmen der Beratungsprojekte für einen passgenauen Transfer von im Studium erworbenen Kenntnissen zu den jeweiligen Auftraggeber:innen. Den neuesten Stand der Forschung bringen Dozent:innen ein und garantieren durch die enge Begleitung der Projekte die Qualität, Anwendbarkeit sowie das Erreichen der vereinbarten Ziele. Darüber hinaus bietet der neutrale, unvoreingenommene Blick von außen eine ehrliche Beurteilung unterschiedlicher, je nach Auftrag relevanter unternehmerischer Sphären. Das Preis-/Leistungsverhältnis der Projekte eröffnete auch kleineren Unternehmen und Organisationen Möglichkeiten, Beratungsleistungen in Anspruch zu nehmen, ohne auf Consultingfirmen mit entsprechenden Tagessätzen zurückgreifen zu müssen. So werden nationale Projekte für CHF 8.500 exklusive Spesen am Markt angeboten und sind durch die intensive Involvierung der Dozent:innen qualitativ mit kleineren Marktforschungs- und Beratungsunternehmen vergleichbar. Dementsprechend umfasst die Liste der Projektreferenzen große, multinationale Konzerne, kleine und mittlere Unternehmen bis hin zu Einpersonenfirmen, Non-Profit- und Non-Governmental-Organisationen sowie soziale Stiftungen.

Wie in der Europäischen Union ist auch in der Schweiz der Fachkräftemangel ein wesentliches Thema und beschäftigt verschiedenste Unternehmen in unterschiedlichsten Branchen. Daraus resultierend ist es für Firmen von entscheidender Bedeutung, sich früh bei angehenden Mitarbeiter:innen im Sinne eines *Employer Brandings* zu positionieren. Studentische Beratungsprojekte entfalten in diesem Kontext eine zweifache Wirkung: Auf der einen Seite wird ein Unternehmen einem recht weiten Kreis an Studierenden bekannt und kann seine Marke kommunizieren, auf der anderen Seite lernt das Unternehmen potenzielle Mitarbeiter:innen bereits in konkreten Arbeitssituationen kennen und kann sich dementsprechend im Rahmen von Einstellungsprozessen auf bessere Erkenntnisse, als ausschließlich Zeugnisse stützen.

Auftraggeber:innen ziehen allerdings nicht nur den beschriebenen Nutzen aus den Projekten, sondern öffnen ihrerseits Studierenden die Augen für reale Gegebenheiten und Zusammenhänge der Praxis. Zudem nutzen sie Dozent:innen als ebenbürtige Sparringspartner anderen Hintergrunds, wobei diese Beziehung ggf. auch weiter vertieft werden kann.

4.3 Dozent:innen

Dozent:innen Schweizer Fachhochschulen unterliegen einem vierfachen Leistungsauftrag, der reguläre Lehre, anwendungsorientierte Forschung, Beratung und Lehre in Fortbildungen umfasst (hierzu und im Folgenden Bechter et al., 2019).

Grundlage der Lehre sind fachliche, psychologische, soziale und pädagogische Kompetenzen der Dozent:innen. Insbesondere an Fachhochschulen ist die umsetzungsorientierte Vermittlung von theoretischem Wissen des jeweiligen Fachs von besonderer Relevanz. Somit gilt es, beispiel- und fallzentriert zu unterrichten und dabei die Diversität von Unternehmen und Branchen zu berücksichtigen, um Studierende für die Praxis adäquat zu qualifizieren. Die Mitwirkung in studentischen Beratungsprojekten bietet in diesem Kontext eine breite Basis an Beispielen, anwendungsorientierten Erfahrungen sowie Best, aber auch Worst Practices. Darüber hinaus ist es für Dozent:innen wesentlich, mit Führungskräften vernetzt zu sein. In verschiedensten Projekten angewandter Forschung besteht ein Bedarf an Umsetzungspartner, die auf Basis persönlicher Kontakte leichter zur Teilnahme bewegt werden können. Auch hilft ein breites Netzwerk unter relevanten Persönlichkeiten bei der Akquirierung von Beratungsprojekten verschiedenster Art, die direkt durch Institute und Kompetenzzentren umgesetzt werden. Die Umsetzungspartner in Projekten angewandter Forschung sind auch vor dem Hintergrund von Drittmittelfinanzierungen (wie Innosuisse, Schweizer Nationalfonds zur Förderung der wissenschaftlichen Forschung, Horizon 2020, swissuniversities) von Bedeutung. Hier können studentische Beratungsprojekte ebenso Zwecken angewandter Forschung dienen und bspw. im Rahmen von Vorstudien oder separierbaren Teilprojekten zum Einsatz gebracht werden.

So entstehen auch für Dozent:innen unterschiedliche Vorteile aus den Projekten, während diese ihrerseits mittels regelmäßiger Coachings der Studierenden und Austausch mit Auftraggeber:innen für Wissenstransfer sorgen.

5 Restriktionen und Perspektiven

Reale studentische Beratungsprojekte bieten somit in einer einfachen Form Potenziale zu erlernen, mit herausfordernden Fragestellungen der Praxis umzugehen. Dies ist auch notwendig, da es im hochschulischen Alltag oftmals nicht möglich ist, umfassende Kompetenzen im Umgang mit Komplexitäten der Wirtschaft und Gesellschaft zu fördern. So stoßen in herkömmlichen Lehr- und Lernsettings auch Dozent:innen an ihre Grenzen, weshalb der Hilfe zur Selbsthilfe, der grundsätzlichen Befähigung zum Umgang mit Herausforderungen der VUCA-Welt, eine entscheidende Rolle zukommt. Es macht also Sinn, über den Tellerrand zu blicken und neben Erkenntnissen der Wissenschaft Außenperspektiven miteinzubeziehen.

Einer zunehmenden inhaltlichen Komplexität realer Gegebenheiten kann u. E. am erfolgversprechendsten mit einer einfachen Form der Lehre begegnet werden. Dies ist allerdings herausfordernd und stellt hohe Anforderungen an Studierende und deren autodidaktische Fähigkeiten. Auch gilt es, permanent zu beachten, nicht in einen zwar gut gemeinten und organisatorische Komplexität reduzierenden Formalismus zu verfallen, der im Endeffekt forschendes Lernen und den Erwerb notwendiger Kompetenzen einschränkt und somit kontraproduktiv wirkt. Darüber hinaus muss man sich neben den Vorteilen bezahlter Projekte derer Nachteile bewusst sein. So geht mit dem zu entrichtenden Entgelt eine Erfolgserwartung seitens der Auftraggeber:innen einher, der es seitens der durchführenden Organisation zu entsprechen gilt. Dies ist neben den Studierenden auch anderen involvierten Stakeholdern bewusst. Um den Erwartungen gerecht zu werden, sind fallweise Forschungsmethoden- und Fachkompetenzen von Dozent:innen gefordert. Eine zu starke Einflussnahme von ihrer Seite steht allerdings dem grundlegenden Ansatz forschenden Lernens entgegen und kann den Erfolg des Kompetenzerwerbs seitens der Studierenden einschränken. Eine Einfachheit in didaktischer Form zur Bewältigung inhaltlicher Komplexität und damit einhergehender Erkenntnis in diffusen und herausfordernden Inhalten ist und bleibt somit ein Spagat, den es allerdings zu wagen lohnt.

Reale, von Unternehmen oder Organisationen beauftragte, entgeltliche, studentische Projekte können u. E. vor dem Hintergrund unterschiedlichster Studienrichtungen zum Einsatz gebracht werden. Die einfache didaktische Form ist grundsätzlich transferierbar. Studierende der Kommunikationswissenschaft könnten Werbe- und Public-Relations-Strategien entwickeln, jene der Gesundheit Therapiemodelle erarbeiten und Informatiker:innen Enterprise-Resource-Planning-Systeme designen. So befinden sich bspw. dato (2021) an der OST-Ostschweizer Fachhochschule Beratungsprojekte im Querschnittsbereich von Wirtschaft und Recht in Entwicklung. Inhaltlich wird sich dieses neue Angebot freilich nicht um Unternehmensanalysen, Marktforschungen oder Managementkonzeptionen drehen, sondern die Überprüfung von Verträgen, Allgemeinen Geschäftsbedingungen oder gar von Corporate-Governance-Systemen werden zentrale Bereiche solcher Projekte darstellen.

Wesentlicher Faktor in der Etablierung von Beratungsprojektangeboten ist allerdings eine detaillierte Auseinandersetzung mit Grenzen und Möglichkeiten inhaltlicher Aufgabenstellungen. Aufgrund zeitlicher Einschränkungen sowie dem Ausbildungsstand der Studierenden können nicht sämtliche Themenstellungen Erfolg versprechend abgewickelt werden. Auf der anderen Seite ist auch eine zu geringe Zahl ambitionierter Aufträge zu vermeiden, da dies dem intendierten Lernfortschritt entgegenwirkt. Gerade bei Einführung neuer Projektangebote ist daher eine behutsame Vorgehensweise unter Berücksichtigung mannigfacher Feedbackschleifen zu empfehlen. Es gilt also, die Komplexität des Inhalts realitätsgerecht zu kalibrieren, um die Vorteile der Einfachheit der Form entfalten zu können.

Das Modell und die Vorgehensweise im Rahmen studentischer Beratungsprojekte mag eine vielversprechende Möglichkeit sein, einen entsprechenden Lernerfolg sicherzustellen und Studierende auf den Umgang mit Herausforderungen einer VUCA-Welt adäquat vorzubereiten. So führt die Einfachheit in der didaktischen Form über forschendes Lernen zu Erkenntnissen in komplexen Inhalten und generiert positive Effekte durch multilateralen Wissenstransfer bei Studierenden, Auftraggeber:innen sowie Dozent:innen.

Literaturverzeichnis

Akin, N. & Rumpf, J. (2013). Führung virtueller Teams. *Gruppendynamik und Organisationsberatung, 44(4)*, 373–388.

Bechter, M., Brönimann, C., Ivancic, R. & Müller, P. (2019). Angewandte Wissenschaften an der Fachhochschule St. Gallen. Praxisprojekte als Bindeglied zwischen akademischer, praxisorientierter Ausbildung und wirtschaftlichem Nutzen. *Magazin erwachsenenbildung.at: Das Fachmedium für Forschung, Praxis und Diskurs, 38*, 131–140. https://erwachsenenbildung.at/magazin/redaktion/meb19-38_callforpapers.pdf?m=1542792134 [letzter Zugriff: 01.04.2021]

Bennett, N. & Lemoine, J. G. (2014a). What VUCA really means for You. *Harvard Business Review, 92(1)*, 27–29.

Bennett, N. & Lemoine, J. G. (2014b). What a difference a word makes. Understanding threats to performance in a VUCA world. *Business Horizons, 57(3)*, 311–317.

Doppler, K. & Lauterburg, C. (1996). *Change Management. Den Unternehmenswandel gestalten* (5. Aufl.). München: Campus.

Hengstschläger, M. & Strugl, M. (2015). *Zukunft 5.0. Handbuch für Zukunftsangelegenheiten*. Linz: Academia Superior.

Huber, L. (2004). Forschendes Lernen. 10 Thesen zum Verhältnis von Forschung und Lehre aus der Perspektive des Studiums. *Die Hochschule. Journal für Wissenschaft und Bildung, 13(2)*, 29–49.

Huber, L. (2009). Warum Forschendes Lernen nötig und möglich ist. In L. Huber, J. Hellmer & F. Schneider (Hg.), *Forschendes Lernen im Studium. Aktuelle Konzepte und Erfahrungen* (S. 9–35). Bielefeld: UniversitätsVerlagWebler.

Ivancic, R. (2019). Employee Brand Management. Zur Führung von Mitarbeitenden als wesentliche Träger von Markenidentität und -image. In S. Laske, A. Orthey & M. Schmid (Hg.), *PersonalEntwickeln. Das aktuelle Nachschlagewerk für Praktiker. 243. Erg.-Lfg. zum Loseblattwerk Juli 2019* (S. 1–34). Köln: Deutscher Wirtschaftsdienst.

Ivancic, R. (2020). Corporate Culture Lifecycle-Management. Den Lebenszyklus der Unternehmenskultur erfolgreich antizipativ steuern. In S. Laske, A. Orthey & M. Schmid (Hg.), *PersonalEntwickeln. Das aktuelle Nachschlagewerk für Praktiker. 254. Erg.-Lfg. zum Loseblattwerk Juli 2020* (S. 1–34). Köln: Deutscher Wirtschaftsdienst.

Ivancic, R. & Huber, R. (2018). Normative Unternehmensführung 4.0: Grundsatzkonzeptionen zur Meisterung Digitaler Disruptionen mittels Industrie 4.0-Fitness. In P. Granig, E. Hartlieb & B. Heiden (Hg.), *Mit Innovationsmanagement zur Industrie 4.0: Grundlagen, Strategien, Erfolgsfaktoren und Praxisbeispiele* (S. 139–154). Wiesbaden: Gabler.

Joy, M. M. (2017). Leading in a VUCA World. *Pallikkutam, 4*, 56–58.

Litke, H. D. (2007). *Projektmanagement – Methoden, Techniken, Verhaltensweisen. Evolutionäres Projektmanagement* (5. Aufl.). München: Carl Hanser.

Luhmann, N. (1972). *Rechtssoziologie*. Reinbek: Rowohlt.

Luhmann, N. (1984). *Soziale Systeme. Ein Grundriss einer allgemeinen Theorie*. Frankfurt a. M.: Suhrkamp.

Maak, T. & Ulrich, P. (2007). *Integre Unternehmensführung. Ethisches Orientierungswissen für die Wirtschaftspraxis.* Stuttgart: Schaeffer-Poeschel.

Müller, F., Mander, R. & Hellert, U. (2017). Virtuelle Arbeitsstrukturen durch Vertrauen, Zeitkompetenz und Prozessfeedback fördern. *Gruppe. Interaktion. Organisation. Zeitschrift für Angewandte Organisationspsychologie, 48(4)*, 279–287.

North, K. (2016). *Wissensorientierte Unternehmensführung. Wissensmanagement gestalten* (6. Aufl.). Wiesbaden: Gabler.

Orlikowski, B., Hertel, G. & Konradt, U. (2004). Führung und Erfolg in virtuellen Teams. Eine empirische Studie. *Arbeit: Zeitschrift für Arbeitsforschung, Arbeitsgestaltung und Arbeitspolitik, 13(1)*, 33–47.

Oswald, A., Köhler, J. & Schmitt, R. (2016). Einleitung und Motivation. In A. Oswald, J. Köhler & R. Schmitt (Hg.), *Projektmanagement am Rande des Chaos. Sozialtechniken für komplexe Systeme* (S. 1–3). Heidelberg: Springer-Vieweg.

Pangaribuan, C. H., Wijaya F. H., Djamil A. B., Hidayat, D. & Putra, O. P. B. (2020). An analysis on the importance of motivation to transfer learning in VUCA environments. *Management Science Letters 10*, 271–278.

Rieckmann, H. J. (1992). Dynaxibility – oder wie „systemisches" Management in der Praxis funktionieren kann. In K. Henning & B. Harendt (Hg.), *Methodik und Praxis der Komplexitätsbewältigung* (S. 17–39). Berlin: Duncker & Humblot.

Rieckmann, H. J. (2005). *Managen und Führen am Rande des 3. Jahrtausends. Praktisches, Theoretisches, Bedenkliches* (3. Aufl.). Frankfurt a. M.: Peter Lang.

Schulte, J., Linke, K. & Bachmann, B. (2018). Analyse des praxisorientierten Projektstudiums in dualen Studiengängen im Kontext des Lernformates Forschendes Lernen. *die hochschullehre. Interdisziplinäre Zeitschrift für Studium und Lehre, 4*, 583-604.

Tuckman, B. W. (1965). Development sequence in small groups. *Psychological Bulletin, 63*, 384–399.

Völl, W. (2020). Hybrid-agiles Projekt-Management. *Controlling & Management Review, 5*, 43–44.

Wiemer, M. (2017). Forschend lernen – Selbstlernen. Selbstlernprozesse und Selbstlernfähigkeiten im Forschenden Lernen. In H. A. Mieg & J. Lehmann (Hg.), *Forschendes Lernen – Wie die Lehre in Universität und Fachhochschule erneuert werden kann* (S. 47–49). Frankfurt a. M.: Campus.

Wilkesmann, U. & Rascher, I. (2002). Lässt sich Wissen durch Datenbanken managen? Möglichkeiten und Grenzen von elektronischen Datenbanken. *Zeitschrift Führung und Organisation, 71*, 342–351.

Abbildungsverzeichnis

Abb. 1   Design für forschendes Lernen in Beratungsprojekten 134

Abb. 2   Komplexitätsreduktion auf unterschiedlichen Ebenen 138

Über die Autor:innen

Claudia Brönimann, MSc BA, ist Dozentin und stv. Leiterin Wissenstransferstelle. Sie lehrt und coacht mit dem Schwerpunkt strategische Unternehmensanalyse sowie angewandter Marktforschung an der Wissenstransferstelle Wirtschaft/OST-Ostschweizer Fachhochschule.
Kontakt: claudia.broenimann@ost.ch

Martina Bechter, Mag.rer.soc.oec., ist Projektleiterin und wissenschaftliche Mitarbeiterin. Sie ist in Lehre und Coaching von Praxisprojekten mit dem Schwerpunkt Organisationsentwicklung tätig an der Wissenstransferstelle Wirtschaft/OST-Ostschweizer Fachhochschule.
Kontakt: martina.bechter@ost.ch

Dr. Ronald Ivancic, Mag.mult., ist Dozent und Projektleiter. Er beschäftigt sich neben der Durchführung studentischer Beratungsprojekte, Consulting und Lehre u. a. mit Managementkybernetik und Systemtheorie an der Wissenstransferstelle Wirtschaft/OST-Ostschweizer Fachhochschule.
Kontakt: ronald.ivancic@ost.ch

Service-Learning als Methode des hochschulischen Wissenstransfers

KATHARINA RESCH & PETER SLEPCEVIC-ZACH

Zusammenfassung

Die universitäre Lehre wird – selbst in anwendungsorientierten Fächern – oft als theorielastig beschrieben. Besteht das Ziel darin, Praxiswissen und die Beschäftigungsfähigkeit von Studierenden zu fördern, finden neue Konzepte, wie zum Beispiel Methoden des Wissenstransfers, Kooperationen in Kulturprojekten, Technologietransfer oder soziales Engagement von Studierenden, Eingang in die universitäre Lehre. Der vorliegende Beitrag konzentriert sich auf Wissenstransfer im Service-Learning, ein Ansatz, in dem gesellschaftliches Engagement von Studierenden mit akademischen Zielen verbunden wird. Im Vergleich zu traditionellen Lehrmethoden werden andere Formen des Wissens gefördert. Es werden praxisnahe Fragestellungen, die einen realen Bedarf decken, von den Studierenden in Kooperation mit den Praxispartner:innen erarbeitet. Der vorliegende Beitrag schildert zwei aktuelle Service-Learning-Beispiele (aus Wien und Graz), wie Service-Learning umgesetzt werden kann – mit dem Ziel, unterschiedliche Ebenen des hochschulischen Wissenstransfers aufzuzeigen und diese anhand von empirischem Material kritisch zu diskutieren. In Wien wurden Lehramtsstudierende zu ihren unmittelbaren Erfahrungen im Service-Learning an Schulen mittels vier Fokusgruppendiskussionen befragt. In Graz wurden Studierende der Wirtschaftspädagogik und vor allem deren Kooperationspartner:innen in sozialen Organisationen (Interviews mit vier NGOs) zum langfristigen Wissenstransfer drei Jahre nach der Service-Learning-Veranstaltung befragt. Der Beitrag zeigt die Komplexität unterschiedlicher Ebenen im hochschulischen Wissenstransfer auf und legt die Schwierigkeiten dar, diese empirisch festzuhalten und daraus Gestaltungsmöglichkeiten für die didaktische Modellierung der Lehre abzuleiten.

Schlagworte: Wissenstransfer, Service-Learning, bürgerschaftliches Engagement, Hochschuldidaktik, Third Mission

Abstract

University teaching – even in applied coursework – is oftentimes described as being distant from practice. In order to promote practical knowledge and employability of students, new teaching concepts have entered university teaching, such as methods of knowledge transfer, cooperation in cultural projects, technology transfer or community engagement. This contribution concentrates on knowledge transfer in Service-Learning – an approach, in which community engagement of students is connected to academic learning. In contrast to traditional forms of learning, it promotes other forms of knowledge. It poses practical questions, which respond to a real need of community partners who collaborate with universities. This contribution presents two Service-Learning projects (from Vienna and Graz) to demonstrate how Service-Learning can be implemented and how it contributes to different levels of knowledge transfer on the basis of empirical data collected in these projects. In Vienna we asked students of teacher education about their experiences of Service-Learning in schools (using four focus group discussions), while in Graz we asked students of business education and the community partners (interviews with four NGOs) they worked with three years after the Service-Learning experience. We aim to show the complexity of levels in academic knowledge transfer, demonstrate the difficulties to measure them empirically and deduce adequate consequences for university teaching.

Keywords: Knowledge transfer, Service-Learning, civic engagement, higher education didactics, third mission

1 Einleitung

Die universitäre Lehre wird – selbst in anwendungsorientierten Fächern – oft als theorielastig beschrieben (Rosenstiel & Frey, 2012). Seit der Bologna-Reform der Hochschulen wird von unterschiedlichen Seiten (Unternehmen, Politik, Studierenden etc.) Praxiswissen ausgehend vom Ziel der Steigerung der Beschäftigungsfähigkeit der Studierenden in allen Fächern mehr denn je gefordert. Projektarbeit, Fallstudien und Berichte aus der Praxis, Wissenschaft-Praxis-Kooperationen und andere Formate des Wissenstransfers erscheinen in diesem Zusammenhang als sinnvolle Methoden, um die universitäre Lehre praxisnah zu gestalten (ebd.). Obgleich das Ziel der Beschäftigungsfähigkeit in Zusammenhang mit der Hochschullehre auch kritisiert wird und die Rolle der Wissenschaft in der Gesellschaft unabhängig von Arbeitsmarktzwängen diskutiert werden sollte (Wilkinson, 2014), hat die Bologna-Reform zum Aufleben dieses Diskurses beigetragen (vgl. Pellert, 1999; Wihlborg, 2019). Zu den Methoden des hochschulischen Wissenstransfers zählt auch der Service-Learning-Ansatz (Carrington, 2011; Resch et al., 2020), der im vorliegenden Beitrag in den Blick genommen wird.

Bei der Frage des Wissenstransfers zwischen Hochschule und Gesellschaft muss – unabhängig von arbeitsmarktorientierten Bildungszielen oder Kompetenzdiskursen – die Frage nach dem Aufgabenspektrum von Hochschulen gestellt werden. Die Hochschulen bedienen dabei ein widersprüchliches Aufgabenspektrum, das ein Diskussionsfeld um divergente Perspektiven zwischen Autonomie und Gesellschaftsbezug, Praxisnähe und autonomer Forschung sowie Ausbildungs- und Bildungsstätte spannt (Pellert, 1999).

Hochschulen befinden sich in einem Spannungsverhältnis zwischen dem Anspruch der Zweckfreiheit von Wissenschaft und ihrer Lehre sowie dem Anspruch, dass Forschung einen gesellschaftlichen Mehrwert erbringt und Studierende für bestimmte Berufsfelder (aus-)bildet. Die „Reputation der Wissenschaft als nicht käufliche, freie und unabhängige Instanz" soll dabei nicht gefährdet werden (Ober, 2016), wenngleich aber der Ruf nach Wissenschaft-Praxis-Kooperationen, vermehrter Beschäftigungsfähigkeit nach einem Hochschulstudium und Impact von Forschung laut wird („Third Mission") (Meyer & Schachermayer-Sporn, 2018).

2 „Third Mission" & Wissenstransfer Hochschule – Gesellschaft

Die Debatte um die „Third Mission" der Universitäten, an der regionalen Entwicklung mitzuwirken, das Wirtschaftswachstum anzuregen sowie den sozialen Wandel mitzugestalten, ist neben der ersten (Bildungs-)Mission und der zweiten (Forschungs-)Mission häufig in den letzten Jahren in den Blickpunkt der Hochschulpolitik gerückt (Brandt et al., 2018; Sánchez-Barrioluengo & Benneworth, 2019). Dabei kommen vielfältige Konzepte zum Einsatz, wie der hochschulische Wissenstransfer, Kooperationen in Kulturprojekten, Technologietransfer oder soziales Engagement.

Wissensmanagement im Sinne der Erhaltung und Vermittlung von Wissen wird dabei, neben der Erzeugung neuen Wissens als Hauptaufgabe der Hochschulen angesehen (Teichler, 2005). Dieser Wissenstransfer findet sich dabei in einem komplexen Spannungsfeld zwischen Wissenschaft, Wirtschaft und Verwaltung wieder (Mayntz et al., 2008; Wagner, 2004). Dabei befinden sich die Hochschulen schon generell in einem komplexen Handlungsfeld, und gerade ihre regionale Bedeutung hängt davon ab, ob es gelingt, ihre Leistungen auch an regionale Partner:innen zu vermitteln (Back & Fürst, 2011).

Mit diesem verstärkten Fokus auf die Dritte Mission findet die Forderung nach einer innovativen Wissenschaft, in welcher „die Gesellschaft als zentraler Akteur der Wissensproduktion in Erscheinung tritt und Wissenserzeugung noch stärker in kooperativen Zusammenhängen erfolgt" (Kondratjuk & Pohlenz, 2019, S. 8), maßgeblich im hochschulpolitischen und wissenschaftlichen Diskurs Raum.

> „…Wissenschaft [wird] zum Brückenbauer, zum Wissensbroker zwischen Systemen. Sie nimmt (Teilsystem-)übergreifende gesellschaftliche relevante Fragestellungen zum Ausgangspunkt ihrer Analysen. In die Bearbeitung dieser Fragen bezieht sie Akteure unterschiedlicher gesellschaftlicher Gruppen mit ein. [...] Auf diese Weise kann Wissenschaft zu einem zentralen Netzwerkknoten in ausdifferenzierten modernen Gesellschaften werden." (Schneidewind & Singer-Brodowski 2014, S. 97).

Ob der Wissenstransfer gelingt, hängt dabei von vielen Gelingensbedingungen und den beteiligten Akteur:innen ab (Buchholtz et al., 2019) – im Zentrum stehen dabei nicht nur die Forschenden, die mit ihrem Wissen eine Brücke in die Gesellschaft schlagen, sondern auch die Studierenden, die im Rahmen von Service-Learning in der Praxis tätig werden. Ein zentraler Punkt ist hierbei, ob es gelingt, dass Studierende die

Komplexität ihres Wissens für die Praxis adäquat reduzieren bzw. an die realen Bedarfe anzupassen vermögen. Mit dieser Hintergrundfolie kommen der didaktischen Modellierung von Service-Learning auf der Seite der Hochschullehrenden hohe Anforderungen bzw. Komplexität zu, d. h., es stellt sich die Frage, ob Lehrende zusammen mit den Lernenden den geplanten Wissenstransfer in die Praxis sinnstiftend gestalten können, und auch, wie die Reflexion der Lernenden dahin gehend angeregt werden kann.

3 Service-Learning als Methode des hochschulischen Wissenstransfers

Eine innovative Methode des hochschulischen Wissenstransfers stellt der Service-Learning-Ansatz dar (Carrington, 2011; Wang et al., 2020). Service-Learning verbindet gesellschaftliches Engagement von Studierenden (*Service*) mit dem Erwerb fachlicher, methodischer und sozialer Kompetenzen (*Learning*) (Caspersz & Olaru, 2017). International bereits recht weit verbreitet (Bringle et al., 2006; Furco et al., 2016), stellt Service-Learning im deutschsprachigen Raum immer noch einen neuen handlungsorientierten Lehr- und Lernansatz dar. Service-Learning befördert im Vergleich zu traditionellen Lehrmethoden bei den Lernenden andere „Formen des Wissens" (Sliwka, 2007, S. 34). Die Verbindung von Theorie und Praxis ermöglicht es den Studierenden, in einer organisierten Dienstleistung (*Service*) mitzuwirken und diese Erfahrung in einer dazugehörigen Lehrveranstaltung so zu reflektieren (*Learning*), dass ihr bürgerschaftliches Engagement und ihre Persönlichkeitsentwicklung gefördert werden (Rosenkranz et al., 2020). Die Studierenden erlangen einen vertieften Einblick in reale Bedarfslagen und können ihr erlerntes Wissen in die Praxis transferieren bzw. neues Wissen erwerben. Dabei ist kritisch zu bedenken, dass Service-Learning so konzipiert sein soll, dass Studierende nicht als „Hilfskräfte" für Tätigkeiten ausgebeutet werden, die eigentlich im Rahmen einer Erwerbstätigkeit zu erbringen sind. Weiters muss bedacht werden, dass nicht alle Studierenden die Möglichkeit haben, sich in zeitintensiven Projekten zu engagieren, etwa, wenn diese berufstätig sind oder Pflege- und Betreuungsaufgaben nachgehen, was zu Chancenungerechtigkeit führen kann (Butin, 2006).

Wird Service-Learning als Methode eingesetzt, zeigt dies beispielhaft, dass sich die Aufgaben der Hochschulen zu einer Dreiecksbeziehung zwischen Wissenschafts-, Praxis- und Persönlichkeitsorientierung entwickelt haben (Wildt, 2012) und der Wissenstransfer in die Gesellschaft eine zentrale Aufgabe darstellt. Service-Learning vereint dabei die Bedürfnisse dreier Anspruchsgruppen: der Studierenden, der Lehrenden und der Praxispartner:innen (Chambers & Lavery, 2017). Allein durch diese drei Anspruchsgruppen ergibt sich eine hohe Komplexität, die im Service-Learning immanent vorhanden ist und bei der didaktischen Modellierung, bei der Durchführung, aber auch bei der Frage des gelingenden Wissenstransfers berücksichtigt werden muss.

Durch Service-Learning werden verschiedene Arten des Wissenstransfers angestoßen (Abb. 1): auf einer makrosoziologischen Ebene der Wissenstransfer zwischen Hochschule und Gesellschaft, in weiterer Folge der Wissenstransfer in der angewandten und praxisorientierten Lehre auf der Mesoebene, und der Wissenstransfer durch die Studierenden an die Praxispartner:innen auf der Mikroebene.

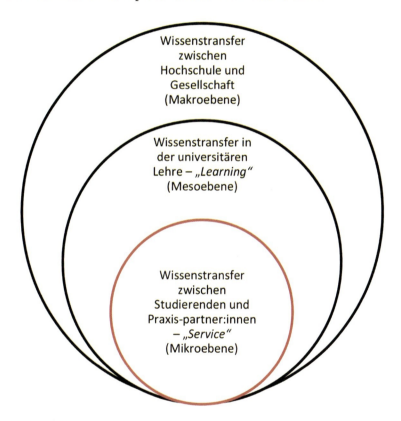

Abbildung 1: Transferleistungen im Service Learning

Der Service-Learning-Ansatz setzt auf allen drei Ebenen an, wobei sich der vorliegende Beitrag auf die Mikroebene konzentriert. Auf der Mesoebene kommt den Hochschullehrenden die Aufgabe zu, den Prozess des Wissenstransfers zu moderieren, d. h., hier steht die didaktische Modellierung im Mittelpunkt. Für die Lehrenden bedeutet dies, Reduktion von Komplexität dort zuzulassen bzw. anzuregen, wo es für den Service-Learning-Prozess notwendig ist, gleichzeitig aber Komplexität zu fordern, um die Problemstellungen in den Projekten gemäß den komplexen Anforderungen der Praxis lösen zu können. Auch die Frage, ob für die im Service-Learning notwendigen Reflexionsprozesse eine Komplexitätsreduktion notwendig oder hinderlich ist, kann nur in Abhängigkeit mit dem konkreten Inhalt beantwortet werden.

Auf der Mikroebene stehen die Studierenden im Service-Learning vor der Herausforderung, ihr erlerntes Wissen erfolgreich in den notwendigen Theorie-Praxis-

Dialog mit den Praxispartner:innen einzubringen. In Abhängigkeit der gewählten Projekte muss im Service-Learning das jeweilige (Fach-)Wissen mehr oder weniger in seiner Komplexität reduziert werden. Die Praxispartner:innen müssen umgekehrt ihr eigenes Wissen bzw. ihre eigenen Handlungsweisen an die Studierenden weitergeben, damit diese die Projekte auch erfolgreich umsetzen können. Dabei profitieren sie nicht nur von den durchgeführten Projekten, sondern bekommen durch die Studierenden selbst neue Sichtweisen zur Lösung von Problemen aufgezeigt, d. h. die Transferleistung ist wechselseitig (*Reziprozität*) (Reinders, 2015).

4 Zwei Beispiele zum Wissenstransfer aus der Pädagogik

Der Wissenstransfer in der Pädagogik richtet sich oftmals an schulische, außerschulische und soziale Institutionen. Studierende sind in diesem Zusammenhang gefordert, sowohl ihr allgemein-pädagogisches Wissen (etwa zum Lehren und Lernen) als auch ihr Fachwissen (etwa wirtschaftspädagogische Kenntnisse) in der Praxis anzuwenden. Wie die Transformation von Wissen im Rahmen einer Service-Learning-Lehrveranstaltung geschieht bzw. modelliert werden kann, diskutieren wir im empirischen Teil des Beitrages. Wir zeigen zwei Varianten des Wissenstransfers in die Gesellschaft anhand zweier Lehrveranstaltungen der Pädagogik auf – einerseits mit Lehramtsstudierenden in Schulen (Wien) und andererseits mit Studierenden der Wirtschaftspädagogik in sozialen Organisationen (Graz). Die Studierenden, Praxispartner:innen und Lehrenden wurden mit unterschiedlichen empirischen Methoden befragt bzw. in ihren Erfahrungen begleitet.

4.1 Wissenstransfer in Service-Learning-Projekten von Lehramtsstudierenden an Schulen (Wien)

Beschreibung
Im Wintersemester 2020/2021 wurden an der Universität Wien mit 13 Studierenden zwei Service-Learning-Projekte an zwei Schulen durchgeführt. Die Universität und die beiden Schulen gingen dabei für ein Semester eine Kooperation ein, um einen realen Bedarf abzudecken, der von den Lehrer:innen der Schulen identifiziert wurde. An beiden Schulen ging es um die Förderung von digitalen Kompetenzen der Schüler:innen – einerseits Kompetenzen im Einsatz von *Microsoft*-(MS)Teams (z. B. Funktionen des Tools, Oberfläche) mit Schüler:innen der Sekundarstufe II und andererseits Kompetenzen im analogen und digitalen Schneiden von Fotos mit Volksschüler:innen (z. B. Fotos schneiden, bearbeiten, zu Collagen zusammenstellen). Die Studierenden hatten in den Service-Learning-Projekten die Aufgabe, ein (fach)didaktisches Konzept zu entwickeln und umzusetzen, um die Kompetenzaneignung bei den Schüler:innen in den genannten Bereichen anzuregen.

Methode der Begleitforschung

Beide Service-Learning-Projekte waren curricular in den Lehrplan für das Lehramt im Bachelorstudium eingebettet (2 ECTS-Punkte) und wurden methodisch durch Selbstreflexion, Lerntagebücher und Fokusgruppendiskussionen begleitet. Im November 2020 fanden vier Fokusgruppendiskussionen mit den Studierenden statt, die einem Leitfaden mit sechs offenen Fragen zu den Themen Theorie-Praxis-Transfer, qualitätsvolle Partnerschaften und die Verbindung von Service und Learning folgten, im Anschluss wurden diese vollständig transkribiert, thematisch kodiert und analysiert und stellen nun die Grundlage für dieses Kapitel dar.

Ergebnisse

Das Erstgespräch, das vor Semesterbeginn an den Schulen stattfand, stellte eine wesentliche Grundlage zum Verständnis des Problems und des beginnenden Wissenstransfers dar. „Beide Seiten wissen, was die andere möchte" (Diskussion 3, 369). Danach wurde das Wissen über die Bedürfnisse, die Klassenzusammensetzung, die erwarteten Ziele und andere Informationen in der ersten Lehreinheit an die Studierenden weitergegeben. Die Studierenden begannen daraufhin mit der Planung des Services (z. B. digitales Schneiden). Als Basis für den stattfindenden Wissenstransfer wurden die Erfüllung von Bedarfen, „dass man irgendwie versucht, einen Bedarf zu erfüllen" (Diskussion 3, 283 f.), und eine gute Kommunikationsgrundlage mit den Kooperationsschulen genannt. Im Laufe der achtwöchigen Umsetzungsphase traten unterschiedliche Formen des Wissenstransfers zutage.

Voneinander lernen – reziproker Wissenstransfer im Service-Learning

Ein wesentliches Element von Service-Learning stellt die Reziprozität im Lernprozess dar: Sowohl die Studierenden als auch die Vertreter:innen der Kooperationsschulen lernten voneinander. Eine Grundlage für die Durchführung des Service-Teils bestand darin, dass grundsätzliche Expertise vorhanden sein musste, um zum Beispiel eine Unterrichtssequenz abzuhalten oder Fotos digital zu bearbeiten. Diese Expertise wurde im Laufe des Service-Learning erlernt oder war bereits davor im Studium erworben worden.

Im Falle der Studierenden des Fachs „Bildnerische Erziehung" (BE) war bereits Expertise zum Zeichnen, Malen, Schneiden und Erstellen von Collagen vorhanden. Die Studierenden teilten ein gemeinsames Verständnis des Service-Teils, den sie in der Volksschule anboten. Fachdidaktisch ging es dabei um die Motorik des Schneidens in der analogen Form, die Bewegungen der Finger und Hände sowie digitale Kompetenzen beim digitalen Schneiden und Collagieren. Die Studierenden reflektierten gemeinsam, dass beim Erstellen von Unterrichtseinheiten fachdidaktisches Vorwissen hilfreich war: „Was mir persönlich geholfen hat, war die Fachdidaktik, die ich absolviert habe." (Diskussion 4, 72 f.) Im zweiten Projekt, war bereits grundsätzliches Vorwissen vorhanden, dieses konnte aber im Laufe des Service-Learnings vertieft werden: „Ich habe zwar schon mit MS-Teams gearbeitet, aber diese Funktion [Quizfunktion] habe ich nicht gekannt" (Diskussion 3, 439 f.). Dies zeigt, dass gerade für Studierende des Lehramts der Umgang mit digitalen Medien zu einem wichtigen Inhalt ihrer Ausbildung geworden ist und diese motiviert sind, sich weitere Inhalte anzueignen. Die Studierenden fanden es notwendig, sich vorab zusätzliche Expertise anzueignen, bevor sie an die Schule gingen, und haben die Inhalte zu Hause mit Studienkolleg:innen und Mitbewohner:innen ausprobiert und so sichergestellt, dass der Wissenstransfer zu den Schüler:innen reibungslos verlaufen kann.

Die Studierenden wurden im Service-Learning – im Unterschied zu Praktika, die sie im Zuge des Lehramtsstudiums absolvieren mussten – als Expert:innen betrachtet und angesprochen, da sie einen Service angeboten haben, in dem sie ihre allgemeinen didaktischen oder fachdidaktischen Fähigkeiten einsetzen konnten und damit einen Beitrag dazu leisteten, dass das aus der Schule beschriebene Praxisproblem gelöst werden konnte. Diese Zuschreibung als *Expert:innen* war für die Lehramtsstudierenden in der Reflexion überraschend. „Dass sie halt gesagt hat, wir sind die Expertinnen, die an die Schule kommen. So hab ich das auch noch nie vorher erlebt" (Diskussion 1, 225 f.). Wenngleich es überraschend war, konnten die Studierenden diese Erfahrung als positiv bewerten: „Dass wir die Expertinnen sind, [...] das ist ein schönes Gefühl, wenn man sagt: Hey, ihr seid kompetent, ihr bringt da was Neues an die Schule" (Diskussion 1, 230 ff.). Im Unterschied zu Erfahrungen in Praktika konnte so Kommunikation und Kooperation auf Augenhöhe gelebt werden. „Dass sie nicht so gemeint hat, wir sind jetzt die Studenten und müssen das jetzt noch lernen und so, sondern sie hat uns so als Expertinnen angesehen, obwohl wir das ja eigentlich auch gar nicht sind" (Diskussion 1, 315 ff.). Diese Diskrepanz des eigenen Erlebens von Status und Kompetenz sowie die Einschätzung eigener Wissensbestände im Vergleich zur Fremdeinschätzung durch Lehrpersonen an Schulen wurde in der Reflexion mit den Studierenden aufgegriffen und in einer vertieften Diskussion über die Gemeinsamkeiten und Unterschiede zwischen Praktika, forschendem Lernen, freiwilliger Tätigkeit und Service-Learning intensiv diskutiert.

Für den Einsatz von Expertise zeigten sich im Material unterschiedliche Praktiken des Wissenstransfers: Studierende gaben ihre Expertise an Lehrpersonen an den Schulen weiter. Eine Gruppe reflektiert, dass sie dem Klassenvorstand das „Konzept von Service-Learning erklärt haben" (Diskussion 4, 16). Eine andere Gruppe gab an, digitale Kompetenzen an die Lehrperson an der Schule weitergegeben zu haben. Schüler:innen gaben ihre Expertise an Studierende weiter. Die Studierenden wählten diese (umgekehrte) Form des Wissenstransfers, um Schüler:innen aktiv zu einem Beitrag im digitalen Unterricht zu motivieren. Damit konnten nicht nur die Anwendungsfähigkeiten, sondern auch die Vermittlungsfähigkeiten der Schüler:innen im Umgang mit digitalen Medien gestärkt werden. In der darauffolgenden didaktischen Übung wurden Schüler:innen aufgefordert, ihr Wissen über eine bestimmte Funktion spielerisch an die Studierenden zu vermitteln.

> „Wir haben uns dann was überlegt, nämlich die Schüler in die Expertenrolle zu geben und sie uns MS Teams mal näher bringen zu lassen. Da haben wir ein Video erstellt, um sie darum zu bitten. Und das ist gut angekommen und daraufhin haben sie uns Erklärvideos gemacht, wie man verschiedene Funktionen bearbeiten kann und das hat Spaß gemacht.

> Und jetzt schauen wir uns die Funktion Quiz an. Und wir haben für sie ein Quiz erstellt […] und wir werden sie dann dahin gehend coachen, dass sie selbst Quizes erstellen und die Ergebnisse präsentieren." (Diskussion 3, 68–74)

Das Beispiel dieser Studierendengruppe zeigt die Komplexität des Wissenstransfers gut auf. Die Studierenden erstellten ein Video mit der Bitte, dass die Schüler:innen ihr Wissen weitergeben, woraufhin die Schüler:innen Videos erstellten, um zu zeigen, was sie bereits gelernt hatten. So konnten sowohl die Schüler:innen als auch die Studierenden ihre Kompetenzen im Umgang mit digitalem Lernen üben. Im nächsten Schritt, der der Übung folgte, gaben dann die Studierenden eine neue Funktion an die Schüler:innen weiter. Beide beteiligten Gruppen schlüpften in diesem Projekt jeweils in die Lehrenden/Expert:innen- und Lernendenrolle. Damit befanden sie sich auf Augenhöhe und der Wissenstransfer war reziprok. Sie reflektierten diesen Kniff wie folgt:

> „Mir hat diese Idee gefallen, dass wir die Schüler zu Experten machen. Das kann man eigentlich für vieles verwenden in der Schule, dadurch werden Sie viel mehr motivierter […] ich glaube, das kann man für viele Fächer anwenden." (Diskussion 3, 309–317)

Hier wird der Lernprozess bei den Studierenden des Lehramts deutlich, die hier erkennen, dass diese Methode auch in anderen schulischen Unterrichtsfächern anwendbar ist.

Lehrpersonen gaben ihre Expertise an Studierende weiter. Die Studierenden nutzten die Chance, möglichst viel aus der Schulpraxis zu lernen; dies betraf sowohl Unterrichtsgestaltung, Haltung der Lehrperson gegenüber Projekten und schulexternen Personen sowie Kompetenzaufbau. Auch über die Zusammensetzung der Klassen haben die Studierenden während des Service-Learning lernen können.

> „Wir haben ein genaues Bild von der Klasse bekommen und da ist sogar […] jeder Schüler so ein bisschen beschrieben, […] weil es eine mehrstufige Klasse ist, steht auch, wer in welcher Klasse ist, und die Kinder mit besonderen Bedürfnissen." (Diskussion 1, 533–536)

Gerade für die Studierenden, die mit der Volksschule kooperiert haben, war es wichtig, vorab Informationen über die vier Schüler:innen mit Beeinträchtigungen zu erhalten, um diese dann adäquat in den Service miteinbeziehen zu können. Alle Gruppen haben von den jeweiligen Lehrpersonen aus der Praxis gelernt: „Sie weiß, was in der Klasse funktioniert, und auf diese Expertise hör ich gerne" (Diskussion 1, 432f.). Eine andere Studierende, die mit der Sekundarstufe kooperiert, sagt über den Lehrer: „Er kennt sowieso die Schüler und wir kennen sie eigentlich nicht und dann seine Tipps sind sehr wichtig für uns, ja" (Diskussion 3, 183 ff.). Anhand dieses Zitats zeigt sich, dass Lehramtsstudierende in Praxissituationen auf der Suche nach Personen sind, die ihnen berufspraktisches Können vorführen.

Theorie in die Praxis übertragen
Studierende des Lehramts konnten ihr Wissen aus der Theorie in die Praxis übertragen, insbesondere ihr fachdidaktisches und bildungswissenschaftliches (Grundlagen-) Wissen. Im Projekt zum Aufbau von Kompetenzen im digitalen Schneiden arbeiteten Lehramtsstudierende des Faches „Bildnerische Erziehung" (BE), die in der Fokusgruppe reflektierten, dass ihnen ein fachdidaktischer Wissenstransfer gelungen sei:

> „Dass wir eben aus dieser Richtung [BE] schon kommen, aus der Kunstrichtung, [...] was die Pädagogik der Volksschule nicht abdeckt, dass wir hier noch Ausbildung haben, dass wir das [digitale Schneiden] leisten können." (Diskussion 2, 26 ff.)

Allerdings wurden die Deutung und der damit verbundene Transfer von allgemeinen formalen Theorien (z. B. Lehr- und Lerntheorien, Motivationstheorien, Kommunikationstheorien) aus dem Studium in die berufliche Handlungspraxis grundsätzlich als schwierig reflektiert. Eine Studierende teilt dies so mit:

> „Also ich find's schwierig, weil wir halt praktisch [...] weiß ich nicht also vielleicht Kommunikationsmodelle, die ich persönlich ganz gut gelernt habe [...] wie in der Kommunikation mit dem Klassenvorstand zum Beispiel, wo wir ein bisschen schon drauf eingegangen sind, [...] ich hab einmal eine Theorie gehabt, die begleitet mich eigentlich mittlerweile schon während des gesamten Studiums." (Diskussion 4, 50–54)

Die Studierende bezieht sich auf eine Kommunikationstheorie, die sie im Service-Learning Projekt in der Kommunikation mit dem Klassenvorstand im Kopf behält. Auch eine andere Studierende reflektiert die Nützlichkeit von formalen Kommunikationstheorien in der Praxis:

> „Wie wichtig ist die Kommunikation, das wissen die verschiedenen Personen, die in einer Schule oder die zusammenarbeiten [...] ich habe ein Seminar über Kommunikation gemacht im Modul 4 oder so und ich habe das hat mir viel geholfen." (Diskussion 3, 301–305)

Die anderen Studierenden erlebten hier wenig Transfer aus der Theorie in die Praxis.

4.2 Wissenstransfer in soziale Organisationen (Graz)

Beschreibung
Service-Learning zeigt in vielen Studien gute Effekte in Hinblick auf die Persönlichkeitsentwicklung bei den Lernenden und den beteiligten Organisationen (Gerholz, 2020). Wie im ersten Beispiel dargestellt, gibt es während der Laufzeit des Services gute Anknüpfungspunkte für einen erfolgreichen Wissenstransfer zwischen den beteiligten Partner:innen. Die meisten Studien befragen die Beteiligten gleich nach Abschluss der Lehrveranstaltung bzw. Service-Aktivität (Gerholz & Slepcevic-Zach, 2015; Reinders & Wittek, 2009). Um jedoch Langzeiteffekte feststellen zu können, wurden in einer Studie der Universität Graz die sozialen Organisationen sowie die Studierenden drei Jahre nach Abschluss der Lehrveranstaltung befragt. Im Wintersemester

2015/16 wurde gemeinsam mit sechs NGOs eine Service-Learning-Lehrveranstaltung (4 ECTS-Punkte) im Rahmen des Masterstudiums Wirtschaftspädagogik an der Universität Graz abgehalten. Die Lehrveranstaltung ist bewusst am Ende des Studiums angesiedelt, denn die Studierenden verfügen damit schon über zentrale wirtschaftliche und wirtschaftspädagogische Kenntnisse, die sie in den Projekten einsetzen können.

Im konkreten Beispiel arbeiteten die Studierenden (jeweils in Vierergruppen) ein Semester lang mit den NGOs an einem Projekt zusammen. Beispielsweise wurde von den Studierenden ein Marketingkonzept für den Verkauf von Bio-Orangen für eine Initiative erstellt, die versucht, Langzeitarbeitslose wieder in das Berufsleben einzugliedern und dafür eine Verarbeitung bzw. einen Verkauf von Orangen gestartet hat. Durch die geringe Auftragslage dieser Initiative konnten aber nur schleppend diesbezüglich sinnstiftende Arbeiten durchgeführt werden, wodurch die Motivation der Mitarbeitenden beeinträchtigt wurde. Die Studierenden führten deshalb u. a. Verkaufsschulungen mit den Klient:innen durch, einerseits, um den Verkauf der Produkte (in der Regel an Zwischenhändler aus der Region) anzuregen, und andererseits, um die Personen auf ihre zukünftigen Vorstellungsgespräche vorzubereiten. Jede NGO stellte im Rahmen der Projektarbeit eine:n Ansprechpartner:in für die Studierenden bereit, welche:r sowohl den Informationsfluss zwischen den Studierenden und der NGO sicherstellte als auch als Projektauftraggeber:in fungierte.

Methode der Begleitforschung

Die Studierenden und die sozialen Organisationen wurden im Rahmen eines laufenden Forschungsprojekts während bzw. am Ende der Service-Learning-Aktivität mittels Fragebogen bzw. teilstandardisierten Interviews befragt (Fernandez & Slepcevic-Zach, 2018; Slepcevic-Zach, 2017); in diesem Beitrag steht die Sichtweise der Organisationen im Mittelpunkt (für die Veränderung der Sichtweise der Studierenden vergleiche Slepcevic-Zach & Fernandez 2021).

Weiterhin wurden die sozialen Organisationen drei Jahre nach Abschluss zu ihrer Sicht auf die durchgeführten Projekte befragt. Alle Interviews waren als leitfadengestützte Interviews angelegt (Flick; 2010) und dauerten zwischen 40 und 90 Minuten. Hier konnten vier soziale Organisationen befragt werden, bei denen die damaligen Ansprechpartner:innen noch verfügbar waren (*Jugend am Werk*; *Rotes Kreuz Steiermark*; *Pro Mente*; *Zebra*). Die Interviews wurden aufgezeichnet, transkribiert und in Anlehnung an die inhaltlich-strukturierende Inhaltsanalyse nach Kuckartz (2012) ausgewertet.

Für die Auswertung wurden mehrere Hauptkategorien, teilweise mit Subkategorien, gebildet. An dieser Stelle sollen die Ergebnisse mit Blick auf den Wissenstransfer in die sozialen Organisationen anhand der Kategorien *Erwartungen und Nutzen*, *Sichtweise und Umsetzung des Konzepts* sowie *Zusammenarbeit* genauer diskutiert werden.

Ergebnisse

Bei der ersten Befragung der sozialen Organisationen im Wintersemester 2015/16 äußerten sie generell eine hohe Zustimmung zum Service-Learning-Ansatz und der Form der Durchführung im Rahmen des Studiums der Wirtschaftspädagogik. Gleich nach dem Abschluss der Projekte wurde von Vertreter:innen der sozialen Organisationen vor allem über die konkreten Projektergebnisse und die Zusammenarbeit mit den Studierenden diskutiert. Bei der Befragung drei Jahre nach Abschluss der Projekte ergab sich immer noch ein positives Bild von Service-Learning.

Erwartungen und Nutzen

Die Erwartungen der sozialen Organisationen an die Studierenden waren in der Rückschau eher unspezifisch: „Ich habe mir gedacht, das ist eigentlich eine spannende Geschichte, um einmal zu schauen und diese Sicht zu kriegen" (I2, Z. 20 f.), war eine Äußerung. Eine andere befragte Person schilderte, es sei ihr grundsätzlich darum gegangen, „dass die Studierenden das einfach gewissenhaft sozusagen angehen" (I3, Z. 33). Auch die Erwartungen an die Projekte selbst waren, im Rückblick, sehr offen:

> „Wir haben jetzt nicht direkt Erwartungen ans Ergebnis gehabt, sondern gesagt, schauen wir mal, was kommt, welche Ergebnisse es gibt, weil das ist oft ganz schwierig, wirklich ganz Konkretes, was die Organisation braucht, innerhalb einer kurzen Zeit so umzusetzen." (I3, Z. 25 ff.)

In Bezug auf den Nutzen für die soziale Organisation äußerte eine Person einer NGO: „Also, was ich definitiv sagen kann, es war eine Hilfe für mich persönlich [...] und die Herangehensweise vor allem die andere Sichtweise war mir sehr hilfreich" (I2, Z. 4 ff.). Eine andere Person schilderte, dass es durch das Service-Learning-Projekt vor allem Impulse gegeben hat, gerade bei Projekten, die sonst gerne aufgeschoben werden. „Es war sicher mal so ein erster Anstoß, einfach ein Denkanstoß und hat sicher auch mit dazu beigetragen, das Ganze irgendwie ins Laufen zu bringen" (I3, Z. 12). Dass jedes Projekt auch weiterverfolgt und umgesetzt werden konnte, war allerdings nicht immer möglich:

> „Es war an sich so als Ideensammlung hilfreich und im Hinterkopf, aber wir haben jetzt nicht ganz konkret mit den Ergebnissen dann weitergearbeitet, weil [es] auch dann andere Anforderungen gegeben hat, auch aus gesetzlicher Sicht." (I3, Z. 37–42)

Unabhängig davon profitierten die sozialen Organisationen vor allem vom Blick von außen durch die Studierenden. Eine befragte Person versicherte,

> „dass diese damalige Gruppe schon was im Denken ausgelöst hat, und zwar, dass man diesen Tunnelblick, den man irgendwann entwickelt, wenn man lange an solchen Projekten arbeitet, [auflöst]. Man hat eine gewisse Haltung und da sind andere Dinge wichtig, wie jemandem, der außenstehend ist. Das war einmal ganz wichtig, das wirkt nach." (I2, Z. 10–13)

Gerade auf die Problemlösungsfähigkeit und Flexibilität der Organisation habe die Zusammenarbeit mit den Studierenden langfristige Auswirkungen gehabt.

> „Wir sind sehr flexibel [ge]worden im Arbeiten und Denken. Das ist [...] ein Punkt, den ich von damals auch mitgenommen habe, dass ich nicht von vornherein sage, das geht nicht, sondern zuerst überleg[e] und sage, wo ist eine Option, was kann noch eine Möglichkeit sein, welche Ressource kann ich freimachen." (I2, Z. 14–17)

Sichtweise und Umsetzung des Konzepts
Alle befragten Personen der sozialen Organisationen empfanden Service-Learning als etwas Sinnvolles: „Grundsätzlich denke ich, es ist eine gute Sache und wir wären gerne wieder für eine Zusammenarbeit bereit." (I3, Z. 71 f.) Bei der Umsetzung des Konzepts wurde von den Organisationen vor allem angemerkt, dass es wichtig ist, dass die Studierenden Zeit haben, um wirklich in die Organisation eintauchen zu können. „Was ist Sinn und Zweck der Organisation? Was sind die Prioritäten? Was sind die Ursachen? Was sind die Auswirkungen?" (I2, Z. 54 f.) Als wichtige Faktoren für die Umsetzung nannten die sozialen Organisationen vor allem die Arbeit an konkreten Problemstellungen, gute zeitliche Planung inklusive regelmäßiger Treffen sowie die Bereitschaft der Studierenden, sich auf ungewohnte soziale Situationen einzulassen.

Zusammenarbeit
Den sozialen Organisationen war eine möglichst gute Abstimmung wichtig: „Dass man sich auch wirklich realistische Ziele setzt und dann von beiden Seiten schaut, okay, unter welchen Bedingungen kann es funktionieren" (I3, Z. 66 f.). Eine Person nimmt diese Forderung aber etwas zurück und verweist darauf, dass Projekte sich verändern können und vieles erst im Laufe der Arbeit in der Praxis wirklich gelernt wird: „Da gibt es ganz viele Entscheidungen und die lerne ich in keinem Hörsaal. Die kann mir kein Professor erzählen" (I2, Z. 33 f.). Diese Person plädiert dabei für eine möglichst große Freiheit für die Studierenden bei der Auswahl ihrer Vorgehensweise im Projekt: „Persönlich würde ich sagen, mehr Freiheit hat noch keinem geschadet" (I2, Z. 39 f.).

Die Zusammenarbeit mit den Lehrenden und Lernenden im Masterstudium Wirtschaftspädagogik wurde als wertvoll und sinnstiftend empfunden. Einzig der Wunsch nach mehr Inhalten zu NGOs im Studium wurde von den Interviewpartner:innen geäußert:

> „Wobei man [...] über den Nonprofit-Bereich, also die Gemeinnützigkeit, [an der Universität] gar nichts lernt [...] das sollte sich die Wirtschaftspädagogik, die doch sehr fortschrittlich ist, finde ich, gut überlegen." (I1, Z. 46 ff.)

5 Diskussion

Die beiden dargestellten Begleitstudien aus Wien und Graz zeigen ganz bewusst zwei leicht unterschiedliche Umsetzungsformate für eine Service-Learning-Lehrveranstaltung in Hinblick auf deren Begleitung, Wissenstransfer und Darstellung der Wirkungen. Dies bewirkt unterschiedliche Möglichkeiten bzw. Herausforderungen für den Wissenstransfer in solchen Projekten.

In den Service-Learning-Projekten an Wiener Schulen zeigt sich zuallererst, dass die Übertragung formaler Theorie in die Praxis (ein „klassisches" Problem in der Lehrkräftebildung; Terhart, 2000) die Studierenden vor Herausforderungen stellt, aber gleichzeitig einen guten Anlass bietet, diese Transferproblematik zu diskutieren. Kriterien für erfolgreiches und lehrreiches Service-Learning – Reziprozität und Bedarfsorientierung – konnten anhand dieses Beispiels aufgezeigt werden (Jenkins & Sheehey, 2011; Könekamp, 2015). Daran anknüpfend war den Studierenden die Notwendigkeit des selbstständigen Lernens bzw. des Weiterlernens rasch klar. „Naive Vermittlungsvorstellungen" der Studierenden konnten an die Komplexität des schulischen Alltags angepasst werden (Bommes et al., 1996, S. 8). In der zweiten Studie in Graz lag die Herausforderung in der Übertragung des Fachwissens auf eine, für die Studierenden eher unbekannte, Organisationsstruktur der NGOs. In beiden Projekten kam es zur dargestellten Veränderung der Rollen der Studierenden (wie auch in anderen Studien gezeigt, z. B. Reinders, 2016). In beiden Projekten erlebten sich die Studierenden des Lehramts und der Wirtschaftspädagogik als externe Expert:innen und fanden in dieser Rolle symbolische Anerkennung.

Die Service-Learning Projekte an den Schulen zeigen weiter, dass der Wissenstransfer in viele Richtungen stattfindet: Studierende an Lehrende, Schüler:innen an Studierende sowie Lehrende an Studierende. Interessant war hier, dass der eigentliche Service-Aspekt, d. h., die Studierenden geben Expertise an die Schüler:innen weiter, in den Befragungen nicht thematisiert wurde. Vermutet werden kann hier, dass dieser Aspekt für die befragten Studierenden zur Schule dazugehört und damit nichts Außergewöhnliches darstellt. Es zeigt sich, dass die Deutung von wissenschaftlichem Wissen, d. h. pädagogischem oder fachlichem Wissen, in der Handlungspraxis weiterhin eine Herausforderung im hochschulischen Wissenstransfer darstellt. Nach wie vor ist die Akzeptanz von Service-Learning an Hochschulen umso stärker, je eher Service-Learning-Aktivitäten Partizipation zulassen (Spiel et al., 2020). Was Service-Learning für Studierende der ersten Semester im Vergleich zu Praktika an Schulen leisten kann, wird noch Thema künftiger vergleichender Untersuchungen sein müssen.

Bei den Projekten mit den sozialen Organisationen in Graz zeigte sich, dass die beteiligten sozialen Organisationen nicht mit großen Erwartungen in die Projekte gingen bzw. sie keine klaren Vorstellungen davon hatten, was sie von und mit den Studierenden lernen könnten. Es zeigte sich aber, dass die sozialen Organisationen von den Studierenden vor allem gelernt haben, einen anderen Blick auf Probleme zu werfen, und im Laufe der Projekte und danach einen Perspektivenwechsel vollzogen haben. Eine Person aus einer NGO meinte in der Rückschau, dass sie sich bei neuen Problemen jetzt gerne fragen, wie es die Studierenden der Wirtschaftspädagogik gemacht hätten; einfach nur um auf neue Ideen zu kommen (I4, Z. 35). Für die sozialen Organisationen wie auch für die Studierenden (Slepcevic-Zach & Fernandez, 2021) kam es in der Rückschau der Projekte zu einem Wissenstransfer, der weniger konkrete Wissensinhalte betraf, sondern stärker auf der Ebene der Organisationsentwicklung (im Sinne einer Möglichkeit, die erste Phase der Veränderung („Auftauen" nach Lewin, 1963), anzustoßen) verortet werden kann. Das bedeutet, dass die Service-Learning-Projekte den NGOs geholfen haben, ihre eigene Vorgehensweise bei der Abwicklung von Projekten zu hinterfragen und zu verändern. Die sozialen Organisationen sprechen in den Befragungen sehr konkret an, dass die Studierenden Zeit benötigt haben, um in die Projekte und die Organisationen einzutauchen. Dies gilt auch umgekehrt für die sozialen Organisationen selbst (Reziprozität; Reinders, 2015). Nur wenn sie sich diese Zeit nehmen (können), kann ein gegenseitiger Wissenstransfer gelingen.

6   Fazit

Eine generelle Komplexitätsreduktion im Wissenstransfer-Prozess, wie wir ihn im Service-Learning verstehen, würde zu einer Komplexitätsreduktion der sozialen Praxis führen, mit dem Risiko, Probleme einseitig oder mono-perspektivisch zu lösen. Daher sprechen wir uns in unserem Beitrag für eine Aufrechterhaltung der Komplexität im Service-Learning aus, vor dem Hintergrund, dass wissenschaftliche Erkenntnisse im Service praktisch nutzbar gemacht und auf ihre berufspraktische Anwendung hin reflektiert und gedeutet werden müssen, ohne dabei die soziale Praxis zu vereinfachen. Wissenstransfer im Service-Learning ist in dieser Hinsicht vielmehr eine Frage der situativen Anwendbarkeit von Wissen, das aufbereitet, präsentiert und kritisch reflektiert werden muss, sodass es für die Praxispartner:innen nutzenstiftend ist und – im besten Fall – zu langfristigen Veränderungen in den (schulischen oder organisationalen) Strukturen führt. Für die Hochschullehrenden bedeutet dies, dass die didaktische Modellierung einer Service-Learning-Lehrveranstaltung vor dem Hintergrund eines gelingenden Wissenstransfers eine herausfordernde Aufgabe darstellt. Dennoch trägt Service-Learning zur Stärkung der „Third Mission" von Hochschulen bei und zeigt ihr Engagement in der Gesellschaft auf.

Literaturverzeichnis

Back, H.-J. & Fürst, D. (2011). *Der Beitrag von Hochschulen zur Entwicklung einer Region als „Wissensregion"*. E-Paper der ARL, Nr. 11, Verlag der ARL – Akademie für Raumforschung und Landesplanung. http://nbn-resolving.de/urn:nbn:de:0156-72960 [letzter Zugriff: 20.01.2021]

Bommes, M., Dewe, B. & Radtke, F.-O. (1996). *Sozialwissenschaften und Lehramt.* Opladen: Leske & Budrich.

Brandt, L., Holzer, J., Schober, B., Somoza, S. & Spiel, C. (2018). Die systematische Verankerung der Third Mission an Hochschulen. Der motivationspsychologische Ansatz der Universität Wien. In N. Tomaschek & K. Resch (Hg.), *Die Lifelong Learning Universität der Zukunft. Institutionelle Standpunkte der wissenschaftlichen Weiterbildung* (S. 187–201). Münster: Waxmann.

Bringle, R. G., Hatcher, J. A. & McIntosh, R. E. (2006). Analyzing Morton's Typology of Service Paradigms and Integrity. *Michigan Journal of Community Service Learning,* 2006, 5–15.

Buchholtz, N., Barnat, M., Bosse, E., Heemsoth, T., Vorhölter, K. & Wibowo, J. (Hg.) (2019). *Praxistransfer in der tertiären Bildungsforschung. Modelle Gelingensbedingungen und Nachhaltigkeit.* Hamburg: Hamburg University Press.

Butin, D. W. (2006). The Limits of Service Learning in Higher Education. *Review of Higher Education,* 29, 473–498.

Carrington, S. (2011). Service-Learning Within Higher Education: Rhizomatic Interconnections Between University and The Real World. *Australian Journal of Teacher Education,* 36(6), 1–14.

Caspersz, D. & Olaru, D. (2017). The value of service-learning: the student perspective. *Studies in Higher Education,* 42(4), 685–700.

Chambers, D. & Lavery, S. (2017). Introduction to service-learning and inclusive education. *International Perspectives on Inclusive Education,* 12, 3–19.

Fernandez, K. & Slepcevic-Zach, P. (2018). Didaktische Modellierung einer Service-Learning-Lehrveranstaltung – Ergebnisse eines Design-Based-Research-Ansatzes, *Unterrichtswissenschaft,* 46, 165–184.

Flick, U. (2010). *Qualitative Sozialforschung.* Reinbek bei Hamburg: Rowohlt.

Furco, A., Jones-White, D., Huesman, R. & Gorny, L. S. (2016). Modeling the influence of service-learning on academic and sociocultural gains: findings from a multi-institutional study. In K. Soria & T. D. Mitchell (Hg.), *Civic Engagement and Community Service at Research Universities,* 143–163. London: Palgrave Macmillan.

Gerholz, K.-H. (2020). Wirkungen von Service-Learning, Stand der Forschung. In M. Hofer & J. Derkau (Hg.), *Campus und Gesellschaft* (S. 70–86). Weinheim, Basel: Beltz.

Gerholz, K.-H. & Slepcevic-Zach, P. (2015). Social Entrepreneurship Education durch Service-Learning – eine Untersuchung auf Basis zweier Pilotstudien in der wirtschaftswissenschaftlichen Hochschulbildung. *Zeitschrift für Hochschulentwicklung,* 10(3), 91–111.

Jenkins, A. & Sheehey, P. (2011). A Checklist for Implementing Service-Learning in Higher Education. *Journal of Community Engagement and Scholarship,* 4(2), 52–60.

Kondratjuk, M. & Pohlenz, P. (2019). Was es alles zu organisieren gibt in der Organisation Hochschule. In P. Pohlenz & M. Kondratjuk (Hg.), *Die Organisation von Hochschulen in Theorie und Praxis. Forschungen zur Reform des Wissenschaftsbetriebs* (7–16). Opladen u. a.: Barbara Budrich.

Könekamp, B. (2015). Service-Learning. Lernen durch Verantwortung. In E. Augustin, M. Hohenwarter, G. Salmhofer & L. Scheer (Hg.), *Theorie, die ankommt. Wege der Theorievermittlung in der Hochschullehre* (S. 77–90). Graz: Leykam.

Kuckartz, U. (2012): *Qualitative Inhaltsanalyse, Methoden, Praxis, Computerunterstützung*. Weinheim: Beltz.

Lewin, K. (1963). *Feldtheorie in den Sozialwissenschaften*. Bern: Huber.

Mayntz, R., Neidhardt, F., Weingart, P. & Wengenroth, U. (2008). *Wissensproduktion und Wissenstransfer*. Bielefeld: transcript.

Meyer, M. & Schachermayer-Sporn, B. (2018). Leaving the ivory tower: universities' third mission and the search for legitimacy. *Zeitschrift für Hochschulentwicklung, 13*, 41–60. https://doi.org/10.3217/zfhe-13-02/03

Ober, S. (2016). *Demokratie und Wissenschaft. Eine Beziehung voller Widersprüche. Forum Wissenschaft, 4.* https://www.bdwi.de/forum/archiv/uebersicht/8853619.html. [letzter Zugriff: 09.12.2020]

Pellert, A. (1999). *Die Universität als Organisation. Die Kunst, Experten zu managen. Studien zu Politik und Verwaltung* (Bd. 67). Wien, Köln, Graz: Böhlau.

Reinders, H. (2015). *Sozio-kulturelle Wirkungen von Service Learning*. Julius-Maximilians-Universität Würzburg: Freudenberg Stiftung.

Reinders, H. (2016). *Service Learning – Theoretische Überlegungen und empirische Studien zu Lernen durch Engagement*, Weinheim, Basel: Beltz.

Reinders, H. & Wittek, R. (2009). Persönlichkeitsentwicklung durch Service-Learning an Universitäten. In K. Altenschmidt, J. Miller & W. Stark (Hg.), *Raus aus dem Elfenbeinturm?* (S. 128–143). Weinheim & Basel: Beltz.

Resch, K; Fellner, M.; Fahrenwald, C., Slepcevic-Zach, P., Knapp, M. & Rameder, P. (2020). Embedding Social Innovation and Service Learning in Higher Education's Third Sector Policy Developments in Austria. *Frontiers in Education, 5(112)*, 1–5. https://doi.org/10.3389/feduc.2020.00112

Rosenkranz, D., Roderus, S. & Oberbeck, N. (2020). *Service Learning an Hochschulen. Konzeptionelle Überlegungen und innovative Beispiele*. Weinheim: Juventa.

Rosenstiel, L. von & Frey, D. (2012). Universität als Stätte der Bildung und Persönlichkeitsentwicklung. In R. Oerter, D. Frey, H. Mandl, L. von Rosenstiel & K. Schneewind (Hg.), *Universitäre Bildung – Fachidiot oder Persönlichkeit* (49–68). München, Mering: Hampp.

Sánchez-Barrioluengo, M. & Benneworth, P. (2019). Is the entrepreneurial university also regionally engaged? Analysing the influence of university's structural configuration on third mission performance. *Technological Forecasting & Social Change, 141*, 206–218.

Schneidewind, U. & Singer-Brodowski, M. (2014). *Transformative Wissenschaft. Klimawandel im deutschen Wissenschafts- und Hochschulsystem*. Marburg: Metropolis-Verlag.

Slepcevic-Zach, P. (2017). Service-Learning in der wissenschaftlichen Berufsvorbildung von Wirtschaftspädagog/inn/en. *Zeitschrift für Berufs- und Wirtschaftspädagogik, 113(2)*, 303–324.

Slepcevic-Zach, P. & Fernandez, K. (2021). Effectiveness of Service-Learning. *Zeitschrift für Hochschulentwicklung, 16(1)*, 77-96. https://zfhe.at/index.php/zfhe/article/view/1471 [letzter Zugriff: 28.09.2021]

Sliwka, A. (2007). Giving back to the Community. Service Learning als universitäre Pädagogik für gesellschaftliches Problemlösen. In A. M. Baltes, M. Hofer & A. Sliwka (Hg.), *Studierende übernehmen Verantwortung. Service Learning an deutschen Universitäten* (S. 29–34). Weinheim, Basel: Beltz.

Spiel, C., Graf, D., Stempfer, L., Schultes, M.-T. & Schober, B. (2020). Transfer in Forschung und Lehre systematisch implementieren. Das Third Mission Strategieprojekt der Universität Wien. In A. Kümmel-Schnur, S. Mühleisen & T. S. Hoffmeister (Hg.), *Transfer in der Lehre. Zivilgesellschaftliches Engagement als Zumutung oder Chance für die Hochschulen?* (S. 249–266). Bielefeld: transcript.

StGG, Staatsgrundgesetz über die allgemeinen Rechte der Staatsbürger (1867). Art. 17. RGBl. Nr. 142/1867. https://www.ris.bka.gv.at/Dokument.wxe?Abfrage=Bundesnormen&Dokumentnummer=NOR12000056 [letzter Zugriff: 07.12.2020]

Teichler, U. (2005). *Hochschulstrukturen im Umbruch. Eine Bilanz der Reformdynamik seit vier Jahrzehnten*. Frankfurt a. M., New York: Campus.

Terhart, E. (2000). *Perspektive der Lehrerbildung in Deutschland. Abschlussbericht der von der Kultusministerkonferenz eingesetzten Kommission*. Weinheim, Basel: Beltz.

Wagner, D. (2004). Wissenstransfer und Hochschule. Stand und Perspektiven im Spannungsfeld von Wissenschaft, Wirtschaft und Verwaltung. In T. Edeling, W. Jann & D. Wagner (Hg.), *Wissensmanagement in Politik und Verwaltung. Interdisziplinäre Organisations- und Verwaltungsforschung*, Wiesbaden: Springer VS.

Wang, C., Yan, W., Guo, F., Li, Y. & Yao, M. (2020). Service-Learning and Chinese College Students' Knowledge Transfer Development. *Frontiers in Psychology, 11*, 606334.

Wihlborg, M. (2019). Critical viewpoints on the Bologna Process in Europe: Can we do otherwise? *European Educational Research Journal*, 1–23.

Wildt, J. (2012). Praxisbezug der Hochschulbildung – Herausforderung für Hochschulentwicklung und Hochschuldidaktik. In W. Schubarth, K. Speck, A. Seidel, C. Gottmann, C. Kamm & M. Krohn (Hg.), *Studium nach Bologna: Praxisbezüge stärken?!* (S. 261–278). Wiesbaden: Springer VS.

Wilkinson, J. (2014). Verantwortung und Aufgaben von Universitäten als Institutionen in der Zivilgesellschaft im 21. Jahrhundert. In C. v. Müller & C.-P. Zinth (Hg.), *Managementperspektiven für die Zivilgesellschaft des 21. Jahrhundert*. (S. 67–80). Wiesbaden: Springer Gabler.

Abbildungsverzeichnis

Abb. 1 Transferleistungen im Service Learning 155

Über die Autorin und den Autor

Dr.in Katharina Resch, ist Postdoc-Universitätsassistentin an der Universität Wien, Zentrum für Lehrer:innenbildung. Ihre Forschungsschwerpunkte umfassen Hochschulforschung und -entwicklung, Third Mission, Diversität an Hochschulen und Service-Learning.
Kontakt: katharina.resch@univie.ac.at

Dr. Peter Slepcevic-Zach, ist Assoziate Professor am Institut für Wirtschaftspädagogik der Universität Graz. Seine Forschungsschwerpunkte umfassen Hochschuldidaktik und -entwicklung, Betriebspädagogik, Erwachsenenbildung und Service-Learning.
Kontakt: peter.slepcevic@uni-graz.at

Community Based Learning: Zwischen Kontingenztransparenz und Komplexitätsreduktion

VOLKER M. BANHOLZER

Zusammenfassung

Die hochschulbasierte Ausbildung von Journalist:innen setzt sich in jüngster Zeit vermehrt mit dem Auftrag zur Abbildung von Kontingenz einer Wissensgesellschaft und dem Anspruch der zielgruppengerechten Reduktion von Komplexität von Wissenschaftsergebnissen auseinander (vgl. Dernbach et al., 2019; Katzenbach & Penzold, 2017; Wimmer, 2013). Dass gerade journalistische Leistungsangebote für gesellschaftliche Technologie- und Innovationsdiskurse relevant sind, kann als Konsens in der Forschung zur Innovationskommunikation angesehen werden (vgl. Banholzer 2018; Kohring, 2001; Waldherr 2012). Dem tragen hybride Ausbildungsrichtungen wie Technikjournalismus Rechnung, die sowohl ingenieur- als auch kommunikationswissenschaftliche Grundlagen vermitteln (vgl. Banholzer 2012, 2015). In diesem Ansatz spielen Aspekte der Komplexitätsreduktion in der journalistischen Vermittlung, aber auch der Anspruch einer Wissens- und Technologiegesellschaft nach Abbildung von Kontingenz eine zentrale Rolle. An einem besonderen Projekt im Studiengang Technikjournalismus/Technik-PR der Technischen Hochschule Nürnberg lassen sich sowohl Prozesse wissenschaftlicher als auch journalistischer Komplexitätsreduktion beschreiben. Einerseits erarbeiten sich Studierende den Themenbereich „Bioökonomie" und setzen diesen Bereich dann als Trainings-/Lerneinheit für Schüler:innenmedien[1] (Zeitungen/Blogs/Radio) um. Dieses Projekt wird zudem von wissenschaftlichen Abschlussarbeiten umrahmt. Anhand des Projektes lassen sich Herausforderungen der Reduktion von Komplexität im hochschulischen Wissenstransfer in einer Verzahnung von forschungsnahem Lernen (Research-Based-Learning) und Lernen durch Lehren in einem Service-Learning-Kontext (Banholzer, 2020; Brinkmann, 2020; Kaufmann et al., 2019) exemplarisch analysieren. Die Stufen der Komplexitätsreduktion im Projekt werden aus der Perspektive akteurzentrierter Ansätze (Schimank 2010; Schlicht & Slepcevic-Zach, 2016) beschrieben und mit den pragmatischen und experimentalistischen Theorien „Theorie zu Öffentlichkeit", „Demokratie" und „Wissenschaft" von John Dewey (2016) verortet.

Schlagworte: Research-Based-Learning, Service-Learning, Technikjournalismus, Kontingenz

---

[1] Wenn der Titel des von Wissenschaft im Dialog geförderten Projektes „Bioökonomie für Schülermedien" benannt wird, erfolgt die Schreibweise laut des Originaltitels. Im Text wird die Schreibweise Schüler:innenmedien verwendet.

Abstract

The university-based training of journalists has recently increasingly dealt with the task of mapping the contingency of a knowledge society and the requirement of target group-oriented reduction of the complexity of scientific results (see Dernbach et al., 2019; Katzenbach & Penzold, 2017; Wimmer, 2013). The fact that journalistic services are particularly relevant for social technology and innovation discourses can be seen as a consensus in research on innovation communication (see Banholzer, 2018; Kohring 2001; Waldherr 2012). This is taken into account by hybrid training courses such as technology journalism, which impart both engineering and communication science fundamentals (Banholzer 2012, 2015). In this approach, aspects of reducing complexity in journalistic communication, but also the demands of a knowledge and technology society based on the mapping of contingency, play a central role. In a special project in the technical journalism/technology PR course at the Technical University of Applied Sciences Nuremberg, both scientific and journalistic complexity reduction processes can be described. On the one hand, students develop the subject area "bioeconomy" and then implement this area as a training/learning unit for schoolchildren as journalists in school media (newspapers/blogs/radios). Based on the project, the challenges of reducing complexity in university knowledge transfer in an interlinking of research-based learning and learning through teaching in a service learning context (Banholzer, 2020; Brinkmann, 2020; Kaufmann et al., 2019) can be explained. The stages of complexity reduction in the project are described from the perspective of actor-centered approaches (Schimank 2010; Schlicht & Slepcevic-Zach 2016) and located with the pragmatic and experimentalist theories of public, democracy and science by John Dewey (1927).

Keywords: Research-Based-Learning, Service-Learning, Tech journalism, Contingency

1 Dimensionen von Komplexität[2]

Der hochschulbasierten Ausbildung von Journalist:innen mit dem Anspruch einer gleichzeitigen Themenorientierung an technologischer Forschung und Entwicklung, gesellschaftlicher Techniktheorie und Technikfolgenabschätzung und kommunikationswissenschaftlich fundierter Praxis ist der Umgang, die Bearbeitung und Reduktion von Komplexität als Basis der eigenen Forschung und Lehre immanent. Gesellschaftliche Erfahrung mit Technologien, die Auseinandersetzung mit möglichen Technikfolgen und die daraus abgeleitete gesellschaftliche Positionierung und Beschlussfassung beruht zu wesentlichen Teilen auf medialer und journalistischer Vermittlung (Banholzer, 2015; Kohring, 2001). Demzufolge muss die hochschulbasierte

---

2 Mein Dank gilt den wertvollen Hinweisen der beiden Kolleg:innen im Reviewprozess, die geholfen haben, den Beitrag zu verbessern, und zudem neue Perspektiven eröffnet haben.

Vermittlung von technikjournalistischen Inhalten[3] einerseits Phänomene und Mechanismen von Komplexitätswahrnehmung, -analyse und -bearbeitung thematisieren und gleichzeitig Elemente von Komplexitätsreduktion für die Forschungs-, Lehr- und Ausbildungstätigkeit operationalisieren. Ausgangspunkt ist der Begriff einer allgemeinen Komplexität, die in naturwissenschaftlichen und sozialwissenschaftlichen Kontexten vorzufinden ist. Dieser Ansatz „verweist auf Phänomene, die sich nicht linear auf Mechanismen ihrer Elemente zurückführen lassen, sondern die eine eigene emergente Realität beanspruchen und als solche verstanden werden müssen" (Katzenbach & Pentzold 2017, S. 485). Sie sind zwar durch eine Vielzahl von Regeln geordnet, deren „sich dynamisch entfaltende Eigenart eines jeden einzelnen Ereignisses in seinen systemischen Eigenschaften zwar simuliert, nicht aber komplett vorausberechnet werden [kann]" (ebd.).

Einen Ansatz zur Behandlung von Komplexität bietet die akteurszentrierte Handlungstheorie, wie sie von Schimank (2006, 2010) in seinem Modell der Entscheidungsgesellschaft konzipiert wurde. Dieser Ansatz hat auch im Kontext der Kommunikationswissenschaften Beachtung gefunden (Banholzer, 2018; Katzenbach & Pentzold, 2017; Neuberger, 2007, 2016). Schimank identifiziert drei Dimensionen sozialer Komplexität, in denen der mehrfach beschriebene Zuwachs von Komplexität beobachtbar und analysierbar ist: die Sozialdimension, die Sachdimension und die Dimension von Entscheidungsproblemen. Katzenbach und Pentzold (2017, S. 492) unterstreichen die Bedeutung dieses Ansatzes, weil deutlich wird, dass „Komplexität ontologisch ein empirisch bestimmbarer, steiger- sowie unter Umständen verringerbarer Aspekt von Sozialgeschehen und Kommunikationsdynamiken ist". Die Komplexität moderner Gesellschaften wächst, und damit gleichzeitig die Unsicherheit, unter der Individuen in ihr agieren und Entscheidungen treffen müssen. Diese Unsicherheit ist durch zwangsläufig unvollständige und zudem noch asymmetrisch verteilte Informationen geprägt. In einer Entscheidungsgesellschaft wird Individuen abverlangt, immer mehr Entscheidungen in nahezu allen Lebensbereichen unter wachsendem Zeitdruck, aber gleichzeitig unter steigendem Rationalitätsanspruch zu treffen (Schimank, 2006). Das steigert die Komplexität in der Sozialdimension, weil Handlungen unterschiedlicher Akteur:innen, konflikthaft und interdependent aufeinandertreffen. Informationszunahme, Informationsasymmetrien und unterschiedliche Kapazitäten zur Informationsverarbeitung verstärken als Sachdimension die vorgenannten Effekte in der Sozialdimension. Die Temporalität von Wissen, wachsende Unsicherheiten vor dem Hintergrund sich dynamisierender Wissensbestände und mangelnder Vorhersagbarkeit sind die dritte Dimension von Komplexität (vgl. Katzenbach & Pentzold, 2017, S. 492). Komplexität ist neben dem gerade geschilderten empirisch beobachtbaren Phänomen zudem auch ein epistemologisches Konstrukt, denn die Feststellung der Komplexität eines Sachverhaltes spiegelt immer auch die

---

3 Dies gilt gleichermaßen für die im Studiengang ebenfalls vertretene Richtung der Technik-PR und Unternehmenskommunikation. Vor dem Hintergrund des geschilderten Beispiels, Projekt „Bioökonomie für Schülermedien", wird im Kontext dieser Abhandlung der technikjournalistische Blickwinkel gewählt. Zum Kontext der Technik-PR vgl. auch Banholzer (2020).

Limitierungen von Wissenshorizonten, Verstehens- und Steuerungspotenzialen wider (vgl. Katzenbach & Pentzold, 2017, S. 492).

Vor dem Hintergrund der zentralen Bedeutung journalistischer Vermittlung von Technologien und deren Wirkungen für pluralistische Demokratien darf erforderliche Komplexitätsreduktion allerdings die Kontingenz (demokratischer) Entscheidungen nicht überdecken. Komplexitätsreduktion darf in diesem Sinne nicht als Negation von Kontingenz, als Mechanismus der Alternativlosigkeit oder Technokratie verstanden werden. Hier bietet die skizzierte Modellierung der Entscheidungsgesellschaft den Ansatzpunkt, um Alternativen immer mitdenken zu können. „Kontingenz als Schlüsselbegriff sensibilisiert für ein Denken der Potenzialität [...]" (Séville, 2017, S. 256), was in allen Prozessen der Komplexitätsreduktion nicht verdeckt werden darf.

Als theoretischer Rahmen, der Probleme, Betroffenheit und Entscheidungen in den Mittelpunkt stellt und dabei sowohl für Forschung und Lehre als auch für die Vermittlung dieser Ergebnisse in Öffentlichkeiten geeignet ist, bietet sich der demokratische Experimentalismus von John Dewey an. Die Rezeption Deweys war in Deutschland lange vor allem durch die Wahrnehmung seiner pädagogischen Ansätze geprägt[4], seine Arbeiten zu demokratischen Öffentlichkeiten werden dagegen erst in jüngster Zeit genutzt, um Entwicklungen der technischen Transformation und der Digitalisierung zu beschreiben (vgl. Antic, 2015, 2017). Im Gegensatz zur deutschsprachigen Journalistik, die vor allem durch den deliberativen Ansatz von Demokratie und Öffentlichkeit geprägt ist, wurde und wird der amerikanische Pragmatismus in Skandinavien allgemein (Philström, 2010) und auch speziell in der Ausbildung von Journalist:innen (Dahlstrøm, 2016, S. 308; Gynnild, 2016, S. 323) seit Längerem rezipiert.

2 Theoretische Rahmung – Demokratischer Experimentalismus und Philosophie des Pragmatismus

Die im Projekt geschilderte Herangehensweise entspricht dem Ansatz von John Dewey, der Lernen ausgehend von konkreten Problemlagen und der Diskussion möglicher Lösungswege mithilfe wissenschaftlicher Unterstützung modelliert (Giles & Eyler, 1994; Pacho, 2015; Schlicht & Slepcevic-Zach, 2016). Im Kontext mit Technikjournalismus, Wissenschafts- und Technikkommunikation sowie Technik-PR ist Dewey zudem relevant, weil seine Konzeption von Öffentlichkeit und die darin vorgesehene Rolle von Medien dem Ansatz von Komplexitätsreduktion unter Beibehaltung von Kontingenz entspricht, was in seiner Abhandlung „The Public and Its Problems" (Dewey, [1927] 2016) steht. Nach Dewey ist die Rolle der Medien zentral für die Ent-

---

4   Das Gesamtwerk Deweys umfasst Publikationen zu Philosophie, Anthropologie, Pädagogik, Psychologie, politischer Theorie, Soziologie, Kunsttheorie, Religion, Erkenntnistheorie und zur Forschungslogik, wobei die einzelnen Bereiche oft in Publikationen fließend ineinander übergehen (vgl. hierzu Oehler, 2018, S. 177). Deweys Rezeption in Deutschland ist im Kontext der Rezeption des amerikanischen Pragmatismus zu verorten. Wird Dewey mit dem Ansatz des amerikanischen Pragmatismus als vermeintlich unkritische Philosophie zunächst völlig abgelehnt, schließt sich eine zweite Phase an, die Deweys Denken als explizit kritische Philosophie begreift, was auch wesentlich auf Jürgen Habermas und seine Beschäftigung mit Dewey zurückzuführen ist (vgl. hierzu ausführlich Götz, 2017).

wicklung von Öffentlichkeit. Die Verbreitung von Informationen und Wissen ist für Dewey eine notwendige Bedingung dafür, „dass sich eine potentielle Öffentlichkeit überhaupt in ihrer Betroffenheit erkennen und dann konstituieren kann" (Götz, 2017, S. 64). Für Dewey ist für die Lösung von Problemen der Austausch von Betroffenen und der Wissenschaft unverzichtbar (vgl. Dewey, [1927] 2016, S. 225). Expert:innenwissen bleibt ohne Wirkung, wenn der Austausch und die Rückmeldung der von einem Problem betroffenen Personen ausbleibt. Den Medien, und in diesem Sinne dem Journalismus, obliegt die Aufgabe, in engem Austausch mit den Wissenschaften Lösungsoptionen und damit Handlungsoptionen aufzuzeigen und diese dann verständlich und transparent zu vermitteln. Das setzt voraus, dass Journalismus in der Lage sein muss, mit Wissenschaft zu kommunizieren und andererseits, dass Wissenschaft sich des Politischen der Interpretation ihrer Forschungsergebnisse jenseits der Faktenbasis, der Differenz von „,facts' and the meaning of facts" (Dewey [1927] 2016, S. 52), bewusst sein muss und sich zudem gegenüber Betroffenen und den Medien öffnet. Dewey betont den kommunikativen Charakter von Wissen. „But in fact, knowledge is a function of association and communication; it depends upon tradition, upon tools and methods socially transmitted, developed and sanctioned" (Dewey [1927] 2016, S. 183). Dieses Konzept ist der Gegenentwurf zu Lippmanns Idee einer expertokratischen Beratung des Politiksystems oder politischer Institutionen. Die Fachdisziplin *Technikfolgenabschätzung* zum Beispiel hat nach ihrer eigenen Definition die Aufgabe, mögliche Konsequenzen unterschiedlicher Handlungen und Entscheidungspfade zur Diskussion zu stellen, um so eine gesellschaftliche Entscheidung über Handlungsoptionen zu ermöglichen. Böschen & Sigwart (2020, S. 19) betonen in diesem Zusammenhang, dass Technikfolgenabschätzung sich mit ihren Ergebnissen an Öffentlichkeit als Adressat wendet, aber eben auch aus den Öffentlichkeiten Probleme benannt bekommt, deren Lösungen zu erörtern sind. Als Mittler sieht Dewey explizit Medien an. Sein offener Begriff von Öffentlichkeit lässt allerdings auch zu, andere mediale Vermittlungen jenseits der journalistischen Leistungsangebote von Massenmedien zu modellieren. Ob Individuen sich als Betroffene identifizieren können, hängt nicht zwangsläufig von Massenmedien ab. Betroffenheit kann zudem sowohl von Journalist:innen über eigene frei zugängliche oder kostenpflichtige Kanäle (Blog, Podcast, Social Media Netzwerken) erfolgen als auch durch nichtjournalistische Einzelpersonen hergestellt werden, die sich selbst als von einem Sachverhalt als betroffen identifizieren und Netzwerke oder Plattformen selbst initiieren, ohne dass Massenmedien als Vermittler agieren.

John Dewey stellt wie ausgeführt die Betroffenheit von Problemen und der Maßnahmen zu ihrer Behebung in den Mittelpunkt. Damit rücken Betroffenheit, Entscheidungen und Konflikte von Interessen in den Fokus. Durch diese Perspektive kann Dewey die Komplexität moderner und durch technologische Veränderung geprägte Gesellschaften thematisieren, reduzieren und bearbeiten, ohne die Kontingenz dabei zu negieren. Dieser Ansatz wird zunehmend in der Politikwissenschaft, aber auch in den Kommunikationswissenschaften aufgenommen und diskutiert. Knöbl (2012) bezeichnet Dewey auch als „Referenzautor", wenn es um die Beschäftigung mit

Kontingenz und Komplexität geht. Für Dewey ist praktisches Handeln stets mit Ungewissheit behaftet, weil Praxis situativ und kontextabhängig ist, was eine exakte Reproduzierbarkeit ausschließt (ebd., S. 69) und damit ein Fundament für Handeln in Unsicherheit darstellt. Die Komplexität der modernen Welt erfordert Modelle, die mit Faktoren der Kontingenz, der Unsicherheit, der Konflikthaftigkeit, des Pluralismus sowie der Volatilität und Ambiguität von Entwicklungsprozessen umgehen kann. Explizit fordert Dewey von Medien Wissensvermittlung. Medien sollen mit Wissenschaft zusammenwirken, um für Problemlagen, die Deweys Ausgangspunkte sind, mögliche Lösungsoptionen aufzeigen und diskutieren zu können. Vor diesem Hintergrund sind die Ansätze Deweys geeignet, um Lern- und Lehrkontexte zu gestalten, Komplexität im Sinne von Schimank (2006, 2010) zu bearbeiten und zu reduzieren sowie Medien und Journalismus im Sinne einer demokratischen Gesellschaft im Dialog mit der Wissenschaft und in Ausrichtung auf betroffene Individuen zu verorten.

3 Problembasiertes Lernen

Die Überlegungen Deweys finden sich auch in projektorientierten und problemzentrierten Unterrichtsformen wieder, die in Schulen und Hochschulen Anwendung finden (Fernandez & Slepcevic-Zach 2018, S. 166; Schlicht & Slepcevic-Zach 2016, S. 87).[5] Für die Hochschulen erfüllt diese Konzeption die geforderte Verbindung von Forschung und Lehre und ermöglicht darüber hinaus die Transferleistung gegenüber der Gesellschaft. Die Definition der neuen Aufgaben für Universitäten und Hochschulen (vgl. Meyer-Guckel, 2010) wurde mit der gestiegenen Komplexität moderner Gesellschaften und den damit einhergehenden Herausforderungen begründet, die ebenfalls zunehmend als komplex und interdependent wahrgenommen (Werle & Schimank, 2000) und als sogenannte „Grand Challenges" (vgl. Decker et al., 2018) beschrieben werden.

Noch vor rund sieben Jahren diagnostizierten Backhaus-Maul & Roth (2013, S. 7) in Deutschland „ein Wissenschaftssystem, dessen Selbstverständnis [...] in einer gepflegten Distanz zur Gesellschaft gründet". Das hat sich seit dieser Diagnose zumindest im Anspruch deutlich geändert. Von den benannten Organisationen und Institutionen der Forschungslandschaft, wie Universitäten und Hochschulen sowie außeruniversitären Forschungseinrichtungen, wird gefordert, ihre Erkenntnisse zielgruppengerecht zu vermitteln und so dem Diskurs in den zivilgesellschaftlichen Öffentlichkeiten für den Diskurs zur Verfügung zu stellen. Mit Blick auf diese Vermittlungsleistung hat das BMBF das Grundsatzpapier zur Wissenschaftskommunikation (BMBF, 2019) herausgegeben, das Transfer und Transparenz vor allem über eine Verbesserung der Kommunikationsfunktionen von Forschungseinrichtungen gewährleisten will.

---

5 Fernandez und Slepcevic-Zach (2018, S. 167) weisen darauf hin, dass diese Form von Unterricht in Schulen im deutschsprachigen Raum seit den 1990er-Jahren und im Raum der Hochschulen und Universitäten seit den 2000er-Jahren praktiziert wird.

Universitäten und Hochschulen wird demzufolge vor diesem Hintergrund neben den klassischen Aufgaben wie Lehre und Grundlagenforschung und angewandter Forschung die sogenannte „Third Mission" (vgl. Roessler et. al., 2015; Würmseer, 2016) und damit eine aktive Rolle als „Corporate Citizen" (vgl. Raueiser & Kolb, 2018) im Innovationsprozess der Gesellschaft zugewiesen. Diese Rolle wird in Konzepten des Service-Learning umgesetzt, was wesentlich auch einen Transfer und damit eine Leistung der Reduktion wissenschaftlicher Komplexität beinhaltet. Sowohl Service-Learning als auch Research-Based-Learning sind hochschuldidaktische Konzepte des problembasierten Lernens, wobei letzteres reale Forschungsprobleme in den Mittelpunkt stellt, Service-Learning vor allem vom gesellschaftlichen Engagement der Studierenden ausgeht (Schlicht & Slepcevic-Zach, 2016, S. 87).[6] Die Hochschulen für angewandte Wissenschaften haben mit ihrem Fokus auf anwendungsorientierte Forschung diese Orientierung früh als originäre Aufgabe adaptiert. Jetzt treten Aufgaben im Sinne des Service-Learning hinzu, um den Transfer von Hochschulleistungen in die Gesellschaft um das Engagement von Studierenden zu erweitern. Im Service-Learning wird aber auch die Kompetenzentwicklung von Studierenden in den Mittelpunkt gestellt und gleichzeitig das Engagement der Hochschule und der einzelnen Studierenden für die Gesellschaft und gesellschaftliche Aufgabenstellungen angeregt (Banholzer, 2020). Jede Transferleistung beinhaltet eine Reduktion von Komplexität. Problembasiertes Lernen geht von komplexen Problemstellungen aus, die als Ausgangs- und Bezugspunkt von Lernen und Lehren gesehen werden (Schlicht & Slepcevic-Zach, 2016, S. 88). Diese komplexen Problemstellungen dienen sowohl in Ansätzen des Research-Based-Learning als auch des Service-Learning als kognitiver Stimulus und Motivation und stellen das verbindende Element zwischen wissenschaftlicher Theorie und Praxisperspektive dar (ebd.).

Anhand eines Studierendenprojektes am Bachelorstudiengang Technikjournalismus/Technik-PR der TH Nürnberg zur Unterstützung von Schüler:innenmedien (Zeitung, Blog oder Radio) an Schulen zum Thema „Bioökonomie" soll die Reduktion von Komplexität im Transfer wissenschaftlicher Inhalte in doppelter Hinsicht veranschaulicht werden. Im integrierten Konzept eines Lernens durch Lehren bereiten Studierende Forschungs- und Entwicklungsergebnisse aus dem Bereich Bioökonomie auf, um sie thematisch an Redakteur:innen von Schüler:innenmedien zu vermitteln, damit diese sie technikjournalistisch für ihre Zielgruppen aufbereiten und distribuieren können. Für die gesellschaftstheoretische Fundierung und die didaktische Modellierung bietet sich die politische Philosophie und Pädagogik von John Dewey an. Sowohl Deweys demokratischer Experimentalismus als auch seine Konzeption von Öffentlichkeit bieten Ansätze für Komplexitätsreduktion aus dem wissenschaftlichen, aber auch journalistischen Kontext.

Im Folgenden soll zunächst die Rolle von Hochschulen und Universitäten als „Corporate Citizen" erläutert und in Zusammenhang mit der daraus abgeleiteten

---

6 Die Begriffsdiskussion und die Begriffsabgrenzung weist allerdings unterschiedliche Facetten auf. Neben dem hier verwendeten Zugang über das Engagement der Studierenden stellen andere Ansätze soziale Probleme aus dem regionalen Umfeld der Hochschulen und Universitäten in den Mittelpunkt. Über diesen Weg soll den Studierenden die Reflexion der eigenen Stellung in der Gesellschaft ermöglicht werden (vgl. Rosenkranz et al., 2020).

"Third Mission" das Konzept des Service-Learning und die Leistung von Komplexitätsreduktion wissenschaftlicher Inhalte beschrieben werden. Daran anschließend werden didaktische Modelle wie das Lernen durch Lehren für Studierende als Vermittler:innen von Forschungs- und Entwicklungsergebnissen und journalistisch-praktischer Inhalte gegenüber Redakteur:innen von Schüler:innenmedien dargestellt. Im Anschluss daran erfolgt die Reflexion der Komplexitätsreduktion durch die Vermittlung der Inhalte sowie durch die journalistische Praxis, die dann vor dem Hintergrund der Theorieansätze von John Dewey verortet werden.

4 Reaktion auf gesellschaftliche Komplexität: Hochschule als „Corporate Citizen"

Universitäten und Hochschulen wird wie ausgeführt neben den klassischen Aufgaben wie Lehre und Grundlagenforschung und angewandter Forschung die sogenannte „Third Mission" (vgl. Knoll, 2019; Nölting & Pape, 2017; Pomp & Zundel, 2020; Roessler et. al, 2015) und damit eine aktive Rolle als „Corporate Citizen" (vgl. Raueiser & Kolb, 2018) im Innovationsprozess der Gesellschaft zugewiesen. Dabei ist zu unterstreichen, dass sich die Rolle von Hochschulen nicht in der „Zuarbeit" für Wirtschaft und Staat erschöpfen soll, sondern Hochschule muss als Teil der Gesellschaft eine „aktive und formende Wirkung in die Gesellschaft hinein" (Henning, 2018, 139) entwickeln, um das „intellektuelle, kulturelle und infrastrukturelle Potenzial der Hochschulen als gestalterisches und reformerisches Kraftzentrum" (Meyer-Guckel, 2010, S. 4) zu nutzen.

4.1 Research-Based-Learning und Service-Learning als Komplexitätsreduktion

Zur Umsetzung dieser Ziele wird das Konzept des Service-Learning diskutiert. Studieninhalte werden mit gemeinnützigem Engagement von Studierenden über erfahrungs-, problem- und handlungsorientiertem Lernen verbunden (vgl. Fernandez & Slepcevic-Zach, 2018, S. 167). Dieser Ansatz stellt die Lernenden in den Mittelpunkt und ermöglicht ihnen, in realen Praxisprojekten mit gesellschaftlichen Partnern in der Region zu lernen und so hochschulbasiertes Lernen mit gesellschaftlicher Verantwortung zu verknüpfen (vgl. Müller-Naevecke & Naevecke, 2018). Dieses Konzept ist von direkter Verantwortung der Studierenden in Projekten, der Reziprozität der Beziehungen aller Beteiligten, der Reflexion und des Realitätsbezuges auf einen konkreten (ermittelten oder übermittelten) zivilgesellschaftlichen Bedarf geprägt (ebd.). Durch Studien ist belegt, dass diese Art von Service-Learning-Projekten sowohl den subjektiven Lernerfolg der Studierenden, deren Selbstbild sowie deren Verständnis für gesellschaftliche Herausforderungen und ihr Engagement dafür unterstützt (Fernandez & Slepcevic-Zach, 2018, 167).[7] Ein weiteres Konzept ist das Research-Based-

---

[7] Fernandez und Slepcevic-Zach (2018) weisen auf das Desiderat von Studien im deutschsprachigen Raum hin. Projektevaluationen aus dem Studienbetrieb bestätigen diese Ergebnisse allerdings. Vgl. hierzu die Projektbeschreibung bei Banholzer (2020).

Learning, das wissenschaftliches Arbeiten und reale Forschungsprobleme in den Mittelpunkt stellt (Schlicht & Slepcevic-Zach, 2016, S. 87). Der regionale Bezug sowie die Verortung der Partner:innen in gemeinnützigen Kontexten ist hier nicht charakteristisch. Das Konzept kann sich auch an privatwirtschaftlichen Problemstellungen orientieren (Schlicht, 2013). Studierende sollen die wissenschaftliche Arbeitsweise systematisch erfahren, um Forschungsabläufe verstehen und kriteriengeleitet beurteilen zu können, eigene Konzepte entwerfen und unter Anleitung in Anwendungskontexten umsetzen können (Schlicht, 2013, S. 165). Straub et al. (2020, S. 3) merken an, dass unter „forschendem Lernen" Vieles verstanden werden kann und unter dem Dach dieses Kollektivsingulars vielfältige Aktivitäten und Ansätze subsummiert werden. Bei Projekten zum kompetenzorientierten Lernen durch Lehren handelt es sich aber um Lehrformate, die sowohl den Wissenschaftstransfer zwischen Hochschule und Gesellschaft fokussiert als auch die Ausbildung der Studierenden aus hochschuldidaktischer Perspektive verbessern können. Letzteres soll vor allem durch die starke Handlungsorientierung erreicht werden.

4.2 Hintergrund des Studiengangs Technikjournalismus/Technik-PR

Beide Konzepte, sowohl das Service-Learning als auch das Research-Based-Learning, wollen, dass Studierende in einem selbstbestimmten Lern- und Problemlösungsprozess einen individuellen Erkenntnisfortschritt erzielen, der sie in der eigenen Persönlichkeitsentwicklung und damit in den Teilhabemöglichkeiten an der Gesellschaft befähigt (Fernandez & Slepcevic-Zach, 2018, S. 167; Schlicht & Slepcevic-Zach, 2016, S. 89). Beide Modelle sind ebenso geeignet, Komplexität adäquat zu reduzieren, was allerdings einen kontinuierlichen „wechselseitigen Abgleich von Anforderungs- und Unterstützungsniveau" (Marohn et al., 2020, S. 14) erfordert; dies wird in der Beschreibung des Projektes weiter unten noch ausgeführt. Aus der Perspektive des Studiengangs Technikjournalismus/Technik-PR sind Service-Learning und Research-Based-Learning geeignete Formate, um sowohl wissenschaftliche und berufliche Handlungskompetenzen bei den Lernenden zu unterstützen. Das wird durch den Aufbau des Studiengangs zusätzlich gestützt.[8] Studierende erwerben einerseits natur- und ingenieurwissenschaftliche Grundlagenkenntnisse und kommunikationswissenschaftliche sowie kommunikationspraktische Fähigkeiten und Fertigkeiten, um Technologien, Ergebnisse aus anwendungsorientierter Forschung und Entwicklung zielgruppenadäquat kommunizieren sowie Akteurkonstellationen und -motivationen in gesellschaftlichen, politischen und wirtschaftlichen Technik- und Forschungsdiskursen analysieren und kommentieren zu können (vgl. Banholzer, 2012, 2015). Dies setzt eine Bearbeitung der einem Fachgebiet innewohnenden Komplexität voraus, um die Ergebnisse für bestimmte Zielgruppen aufbereiten zu können.

---

8 Im Studiengang ist wie allgemein an HAWs ein Praxissemester in einem der späteren Berufsfelder vorgeschrieben. Zudem weist der Studiengang eine Hybridstruktur auf, die sowohl naturwissenschaftliche und ingenieurwissenschaftliche Grundlagen als auch kommunikationswissenschaftliche Inhalte verbindet (Banholzer, 2012, 2015).

5 Zweifache Komplexitätsreduktion im Projekt „Bioökonomie für Schülermedien"

5.1 Thema Bioökonomie

Das Thema „Bioökonomie" – als aus dem politischen System generierte Bezeichnung für den erforderlichen, wissenschaftsbasierten und zielgerichteten Transformationsprozess von Wirtschaft und Gesellschaft – ist als Reaktion auf die bereits oben benannten *Grand Challenges* zu werten. Damit schließt „Bioökonomie hier an die gesellschaftspolitische Rolle von Wissenschaft und Technologie" (Weidtmann et al., 2020, S. 6) an und steht in Verbindung mit weiteren Transformationskonzepten aus dem Bereich der Umwelt- und Nachhaltigkeitsforschung. Unter den Begriffen „große gesellschaftliche Herausforderungen" oder „Grand Challenges" werden im wissenschaftspolitischen Kontext „Problemlagen großer Reichweite mit einem hohen Grad an Komplexität, Unsicherheit, Dynamik und Langfristigkeit verstanden" (ebd.). Der Diskurs um gesellschaftliche Herausforderungen schließt an wissenschaftspolitische Debatten an, die den wissenschaftlichen Lösungsbeitrag für die Gesellschaft in den Mittelpunkt stellen. Obwohl in Bioökonomie eine der Zukunftschancen für die westlichen Industrienationen und konkret für Wirtschaft und Gesellschaft in Deutschland gesehen wird, sind im Diskurs zahlreiche Gegenpositionen präsent, die Risiken adressieren (Thrän, 2020, S. 6). Exemplarisch sind hier Konflikte um Biomasse und Land zu nennen, Anreizsysteme für den Anbau von Energiepflanzen wie Palmöl und Mais für die Biokraftstoffproduktion, die in Konkurrenz zum Nahrungsmittelzugang stehen, Sequenzierung von Genen oder Verfahren zum *Genome Editing* (Thrän, 2020, S. 8).

Exemplarisch spiegelt sich in diesem Thema der gesellschaftliche Diskurs um Chancen, Risiken, individuelle Bewertung von Vor- oder Nachteilen der Erforschung, experimenteller und serieller Anwendung von Wissenschaftsergebnissen wider. Dieser Diskurs ist angesichts der Interdependenzen, des systemischen Charakters, der Multidisziplinarität und der immanenten Informationsasymmetrien im oben definierten Sinne der drei Dimensionen als komplex zu beschreiben. Wesentlicher Ansatzpunkt, um dieses Technologie- oder Wissenschaftsfeld für einen gesellschaftlichen Diskurs handhabbar zu machen, ist, die Komplexität des Themas zu reduzieren, aber gleichzeitig die Kontingenz über das Offenlegen der Konfliktfelder und der Felder wissenschaftlicher Unsicherheit nicht zu überdecken. Das erfordert, Betroffene zu identifizieren, Positionen zu Problemen herauszuarbeiten und damit Handlungsoptionen zum Diskurs zur Verfügung zu stellen. Dieser Ansatz betont durch den Fokus auf die Entscheidungsförmigkeit die Kontingenz. Durch die Betonung der subjektiven Betroffenheit reduziert dieser Ansatz gleichzeitig die Komplexität des jeweiligen Technologiefeldes.

Bioökonomie wurde, ob der gesellschaftlichen und wirtschaftlichen Bedeutung, für das Jahr 2020 als Thema für die regelmäßig vom BMBF definierten „Wissenschaftsjahre" ausgewählt.[9] In dem jeweils durchgeführten Ideenwettbewerb wurde das

---

9 Aufgrund der Corona-Pandemie wurde die Bearbeitung für das Jahr 2021 verlängert.

Projekt „Bioökonomie für Schülermedien" im Auftrag des BMBF von Wissenschaft im Dialog ausgewählt und erhält für die Umsetzung der Projektidee Fördermittel.

5.2 Projektbeschreibung: Entstehung und Maßnahmen

In dem von „Wissenschaft im Dialog" und BMBF geförderten Pilotprojekt entwickeln Studierende des Bachelorstudiengangs Technikjournalismus/Technik-PR der TH Nürnberg ein (Trainings-)Programm für Redaktionen von Schülerzeitungen und -radio an weiterführenden Schulen. Im Rahmen des Programms werden die Schüler:innen angeleitet das Technologie- und Wissenschaftsthema „Bioökonomie" journalistisch zu bearbeiten und ihren Mitschüler:innen zu vermitteln. Basis ist der von Studierenden redaktionell eigenverantwortlich betreute Blog www.befootec.de.[10] Die Chefredaktion besteht aus zwei oder drei Studierenden höherer Fachsemester des Bachelorstudiengangs Technikjournalismus/Technik-PR, die auch als CvD „Chef vom Dienst" fungieren und den redaktionellen Ablauf organisieren und verantworten. Zur Redaktion gehören weitere Studierende unterschiedlicher Fachsemester. In einer Redaktionskonferenz im Dezember 2019 wurde die Konzeption des Projekts erarbeitet und die Bewerbungsunterlagen beim BMBF Wissenschaftsjahr eingereicht.

Definiertes Ziel des Projektes ist, MINT-Themen für die redaktionelle Berichterstattung von Schüler:innenmedien nutzbar zu machen und den Redakteur:innen in den weiterführenden Schulen themenzentriert redaktionelle Fertigkeiten zur Recherche wissenschaftlicher Ergebnisse, Fact-Checking, Transformation in journalistische Darstellungsformen und Moderation von Rezipientenmeinungen zu vermitteln. Ein Element ist die Vermittlung journalistischer Grundlagen zu Recherche, Text, Bild, Audio und Video oder rechtlicher Aspekte. Das zweite Element ist das Aufzeigen von thematischen Ansatzpunkten über das Thema „Bioökonomie". Die Konzeption sieht vor, dass Studierende mit den Schülerredakteur:innen in Workshopformaten die Grundlagen erarbeiten und dann als Tutor:innen die redaktionelle Arbeit begleiten. Dieser Ansatz folgt dem oben abgebildeten Vorgehen. Technologien, Technologiefelder werden auf konkrete Problemstellungen analysiert und Betroffenheiten herausgearbeitet, um Themen für Schüler:innen anschlussfähig zu machen.

Das erfordert von den Studierenden der befootec-Redaktion einerseits, die Kontingenz von einem sich ständig weiterentwickelnden Forschungsgebiet „Bioökonomie" für sich zu erarbeiten und transparent zu machen, und andererseits, die jeweils aktuellen Ergebnisse in ihrer Komplexität so zu reduzieren, dass sie kommunikabel werden und für einen breiteren, außerfachwissenschaftlichen Diskurs geeignet sind. Hier werden die Konzepte von Research-Based-Learning angewandt. Als Technikkommunikator:innen müssen die Studierenden die Komplexität des Diskursfeldes „Bioökonomie" reduzieren und nach dem Kriterium von Betroffenheit und Auswirkungen aufbereiten. Gleichzeitig setzt das den Kontakt und Dialog mit Wissenschaftler:innen und Forschungs- sowie Verwaltungs- und Gesellschaftsinstitutionen voraus.

---

10 Das Blog-Projekt *befootec* dient seit mehreren Jahren als themenzentrierte redaktionelle Plattform für Studierende, die Themen rund um Beverage, Food und Technology recherchieren, selektieren und publizieren. Das Projekt war im Wettbewerb „Blogger des Jahres 2018" nominiert. https://www.th-nuernberg.de/de/news/befootec-strebt-nach-hoeherem/ [letzter Zugriff: 28.01.2021]

Die zweite Stufe von Reduktion von Komplexität betrifft die Umsetzung in für Schüler:innenmedien verarbeitbare und für das MINT-Curriculum weiterführender Schulen anschlussfähige Themen. Hier nutzen die Studierenden in der Pilotphase die Kontakte zu ehemals eigenen Schulen. In diesen Prozess konnte ein Ergebnis eines Wahlfaches aus dem Sommersemester 2018 einfließen, in dem in einem Design-Thinking-Prozess die Kooperation des Studiengangs mit Schüler:innenmedien in der Region modelliert und Anspruchsprofile erarbeitet wurden. Für die Vermittlung von journalistischem Arbeiten sowie als Wissensspeicher wurde eine Lernplattform konzipiert und in Kooperation mit anderen Studierenden programmiert und als Subdomain von *befootec.de* integriert. Die Arbeiten im Research-Based-Learning und Service-Learning werden fortlaufend evaluiert und begleitet. Zur Betreuung stehen drei Lehrpersonen mit den unterschiedlichen Schwerpunkten *Koordinierung und Konzeption, redaktionelle Belange* sowie *Webkonzeption und -programmierung* zur Verfügung.

5.3 Didaktische Modellierung

Bei Research-Based-Learning und Service-Learning sollte darauf geachtet werden, dass die Komplexität für teilnehmende Studierende mit Blick auf die Angemessenheit der gestellten Anforderungen und der bereitgestellten Unterstützung dem individuell differenzierten Leistungshorizont entspricht (Marohn et al., 2020, S. 14). Die Unterstützung seitens des Studiengangs wurde durch themenzentrierte und organisatorische Begleitung ausgestaltet.

Für die Projektabwicklung stehen Hilfen des BMBF-Partners *Wissenschaft im Dialog* bereit, die die Studierenden in Konferenzen und Workshops im Projektmanagement unterstützen. Für das Research-Based-Learning erfahren die Studierenden wissenschaftliche Begleitung durch den Studiengang und die Ressourcen der Hochschule. Das analytische Erarbeiten von Technologiefeldern einschließlich der Akteurskonstellationen, Diskurse und Entwicklungspfade wurde gezielt für Bioökonomie umgesetzt. Die thematische Aufbereitung für die Adressaten Schüler:innenmedien steht als nächster Projektschritt an. Der Teil des Service-Learning kann auf die Ergebnisse des Design-Thinking-Ansatz zurückgreifen, der in dem benannten Zielgruppen-Wahlfach angewendet wurde. Die ersten Ansätze aus dem Projekt wurden zudem in einer Bachelorarbeit mit Leitfadeninterviews evaluiert und die Ergebnisse zur Verbesserung in das Projekt zurückgespiegelt.

Vom Projekt unabhängig war die Aufgabe einer redaktionellen Lehrveranstaltung im 3. Fachsemester, journalistische Berichte, Online-Feature und Interviews zum Themenbereich „Bioökonomie" zu erstellen. Diese stehen dann zur Publikation auf *befootec.de* zur Verfügung und können als *Good Practice* für die Workshops bei den Schülerredakteur:innen herangezogen werden. Ein wesentliches Hilfsmittel, um auch sowohl die thematische, aber auch die journalistisch-handwerkliche Komplexität für die Schülerredakteur:innen individuell aussteuern zu können, stellt die von den Studierenden konzipierte Lernplattform dar, deren Grundlage ebenso im Design-Thinking-Prozess erarbeitet wurde. Die didaktische Aufbereitung der Materialien sowie die Erreichbarkeit, aber auch die Wiederverwendbarkeit als Nachschlageplattform sind Punkte, die mit Pilotschulen evaluiert werden. Die Studierenden haben für diese Plattform Videotutorials gedreht, die ihren eigenen journalistischen Themenkompetenzen entsprochen haben.

6 Zusammenfassung der Projektperspektive

Das vorgestellte Projekt umfasst sowohl problemorientiertes Lernen in der eigenständigen Erarbeitung eines noch eher durch vage Definitionen abgegrenzten Technologiefeldes, als auch die Erarbeitung eines didaktischen Konzeptes zur Vermittlung an die Zielgruppe Redakteur:innen von Schüler:innenmedien. Diese Verknüpfung von Research-Based-Learning und Service-Learning und zweistufiger didaktischer und journalistischer Reduktion von Komplexität von Technologien mit Beibehaltung der Kontingenz von Feldern der Technologie, Technologiepolitik und Technologiepfaden lässt dieses Projekt als exemplarisch für sich teilweise widerstreitende Anforderungen an hochschulischen Wissenstransfer erscheinen. „Kontingenz" als Schlüsselbegriff sensibilisiert für „ein Denken der Potenzialität" (Séville, 2017, S. 256), was sich auch in der Vermittlung von Technologiethemen in journalistischen Kontexten widerspiegeln muss. Technologiefelder wie „Bioökonomie" als Forschungs-, Berichterstattungs- und Vermittlungsgegenstand erscheinen geeignet, das in der „sozialwissenschaftlichen Didaktik formulierte Ziel einer Einübung von Multiperspektivität" erreichen zu können. Hierin ist aus journalistischer Sicht die Reduktion von Komplexität immanent.

Ausgangspunkt ist die gesellschaftliche Aufgabe, Schüler:innen für die Relevanz von MINT-Diskursen im Umfeld von Zukunftstechnologien zu sensibilisieren und über die Peer-to-Peer-Vermittlung zu erreichen. Gleichzeitig steht auch die Information zur Bedeutung von Technik- und Wissenschaftsjournalismus im Fokus. Studierende werden zum Engagement außerhalb der Hochschule motiviert und ermutigt, die im Studium erworbenen Kenntnisse, Fähigkeiten und Fertigkeiten einzusetzen. Der Teil der thematischen Aufbereitung von Bioökonomie entspricht den Anforderungen an Research-Based-Learning, indem wissenschaftliche Arbeitsweisen dieses Forschungs- und Technologiefeldes nachvollzogen und mit Blick auf die gesellschaftlichen Auswirkungen bewertet und analysiert wurden. Bioökonomie erfüllt die Punkte eines komplexen, interdisziplinären und hoch relevanten Themas. Das Projekt wird im Sinne einer fortlaufenden Evaluation und Feedbackkultur von Dozent:innen begleitet. Neben den parallel entstehenden wissenschaftlichen Abschlussarbeiten wird das Projekt im Sinne eines Design-Based-Research-Ansatzes (Fernadez & Slepcevic-Zach, 2018) auch vonseiten des Studiengangs wissenschaftlich ausgewertet und voraussichtlich in ein kontinuierliches Projekt überführt.

Die ersten Ergebnisse explorativer Interviews sowohl mit Redakteur:innen von Schüler:innenmedien als auch diese, mit Medien betreuenden Lehrkräfte, stützen den gewählten Ansatz der erfolgreichen zielgruppenadäquaten Vermittlung von MINT-Themen über journalistische Formate. Die ersten Feedback-Runden mit den beteiligten Studierenden zeigen, dass es ihnen gelungen ist, sich das komplexe Themenfeld „Bioökonomie" aus dem Blickwinkel der Vermittlung für Nachwuchsredakteur:innen zu erschließen und in Lehrformate wie eine Lernplattform mit Videotutorials umzusetzen. Die Bedingungen im Winter 2020/21 und Frühjahr 2021 haben eine breitere Umsetzung bislang noch erschwert. Eine umfassende Evaluation steht damit noch aus.

Literaturverzeichnis

Antic, A. (2015). Lippmann, Dewey und die digitale Vernetzung der Öffentlichkeit. In: U. Ackermann (Hg.), Selbstbestimmung oder Fremdbestimmung? Soziales Leben im Internet (115–130). Frankfurt a. M.: Humanities online.

Antic, A. (2017). Digitale Öffentlichkeiten im demokratischen Experimentalismus. In D. Jacob & T. Thiel (Hg.), Politische Theorie und Digitalisierung (S. 139–160). Baden-Baden: Nomos.

Backhaus-Maul, H. & Roth, C. (2013). Service Learning an Hochschulen in Deutschland. Ein erster empirischer Beitrag zur Vermessung eines jungen Phänomens. Wiesbaden: Springer VS.

Banholzer, V. M. (2012). Technikjournalismus. In M. Kaiser (Hg), Special Interest (S. 181–193). München: Econ-Verlag.

Banholzer, V. M. (2015). Das Politische des Technikjournalismus – Zur gesellschaftlichen Bedeutung ganzheitlicher Technikberichterstattung in Massenmedien. Nürnberg: Schriftenreihe der Technischen Hochschule.

Banholzer, V. M. (2018). Fachjournalismus und die soziale Konstruktion von Märkten: Der Beitrag von Journalismus zur Entstehung und Stabilisierung von Innovations- und Technologiemärkten. In F. U. Siems & M. Papen (Hg.), Kommunikation und Technik. Ausgewählte neue Ansätze im Rahmen einer interdisziplinären Betrachtung (S. 155–174). Wiesbaden: Springer VS.

Banholzer, V. M. (2020). Service Learning als Gegenstand der CSR-Kommunikation von Hochschulen. In D. Rosenkranz, S. Roderus & N. Oberbeck (Hg.), Service Learning an Hochschulen (S. 122–132). Weinheim: Beltz Juventa.

BMBF (2019). Grundsatzpapier des Bundesministeriums für Bildung und Forschung zur Wissenschaftskommunikation. Berlin: BMBF.

Böschen, S. & Sigwart, H.-J. (2020). Demokratisierung von Technikfolgenabschätzung? *TATuP* 29/3, 18–23.

Brinkmann, M. (Hg.) (2020). Forschendes Lernen. Pädagogische Studien zur Konjunktur eines hochschuldidaktischen Konzepts. Wiesbaden: Springer VS.

Dahlstrøm, H. K. (2016). Internal Practical Training as Teaching Method for Journalist Students. In J. F. Hovden, G. Nygren & H. Zilliacus-Tikkanen (Hg.), Becoming a Journalist. Journalism Education in the Nordic Countries (S. 307–320). Göteborg: Nordicom.

Decker M., Lindner R., Lingner S., Scherz C. & Sotoudeh M. (Hg.) (2018). „Grand Challenges" meistern. Der Beitrag der Technikfolgenabschätzung. Baden-Baden: Nomos.

Dernbach, B., Godulla, A. & Sehl, A. (Hg.) (2019). Komplexität im Journalismus. Wiesbaden: Springer.

Dewey, J. (2016 [1927]): The Public and its Problems. An Essay in Political Inquiry. Athens (Ohio): Swallow Press.

Fernandez, K. & Slepcevic-Zach, P. (2018). Didaktische Modellierung einer Service-Learning-Lehrveranstaltung – Ergebnisse eines Design-Based-Research-Ansatzes. *Unterrichtswissenschaft*, Vol. 46, 165–184. https://doi.org/10.1007/s42010-017-0002-8

Giles, D. E. Jr. & Eyler, J. (1994). The Theoretical Roots of Service-Learning in John Dewey: Toward a Theory of Service-Learning. *Michigan Journal of Community Service Learning*, Vol. 1, 77–85.

Götz, A. (2017). Kritik der Öffentlichkeiten. John Dewey neu denken. Wiesbaden: Springer VS.

Gynnild, A. (2016). Developing Journalism Skills through Informal Feedback Training. In J. F. Hovden, G. Nygren & H. Zilliacus-Tikkanen (Hg.), Becoming a Journalist. Journalism Education in the Nordic Countries (S. 321–332). Göteborg: Nordicom.

Henning, P. A. (2018) Hochschule 4.0: Vier Missionen für die Zukunft. In U. Dittler & C. Kreidl (Hg.), Hochschule der Zukunft (S. 129–144). Wiesbaden: Springer VS.

Katzenbach, C. & Pentzold, C. (2017). Theoriearbeit in der Kommunikationswissenschaft zwischen Komplexitätssteigerung und Komplexitätsreduzierung. *M&K Medien & Kommunikationswissenschaft*, Vol. 65(3), 483–499.

Kaufmann, M. E., Satilmis, A. & Mieg, H. A. (Hg.) (2019). Forschendes Lernen in den Geisteswissenschaften. Konzepte, Praktiken und Perspektiven hermeneutischer Fächer. Wiesbaden: Springer VS.

Knöbl, W. (2012). Kontingenzen und methodologische Konsequenzen. Vom schwierigen Umgang mit einem sperrigen Thema. In K. Toens & U. Willems (Hg.), Politik und Kontingenz (S. 65–93). Wiesbaden: Springer Fachmedien.

Knoll T. (2019). Wissenschaft auf Messen präsentieren. Wiesbaden: Springer Gabler.

Kohring, M. (2001). Vertrauen in Medien – Vertrauen in Technologie. Arbeitsbericht 196. Stuttgart: Akademie für Technikfolgenabschätzung in Baden-Württemberg.

Marohn, A., Greefrath, G., Hammann, M., Hemmer, M., Kürten, R. & Windt, A. (2020). Komplexitätsreduktion in Lehr-Lern-Laboren. Ein Planungs- und Reflexionsmodell. In R. Kürten, G. Greefrath & M. Hammann (Hg.), Komplexitätsreduktion in Lehr-Lern-Laboren. Innovative Lehrformate in der Lehrerbildung zum Umgang mit Heterogenität und Inklusion (S. 17–32). Münster; New York: Waxmann.

Meyer-Guckel, V. (2010). Mission Gesellschaft. In C. Berthold, V. Meyer-Guckel & W. Rohe (Hg.), Mission Gesellschaft: Engagement und Selbstverständnis der Hochschulen. Ziele, Konzepte, internationale Praxis (S. 4–5). Essen: Edition Stifterverband.

Müller-Naevecke, C. & Naevecke, S. (2018). Forschendes Lernen und Service Learning: Das humboldtsche Bildungsideal in modularisierten Studiengängen. In N. Hericks (Hg.), Hochschulen im Spannungsfeld der Bologna-Reform. Erfolge und ungewollte Nebenfolgen aus interdisziplinärer Perspektive (S. 119–143). Wiesbaden: Springer VS. https://doi.org/10.1007/978-3-658-21290-2.

Neuberger, C. (2007). Beobachten, Beeinflussen und Verhandeln via Öffentlichkeit: Journalismus und gesellschaftliche Strukturdynamik. In K.-D. Altmeppen, T. Hanitzsch & C. Schlüter (Hg.), Journalismustheorie: Next Generation. Soziologische Grundlegung und theoretische Innovation (S. 139–163). Wiesbaden: Springer VS.

Neuberger, C. (2016). Journalismus als systembezogene Akteurkonstellation. In M. Löffelholz & L. Rothenberger (Hg.), Handbuch Journalismustheorien (S. 295–308). Wiesbaden: Springer VS. https://doi.org/10.1007/978-3-531-18966-6

Nölting B. & Pape J. (2017). Third-Mission und Transfer als Impuls für nachhaltige Hochschulen. In W. Leal Filho (Hg.), Innovation in der Nachhaltigkeitsforschung. Theorie und Praxis der Nachhaltigkeit (S. 265–280). Berlin, Heidelberg: Springer Spektrum.

Oehler, P. (2018). Demokratie und Soziale Arbeit. Entwicklungslinien und Konturen demokratischer Professionalität. Wiesbaden: Springer VS.

Pacho, T. O. (2015). Unpacking John Dewey's Connection to Service-Learning. *Journal of Education & Social Policy*, Vol. 2, 3, 8–16.

Philström, S. (2010). Nordic Pragmatism. *European Journal of Pragmatism and American Philosophy*, Vol. 2, 1, 1–13. https://doi.org/10.4000/ejpap.945

Pomp, C. & Zundel, S. (2020). Der Informationsgehalt von Indikatoren des Technologietransfers in peripheren Regionen. *List Forum für Wirtschafts- und Finanzpolitik*, Vol. 46, 35–54. https://doi.org/10.1007/s41025-020-00193-1

Raueiser, M. & Kolb, M. (Hg.) (2018). CSR und Hochschulmanagement. Sustainable Education als neues Paradigma in Forschung und Lehre. Wiesbaden: Springer Gabler.

Roessler, I., Duong, S. & Hachmeister, C.-D. (2015). Welche Missionen haben Hochschulen? Third Mission als Leistung der Fachhochschulen für die und mit der Gesellschaft. Arbeitspapier Nr. 182/Februar 2015. Gütersloh: CHE gemeinnütziges Centrum für Hochschulentwicklung.

Rosenkranz, D., Roderus, S. & Oberbeck, N. (Hg.) (2020). Service Learning an Hochschulen. Weinheim: Beltz Juventa.

Schlicht, J. (2013). Forschendes Lernen im Studium: Ein Ansatz zur Verknüpfung von Forschungs-, Lehr- und Lernprozessen. In U. Faßhauer, B. Fürstenau & E. Wuttke (Hg.), Jahrbuch der berufs- und wirtschaftspädagogischen Forschung (S. 165–176). Opladen u. a.: Barbara Budrich.

Schlicht, J. & Slepcevic-Zach, P. (2016) Research-Based Learning und Service Learning als Varianten problembasierten Lernens. *ZFHE*, Vol. 11 / Nr. 3, 85–105.

Schimank, U. (2006). Rationalitätsfiktionen in der Entscheidungsgesellschaft. In D. Tänzler, H. Knoblauch & H.-G. Soeffner (Hg.), Zur Kritik der Wissensgesellschaft (S. 57–81). Konstanz: UVK.

Schimank, U. (2010): Handeln und Strukturen. Einführung in die akteurtheoretische Soziologie (4., völlig überarbeitete Auflage). Weinheim, München: Juventa.

Séville, A. (2017). Poststrukturalistische Diskurs- und Hegemonietheorie: Die Veränderbarkeit der Ordnung. Mit Laclau und Mouffe für Politik und Kontingenz. In M. Gloe & T. Oeftering (Hg.), Politische Bildung meets Politische Theorie (S. 245–259). Baden Baden: Nomos.

Straub, J., Plontke, S., Ruppel, P. S. & Frey, B. (2020). Forschendes Lernen als Lern- und Lehrformat – Prinzipien und Potentiale zwischen Wunsch und Wirklichkeit. In J. Straub, S. Plontke, P. S. Ruppel, B. Frey, F. Mehrabi & J. Ricken (Hg.), Forschendes Lernen an Universitäten. Prinzipien, Methoden, Best-Practices an der Ruhr-Universität Bochum (S. 3–57). Wiesbaden: Springer VS.

Thrän, D. (2020). Einführung in das System Bioökonomie. In D. Thrän & U. Moesenfechtel (Hg.), Das System Bioökonomie (S. 2–22). Wiesbaden: Springer Spektrum.

Waldherr, A. (2012). The Mass Media as Actors in Innovation Systems. In J. M. Bauer, A. Lang & V. Schneider (Hg.), Innovation Policy and Governance in High-Tech Industries (S. 77–101). Berlin, Heidelberg: Springer-Verlag.

Weidtmann, A., Konrad, W. & Scheer, D. (2020). Einführung. In W. Konrad, D. Scheer & A. Weidtmann (Hg.), Bioökonomie nachhaltig gestalten. Perspektiven für ein zukunftsfähiges Wirtschaften (S. 1–19). Wiesbaden: Springer VS.

Werle, R. & Schimank, U. (Hg.) (2000). Gesellschaftliche Komplexität und kollektive Handlungsfähigkeit. Frankfurt a. M.: Campus.

Wimmer J. (2013) Kontextualisierung versus Komplexitätsreduktion. In: W. Schweiger & A. Fahr (Ed.), Handbuch Medienwirkungsforschung (S. 13–25). Wiesbaden: Springer VS.

Würmseer, G. (2016). Third Mission als Auftrag für Universitäten? Die Hochschule. Journal für Wissenschaft und Bildung, 1/2016; 23–31.

Über den Autor

Prof. Volker M. Banholzer lehrt an der Technischen Hochschule Nürnberg. Seine Forschungsschwerpunkte sind Innovations- und Technikkommunikation in Journalismus, Marketing und PR; Innovation and Technology Governance; Technikkonflikte und Technology Assessment sowie Technik- und Kommunikationskulturen in Norwegen, Schweden und Deutschland.

Kontakt: volkermarkus.banholzer@th-nuernberg.de,
www.th-nuernberg.de/innovationskommunikation

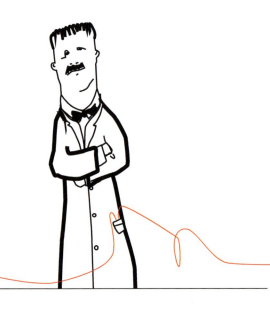

Komplexitätserhalt in der Hochschullehre: Plädoyer für eine nicht simplifizierende Lehre in Studiengängen der Sozialen Arbeit

Julia Breuer-Nyhsen & Verena Klomann

Zusammenfassung

Am Beispiel der Hochschullehre zur Ausbildung künftiger Sozialarbeiter:innen – und hier im Bereich der disziplineigenen theoretischen Wissensbestände –, widmet sich der Beitrag mithilfe eines professionstheoretischen Zugangs der Komplexität und Vielschichtigkeit des Wissens, das im Studium erworben werden muss, und der spezifischen Art seiner späteren Nutzung in der professionellen Praxis als zentraler Charakteristika professioneller Sozialer Arbeit. Ausgehend von den komplexen An- und Herausforderungen, denen sich Fachkräfte in der Sozialen Arbeit gegenübersehen, zeigen wir auf, dass statt einer Reduktion von Komplexität die Annahme der didaktischen Herausforderung geboten ist, Studierenden Lust auf die Komplexität zu erfassender, kritisch zu hinterfragender und zu diskutierender Lerninhalte zu machen und sie bei diesem Prozess der Wissensaneignung und -nutzung zu begleiten. Anhand eines innovativen Lehrprojektes, das die Autorinnen an der Katholischen Hochschule NRW, Abteilung Aachen, durchgeführt haben, werden die geforderten Lehrformen beispielhaft dargestellt.

Schlagworte: Professionswissen, Komplexitätserhalt, Soziale Arbeit, Hochschullehre, Professionalität, professionelles Handeln, stellvertretende Deutung, Wissensrelationierung, Wissensnutzung, Soziale Arbeit als Profession, Soziale Arbeit studieren

Abstract

Taken as an example of the university teaching in the education of future social workers – and here in the remit of the discipline's own theoretical knowledge – the article is dedicated, within a professional-theoretical approach, to the complexity and multifaceted aspects of the knowledge to be acquired in the course of study and the specific nature of its later vocational and practical application wich is central to professional social work. Emanating from the complex challenges that professionals in social work will encounter, we will demonstrate that it is necessary to accept the didactic challenge of encourage students to grasp the complexity of the subject that needs to be critically questioned and discussed, and to accompany them during this process of acquiring knowledge. Based on an innovative teaching project, which the authors carried out at the Catholic University of Applied Sciences NRW, Aachen Department, the required forms of teaching are exemplified.

Keywords: Professional knowledge, preservation of complexity, social work, university teaching, professionalism, professional acting/action, vicarious interpretation, relation of knowledge, use of knowledge, social work as a profession, study social work

1 Einleitung

Der Beitrag betrachtet die Hochschullehre in der akademischen Ausbildung von Sozialarbeiter:innen[1]. Er fokussiert hierbei primär die grundständige Qualifizierung im Rahmen der Bachelorstudiengänge als Voraussetzung für den Berufseinstieg. Damit ist die Rede von einer noch jungen Profession und Disziplin, die im Rahmen disziplinärer Diskurse überwiegend unter dem Dach der Erziehungswissenschaften – aber auch im Rahmen der sogenannten Sozialarbeitswissenschaft – Fragen der Professionalisierung und Anforderungen an professionelles Handeln diskutiert bzw. bisweilen um deren Klärung ringt (vgl. Klomann & Lochner, 2020). Daran anknüpfend wählen wir hier einen professionstheoretischen Zugang, bei dem jedoch nicht die Frage nach dem Status der Sozialen Arbeit als Profession und damit verbundenen Privilegien der Professionsangehörigen im Mittelpunkt stehen (vgl. Pfadenhauer & Sander, 2010, S. 370 ff.). Vielmehr werden mithilfe einer strukturtheoretischen Herangehensweise[2] aus Anforderungen an das professionelle Handeln der Fachkräfte Herausforderungen für die Lehre im Studium der Sozialen Arbeit identifiziert und diskutiert.

Den Überlegungen Hans-Uwe Ottos und Bernd Dewes (2018, S. 1203 ff.) zur Beschaffenheit professionellen Wissens, das aus systematischem Wissenschaftswissen und praktischem Handlungswissen gleichermaßen besteht und in anspruchsvollen Relationierungsprozessen für das professionelle Handeln transformiert und nutzbar gemacht werden muss, folgend, liegt der Fokus auf Lehrangeboten, die sich dem abstrakteren disziplineigenen Theoriewissen widmen[3]. Wir fokussieren diese Wissensbestände als einen spezifischen Bestandteil des systematischen Wissenschaftswissens im Studium der Sozialen Arbeit, da sie für die Entwicklung eines professionellen Selbstkonzeptes als angehende:r Sozialarbeiter:in von besonderer Bedeutung sind: Sie stellen die Basis dafür dar, die wissenschaftlichen Wissensbestände – die auch aus

---

1   Die Bezeichnung „Soziale Arbeit" und auch die Bezeichnung „Sozialarbeiter:in" verstehen wir als Überbegriff, welcher die beiden Traditionslinien der Sozialarbeit und der Sozialpädagogik vereint und damit auch die unterschiedlichen Berufsbezeichnungen „Sozialarbeiter:in/Sozialpädagog:in" umfasst (vgl. vertiefend Stock et al., 2020, S. 36 ff.).
2   Im Fokus der strukturtheoretischen Perspektive steht die Komplexität professionellen Handelns, das durch ein Technologiedefizit charakterisiert ist und dessen Qualität sich nicht anhand von standardisierten Kriterien bürokratisch beurteilen lässt (vgl. Schmeiser, 2006, S 305). Den Grundlegungen Ulrich Oevermanns (1996) folgend, ist die Professionalisierungsgrad eines Berufs nicht klassifikatorisch festzustellen, sondern es ist vielmehr die Professionalisierungsbedürftigkeit des beruflichen Handelns zu klären und unter Berücksichtigung dieser besonderen Gegebenheiten die „Spezifik und Logik des professionellen Handelns" (Schmeiser, 2006, S. 305) zu analysieren.
3   Definitorisch wird „Wissen" häufig bereits über die reine Anhäufung von Sachverhalten hinaus als „Handlungsvermögen" bezeichnet und damit mit einem Aspekt des Handlungsvollzugs versehen (vgl. Hanses, 2008, S. 565). Hier wird der Begriff jedoch zunächst als rein kognitive Verfasstheit verstanden und im Zuge einer bestimmten Art der Nutzung des Wissens als Handlung bezeichnet.

den sogenannten korrespondierenden Disziplinen gespeist werden – miteinander in Verbindung zu bringen und im Hinblick auf die Charakteristika einer professionellen Sozialen Arbeit zu orchestrieren (vgl. vertiefend Klomann, 2021). Dieses abstrakte disziplineigene Theoriewissen ist in seiner Nutzung in der professionellen Praxis keiner technologisch *rezeptartigen* Anwendung zugänglich, sondern muss im Modus der Wissensrelationierung als komplexer Reflexions- und Orientierungsrahmen fruchtbar gemacht und im Zusammenspiel mit anderen Wissensformen in Professionswissen transformiert werden. Die Hochschullehre steht folglich vor der Herausforderung, diese Komplexität – sowohl im Hinblick auf die vielfältigen Wissensbestände als auch hinsichtlich der professionellen Nutzbarmachung ebendieser – didaktisch zu vermitteln und damit die Basis für die Entwicklung von Professionalität in der Sozialen Arbeit zu schaffen. Im Gegensatz zu vielen Beiträgen in diesem Band, die sich der wichtigen Frage einer gelungenen Komplexitätsreduktion in der Hochschullehre widmen, möchten wir also einen Blick auf Momente in der Lehre werfen, in denen Komplexitätsreduktion – auch dann, wenn sie von Studierenden nachdrücklich gewünscht wird – vermieden werden muss und soll. Im Gegenteil geht es dann darum, Komplexitätserhalt als zentralen Aspekt der Professionalitätsentwicklung anzuerkennen und Studierende zu ermutigen, sich dieser Herausforderung zu stellen und ihr reflexiv zu begegnen.

Zur Auseinandersetzung mit diesen Überlegungen umreißen wir zunächst charakteristische Anforderungen, denen Fachkräfte der Sozialen Arbeit im professionellen Handeln begegnen müssen und aus denen sich die Notwendigkeit einer komplexitätserhaltenden Wissensnutzung ergibt (2). Anhand dieser Analyse identifizieren wir zentrale Anforderungen an die grundlegende Qualifizierung und damit an das Studium der Sozialen Arbeit (3). Mit der Beschreibung eines von den Autorinnen konzipierten und realisierten Lehrprojektes schließt sich ein Beispiel an, das diesen Anforderungen in der Hochschullehre begegnet (4). Nach einem kurzen Ausflug zur Frage nach Design als Vermittler von Komplexität (5) tragen wir im abschließenden Fazit Impulse für die Weiterentwicklung einer komplexitätserhaltenden Lehre in der Sozialen Arbeit zusammen (6).

2 Paradoxien, Ungewissheit und Handlungsdruck

Die internationale Definition der Sozialen Arbeit beschreibt als deren Ziel die „Förderung des sozialen Wandels, der sozialen Entwicklung und des sozialen Zusammenhalts sowie die Stärkung und Befreiung der Menschen" (vgl. Fachbereichstag Soziale Arbeit und DBSH). Zentrale Grundlagen sind hierbei insbesondere die Prinzipien der sozialen Gerechtigkeit, die Menschenrechte, die gemeinsame Verantwortung und die Achtung der Vielfalt (vgl. ebd.). Zur Verwirklichung dieser Anliegen setzt sich die Soziale Arbeit für eine gerechtere Verteilung von Gütern und sozialen Dienstleistungen sowie die Sicherung und Ausweitung der aktiven Teilhabe ihrer Adressat:innen und auch die Erweiterung von individuellen Handlungsspielräumen ein. Hierzu erbringt sie insbesondere personenbezogene Dienstleistungen, in deren Mittelpunkt vielfältige lebensweltliche Problem- und Krisensituationen stehen und die äußerst sensible Schnittstelle von gesellschaftlichem und individuellem Wertesystem berühren (vgl. Klomann, 2021; Stock et al., 2020). Professionelles Handeln in der Sozialen Arbeit ist hieran anschließend in der Regel konfrontiert mit komplexen und individuell sehr unterschiedlichen Problemlagen, sich widersprechenden Interessen und daraus resultierenden Spannungsfeldern (vgl. ausführlich dazu Breuer-Nyhsen & Klomann, 2019, S. 42 ff.): Adressat:innen stehen häufig kumulativen Problemlagen gegenüber, für deren Bewältigung sich ihre Alltagsdeutungen und -strategien als nicht ausreichend erwiesen haben. Dabei ist jeder dieser *Fälle*[4] durch individuell unterschiedliche Eigenschaften und Rahmenbedingungen, Lebensentwürfe und Ressourcen, Ziele und Wünsche geprägt. Aufgabe der Sozialen Arbeit ist es, diese Situationen bewusst nicht auf einzelne Phänomene, Symptome oder Problemlagen zu reduzieren, sondern ihnen unter Rückgriff auf eine breite, stets aktuelle Wissensbasis zu begegnen (vgl. Cornel et al., 2020, S. 563). Zugleich müssen Fachkräfte der Sozialen Arbeit diese überkomplexen Situationen häufig unter hohem Zeit- und Handlungsdruck sowie begleitet durch die stets immanente Unvorhersehbarkeit hinsichtlich der Wirkung der professionellen Dienstleistung bewältigen. Da soziale Dienstleistungen zudem durch das *uno-actu*-Prinzip gekennzeichnet sind, also zeitgleich produziert und konsumiert werden, ist diesen Prozessen eine äußerst begrenzte Technisier- und Standardisierbarkeit immanent.

Bernd Dewe und Hans-Uwe Otto folgern aus dieser Ausgangslage für professionelles Handeln in der Sozialen Arbeit, aufbauend auf den professionstheoretischen Überlegungen von Ulrich Oevermann (Oevermann, 1996), dass Soziale Arbeit in der stellvertretenden Deutung individueller Problemlagen mit dem Ziel der Erweiterung von Deutungs- und Handlungsoptionen besteht: „Im Zentrum professionellen Handelns steht […] die Fähigkeit der diskursiven Auslegung und Deutung von lebensweltlichen Schwierigkeiten und Einzelfällen mit dem Ziel der Perspektiveneröffnung bzw. einer Entscheidungsbegründung unter Ungewissheitsbedingungen" (Dewe & Otto, 2012, S. 213). Es gilt also zunächst, die Individualität der Situationen in all ihrer Komplexität anzuerkennen und zu achten. Dabei sollen Sichtweisen und Handlungsmöglichkeiten partizipativ eröffnet und erweitert, nicht aber einseitige Erklärungsmuster reproduziert und expertokratisch generierte Handlungsanweisungen kommuniziert werden. Basis für diesen anspruchsvollen Prozess sind multiple Wissensbestände, die bei der Reflexion der Problemlagen in der Kommunikation mit den Adressat:innen genutzt werden können und perspektiverweiternd und damit zunächst komplexitätssteigernd wirken. Eine standardisierte, rein auf Handlungsroutinen aufbauende Antwort auf die Lebenslagen der Adressat:innen hieße dagegen, die Individualität sowie die Rechte der Adressat:innen auf Partizipation und Verwirklichung individueller Lebensentwürfe zu missachten oder zumindest zu beschneiden. Eine Komplexitätsreduktion zur Bewältigung des Handlungsdrucks – die oft gewünscht und auch ver-

---

4 Den Fallbegriff nutzen wir im Sinne einer rekonstruktiven sozialwissenschaftlichen Kategorie. Darstellung, Analyse und Rekonstruktion von Fällen beziehen sich folglich auf die heterogenen und vielfältigen sozialen Kontexte und Konstellationen, innerhalb derer Individuen leben und damit – anders als im Verständnis einer eher klinischen Einzelfallorientierung – nicht personalistisch auf den einzelnen Fall (vgl. Dewe & Otto, 2018, S. 1205 f.; Luhmann, 1993).

lockend scheint und im Interesse einer raschen Bewältigung berufspraktischer Anforderungen zunehmend Zuspruch erfährt – widerspräche also an dieser Stelle den ethisch fundierten Handlungsprinzipien der Profession. Zugleich unterscheidet gerade die nach den Regeln der Kunst methodisch fundierte und reflexive Nutzung multipler Wissensbestände professionelle Soziale Arbeit von bspw. nachbarschaftlicher oder freundschaftlicher Unterstützung, die sich ja – andernfalls wäre die entsprechende Situation nicht zu einem Fall für die Soziale Arbeit geworden – als nicht ausreichend zur Krisenbewältigung erwiesen haben (vgl. Dewe et al., 2011, S. 35 f.).

Die Beschaffenheit der in der Sozialen Arbeit typischen Problemstellungen und (Handlungs-)Situationen lässt folglich eine Bearbeitung im Sinne einer technischen Handlungsrationalität, die auf der Anwendung systematischen, (quantitativ) forschungsgenerierten Wissens beruht und insbesondere im Kontext einer evidenzbasierten Ausbildung und Sozialarbeitspraxis verankert ist, nicht zu (vgl. Dewe & Otto, 2012, S 214). Vielmehr erfordert sie eine Bearbeitung im Sinne der bereits skizzierten fallspezifischen Transformation und Relationierung von Wissen und Nicht-Wissen im Verständnis einer reflexiven Professionalität (vgl. ebd.).

3 Schlussfolgerungen für die Hochschullehre – Komplexität methodisch fundiert erhalten

Lehre an Hochschulen für angewandte Wissenschaften (HAW), an denen Sozialarbeiter:innen mehrheitlich ausgebildet werden (vgl. Küster & Schoneville, 2012, S. 1057), hat die Ausbildung von Fachkräften für die Praxis Sozialer Arbeit zum Ziel[5]. Wenn, wie oben gezeigt, die Achtung der Komplexität der zu bearbeitenden Situationen einen zentralen Aspekt professionellen Handelns in der Sozialen Arbeit darstellt und diese Bearbeitung in einer ebenfalls durch Komplexität geprägten Wissensnutzung besteht, darf die Hochschullehre in diesem Bereich nicht um Komplexitätsreduktion bemüht sein. Ganz im Gegenteil muss sie den Nutzen dieser Komplexität und der hierfür erforderlichen abstrakten Wissensbestände vermitteln und Erfahrungsräume schaffen, in denen der Handlungsmodus der komplexitätserhaltenden, reflexiv relationierend ausgerichteten Wissensnutzung verstanden und befreit vom Handlungsdruck der Praxis erprobt werden kann (vgl. Effinger, 2021, S. 234).

Sollen sich die Studierenden auf den – anspruchsvollen und oft beschwerlichen – Weg der Aneignung, Nutzung und Erhaltung von Komplexität begeben, gilt es zunächst, die Notwendigkeit hierfür zu vermitteln und zu begründen (vgl. Klomann, 2021). Dabei muss – sollen dieses Anliegen und das Bemühen um die Sensibilisierung hierfür auf fruchtbaren Boden fallen – in der Lehre an die von den Studierenden mitgebrachten Geschichten und ihre Erfahrungen angeknüpft werden. Ihre Motive, Soziale Arbeit zu studieren, müssen aufgegriffen und mit der Notwendigkeit, (vielfältiges) Theoriewissen anzueignen und komplexitätserhaltend zu nutzen, in Verbin-

---

5 Auch wenn erfreulicherweise inzwischen durch die Bologna-Reform über einen Masterabschluss an einer HAW der Weg einer wissenschaftlichen Laufbahn und der Zugang zur Promotion möglich ist, sucht der überwiegende Teil der Absolvent:innen den Weg in die Praxis (vgl. Becker, 2016).

dung gebracht werden (vgl. Effinger, 2021, S. 226 ff.). Eine professionstheoretische Verortung der Sozialen Arbeit und darauf aufbauend konkrete Beispiele und Erfahrungen, anhand derer die Anforderungen an das professionelle Handeln deutlich werden, sollten deshalb bereits zu Beginn des Studiums ihren Platz finden und dann kontinuierlich erweitert und reflektiert werden. Um die nötige Wissensbasis für den angestrebten Modus der professionellen Wissensnutzung zu erlangen, müssen vielfältige – sowohl aus der Sozialen Arbeit als auch aus den korrespondierenden Wissenschaften stammende – wissenschaftliche Wissensbestände, die Verursachungszusammenhänge multiperspektivisch beleuchten und konzeptionelle Handlungszugänge schaffen können, zur Verfügung gestellt und die Auseinandersetzung hiermit angeregt und begleitet werden. Die verschiedenen Wissensbestände sind dann unterschiedlich zu nutzen: Während entwicklungspsychologische Perspektiven bspw. wichtiges Erklärungswissen darstellen, sind die sogenannten Theorien Sozialer Arbeit als theoretische Bezugs- und Orientierungspunkte für die Planung, Begründung und Reflexion professioneller Handlungsvollzüge in der Sozialen Arbeit bedeutungsvoll (vgl. Füssenhäuser & Thiersch, 2011, S. 1634): Diese Theorien Sozialer Arbeit widmen sich unter anderem dem Gegenstands- und Aufgabenbereich und der gesellschaftlichen Funktion der Sozialen Arbeit, ihrer Positionierung im Kontext anderer Disziplinen und typischen Anforderungen der professionellen Praxis (vgl. Füssenhäuser, 2018, S. 1734). Sie stellen damit eine wichtige Basis für das professionelle Selbstkonzept als Sozialarbeiter:in sowie zum Heranziehen und Einordnen anderer Wissensbestände dar.

Dieses vielfältige theoretische Wissen dient damit der Stärkung von Komplexität, der Vervielfältigung von Perspektiven, Deutungs-, Erklärungs- und Handlungsoptionen und der Reflexion des eigenen Handelns sowie dessen Bedingungen. Professionelles Handeln in der Sozialen Arbeit gleicht damit einer wissenschaftlich fundierten Suchbewegung. Da über die suchende Analyse hinaus in der professionellen Praxis jedoch fundierte Urteilsbildungen sowie ggf. Beratungs-, Begleitungs-, Unterstützungs-, Hilfe-, Bildungs- oder Interventionsangebote und damit konkrete Handlungsentscheidungen gefragt sind, sind im Sinne einer Vermittlung zwischen komplexitätserhaltender Wissensnutzung und Handlungsplanung auch Methodenkenntnisse bedeutsam. Methoden bzw. Handlungskonzepte Sozialer Arbeit werden – immer eingebettet in einen theoretischen Bezugs- und Begründungsrahmen – abhängig von Problemlagen, Zielsetzungen und Rahmenbedingungen ausgewählt und fundieren die begründete Planung des professionellen Vorgehens, das sich wiederum professioneller Instrumente und Techniken bedient (vgl. grundlegend Geißler & Hege, 2001, S. 23 ff.). Sie fungieren im professionellen Handeln folglich als – theoretisch fundiert begründete, situativ reflektierte und kontextsensibel eingesetzte – Suchstrategie, ohne jedoch im Sinne einer Standardisierung den multiperspektivischen Blick und die Komplexität der Situation aufzugeben (vgl. Müller, 2012, S. 972).

Die voranstehenden Ausführungen verdeutlichen, dass Professionalität in der Sozialen Arbeit aus drei zentralen und miteinander verwobenen Elementen besteht: Wissen, Können und Reflexivität. Im Rahmen des Studiums gilt es folglich, diese drei Elemente gleichermaßen zu berücksichtigen. Die Aneignung von professionellem

Wissen, die Entfaltung professionellen Könnens sowie die Entwicklung von Reflexivität stellen die Basis für das professionelle Handeln in der Praxis dar – und sind dort kontinuierlich fortzuführen bzw. weiterzuentwickeln. In diesem sehr anspruchsvollen Qualifizierungsprozess ist es bedeutungsvoll, Räume zur exemplarischen Erprobung für die Relationierung dieser Elemente (die in der Praxis noch durch Berufserfahrung und Erfahrungs- sowie Organisationswissen ergänzt werden) zu schaffen – dies insbesondere auch, da empirische Erkenntnisse zeigen, dass eine relationierende Wissensnutzung in der Praxis der Sozialen Arbeit eine nachrangige bzw. keine Rolle spielt (vgl. Klomann et al., 2019a).

4 Innovative Fallwerkstatt zur Erprobung der Wissensrelationierung am Beispiel Kinderschutz im Jugendamt

Ausgehend von den skizzierten An- und Herausforderungen für die und in der Qualifizierung von angehenden Sozialarbeiter:innen haben wir ein innovatives Lehrangebot im Bereich Kinderschutz konzipiert, das die benannten Bedarfe aufgreift und diesen durch ein neues Lehrformat begegnet. Initial waren dabei einerseits die geschilderten professionstheoretischen Überlegungen sowie die oben geschilderten empirischen Befunde zur Wissensnutzung in der professionellen Praxis. Darüber hinaus beruht die Entwicklung des Angebotes auf einer langjährigen und intensiven Kooperation mit zahlreichen Jugendämtern im Einzugsgebiet der Hochschule. Die Leiter:innen der Allgemeinen Sozialen Dienste der kooperierenden Jugendämter (ASD) formulierten in diesem Rahmen wiederholt den Bedarf an einer verstärkten Zusammenarbeit zur Qualitätsentwicklung sowohl in der Praxis als auch im Studium.

Das Lehrangebot ist dahin gehend innovativ, dass der Teilnehmendenkreis durchgängig aus Studierenden der Sozialen Arbeit in ihrem letzten Studiensemester einerseits sowie aus Fachkräften aus den Allgemeinen Sozialen Diensten der Jugendämter in regionaler Nähe der Hochschule andererseits besteht – wobei alle Teilnehmenden als Lernende mit je unterschiedlicher Expertise und Erfahrung verstanden werden. Aufbauend auf einer theoretischen und thematischen Grundlegung zu den Anforderungen an professionelles Handeln in der Sozialen Arbeit allgemein und insbesondere im Kinderschutz erfolgte eine intensive Fallarbeitsphase, für die anonymisierte Original-Fallakten genutzt wurden. Dies eröffnete den Studierenden einen realistischen Einblick in Kinderschutzfälle und erhöhte die Anschlussfähigkeit der Fachkräfte, da diese nicht mit fiktiven (und aus Sicht der Praxis meist unzureichend realistischen) Fällen arbeiten mussten. In intensiven Arbeitsprozessen, die immer auf die oben skizzierte Relationierung vielfältiger Wissensbestände fokussierten, lernten die Teilnehmenden verschiedene Fallanalyseverfahren kennen und erprobten diese in Arbeitsgruppen, welche aus Studierenden und Fachkräften bestanden. Der gesamte Arbeitsprozess wurde durch fest verankerte (Selbst-)Reflexionsangebote (meist zu Beginn, während und zum Abschluss von Themenschwerpunkten) begleitet und durch differenzierte Rückmeldung durch die Lehrenden ergänzt. Diese Rückmeldungen bezogen sich einerseits auf die konkreten Arbeitsergebnisse, beinhalteten darüber hinaus aber immer auch Ergänzungen zu weiteren Wissensbeständen, Hinweise zu deren Relationierung usw. Hierdurch wurde das Ziel verfolgt, den Teilnehmenden kontinuierlich Impulse zur Perspektiverweiterung zu geben und sie so zu einer diskursiven Auseinandersetzung anzuregen bzw. diese zu fördern. Einige ausgewählte Bausteine des Seminars wollen wir nun exemplarisch beleuchten:

Im ersten Teil der Lehrveranstaltung wurden von der professionstheoretischen Herleitung der Anforderungen an das professionelle Handeln der künftigen Fachkräfte ausgehend (s. oben) die spezifischen Anforderungen und Herausforderungen im Bereich des Kinderschutzes im Jugendamt beleuchtet, diskutiert und reflektiert. Beispielhaft seien hier der besondere Handlungsdruck, meist hochkomplexe und nicht selten diffuse Problemlagen unter Beteiligung zahlreicher Akteur:innen des Hilfesystems, die potenziellen Eingriffsbefugnisse der Fachkräfte und damit das stets präsente Spannungsfeld zwischen Hilfe und Kontrolle im Kontext des staatlichen Wächteramtes genannt. Daraus wurden (hier ebenfalls beispielhaft) in professionelle Einschätzungsprozesse im Kinderschutz einzubeziehende Aspekte, wie Elternrechte und Partizipation aller Beteiligten bei gleichzeitigem Schutz gefährdeter Kinder, unterschiedlichste Begründungszusammenhänge auf individueller, organisationaler und gesellschaftlicher Ebene, Berücksichtigung unterschiedlicher, häufig widersprüchlicher Interessen u. v. m. als Anforderungen an die Fachkräfte im Kinderschutz abgeleitet und diskutiert.

Darauf aufbauend wurden anhand von anonymisierten Kinderschutzfällen aus der Praxis der Kinderschutzarbeit der beteiligten Jugendämter schrittweise Verfahren zur Fallbearbeitung eingeführt, bei denen der Schwerpunkt zunächst auf der Visualisierung der Vielfalt der zu nutzenden Wissensbestände lag. Anhand eines Zeitstrahls (s. Abb. 2) wurden bspw. zunächst unsystematisch wissensbezogene Fragen bearbeitet und in der Visualisierung ergänzt. Die Teilnehmenden erhielten so einen ersten Einblick in die Fülle und Vielfalt des Wissens, das zur Bearbeitung komplexer Kinderschutzfälle leitend sein kann. Im letzten Drittel der Lehrveranstaltung stand dann die bewusste Nutzung unterschiedlicher Wissensformen als Reflexions- und Orientierungsrahmen zur Einschätzung der aktuellen Situation und ihrer Entstehungshintergründe, zur (weiteren) Handlungsplanung sowie ggf. zur Bewertung vorangegangener Interventionen im Mittelpunkt. Allen genutzten Analyse-/Bearbeitungsverfahren ist gemein, dass sie einerseits durch standardisierte Verfahrensschritte Analyse und Handlungsplanung erleichtern und strukturieren, dabei jedoch andererseits durch die explizite Aufforderung zur Nutzung unterschiedlicher Perspektiven und damit verschiedener Wissensbestände, Komplexität erhalten bzw. fördern. Beispielhaft werden nachfolgend zwei genutzte Verfahren skizziert.

Für den Einstieg in die Fallarbeit wurde unter anderem das Fallanalyseverfahren der „W-Fragen" von Silvia Staub-Bernasconi (2008) eingeführt. Die differenzierte Unterscheidung verschiedener Fragen, die den Analyseprozess sehr kleinschrittig organisieren, regt zur bewussten Nutzung unterschiedlicher Wissensbestände an, die in die Fallbearbeitung einfließen können.

W-Fragen nach Staub-Bernasconi	Überlegungen zum Fall
Frage 1: WAS-Frage Wie würden Sie das zu bearbeitende Problem beschreiben?	
Frage 2: WARUM-Frage Wie würden Sie das zu bearbeitende Problem erklären?	
Frage 3: WOHIN-Frage Wie wird sich die Situation weiterentwickeln, wenn keine Intervention erfolgt?	
Frage 4: WAS-IST-GUT-Frage Welche Vorstellungen gibt es über einen wünschbaren Zustand – über Werte, Ziele? Wie wäre der SOLL-Zustand?	
Frage 5: WER-Frage Wer soll an der Verwirklichung des Wünschbaren, der Ziele mitwirken? Wer sind also die Akteur:innen der Veränderungen?	
Frage 6: WOMIT-Frage Mit welchen Mitteln, Ressourcen sollen die Ziele erreicht werden? Sind diese vorhanden, zugänglich, zu beschaffen, herzustellen?	
Frage 7: WIE-Frage Mit welchen Methoden/Verfahren/Handlungsanweisungen sollen die Ziele erreicht/umgesetzt werden?	
Frage 8: WIRKSAMKEITS-Frage Wie soll evaluiert werden, ob die Ziele erreicht wurden? Wenn dies nur teilweise oder nicht der Fall ist, was sind die Erklärungen dafür?	
Reflexion zur Fallbearbeitung anhand der W-Fragen	
Welche neuen Gedanken und Perspektiven nehmen Sie aus dieser Fallbearbeitung mit?	
Wie hat sich Ihre Sicht auf den Fall geändert?	

Abbildung 1: Dokumentations- und Reflexionsbogen zur Fallbearbeitung anhand der W-Fragen nach Silvia Staub-Bernasconi (2008)

Als weiteres Analyse-Instrument und Beispiel für ein komplexitätserhaltendes und zugleich stark reglementiertes Verfahren wurde die Objektive Hermeneutik (Oevermann, 2002) genutzt. Im Rahmen eines sequenzanalytischen Vorgehens werden einzelne Abschnitte aus Quelltexten methodisch streng strukturiert analysiert. Dabei steht zunächst das Generieren von Hypothesen im Mittelpunkt, die unabhängig von bisherigen Annahmen sind und unterschiedlichste disziplineigene und bezugswissenschaftliche Wissensbestände einbeziehen, um den Blick zu weiten und vorschnelle bzw. einseitige Urteile zu vermeiden. Die entstandenen Hypothesen werden anschließend systematisch anhand folgender Textstellen überprüft und so zu haltbaren Erklärungsansätzen als Basis für die weitere Handlungsplanung genutzt oder aber widerlegt. Nach einer Einführung in diese Analysetechnik arbeiteten die Seminarteilnehmer:innen in Gruppen mithilfe eines Dokumentationsbogens an vorbereiteten Sequenzen aus Transkriptionen mit Äußerungen von zentralen Akteur:innen aus den anonymisierten Fallakten.

5 Design als Vermittler von Komplexität?

Wie im voranstehenden Kapitel bereits angerissen, wurde die Fallbearbeitung und hier insbesondere die Nutzung unterschiedlicher Wissensbestände durch Visualisierung unterstützt und gefördert. Während Design häufig als Mittel zur Reduktion von Komplexität dient, indem bspw. in Schaubildern, Grafiken, Ablaufschemata u.v.m. komplexe Sachverhalte in griffige Symbole und schnell überschaubare Modelle überführt werden, die nur noch die wichtigsten Informationen zur Orientierung erhalten, wollen wir im Folgenden anhand eines Beispiels zeigen, dass mithilfe von Design im Sinne einer formgebenden Gestaltung auch Komplexität sichtbar gemacht und Strukturierungshilfe geleistet werden kann.

Zu einem frühen Zeitpunkt des oben skizzierten Seminarangebotes wurde anhand eines ersten Fallbeispiels aus der Kinderschutzpraxis zunächst unsystematisch das von den Teilnehmenden identifizierte oder als notwendig erachtete Wissen zu jedem Zeitpunkt des in einem Zeitstrahl (Abb. 2) dargestellten Fallverlaufs gesammelt.

Die Ergebnisse aller Teilnehmer:innen zu den wissensbezogenen Fragen wurden anschließend zusammengeführt. Die unterschiedlichen Aspekte und Wissenselemente, die als Erklärungsansätze, zur Hypothesenbildung und weiteren Handlungsplanung herangezogen werden können, wurden im Laufe der Bearbeitung im Zeitstrahl ergänzt und deren Vielzahl durch diese Darstellung verdeutlicht. Auf diese Weise wurde zudem ein weiterer Anschluss für die Akzeptanz der komplexitätserhaltenden Wissensnutzung grundgelegt.

Zugleich bietet diese Darstellung bereits erste Hinweise für ein strukturiertes Vorgehen und damit einen handlungsfähigen Umgang mit der vorgefundenen Überkomplexität: Es zeigt sich, welches Wissen zu welchem Zeitpunkt im Fallverlauf zur Verfügung stand. Es kann des Weiteren differenziert werden, welche offenen Fragen durch die Einbeziehung anderer Akteur:innen geklärt bzw. welche Wissensbestände befragt werden müssen. Deutungsvariationen können zudem unterschiedlichen Wissensgrundlagen und daraus generierten Hypothesen zugeordnet und priorisiert und/oder im weiteren Fallverlauf überprüft werden. Mithilfe der Visualisierung von Fallverlauf und Wissensnutzung können also zugleich eine Sensibilisierung für die Notwendigkeit der komplexitätserhaltenden Wissensnutzung erreicht und erste Hinweise auf einen professionellen Umgang damit verdeutlicht werden.

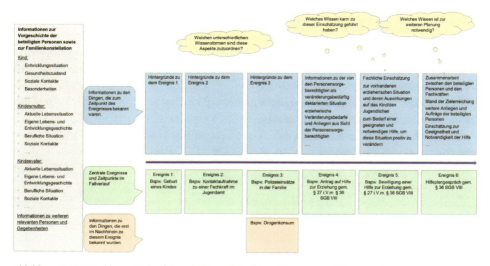

Abbildung 2: Zeitstrahl zum Verlauf eines Falles und der hierauf bezogenen Wissensnutzung

Design – hier im Sinne von Visualisierungsinstrumenten – kann also nicht nur der Komplexitätsreduktion dienen bzw. diese anschaulich vermitteln, sondern auch die Anforderungen und Möglichkeiten strukturierten Handels bei zu erhaltender Komplexität aufzeigen und dessen Realisierung einerseits und Reflexion andererseits fördern.

6 Fazit: Impulse zur Weiterentwicklung einer komplexitätserhaltenden Lehre

Die erste Durchführung des hier dargestellten Lehrprojektes hat – so zeigen die Befunde der empirisch-wissenschaftlichen Evaluation[6] – einerseits bereits vorliegende Erkenntnisse zu Notwendigkeiten in der Lehre im Studium der Sozialen Arbeit bestätigt. Andererseits konnten wir aber auch neue Aspekte identifizieren und für die Planung des Folgeseminars nutzen.

Das besondere Format sowie die Schwerpunktsetzung und die Seminarinhalte werden durch die Teilnehmenden ausgesprochen positiv bewertet. Insbesondere die Herausforderungen im Bereich des Kinderschutzes werden unter den Teilnehmenden mit der Notwendigkeit einer fortlaufenden Professionalisierung auch in der Praxis verknüpft. Der Wert der intensiven Auseinandersetzung mit der Nutzung wissenschaftlichen Wissens im Rahmen der Fallarbeit wurde von den an der Evaluation teilnehmenden Studierenden durchgehend anerkannt. Zudem betonten diese, dass das Bewusstsein für die Relevanz sowie die Einordnung disziplineigener theoreti-

---

[6] Die Evaluation wurde prospektiv, prozessbegleitend und summativ durchgeführt und beinhaltete quantitative und qualitative Elemente (vgl. Kromrey, 2005). Die zentralen Gütekriterien für Evaluationen sind erfüllt (vgl. DeGEval – Gesellschaft für Evaluation, 2002).

scher Wissensbestände erst durch dieses Seminar für sie richtig greifbar geworden seien. Insbesondere die fest verankerte und durch entsprechende Instrumente unterstützte kontinuierliche Reflexion und das intensive Feedback der Seminarleiterinnen wurden im Hinblick auf die professionelle Nutzung vielfältiger Wissensbestände und die Weiterentwicklung und Etablierung eines Reflexiven Professionalitätsverständnisses als besonders wichtig hervorgehoben. Bezüglich des Seminarformats sehen die Studierenden einen besonderen Gewinn darin, dass sie einen vertieften Eindruck der Arbeit im ASD erhalten und sich durch das Erfahrungswissen der Fachkräfte besser für oder gegen einen Einstieg in die Arbeit im ASD entscheiden konnten. Zudem fühlten sich diejenigen, die dieses Arbeitsfeld anstreben, besser hierauf vorbereitet. Aufseiten der Fachkräfte wurde die Herausforderung sichtbar, sich auf eine eher abstrakte und nicht direkt handlungsbezogene Veranstaltung einzulassen, in der sie gleichermaßen wie die Studierenden Lernende sind und neue – teilweise auch sehr anspruchsvolle – Fallanalyseverfahren erproben. Weiter zeigte sich die Tendenz zu einer eher schematischen Nutzung von Fallanalyseverfahren anstelle einer individuellen Auswahl geeigneter Instrumente im Einzelfall. Aus beiden Gruppen von Teilnehmenden wurde darüber hinaus die Möglichkeit, die (eigene) Kinderschutzarbeit im ASD des Jugendamtes zu reflektieren und eine professionelle Weiterentwicklung voranzubringen, betont.

Die Anforderung an Studierende sowie Fachkräfte, auf komplexitätsreduzierende standardisierte Verfahren, die Uneindeutigkeiten aufheben und klare Handlungsanweisungen vorgeben, zu verzichten, stößt häufig auf Abwehr und Überforderung (vgl. Cornel et al., 2020, S. 563). Vielmehr werden nahezu kontinuierlich eine Vereinfachung (bspw. im Hinblick auf Sprache, Abstraktionsniveau usw.) und ein direkter Anwendungsbezug, häufig gepaart mit einer stärkeren Vereinheitlichung und Standardisierung (bspw. im Hinblick darauf, welches Instrument zu nutzen und was wann wie zu bewerten ist) gefordert. Vor diesem Hintergrund bestätigt sich die Erkenntnis (vgl. z. B. Becker-Lenz & Müller, 2009, S. 403), dass neben der Vermittlung des nötigen Wissens, das bei der Fallarbeit herangezogen werden kann, und der Vermittlung von komplexitätserhaltenden Verfahren zur Fallbearbeitung, eine anschauliche Begründung und beispielhafte Darstellung der Notwendigkeit dieses Modus des professionellen Handelns unverzichtbar sind. Vor der eigentlichen Fallarbeit gilt es also, Räume für die ermutigende Auseinandersetzung mit den Anforderungen an das professionelle Handeln zu schaffen. Die oben dargestellten Ergebnisse der Evaluation des beschriebenen Lehrprojektes weisen darauf hin, dass hierdurch das Bewusstsein für eine einzelfall- und bedarfsorientierte Auswahl geeigneter und eine größere Akzeptanz für die Nutzung komplexitätserhaltender Verfahren gefördert werden kann.

Um der verständlichen Überforderung angesichts von Überkomplexität, Unvorhersehbarkeit, Spannungsfeldern und fehlenden eindeutigen technologischen Handlungsanweisungen konstruktiv zu begegnen, muss das geforderte Vorgehen in möglichst praxisnahen Prozessen begleitet erprobt werden. Nur wenn bereits erste Erfahrungen in der komplexitätserhaltenden Fallarbeit gemacht werden konnten, kann die Gefahr reduziert werden, dass der Handlungsdruck der Praxis durch die alltagsförmigen Abkürzungen der Wissensnutzung zu einer reduzierten Nutzung intuitiv verfügbaren Alltagswissens führt (vgl. Goger & Pantuček, 2009, S. 144). Durch die begleitete Erprobung kann stattdessen die reflexive Wissensnutzung in das Repertoire der auch unter Handlungsdruck abrufbaren Handlungsmodi integriert werden. Auch hierbei handelt es sich keineswegs um eine neue Forderung, sondern vielmehr um eine erneute und um eine andere Facette bereicherte Bestätigung bereits formulierter Ansprüche, wie bspw. die Empfehlung von Fallwerkstätten (vgl. z. B. Kraimer & Wyssen-Kaufmann, 2012), Übungsberatungsstellen (vgl. Zierer, 2009) oder die Bearbeitung von „Schlüsselsituationen" der Sozialen Arbeit (vgl. Kunz, 2015).

Über die Bestätigung dieser Forderungen hinaus können wir festhalten, dass es für Studierende wichtig ist und von ihnen als gewinnbringend empfunden wird, den erfahrenen Mehrwert einer reflexiven und komplexitätserhaltenden Wissensnutzung gemeinsam zu reflektieren und sichtbar zu machen. Dies kann bspw. in Form der oben dargestellten Visualisierung von Komplexität anhand des Zeitstrahls erfolgen, die eine Vielzahl neuer Perspektiven, eine erhöhte Zahl an Deutungs- und Handlungsoptionen sowie die handlungsleitende Funktion eines methodisch abgesicherten Vorgehens in Erscheinung treten lässt. Durch unerwartete Deutungsangebote, die von den rein intuitiv in alltägliche Deutungsmuster eingeordneten Interpretationen abweichen, ergeben sich *Aha-Momente*, die die Notwendigkeit dieser Art der Wissensnutzung spürbar machen. Hierbei erweisen sich im Rahmen der Evaluation des beschriebenen Lehrangebotes insbesondere kontinuierliche Reflexionsangebote sowie differenzierte und perspektivenerweiternde Rückmeldungen der Lehrenden als relevant. Auf diese Weise bieten sie sich auch als professionelle Modelle an, die – so zeigen empirische Erkenntnisse – für die professionelle Entwicklung von besonderer Bedeutung sind (vgl. Klomann, 2014, S. 179 ff.).

Angesichts der nach wie vor häufig anzutreffenden Abwehr in der Praxis gegenüber einer reflexiven Nutzung wissenschaftlichen Wissens, das nicht in Form eines einfachen Anwendens verfügbar ist (vgl. Klomann et al., 2019b), gilt es jedoch bei der Konzeptionierung von Lehrangeboten, einen weiteren Aspekt zu berücksichtigen: Der häufig anzutreffende Theorieverlust beim Übergang in die Berufspraxis fordert die Hochschulen für angewandte Wissenschaften auf, die Überführbarkeit des Gelernten in das professionelle Handeln konzeptionell mitzudenken. Im hier dargestellten Lehrprojekt geschah dies mithilfe von zwei Aspekten: Zum einen waren Fachkräfte des Arbeitsfeldes als Teilnehmende des Seminars in einem gleichberechtigten Austausch mit den Studierenden präsent. Zum anderen steuerte jedes so beteiligte Jugendamt eine vollständige Fallakte aus dem Kinderschutzkontext bei, die anonymisiert als Grundlage für die unterschiedlichen Fallbearbeitungen diente. Durch diese große Nähe zur aktuellen Praxis des Arbeitsfeldes wird sowohl die Nutzung des Erlernten durch die Studierenden in ihrer künftigen (und in diesem Fall kurz bevorstehenden) Praxis erleichtert, als auch für die Fachkräfte eine große Anschlussfähigkeit an die eigenen Erfahrungen hergestellt. Durch erste Rückmeldungen von inzwischen in der Kinderschutzpraxis tätigen Teilnehmer:innen bestätigt sich unser Anliegen, dass mit diesem Vorgehen der Transfer des erprobten Handlungsmodus in die professionelle Praxis maßgeblich gefördert wurde. Diesen Effekt gilt es künftig ausführlich zu beforschen. Um diesen von Absolvent:innen geschilderten Nutzen auch für beteiligte Fachkräfte zu generieren, hat sich die enge Zusammenarbeit mit den ASD-Leitungen als wichtig erwiesen: Nur wenn die teilnehmenden Fachkräfte sich ihrer Rolle als Lernende bewusst sind und ihnen der nötige Raum für die vom Handlungsdruck befreite Bearbeitung der Seminarinhalte zugestanden wird, kann die gewünschte Weiterentwicklung einer reflexiven Praxis erfolgen.

Schließlich hat das im letzten Studiensemester des Bachelorstudiengangs angesiedelte Lehrangebot gezeigt, dass die Begründung, Vermittlung und Erprobung einer reflexiven Wissensnutzung bereits in frühen Lehrveranstaltungen und im gesamten Studienverlauf grundgelegt werden muss. Auch der Vermittlung des abstrakten Theoriewissens, das die Grundlage für die Fallbearbeitung und -analyse bildet und im Laufe der vorausgehenden Semester thematisiert wird, muss bereits eine Sensibilisierung für die Möglichkeiten seiner Nutzung vorangehen (vgl. Klomann, 2021; Polutta, 2020). Ein Bewusstsein für das Technologiedefizit[7] in der Sozialen Arbeit (und in anderen Professionen) und die daraus abzuleitende Funktion theoretischen Wissens als Orientierungs- und Reflexionsrahmen, im Gegensatz zu technologisch anwendbarem *Rezeptewissen*, sollte dazu im gesamten Studienverlauf als Querschnittsthema und modulübergreifendes Lernziel verankert sein (vgl. dazu auch Cornel et al., 2020, S. 565). In Fallwerkstätten wie dem hier vorgestellten Projekt, kann diese Art der Wissensnutzung dann vertiefend thematisiert und erprobt werden.

Literaturverzeichnis

Becker, J. (2016). Promovieren mit Fachhochschulabschluss? Hg. v. academics. https://www.academics.de/ratgeber/promovieren-fh-fachhochschule [letzter Zugriff: 15.02.2021]

Becker-Lenz, R. & Müller, S. (2009). Der professionelle Habitus in der sozialen Arbeit. Bern: Lang.

Breuer-Nyhsen, J. & Klomann, V. (2019). Reflexive Professionalität in der Sozialen Arbeit. Studienheft, unv. Dokument. Euro-FH, Hamburg.

Cornel, H., Gahleitner, S. B., Hansjürgens, R., Völter, B. & Voß, S. (2020). Professionsverständnisse (im Studium) der Sozialen Arbeit. In NDV – Nachrichtendienst (12), 561–567.

DeGEval – Gesellschaft für Evaluation (Hg.) (2002). Standards für Evaluation. Deutsche Gesellschaft für Evaluation. Köln: Geschäftsstelle DeGEval.

---

7 Das Technologiedefizit sozialer Dienstleistungen beschreibt den in Abschnitten 1 und 2 ausgeführten Umstand, dass eine standardisierte technizistische Wissensanwendung aufgrund des Fehlens trivialer Kausalitäten im Sinne von Problemursache - Diagnose – Intervention in der Sozialen Arbeit nicht möglich ist und damit nicht als problemangemessenes professionelles Handeln angesehen werden kann.

Dewe, B., Ferchhoff, W., Scherr, A. & Stüwe, G. (2011). Professionelles soziales Handeln. Soziale Arbeit im Spannungsfeld zwischen Theorie und Praxis. 4. Aufl. Weinheim und München: Juventa.

Dewe, B. & Otto, H.-U. (2012). Reflexive Sozialpädagogik. In W. Thole (Hg.). Grundriss Soziale Arbeit. Ein einführendes Handbuch (S. 197–217). 4. Aufl. Wiesbaden: VS Verlag.

Dewe, B. & Otto, H.-U. (2018). Professionalität. In H.-U. Otto, H. Thiersch, R. Treptow & H. Ziegler (Hg.), Handbuch Soziale Arbeit. Grundlagen der Sozialarbeit und Sozialpädagogik (S. 1203–1213). 6., überarb. Aufl. München: Ernst Reinhardt.

Effinger, H. (2021). Soziale Arbeit im Ungewissen. Mit Selbstkompetenz aus Eindeutigkeitsfallen. Weinheim: Juventa Verlag.

Fachbereichstag Soziale Arbeit und DBSH: Deutschsprachige Definition Sozialer Arbeit des Fachbereichstag Soziale Arbeit und DBSH. https://www.dbsh.de/profession/definition-der-sozialen-arbeit/deutsche-fassung.html [letzter Zugriff: 11.02.2021]

Füssenhäuser, C. (2018). Theoriekonstruktion und Positionen der Sozialen Arbeit. In: H.-U. Otto, H. Thiersch, R. Treptow & H. Ziegler (Hg.), Handbuch Soziale Arbeit. Grundlagen der Sozialarbeit und Sozialpädagogik (S. 1734–1748). 6., überarb. Aufl. München: Ernst Reinhardt.

Füssenhäuser, C. & Thiersch, H. (2011). Theorie und Theoriegeschichte Sozialer Arbeit. In H.-U. Otto & H. Thiersch (Hg.), Handbuch Soziale Arbeit. Grundlagen der Sozialarbeit und Sozialpädagogik. Unter Mitarbeit von K. Grunwald, K. Böllert, G. Flösser und C. Füssenhäuser (S. 1632–1645). 4., völlig neu bearb. Aufl. München, Basel: Ernst Reinhardt.

Geißler, K. A. & Hege, M (2001). Konzepte sozialpädagogischen Handelns. Ein Leitfaden für soziale Berufe. 10., aktual. Aufl., (27.–29. Tsd.). Weinheim: Beltz.

Goger, K. & Pantuček, P. (2009). Die Fallstudie im Sozialarbeitsstudium. In Anna Riegler, Sylvia Hojnik und Klaus Posch (Hg.), Soziale Arbeit zwischen Profession und Wissenschaft. Vermittlungsmöglichkeiten in der Fachhochschulausbildung (S. 139–152). Wiesbaden: Springer VS.

Hanses, A. (2008). Wissen als Kernkategorie einer NutzerInnenorientierten Diesntleistungsanalyse – eine heuristische Perspektive. In *Neue Praxis* (6), 563–575.

Klomann, V. (2014). Zum Stand der Profession Soziale Arbeit. Empirische Studie zur Präsenz reflexiver Professionalität in den Sozialen Diensten der Jugendämter im Rheinland. Dissertation zur Erlangung des Doktorgrades (Dr. phil.). Universität Bielefeld, Fakultät für Erziehungswissenschaft. https://pub.uni-bielefeld.de/download/2656940/2656941/Klomann_Verena_Dissertation.pdf [letzter Zugriff: 19.04.2021]

Klomann, V. (i. E. 2021). Professionelles Handeln und Profession als Bezugspunkte in theoretischen Konzepten für die Soziale Arbeit. In W. Thole (Hg.), Grundriss Soziale Arbeit. Ein einführendes Handbuch. 5. Aufl. Wiesbaden: Springer VS.

Klomann, V. & Lochner, B. (2020). Qualifizierung in der Sozialen Arbeit. Soziale Arbeit studieren, praktizieren, beforschen und lehren. In *Sozial Extra* (5), 260–264.

Klomann, V., Schermaier-Stöckl, B., Breuer-Nyhsen, J. & Grün, A. (2019a). Professionelle Einschätzungsprozesse im Kinderschutz. Forschungsbericht. https://kidoks.bsz-bw.de/frontdoor/deliver/index/docId/1409/file/Einschaetzungsprozesse_im_Kinderschutz_Bericht.pdf [letzter Zugriff: 14.02.2021]

Klomann, V., Schermaier-Stöckl, B., Breuer-Nyhsen, J. & Grün, A. (2019b). Professionelle Einschätzungsprozesse im Kinderschutz. Ergebnisse eines interdisziplinären Pilot-Forschungsprojekts zur professionellen Kinderschutzarbeit in Jugendämtern. *Das Jugendamt* (1), 11–15.

Kraimer, K. & Wyssen-Kaufmann, N. (2012). Die fallrekonstruktive Forschungswerkstatt – eine Option zur Förderung von Professionalität in der Sozialen Arbeit. In: R. Becker-Lenz, S. Busse, G. Ehlert & S. Müller-Hermann (Hg.), Professionalität Sozialer Arbeit und Hochschule. Wissen, Kompetenz, Habitus und Identität im Studium Sozialer Arbeit (S. 219–233). Wiesbaden: Springer VS.

Kromrey, H. (2005). Evaluation – ein Überblick. In H. Schöch (Hg.), Was ist Qualität. Die Entzauberung eines Mythos (S. 31–85). 6. Bd. Berlin: Wissenschaftlicher Verlag.

Kunz, R. (2015). Wissen und Handeln in Schlüsselsituationen der Sozialen Arbeit. Empirische und theoretische Grundlegung eines neuen kasuistischen Ansatzes. Dissertation zur Erlangung der Würde einer Doktorin der Philosophie. Basel.

Küster, E.-U. & Schoneville, H. (2012). Qualifizierung für die Soziale Arbeit. Auf der Suche nach Normalisierung, Anerkennung und dem Eigentlichen. In W. Thole (Hg.), Grundriss Soziale Arbeit. Ein einführendes Handbuch (S. 1045–1066). 4. Aufl. Wiesbaden: VS Verlag.

Luhmann, N. (1993). „Was ist der Fall?" und „Was steckt dahinter?" Die zwei Soziologien und die Gesellschaftstheorie. *Zeitschrift für Soziologie* 22(4), 245–260.

Müller, B. (2012). Professionalität. In W. Thole (Hg.), Grundriss Soziale Arbeit. Ein einführendes Handbuch (S. 955–974). 4. Aufl. Wiesbaden: VS Verlag.

Oevermann, U. (1996). Theoretische Skizze einer revidierten Theorie professionalisierten Handelns. In A. Combe & W. Helsper (Hg.), Pädagogische Professionalität. Untersuchungen zum Typus pädagogischen Handelns (S. 70–182). Frankfurt a. M.: Suhrkamp.

Oevermann, U. (2002). Klinische Soziologie auf der Basis der Methodologie der objektiven Hermeneutik – Manifest der objektiv hermeneutischen Sozialforschung. Institut für Hermeneutische Sozial- und Kulturforschung. https://www.ihsk.de/publikationen/Ulrich_Oevermann-Manifest_der_objektiv_hermeneutischen_Sozialforschung.pdf [letzter Zugriff: 02.03.2020]

Pfadenhauer, M. & Sander, T. (2010). Professionssoziologie. In G. Kneer & M. Schroer (Hg.), Handbuch Spezielle Soziologien (S. 361–378). Wiesbaden: Springer VS.

Polutta, A. (2020). Die Bedeutung von Praxis- und Theoriestudium für die Fachlichkeit Sozialer Arbeit. Herausforderungen, Kontroversen und Perspektiven. *Sozial Extra* 44(5), 265–269.

Schmeiser, M. (2006). Soziologische Ansätze der Analyse von Professionen, der Professionalisierung und des professionellen Handelns. *Soziale Welt* 57(3), 295–318.

Staub-Bernasconi, S. (2008). Die erkenntnis- und handlungstheoretischen Leitfragen einer Disziplin und Profession – Soziale Arbeit als normative Handlungswissenschaft oder: Die W-Fragen. Arbeitsblatt 1.2. ASH, Berlin.

Stock, C., Schermaier-Stöckl, B., Klomann, V. & Vitr, A. (2020). Soziale Arbeit und Recht. Fallsammlung und Arbeitshilfen. 2., aktual. und erw. Aufl. [S. l.]: Nomos Verlagsgesellschaft.

Zierer, B. (2009). Theorie- und erfahrungsgleitetes Handeln oder: Kann die Praxis der Sozialen Arbeit erlernt werden? In A. Riegler, S. Hojnik & K. Posch (Hg.), Soziale Arbeit zwischen Profession und Wissenschaft. Vermittlungsmöglichkeiten in der Fachhochschulausbildung (S. 65–85). Wiesbaden: Springer VS.

Abbildungsverzeichnis

Abb. 1   Dokumentations- und Reflexionsbogen zur Fallbearbeitung anhand der W-Fragen nach Silvia Staub-Bernasconi (2008) 197

Abb. 2   Zeitstrahl zum Verlauf eines Falles und der hierauf bezogenen Wissensnutzung 199

Über die Autorinnen

Julia Breuer-Nyhsen, Sozialarbeiterin (BA/MA), ist wissenschaftliche Mitarbeiterin an der Katholische Hochschule NRW, Abteilung Aachen und Doktorandin, Fakultät für Erziehungswissenschaft, an der Universität Bielefeld. Ihre Schwerpunkte liegen im Bereich der Hochschul- und Bildungsforschung in der Sozialen Arbeit.
Kontakt: j.breuer-nyhsen@katho-nrw.de

Prof.in Dr.in Verena Klomann lehrt mit dem Schwerpunkt Theorien der Sozialen Arbeit an der Hochschule Darmstadt. Sie beschäftigt sich vor allem mit Fragen der Profession, Professionalisierung und Professionalität Sozialer Arbeit.
Kontakt: verena.klomann@h-da.de

Die müssen ja kommunizieren – Practitioner Research als didaktischer Wissenstransfer

Anita Mörth

Zusammenfassung

Wissenschaftliche Weiterbildung als Zwischenraum zwischen gesellschaftlichen Subsystemen wird zum Ausgangspunkt genommen für die Konturierung von *Practitioner Research* als didaktischem Format von Wissenstransfer. Diese Art der Beforschung der eigenen (beruflichen) Praxis bzw. dortiger Fragestellungen ist ein zentraler Aspekt von hochschulischem *Work-based Learning*, einer Spielart wissenschaftlicher Weiterbildung. Über einen empirischen Einblick in ein so konzipiertes Weiterbildungsangebot wird illustriert, wie sich Wissenstransfer in diesem didaktischen Format zeigen kann. Dabei wird ein Verständnis von Wissenstransfer als kommunikativem Geschehen zugrunde gelegt, in dem über die Begegnung unterschiedlicher Sichtweisen gemeinsam Wissen entsteht.

Schlagworte: Wissenschaftliche Weiterbildung, Practitioner Research, Wissenstransfer, Relationierung, Work-based Learning

Abstract

Departing from Continuing Higher Education and its hybrid position between societal subsystems, the paper focuses on practitioner research as pedagogical form of knowledge transfer. As practitioner-led inquiry it is a central aspect of work based learning in Higher Education. An empirical example illustrates knowledge transfer through this pedagogical approach. The paper is grounded in an understanding of knowledge transfer as communicative occurrence, where the encounter of distinct views allows a joint knowledge production.

Keywords: Continuing higher education, Practitioner research, Knowledge transfer, Relationing, Work-based Learning

1 Zum Verhältnis von Wissenschaft und Praxis

Der vorliegende Beitrag beschreibt *Practitioner Research* – die Beforschung der eigenen beruflichen Praxis bzw. dortiger Fragestellungen – im Kontext wissenschaftlicher Weiterbildung als ein didaktisches Format von Wissenstransfer. Das zugrunde gelegte Verständnis weicht von einem Verständnis von Wissenstransfer ab, das nahelegt, dass an einem bestimmten Ort (nämlich Universitäten, Fachhochschulen, öffentlich finanzierte Forschung) Wissen produziert wird und dort nur entsprechend aufbereitet werden muss, damit es von anderer Stelle (Praxis, Gesellschaft) zunächst verstanden und dann genutzt werden kann, Produktions- und Deutungsmacht also am erstgenannten Ort liegt. Ein solches Verständnis kann leicht entstehen, wenn Wissenstransfer etwa gefasst wird als „allgemeinverständliche, dialogorientierte Kommunikation und Vermittlung von Forschung und wissenschaftlichen Inhalten an Zielgruppen außerhalb der Wissenschaft" (BMBF 2019, S. 2). Diese vereinfachte Zuspitzung soll als Gegenpol den Ausgangspunkt für die Darstellung eines abweichenden Verständnisses bilden: Wissenstransfer als kommunikatives gemeinsames Geschehen in einem *Dazwischen*, das auf das Entstehen von Wissen außerhalb von Hochschulen verweist und das tradierte hierarchische Verhältnis von Wissenschaft und Praxis hinterfragt.

Befunde dahin gehend, dass ein direkter, linearer, unidirektionaler Wissenstransfer nicht möglich ist und dass demnach auch Wissenschaft nicht bestimmen kann, ob und wie Praxis mit ihren Ergebnissen umgeht, finden sich etwa in der revidierten sozialwissenschaftlichen Wissensverwendungsforschung (Beck & Bonß, 1989). Werden hier zwar keine Transfer-, doch Transformationsmomente gesehen, bei denen wissenschaftliches Wissen vom Praxissystem verwendet und das Wissen dabei umgewandelt wird, so nimmt eine an revidiertem Konstruktivismus und neuerer Systemtheorie orientierte Konzeptualisierung pädagogischen Professionswissens auch davon Abstand (Dewe et al., 1992). Dort erfolgt die Bestimmung einer Wissenschaft-Praxis-Beziehung, also die Analyse des Geschehens zwischen den Systemen, über das Aufbrechen der Dichotomie von wissenschaftlichem Wissen und praktischem Handlungswissen mittels der Einführung eines dritten Aspekts, „einer eigenständigen ‚dritten' Wissensform, die aus der Begegnung wissenschaftlicher und alltags- bzw. berufspraktischer Sichtweisen" (ebd., S. 78) entsteht, bei der diese erhalten bleiben und zueinander in Beziehung gesetzt werden. Diese Relationierung oder Kontrastierung von Sichtweisen im Sinne von „Bearbeitung praktischer Probleme unter Zuhilfenahme wissenschaftlichen Wissens" (ebd., S. 80) wird im professionellen Handeln bzw. in der Professionalität verortet. Werden Fortbildung oder Beratung als „Interaktionssystem" (Kroner & Wolff, 1989, S. 116), als „hybride Kontexte" (ebd.) und aufgrund ihrer „Scharnierfunktion zwischen Wissenschaft und Alltag" (ebd.) als jene Orte bezeichnet, an denen diese Begegnung der Wissensformen am ehesten stattfindet, scheint eine Zuwendung zum Feld wissenschaftlicher Weiterbildung als Professionalisierungsprozess für die Betrachtung eines so verstandenen Wissenstransfers lohnenswert.

Im Folgenden wird zunächst wissenschaftliche Weiterbildung als Format des Wissenstransfers genauer konturiert und hochschulisches *Work-based Learning* als Spielart wissenschaftlicher Weiterbildung vorgestellt. Daran anschließend wird auf *Practitioner Research* als zugespitzte Form der Begegnung der unterschiedlichen Sichtweisen fokussiert und über den empirischen Einblick in ein so konzipiertes Weiterbildungsangebot illustriert. Das abschließende Fazit führt die zentralen Aspekte zusammen und hebt auf Implikationen eines wie anfangs beschriebenen Verständnisses von Wissenstransfer ab.

2 Wissenschaftliche Weiterbildung als Wissenstransfer

Wissenschaftliche Weiterbildung im Sinne hochschulischer Bildungsangebote richtet sich in der Regel an Personen, die bereits ausgebildet und beruflich erfahren sind und ihr Tun wissenschaftlich legitimieren oder neues bzw. aktuelles Wissen erlangen wollen (siehe Klages et al. in diesem Band) um sich und ggf. auch ihre Praxiskontexte weiterzuentwickeln. Sie nimmt damit auch Bezug auf die praktischen Erfahrungen der Studierenden[1] und damit auf ihr Handeln in der Praxis sowie auf Lernen, das mit Rückgriff auf diesen Kontext geschieht. Sie ist gekennzeichnet von einem gleichzeitigen Anspruch an Wissenschaftlichkeit und Berufsbezug (Baumhauer, 2017) und wird als ein Zwischenraum bezeichnet (Christmann, 2006), in dem Bezugnahmen der unterschiedlichen Felder zueinander besondere Relevanz entfalten (u. a. Cendon et al., 2016), oder als Brückenschlag zwischen Wissenschaft und anderen Teilen der Gesellschaft (Faulstich, 2006).

Wissenschaftliche Weiterbildung als Entstehungsort professionellen Wissens kann als Interaktionssystem gefasst werden, an dem Vertreter:innen der beiden Systeme sich begegnen, die unterschiedlichen Sichtweisen zueinander in Bezug setzen und interaktiv professionelles Wissen entwickeln (Jütte et al., 2012). Die Betrachtung der Abgrenzung von Wissenschaft und Praxis wird ersetzt durch den Blick auf die Herstellung von Bezügen; professionelle Kompetenzen entstehen durch „vernetzende Interaktionen" (Walber & Jütte, 2015, S. 50). Wissenstransfer wird nicht verstanden als ein (wissenschaftliches) Wissen, das (in die Praxis) vermittelt oder transferiert wird, sondern als ein In-Verbindung-Bringen, als Begegnung von Wissenschaft und Praxis im Sinne einer Relationierung von zwei unterschiedlichen Sichtweisen auf denselben Gegenstand (Schäffter, 2017).

Wird wissenschaftliche Weiterbildung als Professionalisierungsgeschehen gefasst, sind zwei Aspekte zentral. Zum einen erfordert Professionalisierung die „Herausbildung von theoretischer Reflexionskompetenz" (Combe & Kolbe, 2008, S. 864), um implizites Wissen zu identifizieren und damit auch dessen Begrenztheit zu erkennen – dies als Voraussetzung für die Steigerung von Professionalität. Reflexion als zentrales Kennzeichen von Professionalität (Reh & Schelle, 2010) lässt sich mit „Denk-Handeln" (Cendon, 2017, S. 39) als systematische Form distanzierten Nachdenkens über eine Erfahrung oder ein Thema beschreiben. Die Begegnung von Wissenschaft und Praxis erfolgt als ein reflexives In-Beziehung-Setzen der eigenen Handlung zu wissenschaftlichem Wissen, das eine Weiterentwicklung der Handlungsmöglichkeiten bewirken kann. Nach Schön (1983) müssen Praktiker:innen als *reflective practitioners* in der Lage sein, Praxis forschend zu betrachten, d. h. Probleme zu erkennen und zu definieren, und dann im Wechselspiel von Handlung und Beobachtung der Handlung durch Reflexion bearbeiten, um Erfahrungen als lokales Wissen aufzubauen, das später wieder eingesetzt werden kann. Zum anderen wird die Anforderung einer „praktischen Einsozialisation in Handlungsmuster" (Combe & Kolbe,

---

1 Das hier zugrunde gelegte weite Verständnis von Studierenden inkludiert alle Adressat:innen wissenschaftlicher Weiterbildung, d. h. auch solche ohne formal-rechtlichen Studierendenstatus.

2008, S. 864) betont. Der Erwerb von Professionswissen erfordert auch praktisches Handeln (Dewe et al., 1992). Beide Aspekte betonen die Handlung und verweisen damit auf den Ort, an dem das praktische Handeln stattfindet.

In diesem Verständnis würde der Zwischenraum *wissenschaftliche Weiterbildung* sowohl die rückblickend reflexive Betrachtung von Praxis(erfahrungen) als auch die Handlungen selbst berücksichtigen. Damit bekommt der Ort, an dem die Handlungen vollzogen werden, die (berufliche) Praxis, ein besonderes Gewicht, was im hochschulischen *Work-based Learning* (WBL) deutlich wird. Denn in dieser Form wissenschaftlicher Weiterbildung wird *work*, also Arbeit, als Lernort gesehen und zum Ausgangspunkt von Lernen genommen. Hochschulisches WBL hat v. a. im angelsächsischen, US-amerikanischen und australischen Hochschulraum Tradition und wurde als Reaktion auf den Bedarf an übergreifenden und höherwertigen Kompetenzen wie Analyse- oder Synthesekompetenzen in einer Vielzahl von Berufen entwickelt. In verwandter Form kommt WBL in Deutschland zumindest vereinzelt als Spielart wissenschaftlicher Weiterbildung vor (Mörth et al., 2020b). Hochschulisches WBL zielt auf die Entwicklung höherwertiger praxisrelevanter Kompetenzen, die gleichzeitig zur Entwicklung der Organisation beitragen können (Boud, 2001) und kann Teil eines disziplinär verorteten Studiums oder ein eigenständiges Angebot sein, das dann jenseits einer disziplinären Fächerlogik liegt (Costley et al., 2010). Am Beginn steht meist die gemeinsame Aushandlung (Lernende, Vertreter:innen der Hochschule und des Praxisorts) von Lern- und Entwicklungszielen. Die unterschiedlichen Ausprägungen hochschulischen *Work-based Learnings* gehen davon aus, dass durch Lernen im Arbeitskontext höherwertige Kompetenzen erworben werden, dass Fragen der Praxis Wissensbestände unterschiedlicher Disziplinen erfordern und dass tacit knowledge, Reflexion und Selbststeuerung der Lern- und Kompetenzentwicklungsprozesse zentral sind (u. a. Billett, 2015; Boud, 2001; Lester & Costley, 2010; Nottingham, 2012).

3 Practitioner Research

Die Relevanz der Praxis bzw. des Handelns für das Lernen wird in diesem Kontext doppelt relevant, wenn Wissenschaft bzw. wissenschaftliches Arbeiten auch als eine Form von Praxis gesehen wird (Knorr-Cetina, 1991), die es für jede:n einzelne:n Praktizierende:n auch anzueignen und einzuüben gilt. Bei dem didaktischen Format *Practitioner Research* geht es um die Beforschung eines Problems oder eine Fragestellung der eigenen außerwissenschaftlichen Praxis und deren gleichzeitiger Bearbeitung mit möglichen Praxen der Wissenschaft. Die Differenzierung von *Praxis* als Geschehen bzw. Handeln in einer außerhochschulischen (beruflichen) Praxis und *Theorie* bzw. *Wissenschaft* als spezifische Wissensbestände bzw. als bestimmte Form von Praxis wird im vorliegenden Text als Kontrastierung genutzt. Denn erst die Differenzierung, die Benennung der Gegensätze, ermöglicht, die Bedeutungen füreinander zu betrachten und darüber auch Unschärfen in der Abgrenzung voneinander zu erkennen und die Dialektik zu entschärfen.

Die Begegnung von Wissenschaft und Praxis zeigt sich bei der *Practitioner Research* als zentralem Aspekt von hochschulischem WBL besonders deutlich, weil die Studierenden, die ja Praktiker:innen sind, ihre eigene Praxis mit wissenschaftlichen Methoden beforschen (u. a. Costley, 2000; Lester & Costley, 2010). Es kommen Forschungsmethoden zum Einsatz, die sich für die Beforschung der eigenen Praxis eignen, indem sie auf Praxisveränderungen, aber auch auf die Involvierung weiterer Beteiligter abheben (Costley, 2000). Eine häufig verwendete Methode ist *Action Research*, ein partizipativer Forschungsansatz, bei dem praktisches Handeln und Forschung untrennbar miteinander verknüpft sind. Der auf den Sozialpsychologen Kurt Lewin zurückführbare Forschungsansatz wurde etwa von Argyris, Putnam und McLain Smith (1985; in Cendon & Basner, 2016) als „Action Science" gefasst, von Fox, Martin und Green (2007; in Cendon & Basner 2016) im Kontext von Organisationsentwicklung elaboriert, im deutschen Sprachraum von Moser (1995) als Praxisforschung konzeptualisiert sowie von Altrichter und Posch (2007) als Aktionsforschung im Kontext der Lehrer:innenausbildung weiter ausgearbeitet. Den Ansätzen ist ein zyklischer Verlauf von Reflexion, Informationssammlung, Erprobung der Theorie, Weiterentwicklung der Theorie sowie eine enge Verzahnung von Handlung und Reflexion und die Involvierung der Beteiligten gemein (Cendon & Basner, 2016), durchaus mit unterschiedlichen Nuancierungen, Zielstellungen und Gewichtungen. Altrichter und Posch (2007) stellen die Praktiker:innen als Forschende ins Zentrum und differenzieren Ausformungen nach der Reichweite der Ergebnisse: Weiterbildung (individuell), Verbesserung der eigenen Praxis (Organisation), Erweiterung von Professionswissen, Weiterentwicklung des Forschungsstandes, wobei *Practitioner Research* im hochschulischen WBL das Potenzial hat, alle vier Dimensionen zu adressieren.

Wird Praxis zum Ausgangspunkt eines so konzipierten Forschungsvorhabens genommen, muss zunächst das Praxisproblem eingegrenzt werden, woran sich die Komplexität der Praxis und die Notwendigkeit der Reduktion dieser Komplexität zeigt. Denn entgegen einem Verständnis technischer Rationalität können komplexe Praxisprobleme nicht einfach mit wissenschaftlichen Methoden gelöst werden, da diese von Komplexität, Ungewissheit, Einzigartigkeit, Instabilität sowie Wert- und Interessenskonflikten gekennzeichnet sind (Schön, 1983). Hier zeigt sich das Gegenteil eines alltagssprachlichen Verständnisses von Wissenstransfer, das nahelegt, dass wissenschaftliches Wissen zu komplex für die Praxis ist. Die Komplexität des Wissens über die Welt muss reduziert werden, um ein Problem (hier: Praxisproblem) eingrenzen und beforschen zu können (Luhmann, 1992). Gleichzeitig verweist die Situiertheit von Praxisproblemen darauf, dass wissenschaftliches Wissen mit seinem Anspruch auf Allgemeingültigkeit gar nicht eins zu eins passend sein kann für oder direkt angewendet werden kann auf eine konkrete, situativ besondere Praxissituation.

Indem nicht nur ein Praxisproblem beforscht wird, sondern der Forschungsprozess von jenen gesteuert und durchgeführt wird, die selbst Beteiligte bzw. Handelnde sind und auf eine Fragestellung ihrer Praxis fokussieren mit dem Ziel, diese (besser) zu verstehen und/oder zu verändern, wird die Umkehrung der Richtung doppelt deutlich: nicht *von der Forschung in die Praxis*, sondern primär wird *Forschung von der*

Praxis aus gedacht – begleitet und unterstützt durch Lehrende. Diese umgekehrte Richtung zeigt sich daran, dass die Wahl passender Methoden und Wissensbestände ggf. auch aus unterschiedlichen Disziplinen, die für die Bearbeitung eines Praxisproblems herangezogen werden sollen, von Zuschnitt und Form des Praxisproblems abhängig sind. Dabei kommt es zunächst zu einer Komplexitätssteigerung (mehrere Methoden stehen zur Wahl), die dann wieder reduziert wird (Auswahl von Methode und Wissensbeständen).

Durch diese forschende Auseinandersetzung mit einem Praxisproblem entstehen zum einen lokale, situativ gültige Wissensbestände, die durch das parallele Handeln in der Praxis auch auf Auswirkungen auf die eigene Organisation im Sinne von Veränderungen verweisen. Zum anderen können darüber hinausreichende Wissensbestände entstehen, denn durch den Einsatz wissenschaftlicher Methoden und das Teilen und Zur-Diskussion-Stellen von Erkenntnissen erlangt das Wissen auch akademische Legitimität. „The project generates new knowledge that is of value to the student, the community of practice and has academic legitimacy." (Costley, 2000, S. 38) Dass ausgehend von konkreten Situationen allgemeinere Wissensbestände generiert werden, die wiederum in anderen konkreten Situationen als Betrachtungsweisen dienen können, kann als zirkuläre Bewegung, als ständiger Wechsel zwischen abstrakt und konkret, von Beteiligung und Distanzierung gelesen werden, an dem sich zeigt, dass die Wissensproduktion nie abgeschlossen ist und Wissensbeständen immer neue Aspekte hinzugefügt werden.

Ein solcher praxisreflektierender Wissensentstehungsprozess birgt das Potenzial, die exklusive Legitimität disziplinär kategorisierten Fachwissens und traditioneller erkenntnistheoretischer Annahmen in Frage zu stellen (Costley, 2000), da die Beantwortung von komplexen Fragen der Praxis meist Methoden und Wissensbestände unterschiedlicher Disziplinen verlangt. Er verweist auch auf eine reflexive, sozial verantwortliche, heterarchische Wissenproduktion im Modus 2 (Gibbons et al., 1994) – in Abgrenzung zu einer Wissensproduktion in Modus 1, die ausschließlich durch Wissenschaftler:innen nach disziplinären Standards erfolgt. Ein in Modus 2 außerhalb der Wissenschaft produziertes Wissen bricht durch ein vielschichtiges Zusammenwirken von Wissenschaft und anderen gesellschaftlichen Teilsystemen die Dualität „Wissensproduzierende und Wissensverwendende" auf. Darüber hinaus wird die breitere gesellschaftliche Einbettung eines so verstandenen Wissenstransfers deutlich, wenn ein umfassendes Verständnis von Arbeit als „all purposeful and useful activity" (Costley, 2000, S. 33) zugrunde liegt. Indem Arbeit auch nichterwerbsförmig strukturierte Arbeit wie Hausarbeit oder Ehrenamt inkludiert, wertet es solcherart gesellschaftlich relevante, aber gesellschaftlich kaum anerkannte, unbezahlte Tätigkeiten auf und kann zu einer breiteren Bildungsbeteiligung beitragen (ebd.).

4 Empirische Einblicke

Im Folgenden wird ein Angebot wissenschaftlicher Weiterbildung hinsichtlich der oben beschriebenen Momente der Begegnung von Wissenschaft und Praxis als Wissenstransfer analysiert. Bei dem Fall handelt es sich um ein berufsbegleitendes Zertifikatsangebot auf Masterniveau einer Technischen Universität im Kontext von Prozessoptimierung in der Arzneimittelherstellung, in dem die Studierenden eine konkrete Fragestellung aus ihrer Praxis beforschen mit dem Ziel, neue Handlungsoptionen für diese zu entwickeln. Das gesamte Angebot, an dem Personen aus unterschiedlichen Abteilungen und Standorten eines Unternehmens teilnehmen, ist als Praxisforschungsvorhaben sowie als Projekt mit den klassischen Phasen *Konzeption, Durchführung* und *Reflexion* konzipiert. Reflexionsprozesse sind integrale Bestandteile des Studienangebots und beziehen sich sowohl auf den Projektverlauf und die damit verbundenen Arbeitsprozesse und -produkte als auch auf die Kompetenzentwicklung der Studierenden in professioneller/fachwissenschaftlicher Perspektive.

Die Daten entstammen einem vorangegangenen partizipativen Forschungsprojekt mit Akteur:innen aus Förderprojekten des Bund-Länder-Wettbewerbs „Aufstieg durch Bildung: offene Hochschulen". Zum einen wurde ein Kriterienraster zur systematischen Darstellung von hochschulischem WBL in Deutschland entwickelt. Das Raster wurde an insgesamt 13 Studienangeboten erprobt, an den vier Angeboten der beteiligten Projekte sowie neun weiteren nach dem Schneeballprinzip akquirierten Angeboten. Auf Basis einer fallübergreifenden abduktiven Analyse der Selbstbeschreibungen entlang des Rasters und dessen kommunikativer Validierung entstand ein weiterentwickeltes Raster zur systematischen Darstellung von hochschulischem WBL in Deutschland (Mörth et al. 2020a, b). Zum anderen wurde der Frage nach domänenspezifischen Bedeutungen von Theorie und Praxis und deren Verzahnung nachgegangen. Dazu wurden 19 halbstandardisierte Expert:inneninterviews mit an den Angeboten beteiligten Studiengangverantwortlichen und Lehrenden geführt, abduktiv kodiert und über einen thematischen Vergleich auf Gemeinsamkeiten und Unterschiede hin analysiert (Klages et al., 2020).

Für die hier vorgestellte Analyse wurde jener dieser Fälle ausgewählt, bei dem die Kriterien von *Work-based Learning* für den deutschen Kontext am stärksten ausgeprägt vorzufinden waren und der damit den differenziertesten Hinblick auf das Phänomen versprach. Datenbasis waren die Selbstbeschreibung des Studienangebots entlang der Kriterien für *Work-based Learning* sowie Expert:inneninterviews mit einer Person aus der Studiengangskonzeption und einer/einem Lehrenden zu ihrem Verständnis von Theorie und Praxis und deren Begegnung. Der Kodierungsprozess erfolgte entlang der oben skizzierten Beschreibung von *Practitioner Research* sowie zusätzlich differenzierend über in den Daten enthaltene Momente der Begegnung von Theorie und Praxis im Sinne des abduktiven Kodierens (Kelle & Kluge, 2010). Das Ergebnis der Analyse erhebt keinen Anspruch auf Repräsentativität, sondern stellt eine exemplarisch-illustrierende Rekonstruktion der bildungspraktischen Realität dieses didaktischen Formats dar und intendiert Plausibilität.

Im Folgenden wird das Angebot entlang des Kategoriensystems mit illustrierenden Passagen aus den Interviews beschrieben.

4.1 Ausgangspunkt: Frage der Praxis – Hilfsmittel: Theorie

Vor Beginn des Studienangebots werden die konkrete Fragestellung der Praxis, die Ausgangspunkt und zentraler Bezugspunkt des Angebots ist, sowie die individuellen Kompetenzentwicklungsziele zwischen Studierenden, Arbeitgeber:in und Hochschulvertreter:in ausgehandelt. Ausgehend von der Forschungsfrage erfolgt die Planung des Curriculums im Sinne der Auswahl der durch Lehrende zu vermittelnden Theorien und die Entscheidung für passende Methoden.

> „Und das ist auch ein wichtiger Punkt, den wir in der Vorbereitung von dem Weiterbildungsprogramm machen, dass die Teilnehmenden sich selbst schon überlegen sollen, was treten in der Praxis für Fragestellungen auf, wo haben sie regelmäßig Probleme mit und was erhoffen sie sich vielleicht nach dem Kurs besser zu verstehen. Dann können wir wiederum darauf ein bisschen schon eingehen in dem Kurs." (L: 13)

> „Die [Studierenden] sollen die [Forschungsfragen] auch vorher auch schon einmal formulieren und so weiter, das heißt, das bereiten die vor. Und dann überlegt man sich halt vor Ort wie man diese Fragen beantworten kann, mit welcher Art von Experiment, welcher Messung." (K: 46)

> „Und die Theorie, die füttert das eigentlich nur. [...] Aber dann geht es eben wirklich nochmal darum [...] einfach sich die Frage zu stellen, was heißt das für die, für meine Praxis, ne? Das ist der Hauptpunkt, das ist das, was im Fokus ist, tatsächlich." (K: 66)

An diesem Vorgehen wird deutlich, dass die Praxis zentraler Bezugspunkt ist – als Fragestellung, deren Beantwortung stets auf die Entwicklung von Handlungsoptionen in der Praxis abzielt. Davon ausgehend werden dazu passende Theorien und Methoden ausgewählt – und es bestimmen nicht umgekehrt die Vermittlung spezifischer Theorien oder das Einüben spezifischer Methoden die Wahl eines zu beforschenden Praxisausschnitts. Als Komplexitätsreduktion kann zunächst die Eingrenzung des Praxisproblems und dann das Festlegen des Forschungsvorgehens und das hochschulseitige Auswählen passender theoretischer Wissensbestände gelesen werden. Die Konzipierung eines Angebots in dieser Form verweist auf didaktisch-curriculare Lernendenzentrierung, d. h. die Ausrichtung an den Bedarfen der Studierenden in Form der Entwicklung eines individuellen Lernpfads – in Abgrenzung zu hochschulseitig vorgegebenen Inhalten.

4.2 Beforschung der Praxis durch die Studierenden

Die Studierenden beforschen ihre Praxis(frage) an der Hochschule, da die Praxis im Unternehmen aufgrund von strengen Sicherheits- und Zulassungsauflagen und laufenden Prozessen eine Beforschung nicht zulässt. In zwei Gruppen werden Experimente und Messungen durchgeführt: im Labor an einem kleinen Apparat und einem Produktionsapparat im Maßstab 1:1. Ihre gläserne Konstruktion lässt physikalische Abläufe sichtbar werden.

> „Die überlegen sich erst ihre Fragen, von wegen, was passiert halt, wenn ich die Temperatur erhöhe oder wenn ich es von oben reinlaufen lasse oder mit welcher Geschwindigkeit lasse ich da irgendwas reinlaufen und so weiter und so fort. Und das kann man natürlich sichtbar machen, indem man Flüssigkeiten dann auch anfärbt oder sowas. Und dann kann man eben diese Prozesse verfolgen. Ja, und das ist das, wie die halt dann sozusagen [...] nutzen, um die Prozesse zu Hause eben zu optimieren." (K: 24)

> „Und da gibt es einfach so ein paar physikalische Gesetze, die da ganz grundlegend gültig sind. Und da wird dann einfach geguckt, wie sich das eben de facto dann ausprägt, in diesem Reaktor, also in der Praxis tatsächlich. Ja, was das bedeutet. Was bedeutet das für das, wie ich meinen Produktionsprozess steuern muss." (K: 22)

> „Entscheidend ist die Maßstabsübertragung [...]. Das macht man, indem man den Prozess im kleinen Maßstab laufen lässt, also kleiner Behälter und in einem großen Maßstab, der große Produktionsbehälter. [...] und genau diesen entscheidenden Schritt bilden wir bei uns ab, also wir haben den kleinen Apparat transparent, dass man alles sieht im Labor. Und wir haben einen großen Produktionsapparat transparent so, dass man alles sieht, im Technikum stehen." (L: 17)

Hier wird deutlich, dass die Studierenden den Forschungsprozess steuern: Ausgehend von der Fragestellung der eigenen beruflichen Praxis definieren die Studierenden konkrete Fragen für das jeweilige Experiment, das sie – begleitet von Lehrenden – selbst durchführen. Auch hier wird wieder der ständige Bezug zur Praxis deutlich, wobei es sich um zwei Arten von Praxis handelt: die nachgebildete Praxis an der Hochschule, in der die Experimente durchgeführt werden, und die eigene berufliche Praxis, zu der die Ergebnisse der Experimente stets in Bezug gesetzt werden.

4.3 Zyklischer Wechsel zwischen Theorie und Praxis

Theorie-Input und Beforschung der Praxis in Form von Experimenten im Labor bzw. am großen Produktionsapparat finden im Wechselspiel statt, wobei im Theorie-Teil wiederum Fragen, die in der Praxis entstehen, reflektiert und diskutiert werden. Zudem wird eine Weiterführung des Zyklus im Rahmen einer dem Weiterbildungsangebot zeitlich nachgelagerten gemeinsamen Reflexion der Erprobung neuer Handlungsoptionen in der Praxis der Studierenden als durchaus wünschenswerte, wenn auch schwer zu realisierende Weiterentwicklung des Angebots benannt.

> „Also wir haben das so aufgeteilt, dass morgens, wenn man noch frisch und wach ist, gibt es die Theorie, und nachmittags dann die Praxis, wo man an den Apparaten selber experimentieren kann." (L: 7)

> „[...] weil die Reflexion dieser Anwendung oder der Praxisteile oder sowas, die funktioniert ja über den Theorieteil [...]. Das ist ja nicht reines, stumpfes Experimentieren, sondern diese Schlussfolgerungen, die sind ja immer angeknüpft an die Theorie dann wieder [...]. Aber das ist genau der Witz, dass man eben das eine am anderen spiegelt und beides braucht um weiterzukommen." (K: 83)

An diesem Ablauf zeigt sich das ständige Wechselspiel von Theorie und Praxis, d. h. Aufstellen von Hypothesen, Festlegung von Experimenten, Erprobung in unterschiedlichen Formaten, Vergleich der Ergebnisse zueinander und zur Theorie. Dieses

Wechselspiel zeigt auch die wechselseitige Bedingtheit der beiden getrennt gedachten Aspekte sowie die Bedeutung von Reflexion, über die die Sichtweisen zueinander in Bezug gesetzt werden.

4.4 Komplexität der Praxis – Begrenztheit von Theorie

Bei der Erprobung von Theorien in der Praxis im Rahmen der Experimente bzw. der nachgelagerten Betrachtung erkennen die Studierenden die begrenzte Gültigkeit von Theorien und die Gründe dafür. Denn Theorien können Vorgänge zwar beschreiben, aber in der Praxis bewirken komplexe Einflüsse, dass Vorgänge abweichend davon ablaufen.

> „[...] nachmittags testet dann erst Gruppe A am kleinen Apparat die Verzahnung dieser Parameter und Gruppe B am großen und am nächsten Tag machen wir es umgekehrt, sodass beide Gruppen sehen, lässt sich diese Theorie auf die Praxis anwenden oder nicht. Und sie lässt sich häufig nicht anwenden. Aber wichtig ist da zu verstehen, warum. Weil dann verstehe ich auch die Schwierigkeiten und verstehe auch die Grenzen der Theorie. Wo kann ich Theorie eigentlich nutzen und wo sind die Grenzen der Theorie, wo ist die Theorie nutzlos an welcher Stelle. Und das ist eben auch ganz, ganz entscheidend." (L: 17)

> „Es gibt ja viele mathematische Gleichungen, um bestimmte Prozesse zu beschreiben. [...] Aber in der Praxis sieht es dann eben doch ein bisschen anders aus. Weil dann sehr, sehr viele, sehr komplexe Einflüsse noch dazukommen, die man noch berücksichtigen muss. [...] Diese ganzen Theorien sind natürlich alle an einfach zu betrachtenden Stoffsystemen entstanden, zum Beispiel in Wasser-Luft. Und in so einem Pharmaprozess hat man natürlich nicht einfach nur Wasser und Luft, sondern da hat man noch die Zellen und Zusatzstoffe in der Flüssigkeit und so weiter, und das beeinflusst natürlich dann diesen gesamten Prozess." (L: 9)

> „Das ist vielleicht auch so ein kleiner Paradigmenwechsel, den wir da haben, dass die Universität nicht mehr versucht zu sagen: Alles ist möglich und wir können alles vorausberechnen, alles vorhersehen. Sondern klarzumachen, die Wirklichkeit ist einfach so komplex und kompliziert, dass man es eben nur bis zu einem gewissen Grad kann. Und man muss eben nur wissen, bis wohin kann man es und wo, an welchen Stellen wird es schwierig. Und das kann man natürlich gut vermitteln. Also das ist eine ganz enge Verzahnung." (L: 17)

Die begrenzte Gültigkeit von Theorie wird darauf zurückgeführt, dass Praxis(geschehen) komplexer ist, als die Theorie in der Lage ist zu beschreiben. Über diese Begrenztheit zu wissen, ist für die Studierenden zentral, damit sie Theorien dort nutzen können, wo sie Gültigkeit haben. Mit diesem Wissen können sie Prozesse in der eigenen Praxis dann besser verstehen und vor allem auch gezielt(er) steuern.

4.5 Methodische Formate der Komplexitätsreduktion

Um die Sichtweisen aus der Beforschung der Praxis im Labor und am großen Produktionsapparat zueinander und mit der Theorie in Bezug zu setzen, werden die Erkenntnisse mit illustrierenden Darstellungsweisen an der Tafel abgebildet und ausgehend davon diskutiert.

> „Und wir haben [...] bei uns an der Tafel, so kleine Magnetschälchen, und auf den Magnetschälchen stehen die Parameter drauf. Und dann haben wir Magnetschälchen, [...] da stehen die Wirkungen drauf, die bestimmte Parameter haben. Und wir haben ja, wie gesagt, Gruppe A und B und [...] das Allererste [...] in unserem Kurs ist, dass die beiden Gruppen sich hinstellen und sagen: Wenn ich einen Parameter variiere, wie hängen diese Parameter mit den entsprechenden Wirkungen zusammen? Und dann malen die so ein Netzwerk auf, mit den Magnetschälchen, das machen beide Gruppen. Kommt meistens was sehr Unterschiedliches bei raus. Und das halten wir dann fest [...]. Und am Ende des Kurses schreiben sie diese Parameter nochmal auf und malen das nochmal neu, das Netzwerk mit den Schälchen. Und dann wird eben auch diskutiert, was ist jetzt anders, was haben sie jetzt besser verstanden, warum ist etwas anders und warum ist vielleicht auch das zwischen Gruppe A und B anders. [...] da wird dann nochmal häufig deutlich, wo die, die Theorie eben, gegriffen hat und wo sie nicht greift und warum sie nicht greift." (L: 17)

Ein zweiter methodischer Moment ist der abschließende Bericht, der als Medium der Dokumentation der Ergebnisse des Angebots dient, sozusagen als Ergebnissicherung, auf die später (in der eigenen Praxis) zurückgegriffen werden kann. Der Bericht wird in seiner Grundform als Lückentext vorgegeben, und die Studierenden müssen nur mehr ihre Messergebnisse bzw. zentralen Erkenntnisse der Forschung eintragen.

Beide Elemente können als methodisches Moment der Komplexitätsreduktion gefasst werden. Die illustrierende Darstellung an der Tafel, die dazu dient, die Ergebnisse und Erkenntnisse sichtbar und besprechbar zu machen, kann als Komplexitätsreduktion im Sinne einer Selektion (Luhmann, 1992) bestimmter Variablen ihrer Beziehungen zueinander gesehen werden. Das Vorgehen verweist auch auf Momente der didaktischen Reduktion im Sinne von Konzentration und Vereinfachung (Lehner, 2020) und auf die Verwendung von Modellen zur komplexitätsreduzierten Abbildung von Wirklichkeit (Stachowiak, 1973). Beim abschließenden Bericht kommt es ebenfalls zu einer Vereinfachung, indem bestimmte Elemente bereits vorgegeben sind, damit sich die Studierenden mit ihrer begrenzten Zeit auf das Wesentliche fokussieren können.

4.6 Gemeinsam Forschen als wechselseitige Bereicherung – Neues Wissen an vielfältigen Orten

Im Rahmen des Angebots zeigen sich Wissenszugewinne für beiden Seiten. Vertreter:innen des Praxissystems lernen allgemeine Theorien und neueste Forschungserkenntnisse sowie deren Grenzen kennen, um Abläufe in der Praxis zu verstehen und Prozesse zu verbessern. Sie lernen also zu verstehen, warum etwa *so* ist und wie sie gezielt Veränderungen bewirken können. Hochschulvertreter:innen wiederum lernen, wie sich die Theorie in der Praxis auswirkt, warum etwas so ist, wie es ist, aus komplementärer Perspektive.

> „Die Kollegen und Kolleginnen aus der Industrie, die diese Prozesse betreiben [...], haben jetzt die Möglichkeit, zu uns zu kommen und viel darüber zu erfahren wie die Theorie denn aussieht, was gibt es denn für Möglichkeiten, diese Prozessfenster zu finden [...], worauf muss ich denn achten. Die haben natürlich selber ganz, ganz viel Praxiserfahrung und wissen, wie es in der Praxis läuft und haben ein Gefühl dafür, wie sie den Prozess einstellen müssen, können es aber oft nicht [...] fachlich beschreiben." (L: 5)

„Und bei uns ist es genau umgekehrt, wir haben nicht das Gefühl, aber wir haben die fachliche Beschreibung. Und das passt natürlich sehr schön dann zusammen und jedes Mal, wenn wir diese Veranstaltung haben, gibt es ganz tolle Synergien, wo wir wieder was verstehen, plötzlich ach ja natürlich, wenn es in der Theorie so ist, dann muss sich das in der Praxis so auswirken und umgekehrt. Dass man sieht, okay wir wissen es zwar aus dem Bauchgefühl heraus, wenn man einen bestimmten Parameter verändert, verändert sich dann das Produkt, aber wir wissen nicht, warum, aber jetzt mit diesen neuen Erkenntnissen weiß man es dann." (L: 5)

„Die Theorie hat die Bedeutung für die Weiterbildungsteilnehmenden, [...] dass sie das genauer verstehen, warum ist das eigentlich so, das ist nicht nur ein Bauchgefühl, sondern jetzt weiß ich, ach ja, ist logisch ich habe eine höhere Produktqualität, weil ich eben die bestimmten Bedingungen im Prozess vorgegeben habe und dadurch etwas Bestimmtes erzielt habe. Man versetzt damit die Teilnehmer dann auch in die Lage, genauer zu verstehen, was sie beispielsweise machen müssen, um den Prozess zu optimieren. [...] Umgekehrt für uns wiederum von der Universitätsseite ist es natürlich extrem hilfreich zu sehen, wie es in der Praxis letztendlich abläuft und wo wirklich die entscheidenden Fragestellungen auftreten. [...] [Es ist] natürlich immer gut, wenn man gerade erst an einer Technischen Universität auch in Richtung Forschung betreibt, die dann auch möglichst unmittelbar der Gesellschaft zugutekommt. Also deswegen ist für uns da ganz wichtig zu sehen, wo ist da der praktische Nutzen dessen, was wir machen." (L: 11–13)

Durch die Begegnung der Perspektiven werden auf beiden Seiten Lücken geschlossen: Unternehmen, denen Theoriewissen fehlt, lernen, die Prozesse fachlich zu beschreiben und die Hochschule, der das Erfahrungswissen fehlt, erfährt, wie es in der Praxis ist und was dort relevant ist. Die Begegnung von Sichtweisen wirkt sich auf die Praxis so aus, dass die Studierenden über neue Handlungsoptionen in Bezug auf die Prozessentwicklung verfügen und zur Entwicklung des Unternehmens beitragen. Aufseiten der Hochschule ermöglicht sie, die eigene Forschung(spraxis) an Praxisfragestellungen auszurichten, um gesellschaftlich relevante(re) Forschung zu betreiben.

Die empirischen Einblicke verweisen darauf, dass ein Angebot wissenschaftlicher Weiterbildung, als hochschulseitiges Angebot an Studierende/Praktiker:innen, Momente eines multidirektionalen Wissenstransfers im Sinne eines gemeinsamen Entstehens von neuem Wissen enthalten. Die Begegnung der unterschiedlichen Sichtweisen ermöglichen die Erweiterung von Handlungsoptionen und die Weiterentwicklung der eigenen Praxis sowohl aufseiten der Studierenden als Vertreter:innen des beruflichen/unternehmerischen Praxissystems als auch aufseiten der Lehrenden als Vertreter:innen des hochschulischen Praxissystems. Zudem verliert der vermeintliche Gegensatz von Theorie und Praxis an Schärfe, wenn die wechselseitige Bedeutung füreinander als wechselseitige Bedingtheit erkennbar wird, wenn die begrenzte Gültigkeit von Theorie für Praxis über deren unzureichend komplexe Beschreibung und die Bedeutung von Praxis für Theorie deutlich werden und wenn auch Forschung von Praxis-Forscher:innen bedeutsam wird. Darüber hinaus verweist der Einblick auch auf die Möglichkeit, nicht nur Forschung, sondern auch Lehre von der Praxis bzw. den Bedarfen von Studierenden aus zu denken – im Sinne von individuellen Curricula/ Lernpfaden.

5 Fazit

Am Forschungsprozess der *Practitioner Research* zeigen sich Momente der Komplexitätsreduktion und des Entstehens von Wissen an vielfältigen Orten. Studierende verstehen mithilfe der wissenschaftlichen Sichtweise, warum bestimmte Abläufe zu bestimmten Ergebnissen führen, und auch, wann und warum etwas nicht mit Theorie erklärbar ist, und Hochschulvertreter:innen sehen, wie sich die Theorien in der Praxis zeigen und auch welche neuen Fragen dabei entstehen, die wiederum eine hochschulische Forschung informieren können. Der ständige Perspektivwechsel in Form des zyklischen Ablaufs von praktischer Frage/Erprobung, Theorie und Reflexion verweist auf die enge Verbundenheit der Sichtweisen. Wissenschaftliche Weiterbildung verweist damit auf das Potenzial von Wissenstransfer als gemeinsames Entstehen neuen Wissens durch die Begegnung der unterschiedlichen Sichtweisen.

In einem relationstheoretischen Verständnis sind die in den unterschiedlichen Systemen hervorgebrachten Wissensbestände unterschiedliche Sichtweisen auf denselben Gegenstand, die es in einem Aushandlungsprozess zueinander in Beziehung zu bringen gilt (Schäffter, 2017). Entsteht so über unterschiedliche Kontexte hinweg ein an Problemstellungen orientiertes gemeinsam produziertes Wissen, wird das dichotome Verständnis von Theorie und Praxis transzendiert (Gibbons et al. 1994). Im disziplinär strukturierten Wissenssystem Hochschule geht ein solches transdisziplinäres Wissen leicht verloren (Schäffter, 2017). Ein Lösungsansatz ist die Etablierung von WBL als „Field of study", also als eigenständiger Bereich, der solchen transdisziplinären Bildungsangeboten und Wissensbeständen einen Platz gibt (Costley & Armsby, 2007), ein anderer ist die Anerkennung der Ergebnisse von partizipativer Forschung durch die scientific community etwa auf Konferenzen und in Publikationen (Altrichter & Feindt, 2008).

> „Wissenschaftliche Weiterbildung erhielte in einem partizipatorisch angelegten Wissenschaftsverständnis eine intermediäre Position, deren Wirkungen weit in den traditionellen Wissenschaftsbetrieb hineinreichen und dort auch intern eine Neuorientierung in Richtung auf eine ‚transformative Wissenschaft' ermutigen und fachlich befördern könnten." (Schäffter, 2017, S. 236).

Hochschulen würden so wieder verstärkt zum Ort von Austausch und durchaus auch kritischer Debatte, und könnten sich durch ihre Responsivität gegenüber der Welt als Teil dieser verorten und darüber eine neue Legitimität erlangen (Barnett & Griffin, 1997).

In relationstheoretischer Sicht sind die Beziehungen zwischen Aspekten im Fokus und die beteiligten Aspekte selbst sind nur der Relation nachgängig fassbar (Schäffter, 2017), d. h., erst über die Beziehung etwa zwischen Theorie und Praxis können diese selbst gefasst werden. Ähnlich dazu können die Anteile der Handlung den Beteiligten erst nach der wechselseitig bezogenen Handlung (Transaktion) zugewiesen werden (Nohl, 2014). Fasst man nun wissenschaftliche Weiterbildung „als ein radikales In-Beziehung-Setzen differenter Wissensformen" (Alexander, 2020, S. 74) und wendet man sich so auch den Grundlagen der Betrachtung zu, sind auch die

Grenzen der in Beziehung befindlichen Wissensbestände nicht mehr eindeutig. Es wird nicht nur uneindeutig, über welche Wissensbestände die Vertreter:innen eines Systems verfügen, wenn etwa Praktiker:innen/Studierende bereits über akademische Abschlüsse verfügen oder Lehrende nicht mehr nur Professor:innen mit klassischer akademischer Laufbahn sind, sondern vor oder parallel zu ihrem Dasein als Lehrende etwa in der Industrie oder anderen Wirtschaftsbereichen tätig waren (wie es insbesondere an Fachhochschulen der Fall ist), auch die Zugehörigkeiten zum jeweiligen gesellschaftlichen Zusammenhang sind dann sozusagen mehrfach. Wenn Zugehörigkeiten uneindeutig werden, spielen wechselseitige Kommunikation und Verständigungsprozesse wie in der *Practitioner Research* um so mehr eine zentrale Rolle.

Literaturverzeichnis

Alexander, C. (2020). Wissenschaftliche Weiterbildung aus einer relationslogischen Perspektive. In W. Jütte, M. Kondratjuk, & M. Schulze (Hg.), *Hochschulweiterbildung als Forschungsfeld. Disziplinäre, theoretische, empirische und methodische Zugänge* (S. 63–78). Bielefeld: wbv Media.

Altrichter, H. & Feindt, A. (2008). Handlungs- und Praxisforschung. In W. Helsper & J. Böhme (Hg.), *Handbuch der Schulforschung,* 2. durchgesehene und erweiterte Auflage (S. 449–466). Wiesbaden: VS.

Altrichter, H. & Posch, P. (2007). *Lehrerinnen und Lehrer erforschen ihren Unterricht.* Bad Heilbrunn: Julis Klinkhardt.

Argyris, C., Putnam, R &, McLain Smith, D. (1985). *Action science. Concepts, methods, and skills for intervention.* San Francisco: Jossey-Bass.

Barnett, R. & Griffin, A. (1997). *The End of Knowledge in Higher Education.* London: Cassell.

Baumhauer, M. (2017). *Berufsbezug und Wissenschaftsorientierung: Grundzüge einer Didaktik wissenschaftlich reflektierter (Berufs-)Praxis im Kontext der Hochschulweiterbildung.* Detmold: Eusl.

Beck, U. & Bonß, W. (1989). *Weder Sozialtechnologie noch Aufklärung?* Frankfurt a. M.: Suhrkamp.

Billett, S. (2015). The Practices of Using and Integrating Practice-Based Learning in Higher Education. In M. Kennedy, S. Billett, S. Gherardi & L. Grealish (Hg.), *Practice-based Learning in Higher Education. Jostling Cultures* (S. 15–30). Dordrecht: Springer.

BMBF – Bundesministerium für Bildung und Forschung (2019). *Grundsatzpapier des Bundesministeriums für Bildung und Forschung zur Wissenschaftskommunikation.* Berlin. https://www.bmbf.de/upload_filestore/pub/Grundsatzpapier_zur_Wissenschafts kommunikation.pdf [letzter Zugriff: 15.04.2021]

Boud, D. (2001). Creating a Work-integrating Curriculum. In D. Boud & N. Solomon (Hg.), *Work-integrating Learning. A New Higher Education?* (S. 44–58). Buckingham: SRHE and Open University Press.

Cendon, E. (2017). Reflexion in der Hochschulweiterbildung. Verbindungsglied zwischen unterschiedlichen Erfahrungswelten. *Zeitschrift Hochschule und Weiterbildung,* 2017(2), 39–44.

Cendon, E. & Basner, T. (2016). Gemeinsam forschen: Action Research als Arbeitsform der wissenschaftlichen Begleitung. In E. Cendon, A. Mörth & A. Pellert (Hg.), *Theorie und Praxis verzahnen. Lebenslanges Lernen an Hochschulen* (S. 25–45). Münster: Waxmann. urn:nbn:de:0111-pedocs-145447.

Cendon, E., Mörth, A. & Pellert, A. (Hg.) (2016). *Theorie und Praxis verzahnen. Lebenslanges Lernen an Hochschulen.* Münster: Waxmann. urn:nbn:de:0111-pedocs-145447.

Christmann, B. (2006). „Dazwischen". Intermediäre Institutionen und ihre Bedeutung für die wissenschaftliche Weiterbildung. In P. Faulstich (Hg.), *Öffentliche Wissenschaft: neue Perspektiven der Vermittlung in der wissenschaftlichen Weiterbildung* (S. 119–136). Bielefeld: Transcript.

Combe, A. & Kolbe, F.-U. (2008). Lehrerprofessionalität: Wissen, Können, Handeln. In W. Helsper & J. Böhme (Hg.), *Handbuch der Schulforschung* (S. 857–875). Wiesbaden: VS.

Costley, C. (2000): Work Based Learning: An Accessible Curriculum. *Widening Participation and Lifelong Learning*, 2(2), 33–39.

Costley, C., Abukari, A. & Little, B. (2010). *Literature review of work based learning.* London: Middlesex University.

Costley, C. & Armsby, P. (2007). Methodologies for undergraduates doing practitioner investigations at work. *Journal of Workplace Learning*, 19(3), 131–145.

Dewe, B., Ferchhoff, W. & Radtke, F.-O. (1992). Das „Professionswissen" von Pädagogen. Ein wissenstheoretischer Rekonstruktionsversuch. In B. Dewe, W. Ferchhoff & F.-O. Radtke (Hg.), *Erziehen als Profession. Zur Logik professionellen Handelns in pädagogischen Feldern* (S. 70–91). Opladen: Leske & Budrich.

Faulstich, P. (2006). *Öffentliche Wissenschaft. Neue Perspektiven der Vermittlung in der wissenschaftlichen Weiterbildung.* Bielefeld: Transkript.

Fox, M., Martin, P. & Green, G. (2007). *Doing practitioner research.* London: Sage Publications.

Gibbons, M., Limoges, C., Nowotny, H., Schwartzman, S., Scott, P. & Trow, M. (1994). *The new production of knowledge. The dynamics of science and research in contemporary societies.* London: Sage Publications.

Jütte, W., Walber, M. & Behrens, J. (2012). Interaktive Professionalisierung in der Weiterbildung. Das Bielefelder Modell. In R. Egetenmeyer & I. Schüßler (Hg.), *Akademische Professionalisierung in der Erwachsenenbildung/Weiterbildung* (S. 171–181). Baltmannsweiler: Schneider.

Kelle, U. & Kluge, S. (2010). *Vom Einzelfall zum Typus. Fallvergleich und Fallkontrastierung in der qualitativen Sozialforschung.* Wiesbaden: VS.

Klages, B., Mörth, A. & Cendon, E. (2020). *Theorie-Praxis-Verzahnung in der wissenschaftlichen Weiterbildung: unterschiedliche Domänen – unterschiedliche Probleme?* In E. Cendon, U. Wilkesmann, A. Maschwitz, S. Nickel, K. Speck & U. Elsholz (Hg.), *Wandel an Hochschulen? Entwicklungen der wissenschaftlichen Weiterbildung im Bund-Länder-Wettbewerb ‚Aufstieg durch Bildung: offene Hochschulen'* (S. 109–126). Münster: Waxmann.

Knorr-Cetina, K. (1991). *Fabrikation von Erkenntnis. Zur Anthropologie der Wissenschaft.* Frankfurt a. M.: Suhrkamp.

Kroner, W. & Wolff, S. (1989). Pädagogik am Berg. Verwendung sozialwissenschaftlichen Wissens als Handlungsproblem vor Ort. In U. Beck & W. Bonß (Hg), *Weder Sozialtechnologie noch Aufklärung?* (S. 72–121). Frankfurt a. M.: Suhrkamp.

Lehner, M. (2020). *Didaktische Reduktion*. Bern: Haupt.

Lester, S. & Costley, C. (2010). Work-integrating learning at higher education level: value, practice and critique. *Studies in Higher Education, 35*(5), 561–575. https://doi.org/10.1080/03075070903216635

Luhmann, N. (1992). *Die Wissenschaft der Gesellschaft*. Frankfurt a. M.: Suhrkamp.

Mörth, A., Cendon, E. & Klages, B. (2020a). Work-based Learning als Beitrag zur Öffnung von Hochschulen. In E. Cendon, U. Wilkesmann, A. Maschwitz, S. Nickel, K. Speck & U. Elsholz (Hg.), *Wandel an Hochschulen? Entwicklungen der wissenschaftlichen Weiterbildung im Bund-Länder-Wettbewerb ‚Aufstieg durch Bildung: offene Hochschulen'* (S. 127–146). Münster: Waxmann.

Mörth, A., Klages, B. & Cendon, E. (2020b). *Aspekte von Work-based Learning in (Studien-)Angeboten wissenschaftlicher Weiterbildung. Ergebnisse einer partizipativen Aktionsforschung*. urn:nbn:de:0111-pedocs-189694.

Moser, H. (1995). *Grundlagen der Praxisforschung*. Freiburg i. Br.: Lambertus.

Nohl, A.-M. (2014). Bildung und konjunktive Transaktionsräume. In F. von Rosenberg, & A. Geimer (Hg.), *Bildung unter Bedingungen kultureller Pluralität* (S. 27–40). Wiesbaden: Springer.

Nottingham, P. (2012). *An exploration of how differing perspectives of Work Based Learning within Higher Education influences the pedagogies adopted*, (Ph.D theses). University of London: Birkbeck.

Reh, S. & Schelle, C. (2010). Der Fall im Lehrerstudium – Kasuistik und Reflexion. In: C. Schelle, K. Rabenstein & S. Reh, *Unterricht als Interaktion. Ein Fallbuch für die Lehrerbildung* (S. 13–21). Bad Heilbrunn: Klinkhardt.

Schäffter, O. (2017). Wissenschaftliche Weiterbildung im Medium von Praxisforschung – eine relationstheoretische Deutung. In B. Hörr & W. Jütte (Hg.), *Weiterbildung an Hochschulen. Der Beitrag der DGWF zur Förderung wissenschaftlicher Weiterbildung* (S. 221–240). Bielefeld: W. Bertelsmann Verlag.

Schön, D. A. (1983), *The reflective practitioner. How professionals think in action*. New York: Basic Books.

Stachowiak, H. (1973). *Allgemeine Modelltheorie*. Wien: Springer.

Walber, M. & Jütte, W. (2015): Entwicklung professioneller Kompetenzen durch didaktische Relationierung in der wissenschaftlichen Weiterbildung. In O. Hartung & M. Rumpf (Hg.), *Lehrkompetenzen in der wissenschaftlichen Weiterbildung* (S. 49–64). Wiesbaden: Springer. https://doi.org/10.1007/978-3-658-08869-9_4.

Über die Autorin

Anita Mörth, Mag. phil., Bildungswissenschaftlerin, ist wissenschaftliche Mitarbeiterin am Lehrgebiet Wissenschaftliche Weiterbildung und Hochschuldidaktik an der FernUniversität in Hagen. Forschungsschwerpunkte sind wissenschaftliche Weiterbildung, Theorie-Praxis-Verständnisse, Zugänge zu Lernen, Gender und Diversity.
Kontakt: anita.moerth@fernuni-hagen.de

Transaktionale Komplexität wissenschaftlicher Weiterbildung. Eine empirisch begründete Relationierung beteiligter Perspektiven

Benjamin Klages, Eva Cendon & Anita Mörth

Zusammenfassung

Die Verzahnung von Theorie und Praxis in der wissenschaftlichen Weiterbildung kann als didaktische Designaufgabe verstanden werden. Dabei zielt Design auf eine begründete Komplexitätsreduktion all dessen, was an wissenschaftlich relevantem Wissen durch Transfer verfügbar gemacht werden soll. Gleichwohl kann davon ausgegangen werden, dass zwischen den Erwartungen an besagtes Transfergeschehen und dem Umgang damit sowie der Bedeutung für die Handlungsstrukturierung der beteiligten Akteur:innen Unterschiede bestehen. Um die Komplexität des gerade Beschriebenen auszuleuchten, wurden Interviews mit Studierenden, Lehrenden und Studiengangleitungen zur Frage der gleichzeitigen Orientierung der Studienangebote wissenschaftlicher Weiterbildung sowohl an wissenschaftlichen Standards als auch an unmittelbarem berufs-/lebensweltpraktischen Nutzen geführt. Über eine rekonstruktive Analyse konnte eine systematische Relationierung von unterschiedlichen Perspektiven auf die erlebten Bezugshorizonte der Handlungsorientierungen aus unterschiedlichen Erfahrungsbereichen erreicht werden. Dazu stehen in diesem Beitrag die wahrgenommenen Nutzendimensionen und wechselseitigen Charakterisierungen und Adressierungen der Akteur:innen des Handlungszusammenhangs im Fokus der Darstellung.

 Die Ergebnisse unserer Untersuchung zeigen, dass konzeptuell gefasste Unterscheidungen wie *Theorie und Praxis* noch funktionieren, jedoch gleichzeitig neue definitorische Anstrengungen im Kontext der hochschulischen Weiterbildungspraxis notwendig werden lassen. In diesem Sinne wird schließlich diskutiert, dass jenseits tradierter Systemgrenzen ein alternatives Zukunftsbild wissenschaftlicher Weiterbildung angedeutet scheint. In diesem werden die Dynamik und Komplexität gesellschaftlicher Grenzbereiche mit einem expliziten Designauftrag aufgegriffen und im Modus des Mit-Werdens als spannendem Bildungszusammenhang konturiert.

Schlagworte: Theorie-Praxis-Verzahnung, wissenschaftliche Weiterbildung, rekonstruktive Sozialforschung

Abstract

Interlinking of academic theory with professional practice within university continuing education can be conceptualized as pedagogical design task. Design in this sense implies a reasoned reduction of complexity of academically relevant knowledge that is being made available through transfer. At the same time, it can be assumed that expectations on the transfer process are distinct from the approach to it as well as from its relevance for the involved actors' structuring their actions.

To shed light on the complexity of this set of issues, we conducted interviews with students, teachers and programme directors on their perception of university continuing education study programmes being simultaneously oriented towards academic standards and vocational/lifeworld values. A reconstructive analysis allowed to systematically relate the diverse perspectives on reference frames of distinct action orientations from different fields of experiences. Hence, this contribution focuses on the perceived value dimensions and on how the involved actors characterise and address each other.

Although conceptualized differentiations like *theory and practice* still do work, there is a need for new definitions within the context of university continuing education. Along these lines, an alternative future vision of university continuing education emerges that lies beyond traditional system boundaries. This vision takes up the dynamic and complexity of societal borderlands by deploying an explicit design task and outlines a fascinating educational context in the mode of becoming-with.

Keywords: Linking theory and practice, university continuing education, reconstructive social research

1 Wissenschaftliche Weiterbildung als einfache Transferschnittstelle für dynamische Systeme?

Wissenschaftliche Weiterbildung kann als funktionale Differenzierung des hochschulischen Bildungsangebots verstanden werden. Ihr wird zugeschrieben, eine Brücke zwischen der Wissenschaft und unterschiedlichen anderen gesellschaftlichen Bereichen zu bauen (Faulstich, 2015) und aus einer hybriden oder intermediären Position zu agieren (Seitter, 2017; Walber & Jütte 2015). Wissenschaftliche Weiterbildung stellt insofern ein spannendes empirisches Forschungsfeld dar, als die kontinuierlich reproduzierte Differenz von Wissenschaft und Nicht-Wissenschaft sie als hochschulisches Subsystem überhaupt erst begründet. Denn hier soll der über hochschulische Bildung geförderte Transfer von Wissen von einem zum anderen Systemzusammenhang stattfinden.

In Vorarbeiten der Autor:innen, die unter dem Topos *Theorie-Praxis-Verzahnung* (TPV) die (Weiter-)Entwicklung weiterbildender Studienangebote adressierten, konnte gezeigt werden, wie sich diese Entwicklungen auch im Zusammenhang des Lehr-

Lerngeschehens durch eine Orientierung sowohl an wissenschaftlichen Standards als auch an berufspraktischem Nutzen auszeichnen (Mörth et. al., 2020). Studierende bringen beispielsweise persönliche und berufsfeldspezifische Interessen und Fragen in das Geschehen der wissenschaftlichen Weiterbildung ein und streben nach Aneignung wissenschaftlich begründeter Antworten und Umgangsweisen damit. Dieses Aufeinandertreffen der gesellschaftlichen Systembereiche im Zusammenhang einer Bildungsmaßnahme lässt sich als konkrete Form von Wissenstransfer lesen, als Schnittstelle, die diesen Bedarf nach der Weitergabe von Wissen in Form einer einfachen Übertragung von einem Wissensspeicher in den anderen realisiert.

Dieser Prozess entspräche dem tradierten Bild des Nürnberger Trichters, in dem Wissen mittels einer Apparatur in die Köpfe der Lernenden gekippt werden kann. Aber ist es so einfach, dass nur eine geeignete Apparatur, eine hilfreiche Methode oder ein innovatives Medium identifiziert werden muss, um Wissenstransfer von A nach B respektive zwischen Menschen oder sozialen Zusammenhängen gelingen zu lassen? Mit Bezugnahme auf eine differenzierte didaktische Diskussion können darüber hinaus noch weitere Facetten einbezogen werden; so meinen wir mit Didaktik die Transferproblematik in ihrem allgemeinsten Sinn, also den Zusammenhang all jener Probleme, die auftauchen, sobald irgendwo organisiert gelernt und gelehrt wird (Giesecke, 2000). Und dazu zählt auch, wie genau die Beteiligung am Lehr-Lerngeschehen gestaltet wird und ob die neuen Formate im Sinne der vielseitig formulierten Ansprüche genutzt werden. Die Konzepte des Umgangs mit der Transferproblematik in der wissenschaftlichen Weiterbildung sind zeitgemäß und elaboriert, und dennoch wird immer wieder eine gewisse Diffusität im Umgang mit ihr beschrieben (Kondratjuk, 2020). Das hat viel damit zu tun, dass die gelebte Weiterbildungspraxis an Hochschulen nicht überall in Deckung mit der theoretisch-konzeptionellen und disziplinären Fassung traditioneller Bildungsmaßnahmen und Bildungserfahrungen zu sein scheint.

Hier schließt der vorliegende Beitrag insofern an, als davon ausgegangen wird, dass die empirisch wahrnehmbaren Veränderungen des Handlungsfeldes wissenschaftliche Weiterbildung als (Teil-)Bereich der Hochschulbildung massiv sind und die Perspektiven der Beteiligten noch stärker in den Fokus der Aufmerksamkeit rücken sollten (Jütte et al., 2020). Insofern adressiert unsere Arbeit aus einer didaktischen Perspektive mit sozialwissenschaftlich rekonstruktivem Anspruch Gebrauchs- und Funktionsaspekte, Erfahrungen und Interessen sowie konkrete Handlungsweisen und somit die kontextuellen Handlungsvoraussetzungen der zentralen mittelbar am Geschehen Beteiligten. Wurden in diesem Zusammenhang bisher vor allem die diversen Perspektiven und Bedeutungshorizonte der Repräsentant:innen des Systems der Wissenschaft in den Blick genommen, also der Akteur:innen, denen diese Gestaltungsaufgabe formal obliegt, geht dieser Beitrag einen Schritt weiter. Es erfolgt die empirische Integration einer weiteren, für das Studiengeschehen zentralen Akteur:innengruppe, nämlich die Adressat:innen der Studienangebotsgestaltung, die Studierenden. Sie repräsentieren hier in besonderem Maße die außerwissenschaftlichen Gesellschaftsbereiche mit potenziell anderen Bedeutungshorizonten.

Davon ausgehend wird nachfolgend grundlegend skizziert, warum TPV in der wissenschaftlichen Weiterbildung als didaktisches Design verstanden werden kann, das Wissen in einer bestimmten Art und Weise organisiert, nämlich indem Erfahrungen gebündelt, Handlungen strukturiert und damit Komplexität reduziert werden. Über einen qualitativ-rekonstruktiven Zugang geben wir dann mit entsprechenden Interviewdaten einen differenzierenden Einblick in die hochschulische Weiterbildungspraxis, mit dem Ziel, der Komplexität der Studienwelt gerecht zu werden und die Beschreibung dessen entsprechend zu erweitern. Abschließend diskutieren wir die Ergebnisse und umreißen, wie die Mehrdeutigkeiten des Feldes eine adäquate konzeptuelle Einbindung und produktive Abbildung erfahren können.

2 Theorie-Praxis-Verzahnung als didaktisches Design im Modus von Komplexitätsreduktion

Transferoptionen von Wissenschaft und anderen gesellschaftlichen Teilbereichen werden mindestens seit der Institutionalisierung außeruniversitärer Forschungseinrichtungen und Hochschulen angewandter Forschung politisch diskutiert sowie programmatisch erprobt. Aber auch in strukturell kleinerem Umfang führen anwendungsorientierte Forschungs- und Lehrformate an Hochschulen schon länger kein Nischendasein mehr.

In diesem Zusammenhang kommen verschiedene fachwissenschaftliche Diskurse wie etwa die soziologische Verwendungsforschung (Beck & Bonß, 1994) oder die Diskussion von Akademisierungs- bzw. Professionalisierungsfragen in der Pädagogik (Helsper & Tippelt, 2011) zu dem Schluss, dass die Bezugnahmen der gesellschaftlichen Teilbereiche nicht als lineare und eingleisige Ableitungszusammenhänge begriffen werden können. Vielmehr wird über sie eine zusätzliche Kontingenz und Komplexität erzeugt, welche von den beteiligten Personen oder sozialen Kontexten immer wieder neu bearbeitet werden muss. Diese Bezugnahmen erfordern wiederum, systemtheoretisch gesprochen, in hohem Maße eine Reduktion von Komplexität, um Handlungsfähigkeit der jeweiligen Kontexte für sich und untereinander herzustellen (Baecker, 1998).

Als Transferoption wird auch mit TPV begrifflich auf den Punkt gebracht, was in der Praxis wissenschaftlicher Weiterbildung ebenso anspruchsvoll wie facettenreich gestaltet wird. Didaktische Dimensionen dessen wurden vielerorts bereits in Ansätzen fokussiert erprobt und systematisierend diskutiert, beispielsweise hinsichtlich der Diversifizierung der Rollen von Lehrenden (Cendon, 2016; Cendon et al., 2016), den Einsatz von E-Portfolios als digitale Verzahnungsinstrumente betreffend (Mörth & Elsholz, 2017), in Hinblick auf die Bedeutung für Kompetenzorientierung in der wissenschaftlichen Weiterbildung (Cendon et al., 2017), im Kontext der Etablierung entsprechender außerhochschulischer Kooperationen (Mörth et al., 2018) oder als sogenanntes *work based learning* mittels curricularer Einbindung von Praxisforschung und Projektansätzen (Mörth et al., 2020). Dabei wurde deutlich, wie TPV auf unterschiedlichen didaktischen Ebenen von Angeboten wissenschaftlicher Weiterbildung Form annehmen kann, nämlich sowohl auf Ebene der Ausrichtung von ganzen Studienangeboten und strukturellen Einbindungen unterschiedlicher Lernkontexte als auch auf Kursebene und der Einbindung entsprechender lehr-lernbezogener Sozialformen.

Didaktisch begründete Formate wie solche hinsichtlich der TPV werden, vor allem seit der stärker angestrebten Nutzung digitaler und vernetzungsorientierter Tools in Lehr-Lernarrangements, zunehmend als Designprozesse begriffen (Bates, 2019). In dieser Diskussion wird der Anspruch formuliert, das zumeist komplexe Erfahrungswissen von Expert:innen der Lehrpraxis zu sammeln und basierend auf Beispielen gelingender Praxis die entscheidenden Komponenten zu identifizieren, um beim Design neuer didaktischer Szenarien auf bewährte Handlungsstrukturen zurückgreifen zu können (Kohls & Wedekind 2008, S. 217). „Design" in diesem Sinne meint also weniger nur eine visuelle und oberflächliche Gestaltung, sondern ist vielmehr als Gebrauchsdesign zu verstehen (Jörissen, 2015) und als eine das Handeln strukturierende Struktur (Bourdieu, 1987).

Formate der TPV in diesem Sinne als didaktische Designs zu denken, intendiert, die für einen Wissenstransfer relevanten Aspekte gelingenden hochschulisch begründeten und berufsorientierten Bildungsgeschehens weiter zu explizieren und für die Studiengestaltung wirksam werden zu lassen. So soll der Zugang zu hochschulischem Wissen und dem darauf bezogenen Lernen auch für Zielgruppen ermöglicht werden, die mit diesem wenig vertraut sind, sei es aufgrund der bisherigen Bildungserfahrungen oder aufgrund zeitlicher Distanz. Zudem kommen in diesem Verständnis neue Akteur:innen ins Spiel, die als legitime Anspruchsgruppen im Zusammenhang wissenschaftlicher Weiterbildung mit je eigenen Interessen identifiziert werden können, wie beispielsweise Arbeitgeber:innen der Studierenden, deren Interessen sich über die Weiterbildung einzelner Mitarbeiter:innen hinaus auch auf die Weiterentwicklung der eigenen Organisation ausdehnen kann (Seitter et al., 2015).

Diese neue Komplexität soll über besagte didaktische Designprozesse in gewisser Hinsicht abgebildet und mittels entsprechender Entscheidungen darüber, was wie, warum und wann passend ist, in geeigneter Weise reduziert werden und damit letztlich eine neue Handlungspraxis unterstützen. Und genau das ist per se nicht einfach, da ja die jeweiligen Handlungsvoraussetzungen und bisherigen Handlungspraxen in der Regel je eigene, durchaus unterschiedliche Strukturen aufweisen. Die Intention im Sinne didaktischer Designprozesse ist dann, dass diese Strukturen nicht nur zufällige Berührungen aufweisen, sondern „aufeinander gestimmt werden" (Nohl, 2011, S. 176), worüber eine verbindende Handlungsorientierung realisiert werden kann. Solche Prozesse können als „konjunktive Transaktionsräume" (Nohl, 2014) begriffen werden, d. h., in ihnen oder durch sie gibt es mögliche Verbindungen zwischen den beteiligten Akteur:innen und den für sie handlungsbegründenden Strukturen. An dieser Stelle verändern sich potenziell auch die handlungsbegründenden Strukturen der daran Beteiligten, da hier von einer Transformation von Selbst- und Weltsichten ausgegangen werden kann, durch die sich folglich Bildungsprozesse vollziehen (Rosenberg, 2011).

Die Erwartungen an besagtes Transformationsgeschehen unterscheiden sich möglicherweise vom konkreten Umgang damit und der tatsächlichen Bedeutung für die Handlungsstrukturierung der beteiligten Akteur:innen. Daher lässt sich fragen: Inwiefern beziehen sich die Akteur:innen in der wissenschaftlichen Weiterbildung auf andere (in)direkt beteiligte Akteur:innen? Gibt es gemeinsame Erfahrungsräume und -strukturen? Was sind die verbindenden Prozesse, in denen transaktionale Momente der gegenseitigen Handlungsbezogenheit realisiert werden und die ein geteiltes Handlungsfeld mit gemeinsamen Handlungsorientierungen entstehen lassen?

3 Empirisch begründete Relationierung von Handlungsorientierungen im Modus von Komplexitätssteigerung

Mit einem analytischen Interesse an den Handlungsorientierungen der an wissenschaftlicher Weiterbildung Beteiligten in Hinblick auf die Verzahnung von Theorie und Praxis bilden Interviews mit Studierenden sowie Studiengangleitungen und Lehrenden aus drei Studienangeboten wissenschaftlicher Weiterbildung den Gegenstand der hier vorgestellten Untersuchung.

In den Interviews wurde nach den wahrgenommenen Bedeutungen der Orientierung sowohl an wissenschaftlichen Standards als auch an unmittelbarem berufs-/lebensweltpraktischem Nutzen der Studienangebote gefragt. Die Lehrenden und Studiengangleitungen können dabei über ihre berufliche Funktion als Repräsentant:innen des akademischen Bildungssystems verstanden werden. Die Studierenden – trotz ihrer akademischen Rolle – (noch bzw. auch) vor allem als Repräsentant:innen außerakademischer Kontexte und Erfahrungsbereiche mit entsprechend anderen Bedeutungshorizonten und Orientierungen (Nohl, 2013), da erst ihre Teilnahme an der wissenschaftlichen Weiterbildung die Aneignung der akademischen Handlungsweisen und Weltsichten intendiert.

Die Analyse des Materials erfolgt über eine Perspektiventriangulation (Flick, 2011). Mit dieser systematischen Form der Relationierung von möglichst diversen Perspektiven wird auf eine empirische Rekonstruktion gesellschaftlicher Heterogenität und auf die Zusammenhänge zwischen Handlungsorientierungen aus unterschiedlichen Erfahrungsbereichen abgehoben (Nohl, 2013). Diese Perspektiven sollen hier mit Blick auf Gemeinsamkeiten und Unterschiede in dem Gesagten in Bezug auf die wissenschaftliche Weiterbildung verglichen werden. Dabei geht es letztlich nicht um die Verifizierung oder Falsifizierung von Einschätzungen durch Befunde aus der jeweils anderen Perspektive, sondern vielmehr um die Interdependenzen des Sozialen und die Eigenlogik der jeweiligen Perspektiven (Hummrich & Terstegen, 2017).

So werden die Daten nach ähnlichen respektive funktional äquivalenten Themen untersucht. Dabei liegen nicht immer gleiche Phänomene auf gleicher Ebene mit gleicher Bedeutung, vielmehr werden diese Äquivalenzen über vergleichbare thematische Referenzpunkte der jeweiligen Logiken und Orientierungen komplexer Erfahrungsräume der an vielstimmigen und mehrdeutigen Erzählungen beteiligten Akteur:innen rekonstruiert (ebd.). Dabei spielen sowohl Charakterisierungen der jeweiligen (virtuellen) Gegenüber im Studienangebot eine Rolle als auch Beschreibungen des jeweils alltäglich erlebten Bearbeitungszusammenhangs von TPV in der wissenschaftlichen Weiterbildung.

Dafür wird im Folgenden zunächst dargelegt, was der thematisierte und als relevant markierte Fokus im empirischen Material ist. Daran anschließend erfolgt eine Dimensionierung des Dargelegten, d. h. die Ausarbeitung von Facetten der Perspektive in Hinblick auf gemeinsame Horizonte sowie spezifische Unterschiede durch die jeweilige Akteur:innengruppe. Zur Veranschaulichung werden beispielgebende Zitate eingesetzt. Die nachfolgend dargestellten Perspektiven stellen einen Ausschnitt aus der Analyse des umfassenderen empirischen Materials dar, sowohl hinsichtlich der Anzahl von thematischen Fokussen als auch der rekonstruierten Weite der handlungsleitenden Orientierungen in Hinblick auf die erfahrenen Gestaltungsaspekte im Zusammenhang der TPV.

3.1 Wahrgenommene Nutzendimensionen

Statusgruppenübergreifend und als zentrales Thema wird die Nutzenorientierung des Wissens für Studierende in Hinblick auf unterschiedliche Bezugsdimensionen differenziert dargestellt. Der Nutzen bezieht sich sowohl unmittelbar auf Handlungswissen für Maschinen oder Programme – aber auch auf berufliche Qualifikationen – als auch auf mittelbare Dimensionen wie persönliche und fachliche Entwicklung jenseits konkret bestimmbarer beruflicher Anwendungsbereiche.

Die *Lehrenden* berichten dabei wiederkehrend davon, dass die Studierenden die Bedeutung und mögliche Anwendungsmöglichkeiten dessen, was gelehrt wird, unmittelbar an ihrer eigenen Handlungspraxis prüfen und deren konkrete Relevanz abfragen.

> „Ich kriege schon natürlich die Rückmeldung, wenn irgendwas, was sie gehört haben, hier im Seminar für sie in der Praxis nicht plausibel oder nicht anwendbar oder so ist [...]. Also nach dem Motto: Was bringt uns das? Oder was machen wir damit? Oder was ist das jetzt sozusagen für ein, [ist das] für eine Weiterentwicklung sinnvoll oder nicht? Also der Anwendungsgehalt, der wird relativ schnell überprüft." (3-L[1]_2, 35)

Der Nutzen der Lehrinhalte für einen bestimmten Praxiszusammenhang wird bei den Studierenden unterschiedlich wahrgenommen, so die Lehrenden. Zum einen würden sich Studierende als Pragmatiker:innen geben, denen es vor allem um Lernen für einen zu erwartenden beruflichen Aufstieg durch den Abschluss geht und die verhältnismäßig wenig Interesse an Wissens- oder Kompetenzzuwachs insgesamt und auch an berufstätigkeitsbezogenen Relevanzen zeigen. Zum anderen sind die „Wissensdurstigen" erkennbar, die ohne einen weiteren Anreiz die vermittelten Theorien aufnehmen, weiterdenken und verknüpfen und dann in der Folge auch anwenden

---

[1] Der Anfangsbuchstabe kennzeichnet den funktionalen Status der jeweils zitierten Person: S = Studierende, L = Lehrende, SGL = Studiengangleitung.

können. Diese zweite Gruppe profitiert aus Sicht der Lehrenden am meisten von einem solchen Studienangebot.

> „Es gibt die Pragmatiker, die gehen hin und wollen eigentlich nur einen Abschluss erreichen. [...] Das heißt, denen ist eigentlich der Inhalt relativ egal, die machen Bulimielernen, sie wollen einfach hochkommen mit guten Noten, denen ist eigentlich die Verzahnung oder das, was sie an Inhalt mitnehmen, nicht so wichtig, und das kann man als Dozierender auch nur bedingt beeinflussen [...] Die anderen sind die, die es eher aus so einem Wissensdurst machen, also die Wissensdurstigen, die nehmen es auf, die versuchen Verknüpfungen herzustellen [...], die nehmen wirklich Theorien auf, versuchen die auch fortzutreiben, sie lesen auch mal freiwillig etwas weiter. Das sind eher die, die dann noch viel mehr rausziehen, die so einen Wissensdurst haben und das dann auch wirklich anwenden." (1-L_2, 141)

Eine weitere Differenz eröffnen die Lehrenden hinsichtlich der institutionellen Verortung der Weiterbildung. Während entsprechende außerhochschulische Angebote als tendenziell einfache Verwertungszusammenhänge wahrgenommen werden, die wenig nachhaltig sind, würden Angebote wissenschaftlicher Weiterbildung dezidiert die Gelegenheit bieten, die komplexen Fragestellungen der außerhochschulischen Handlungspraxis aufzugreifen und multidisziplinär zu bearbeiten. Darüber hinaus unterscheiden sich auch die Modi dieser Bearbeitung: als einfacher Umgang, wie u. a. beim Auswendiglernen, oder durch eine kritisch reflexive Bezugnahme sowohl auf die Inhalte der Weiterbildung als auch die Themen der beruflichen Praxis in ihrer je eigenen Komplexität.

> „Und das ist der Vorteil von dieser Art von Studium. Dass eben die Komplexität von Themen einfach der Praxis mehr gerecht werden kann. Und eben auch mehr zu hinterfragen. Also ich habe hier auch einfach Möglichkeiten, nicht nur so eine Art Konsumverhalten an den Tag zu legen und zu sagen, ok, ich muss das, das und das, was weiß ich, die Theorie oder das Recht die und die Gesetzbücher. Klar, es ist schön, wenn ich die auswendig lerne und wenn ich es draufhabe, aber ich habe hier trotzdem nochmal diese Reflexionsebene drin. Und die können wir durchaus auch bis zu einem bestimmten Punkt auch sehr kritisch anwenden. Ich würde mal so sagen, was sie jetzt vom außerhochschulischen Fortbildungsbereich kennen, das ist eher sehr verwertungsorientiert. Also ich lerne, oben rein und unten raus, so im klassischen Modell und das hat hier ein bisschen mehr diesen Rahmen von ‚ich kann hier mehr hinterfragen'." (3-L_2, 43)

Die *Studiengangleitungen* kommen zu ähnlichen Einschätzungen, wenn sie die Studierenden in der wissenschaftlichen Weiterbildung von Studierenden anderer, grundständiger Studienangebote unterscheiden, und dies im Wesentlichen hinsichtlich einer wahrgenommenen nutzenorientierten Haltung. Diese zeigt sich in zeit-organisatorischen Abwägungen wie auch in vorgebrachten konkreten Fragen, die außerhochschulische Praxisbereiche betreffen.

> „[...] die Studierenden haben auch andere Interessen, sie sind pragmatischer und stärker nutzenorientiert. Und wenn die hier erstmal eine Stunde hierher fahren müssen zu einer Lehrveranstaltung, die nur anderthalb Stunden dauert, dann überlegen die sich schon, ob

sie kommen oder nicht kommen. Ich glaube, diese Heterogenität ist das. Und die Fragen, die ganz konkreten und praktischen Fragen, die die Studierenden, unsere Studierenden, vorbringen, ist etwas besonders im Vergleich zu den anderen Studierenden." (1-SGL_1, 135)

Einen Nutzen wissenschaftlicher Weiterbildung als Qualifikation für einen beruflichen Aufstieg formulieren die Studiengangleitungen bei den Studierenden zwar als ein relevantes und reales, wenn auch für die einzelnen Studierenden kaum kalkulierbares und eher seltenes Ziel. Als wesentlich entscheidender scheint die Motivationslage hinsichtlich des Potenzials zur persönlichen Auseinandersetzung mit den je eigenen Sichtweisen und Zusammenhängen in den diversen außerhochschulischen Lebensbereichen zu sein. Die Zielstellung ist dabei nicht unmittelbar und eindeutig, sondern bezieht sich auf das Potenzial eines noch zu bestimmenden Mehrwerts für die eigene Person.

„[...] sich selbst beruflich zu hinterfragen oder Kontexte auch zu hinterfragen, in denen man agiert. Aber da gibt es viel Bereitschaft, das zu tun, tatsächlich auch. Weil wer das überhaupt macht mit ja auch nicht einer Aussicht, das ist nicht ganz klar, dass sie jetzt mit diesem Abschluss auf jeden Fall irgendwo eine sehr gut bezahlte Leitungsstelle kriegen, das muss sich erstmal finden, also man sieht schon auch, dass viele haben schon einen Aufstieg während des Studiums auch, so ist das nicht. Aber ist nicht so klar, also wo das sozusagen mündet und es tun tatsächlich viele, weil sie es für sich persönlich auch nochmal wissen wollen." (3-SGL_1, 40)

Die *Studierenden* schließlich differenzieren wahrgenommene Bedeutungen des Wissens aus der Weiterbildung als Mehrwert weiter aus. Neben notwendigem Wissen zur direkten fachlich begründeten Handhabung beruflicher Praxis benötige es zudem wichtiges Wissen. Dieses Wissen ist zwar gegenüber dem notwendigen Wissen als nachrangig in Hinblick auf den Beruf einzuschätzen, gleichwohl kommt darin eine persönliche Dimension zum Tragen, die sich auf ein grundsätzliches und umfassendes Verständnis der auch fachlichen Handlungszusammenhänge bezieht und vor allem im Austausch mit anderen an Relevanz gewinnt.

„Das Wissen braucht man, um das Programm, das Konstruktionsprogramm bedienen zu können, das Wissen braucht man, um Bauteile auslegen zu können, um die berechnen zu können. Das ist das notwendige Wissen. Das andere Wissen ist für mich persönlich wichtig, um sich bei Gesprächen, bei denen es um die Technik geht, dass man sich da mit einbringen kann und dass man ein generelles Verständnis, ja ein sehr umfassendes Verständnis von Technik und Naturwissenschaften hat. Das ist so eher der zweite Rang, was das Berufliche betrifft." (2-S_6, 105)

Die persönliche Motivation seitens der Studierenden, sich durch die Weiterbildung mehr Wissen anzueignen, wird als akademischer, Erkenntnis versprechender Selbstzweck mit einem individuell legitimierten Mehrwert identifiziert. Die Zielstellung dessen liegt jedoch im Wesentlichen auch in der Perspektive eines zukünftigen fachlichen Austauschs mit Akteur:innen des beruflichen Handlungsfeldes und dem potenziellen Mehrwert für diesen Zusammenhang durch eine informierte, aktive Gestaltung und die persönliche Positionierung als Expert:in.

> „Und möchte aber umgekehrt, und das sage ich auch immer, selber Ansprechpartner sein. Ich sage, ich möchte jetzt hier nicht für mich nicht irgendwelches Wissen horten, von dem meine Einrichtung nicht profitiert, sondern ich glaube, der Weg ist tatsächlich auch, das hineinzutragen. Denn das hat vielleicht auch nochmal mit der persönlichen Motivation zu tun. Ein Studium ist sicherlich immer auch ein Stück Selbstzweck. Aber ich möchte ja nicht nur für mich immer schlauer werden, sondern ich möchte auch mit diesem Wissen arbeiten." (3-S_3, 66)

In den beispielgebenden, für das empirische Material repräsentativen Stellen zeigt sich ein in hohem Grade geteiltes Verständnis davon, was als *Nutzen* der in der wissenschaftlichen Weiterbildung vermittelten bzw. von den Studierenden angeeigneten Themen gesehen wird. Nutzen wird demnach explizit bezogen auf etwas *Konkretes* beschrieben, etwa auf einen Anwendungsfall hin, wie beispielsweise in persönlicher Hinsicht als Mittel zum beruflichen Aufstieg oder in fachlicher Hinsicht zur Bedienung von Maschinen. Dabei wird ein unmittelbarer „Um-zu-Zusammenhang" konturiert. So etwas wie Selbstzweck der akademischen Bildung rekurriert dabei weniger auf einen Nicht-Nutzen, als vielmehr auf eine weitgehend *unkonkrete* Nutzung bzw. auf die Bedeutung von Wissenserweiterung als lediglich mittelbar bestimmbarem Anwendungsfall und mit inhärentem dezidiert persönlichen Entwicklungspotenzial. Der konkrete Nutzen ist in dieser Logik zwar noch nicht exakt zu bestimmen, aber er wird sich tendenziell und vermutlich später finden.

Ein unmittelbarer und damit konkreter *persönlicher* Nutzen kann beispielsweise sein, Wissen zur Bewältigung von Prüfungen anzueignen, um eine formale Qualifikation zu erlangen, was über die empirischen Daten auch mit der biographisch-gerichteten Zielstellung des beruflichen Aufstiegs beschrieben werden kann und hier in einem Fall tendenziell als „Bulimielernen" negativ konnotiert wird, da diese Form der Bildungsmaßnahme, vor allem aus Sicht der Studiengangleitungen und Lehrenden, wenig Nachhaltigkeit verspricht. Hingegen wird ein mittelbarer persönlicher Nutzen im Material wiederkehrend mit Allgemeinbildung und darüber mit erweiterten gesellschaftlichen Partizipationsoptionen in Verbindung gebracht und statusübergreifend etwa mit „Wissensdurst" durchweg positiv konnotiert. Ein unmittelbarer konkreter *fachlicher* Nutzen richtet sich beispielsweise auf die Bedienung von Tools oder die Bearbeitung konkreter Handlungssituationen, in denen es um Konkretes wie „Programme zu bedienen" geht. Als eigentlicher Wesenskern wird hingegen das Potenzial des mittelbaren fachlichen Nutzens gesehen, gerichtet auf ein erweitertes Verständnis für fachliche Zusammenhänge und eine damit verbundene Handlungssouveränität in möglichen, weil typischen beruflichen Handlungssituationen.

Ein etwaiger Nutzen für die Studierenden lässt sich also über eine wahrgenommene Relevanz des in der Weiterbildung Gelernten in Hinblick auf direkt bevorstehende Handlungssituationen, antizipierte Ereignisse oder erwartbare Anforderungen in einer Dimensionierung zwischen Unmittelbarkeit und Mittelbarkeit und zwischen persönlichem und fachlichem Nutzen bestimmen. Somit konturiert dieser Nutzen ein von Studierenden und Lehrenden sowie von Studiengangleitungen antizipierten optionalen Anwendungsfall im Sinne einer „handlungsmäßigen Bezogenheit" (Nohl, 2011, S. 177).

3.2 Wechselseitige Charakterisierungen und Adressierungen

Auch für die am Geschehen der wissenschaftlichen Weiterbildung beteiligten Akteur:innen lässt sich die Bedeutung eines möglichst expliziten Umgangs mit Relevanzen von Studieninhalten im Sinne besagter handlungsmäßiger Bezogenheit in den empirischen Daten rekonstruieren. Ansatzpunkte dafür können entlang der Frage systematisiert werden, wer in der wissenschaftlichen Weiterbildung wen wie adressiert und charakterisiert und welche Differenzen sich dabei auftun.

In der Charakterisierung der Studierenden heben die *Lehrenden* das Vorwissen bzw. die einschlägigen Erfahrungen der Studierenden hervor und betonen, dass sie daran in der Lehre anknüpfen. Der Fokus liegt dabei auf einer reflexiven Betrachtung authentischer beruflicher Handlungssequenzen und möglicher alternativer Strategien des Umgangs damit. Einhergehend verändere sich sowohl das didaktisch-methodische Vorgehen als auch das damit verbundene Rollenspektrum der Lehrenden.

> „[...] ich würde fast sagen, in manchen Seminaren habe ich das Gefühl, eigentlich ist das mehr ein Moderieren. Also klar mit einer bestimmten Fragestellung oder einem bestimmten inhaltlichen Impuls, aber, dass es dann viel um genau dieses Sich-Austauschen über Erfahrungen geht. Und, dass das für viele einfach auch ein Riesengewinn ist. Also ich will das jetzt nicht schmälern, dass wir hier nur so ein bisschen Selbsterfahrung machen, sondern, dass das auf einer Reflexionsebene passiert. Also, dass man nicht nur sagt, mir geht es so und so, sondern dann auch zu fragen, was ist da eigentlich passiert oder warum und was sind Strategien, um vielleicht aus diesen Situationen auch Lösungen zu finden." (3-L_2, 2)

Die Sicht der *Studiengangleitungen* deckt sich weitgehend mit der Einschätzung der Lehrenden. Die beruflichen Erfahrungshorizonte der Studierenden als Expert:innen und ihr damit verbundenes Wissen seien enorm und es brauche Raum, damit sie voneinander lernen können.

> „Und sie kommen ja schon aus ganz unterschiedlichen Professionen [...]. Aber auch das Wissen, was da ist, das ist enorm natürlich bei denen. Sie haben ewig Berufserfahrung, sie sind im Schnitt 43 Jahre alt und da kommt wahnsinnig viel zusammen. Und letztlich könnte es auch wirklich, wir könnten auch rausgehen als Lehrende und sagen: So, Sie unterhalten sich jetzt mal zwei Stunden miteinander. Die lernen natürlich tatsächlich unheimlich viel voneinander." (3-SGL_1, 30)

Studierende charakterisieren sich selbst stärker als Studierende, in Abgrenzung zu ihrer beruflichen Rolle und dem entsprechenden Tätigkeitsspektrum. Dabei betonen sie sowohl den Stellenwert des Studiums und der damit verbundenen Perspektiven hinsichtlich ihrer bildungsbiografischen Qualitäten sowie lebenslaufspezifischen Relevanz als auch den Mehrwert für außerhochschulische Handlungsbereiche.

"Nein, das hat zumindest für mich persönlich eine sehr große Bedeutung, weil ich aufgrund meiner Vergangenheit nie die Chance hatte, studieren zu können. Also ich wurde nicht unterstützt, auf keine Art, also überhaupt nicht. Und jetzt kann ich eigentlich das endlich nachholen, was ich mein Leben lang wollte. Ich wollte schon immer studieren und ich bin überrascht, dass ich eigentlich auch noch gut bin. Das trotz des Alters und der Kinder und der Entfernung und der Arbeit. Aber ich könnte mir nichts Schöneres momentan vorstellen." (1-S_3, 2)

"Definitiv eher Student [...] wie hilft mir das weiter, was kann ich daraus für meinen Beruf lernen. Und diesen Hintergrundgedanken habe ich immer. Und das beweist natürlich, dass ich eher Student bin." (2-S_6, 112)

Die interviewten *Lehrenden und Studiengangleitungen* charakterisieren sich selbst als außerhalb der akademischen Welt beruflich gewachsen und nehmen sich selbst nicht als originäre Wissenschaftler:innen wahr bzw. stellen einen gewissen Kontrast zu forschungsorientierten Kolleg:innen her. *Lehrende* deuten an, dass ihre berufliche Karriere außerhalb des Wissenschaftsfeldes stattfand und sich ihr akademisches Lehrgebiet aus dem inhaltlich passenden Themenfeld ableitet, nicht aus einer entsprechenden akademischen Qualifikation.

"Also ich habe eine relativ lange Berufsbiografie, angefangen von der Gründung mehrerer Start-ups im Finanzdienstleistungsbereich. Das war ungefähr vor knappen zwanzig Jahren. Dann bin ich zur Finanzdienstleistungsbranche gewechselt. Dort, wie es halt dann so normal läuft, man geht da rein, bin dann ins mittlere Management gekommen und habe mich dann vor zwei Jahren entschieden, hier Professor zu werden an der Fachhochschule in xxx. Dort unterrichte bei dem Studiengang vor allem Internationales Projektmanagement als Fach. Hintergrund dafür ist, dass ich natürlich sehr viele Projekte leiten durfte, sehr große internationale Projekte, ich habe sehr viel international gearbeitet." (1-L_2, 8)

Aus Sicht der *Studiengangleitung* liegt es im Selbstverständnis der Hochschule, die außerwissenschaftliche Praxis zu fokussieren und in entsprechenden Qualifikationswegen der Lehrenden auch außerhalb der akademischen Welt abzubilden, d. h., derartige Inhalte und Formen der Lehre sind wichtig und das zeigt sich auch. Im Gegensatz dazu komme mit der akademischen Qualifikation Habilitation eine anders gelagerte Orientierung zum Ausdruck.

"Also alle Ringvorlesungen, alle öffentlichen Diskussionen drehen sich nur um, oder vor allem um das Thema des Praxisbezugs. Aber so ist das, so ist einfach das Selbstverständnis. Und die Leute sind ja zum überwiegenden Teil hier auch nicht habilitiert, sondern sind nur einmal promoviert und sind dann rausgegangen in die... also außerhalb des Hochschulwesens, sagen wir mal so. Also Habilitierte, ich weiß nicht, das ist noch mal ein anderer Schlag irgendwie oder die haben einfach ein anderes intrinsisches Interesse, sage ich mal so, was sich dann entsprechend auch in der Lehre, also in den Inhalten und in den Formen der Lehre niederschlägt." (1-SGL_1, 127)

Aus der Sicht der *Studierenden* bewegen sich manche Lehrende bisweilen in einer anderen, in ihrer theoretischen Welt und sind für Studierende nicht zu verstehen, andere hingegen können unmittelbar an wahrgenommene Lebensrealitäten der Studierenden anschließen.

> „Der eine Professor in BWL hat sehr viele Bezüge zum praktischen Handeln und zum echten Leben dargestellt und auch, es war ein kleines Planspiel mit dabei. Es gibt Professoren, die nur in ihrer Welt leben, die nur in der Theorie leben, die nicht wirklich irgendwer versteht. Also es ist wirklich professorenabhängig. Im Großen und Ganzen aus dem Inhalt kann man doch relativ viel rausziehen, um Zusammenhänge besser zu verstehen und auch meine Arbeit besser zu machen." (3-S_1, 32)

An diesen Charakterisierungen zeigt sich, dass Studierende zunehmend als Expert:innen für ihre spezifischen Handlungsfelder angesprochen werden und nicht als Studierende. Damit erfolgt auch eine Exklusion aus einer traditionell verstandenen akademischen Gemeinschaft. Aber auch die Lehrenden sind berufsbiografisch zu wesentlichen Teilen nicht ausschließlich in der akademischen Welt sozialisiert, sondern vor allem auch Professionelle in einem bestimmten außerakademischen Tätigkeitsfeld. Damit bildet oder institutionalisiert sich ein Subsystem oder ein Zwischenbereich, der sich sowohl in solchen Studiengängen zeigt, aber auch in dem umfassend gesteigerten Bewusstsein der Akteur:innen, wer wie und warum von außerhalb des je spezifisch akademischen Systems zu adressieren ist und als professionelle Gemeinschaft adressiert werden kann.

Damit gibt es Anzeichen für eine Konturierung des Bereichs der wissenschaftlichen Weiterbildung, der sich weniger als akademische Gemeinschaft begreift, die sich traditionell im Wesentlichen aus Studierenden und Wissenschaftler:innen zusammensetzt, sondern mittlerweile stärker als eine im Wandel begriffene Gemeinschaft von Expert:innen unterschiedlicher Couleur. Wissenschaftliche Weiterbildung modelliert damit eine Art noch „instabiles" Subsystem, in dem sich Lern- und Handlungsfelder überlappen und Personen wie soziale Kontexte quasi eine eigene transformationsorientierte Gemeinschaft bilden, mit einer Vielzahl von aufeinander bezogenen wissenschaftlichen und außerwissenschaftlichen Perspektiven und Handlungsweisen.

4 Wissenschaftliche Weiterbildung als dynamischer Zwischenraum mit komplexen Transaktionsaufgaben

Diese ersten Ergebnisse unserer Untersuchung zeigen, dass konzeptuell gefasste Unterscheidungen wie *Theorie und Praxis* noch funktionieren, jedoch gleichzeitig neue definitorische Anstrengungen im Kontext der hochschulischen Weiterbildungspraxis notwendig werden. Wird Transfer in der bildungspolitischen und bildungsprogrammatischen Diskussion bisweilen verkürzt eindimensional diskutiert, so zeigt die konkrete Praxis einmal mehr, dass sie komplexer ist, als in der Regel darüber gesprochen wird. Daher werden die beiden Systemzusammenhänge Wissenschaft und andere außerwissenschaftliche Bereiche, wie beispielsweise die berufliche Praxis, im einschlägigen Forschungsdiskurs nicht nur als zwei voneinander getrennte „Parallelwelten" verstanden, sondern als zueinander komplementär, und wissenschaftliche Weiterbildung wird als „intermediäres System" konturiert (Walber & Jütte, 2015, S. 51).

In diesem Beitrag sollte nachgezeichnet werden, dass in diesem oder über diesen Zwischenraum kaum ein unmittelbarer, reibungsloser und direkter Transfer gedacht werden kann, sondern vielmehr eine relationale Perspektive benötigt wird (Alexander, 2020), um die denkbaren und komplexen Bezüge zwischen den beiden Systemen analytisch festzustellen und letztlich didaktisch begründet herzustellen. Damit liegt es nahe, dass die Beziehungen zwischen Akteur:innen in den Blick geraten sowie deren Interaktionen, in denen die Beteiligten in unterschiedlichen Konstellationen Bezüge aufeinander realisieren: „Dazu gehören wechselseitige Zuschreibungen, die unterschiedlichen Beziehungsebenen und Erzählungen der jeweiligen Akteure" (Walber & Jütte, 2015, S. 62). Diese Relationierungen werden als Ausgangspunkte der Genese neuen Wissens verstanden (ebd.). Zwar wird in diesen Interaktionen dazugelernt und Wissen vermehrt, doch die wesentlichen Unterschiede zwischen den Beteiligten bleiben relativ stabil und unverändert, zumindest in der Debatte darüber.

Unsere Ergebnisse deuten jedoch darauf hin, dass genau in der Begegnung dieser immer wieder unterschiedlichen Interessen und Handlungspraxen sowie damit verbundenen Erwartungen an die wissenschaftliche Weiterbildung ein Spannungsverhältnis entsteht, in dem sich auch wesentliche, strukturelle Transformationsprozesse vollziehen. Im Zusammenhang der zuvor kurz skizzierten Selbst- und Fremdzuschreibung der Beteiligten verstehen sich beispielsweise Lehrende nicht vorrangig als Wissenschaftler:innen, sondern als Praktiker:innen, werden aber von den Studierenden als erstere wahrgenommen. Studierenden werden von Lehrendenseite immer wieder als Expert:innen adressiert, aber sie selbst heben ihre Rolle als Studierende hervor. Und auch andernorts wird Hochschulweiterbildung als „in permanenter Dynamik und Umstrukturierung befindlich beschrieben" (Kondratjuk 2020, S. 38), sodass es umso wichtiger wird, die sich neu entwickelnden Konstellationen und die dabei entstehenden Verbindungen zu betrachten. Denn darin werden Momente von Institutionalisierung beschrieben, die zeigen, dass sowohl die gefassten Rollen der Beteiligten als auch die identifizierten Aufgaben und der Nutzen wissenschaftlicher Weiterbildung in der Regel unscharf werden, was anschaulich aus der Polarisierung von Nachfrage- versus Angebotsorientierung abgelesen werden kann, denn „weiterbildende Studienprogramme entstehen aus einer Praxisveränderung, der Reformulierung dieser durch Hochschulakteure, als Bildungsbedarf und der Etablierung aus der Logik des akademischen Feldes über Theoretisierung, Nachahmung und Verbreitung." (Schulze, 2020, S. 162)

Es bedarf also einer Fokussierung auf verbindende Momente besagter Interaktion, in der die Transformationen der Beteiligten und dezidiert auch der sie involvierenden Strukturen, wie sie beispielsweise in TPV gedacht werden, als explizit trans*aktive* Zwischenräume hervorgehoben werden. In diesen Räumen ergeben sich neue Konstellationen, die die stabilen Zuschreibungen (Studierende – Lehrende; Wissenschaft – Praxis) und die Praxis der Beteiligten überschreiten und dabei deren handlungsmäßige Bezogenheit (Nohl, 2013) in den Mittelpunkt stellen, also beispielsweise als erste Aktion danach fragen, was es gemeinsam zu tun gibt.

Damit entsteht jenseits tradierter Systemgrenzen mit buchstäblich zu einfachem Weiterbildungsauftrag ein Zukunftsbild wissenschaftlicher Weiterbildung mit einer expliziten Designaufgabe dieser spannenden Grenzbereiche. Dabei könnte ein Modus des „Mit-Werdens" (Haraway, 2018, S. 23) realisiert werden, in dem Wissenschaft *mit* der Praxis gleichberechtigt experimentiert und theoretisiert, nicht *über* sie. Entsprechend wird strukturell Raum geschaffen für Neues miteinander, und zwar „durch das Hinzufügen von Kompetenzen komponiert, durch die Erweiterung von Perspektiven zur Erweiterung von Perspektiven, durch das Hinzufügen von Subjektivitäten zum subjektiven Engagement, durch das Hinzufügen von Versionen zum Verständnis von Versionen" (ebd., S. 178). In der dafür notwendigen Offenheit kann Interessantes und Neues passieren, was gleichzeitig erfordert, dass die beteiligten Akteur:innen – sowohl einzelne Personen als auch soziale Kontexte – ein besonderes Maß an „Response-ability" (ebd., S. 28) erfahren und einbringen. Also ein geteiltes Interesse, das Anliegen des Gegenübers auch zum je eigenen zu machen und den Beteiligten erlaubt, daran zu wachsen. Dabei geht es sowohl um eine gegenseitige Verantwortungsübernahme für das Gelingen der jeweils anderen Handlungspraxis als auch darüber hinausgehend um die aktive Mitgestaltung dessen (ebd.). Radikal weitergedacht kann das bedeuten, „dass wir einander in unerwarteten Kollaborationen und Kombinationen, in aktiven Kompostierungen brauchen. Wir werden miteinander oder wir werden gar nicht" (ebd., S. 13).

Lösen also gemeinsame, systemübergreifende Aufgaben in der wissenschaftlichen Weiterbildung eingangs beschriebenes Transferproblem? Es könnte in einem entsprechenden Designprozess zumindest darum gehen, die Antworten darauf nicht zu verkürzen und ausschließlich als einfache und unmittelbare Investitions-Nutzen-Relationen zu trivialisieren, sondern in ihrer optionalen Komplexität wahrzunehmen und damit zu arbeiten. Entsprechend entstehen möglicherweise neue Gemeinschaftsformen mit vielfältigen Handlungsoptionen und geteilten Erfahrungsbereichen. Diese verschieben sich beziehungsweise werden verschoben, sie öffnen sich und entsprechend gewinnen auch für die Wissenschaft außerwissenschaftliche Fragestellungen, Thematisierungsweisen und damit auch Akteur:innen an Bedeutung. Damit schließlich können neue legitime Rationalitäten und damit Realitäten geschaffen werden, wie hochschulische Bildung aussehen darf und kann.

Literaturverzeichnis

Alexander, C. (2020). Wissenschaftliche Weiterbildung aus einer relationslogischen Perspektive. In W. Jütte, M. Kondratjuk & M. Schulze (Hg.), Hochschulweiterbildung als Forschungsfeld. Disziplinäre, theoretische, empirische und methodische Zugänge (S. 63–78). Bielefeld: wbv Media.

Baecker, D. (1998). Einfache Komplexität. In H. W. Ahlemeyer & R. Königswieser (Hg.), Komplexität managen – Strategien, Konzepte und Fallbeispiele (S. 17–50). Frankfurt a. M.: Gabler.

Bates, A. W. (2019). Teaching in a Digital Age (2nd edition). Vancouver, B. C.: Tony Bates Associates Ltd. https://pressbooks.bccampus.ca/teachinginadigitalagev2/

Beck, U. & Bonß, W. (1994). Weder Sozialtechnologie noch Aufklärung? Frankfurt a. M.: Suhrkamp.

Bourdieu, P. (1987): Sozialer Sinn. Kritik der theoretischen Vernunft. Frankfurt a. M.: Suhrkamp.

Cendon, E. (2016). Lehrende und ihre Rollen. Theoretische Zugänge. In E. Cendon, A. Mörth & A. Pellert (Hg.), Theorie und Praxis verzahnen: Lebenslanges Lernen an Hochschulen (S. 185–199). Münster: Waxmann.

Cendon, E., Donner, N., Elsholz, U., Jandrich, A., Mörth, A., Wachendorf, N. M. & Weyer, E. (Hg.) (2017). Die kompetenzorientierte Hochschule. Berlin. urn:nbn:de:0111-pedocs-145635

Cendon, E., Mörth, A. & Schiller, E. (2016). Rollen von Lehrenden. Empirische Befunde. In E. Cendon, A. Mörth & A. Pellert (Hg.), Theorie und Praxis verzahnen: Lebenslanges Lernen an Hochschulen (S. 201–221). Münster: Waxmann.

Faulstich, P. (2015). Aufklärung oder/und Management. Öffentliche und/oder unternehmerische Wissenschaft. Zeitschrift Hochschule und Weiterbildung (ZHWB), 10–14.

Flick, U. (2011). Triangulation. Eine Einführung (3., aktual. Aufl.). Wiesbaden: VS Verlag.

Giesecke, H. (2000). Mein Leben ist lernen – Erlebnisse, Erfahrungen und Interpretationen. München: Juventa.

Haraway, D. (2018). Unruhig bleiben. Die Verwandtschaft der Arten im Chthuluzän. Frankfurt a. M.: Campus.

Helsper, W. & Tippelt, R. (Hg.) (2011). Pädagogische Professionalität. Zeitschrift für Pädagogik, Beiheft 57. Weinheim: Beltz.

Hummrich, M. & Terstegen, S. (2017). Qualitative Mehrebenenanalyse und Kulturvergleich. In M. Menz & C. Thon (Hg.), Kindheiten zwischen Familie und Elementarbereich. Differenzdiskurse und Positionierungen von Eltern und pädagogischen Fachkräften (S. 205–223). Wiesbaden: Springer.

Jörissen, B. (2015). Bildung der Dinge: Design und Subjektivation. In B. Jörissen & T. Meyer (Hg.), Subjekt Medium Bildung (S. 215–233). Wiesbaden: Springer. https://doi.org/10.1007/978-3-658-06171-5_11

Jütte, W., Kondratjuk M., & Schulze M. (Hg.) (2020). Hochschulweiterbildung als Forschungsfeld. Disziplinäre, theoretische, empirische und methodische Zugänge. Bielefeld: wbv Media.

Kohls, C. & Wedekind, J. (2008). Die Dokumentation erfolgreicher E-Learning-Lehr-/Lernarrangements mit didaktischen Patterns. In S. Zauchner, P. Baumgartner, E. Blaschitz & A. Weissenbäck (Hg.), Offener Bildungsraum Hochschule. Freiheiten und Notwendigkeiten (S. 217–227). Münster: Waxmann.

Kondratjuk, M. (2020). Das Handeln der Akteure in der Hochschulweiterbildung sozialweltlich gedeutet. In W. Jütte, M. Kondratjuk M. & Schulze (Hg.), Hochschulweiterbildung als Forschungsfeld. Kritische Bestandsaufnahmen und Perspektiven (S. 37–62). Bielefeld: wbv Media.

Mörth, A. & Elsholz, U. (Hg.) (2017). Portfolios in der wissenschaftlichen Weiterbildung. Handreichung der wissenschaftlichen Begleitung des Bund-Länder-Wettbewerbs „Aufstieg durch Bildung: offene Hochschulen". urn:nbn:de:0111-pedocs-148927

Mörth, A.; Klages, B. & Cendon, E. (2020). Aspekte von Work-based Learning in (Studien-)Angeboten wissenschaftlicher Weiterbildung. Ergebnisse einer partizipativen Aktionsforschung. Thematischer Bericht der wissenschaftlichen Begleitung des Bund-Länder-Wettbewerbs „Aufstieg durch Bildung: offene Hochschulen". urn:nbn:de:0111-pedocs-189694

Mörth, A.; Schiller, E.; Cendon, E.; Elsholz, U.; Fritzsche, Ch. (2018). Theorie und Praxis verzahnen in Studienangeboten wissenschaftlicher Weiterbildung. Ergebnisse einer fallübergreifenden Studie. Thematischer Bericht der wissenschaftlichen Begleitung des Bund-Länder-Wettbewerbs „Aufstieg durch Bildung: offene Hochschulen". urn:nbn:de:0111-pedocs-157116

Nohl, A.-M. (2011). Pädagogik der Dinge. Bad Heilbrunn: Klinkhardt.

Nohl, A.-M. (2013). Relationale Typenbildung und Mehrebenenvergleich. Neue Wege der dokumentarischen Methode. Wiesbaden: Springer.

Nohl, A.-M. (2014). Bildung und konjunktive Transaktionsräume. In F. von Rosenberg & A. Geimer (Hg.), Bildung unter Bedingungen kultureller Pluralität (S. 27–40). Wiesbaden: Springer.

Rosenberg, F. von (2011). Bildung und Habitustransformation: Empirische Rekonstruktionen und bildungstheoretische Reflexionen. Bielefeld: transcript.

Schulze, M. (2020). Der Prozess der Institutionalisierung. Ein theoretischer Zugang zur Frage erfolgreicher Entwicklung und Etablierung von Hochschulweiterbildung. In W. Jütte, M. Kondratjuk & M. Schulze (Hg.), Hochschulweiterbildung als Forschungsfeld. Kritische Bestandsaufnahmen und Perspektiven (S. 151–165). Bielefeld: wbv Media.

Seitter, W. (2017). Wissenschaftliche Weiterbildung. Multiple Verständnisse – hybride Positionierung. Hessische Blätter für Volksbildung, 67(2), 144–151. https://doi.org/10.3278/HBV1702W

Seitter, W., Schemmann, M. & Vossebein, U. (Hg.) (2015). Zielgruppen in der wissenschaftlichen Weiterbildung: Empirische Studien zu Bedarf, Potential und Akzeptanz. Wiesbaden: Springer.

Walber, M., & Jütte, W. (2015). Entwicklung professioneller Kompetenzen durch didaktische Relationierung in der wissenschaftlichen Weiterbildung. In O. Hartung & M. Rumpf (Hg.), Lehrkompetenzen in der wissenschaftlichen Weiterbildung: Konzepte, Forschungsansätze und Anwendungen (S. 49–64). Wiesbaden: Springer.

Über den Autor und die Autorinnen

Benjamin Klages, Dipl.-Pädagoge, Bildungswissenschaftler, ist als wissenschaftlicher Mitarbeiter am Zentrum für Qualitätsentwicklung in Lehre und Studium an der Universität Potsdam tätig. Seine Weiterbildungs- und Forschungstätigkeit umfasst Professionalisierung der Hochschullehre, Theorie-Praxis-Relationen und Rekonstruktive Sozialforschung.
Kontakt: benjamin.klages@uni-potsdam.de

Prof.in Dr.in Eva Cendon ist Bildungswissenschaftlerin und Inhaberin des Lehrgebiets Wissenschaftliche Weiterbildung und Hochschuldidaktik an der FernUniversität in Hagen. Ihre Forschungsschwerpunkte sind Reflexion und Reflexivität in Lernprozessen, Rollen von Lehrenden sowie die Zukunft von Lehren und Lernen an Hochschulen.
Kontakt: eva.cendon@fernuni-hagen.de

Anita Mörth, Mag. phil., Bildungswissenschaftlerin, ist wissenschaftliche Mitarbeiterin am Lehrgebiet Wissenschaftliche Weiterbildung und Hochschuldidaktik an der FernUniversität in Hagen. Ihre Forschungsschwerpunkte sind wissenschaftliche Weiterbildung, Theorie-Praxis-Verständnisse, Zugänge zu Lernen, Gender und Diversity.
Kontakt: anita.moerth@fernuni-hagen.de

WISSENSTRANSFER III

Design im hochschulischen Wissenstransfer

Interaktion und Simulation – praxisorientierte Vermittlung wissenschaftlicher Erkenntnisse

Carmen Hartmann-Menzel

Zusammenfassung

Der folgende Beitrag beschäftigt sich mit dem Prozess der gestalterischen Aufbereitung wissenschaftlicher Erkenntnisse zur Vermittlung in der Zivilgesellschaft aus der Perspektive des Designs. Welche Rolle nimmt die Gestaltung in der Vermittlung wissenschaftlicher Erkenntnisse für unterschiedliche Rezipient:innen ein, um als Grundlage für das Lernen, persönliche Meinungsbildung, den gesellschaftlichen Diskurs und individuelles praktisches Handeln zu dienen?

Dabei wird auf Vorgehensweisen zur Entwicklung passender Gestaltungslösungen in verschiedenen Kontexten der Vermittlung eingegangen und skizziert, wie einerseits durch Reduktion von Komplexität und die Gestaltung flexibler Zugänge durch interaktive Systeme (wie z. B. Online-Medien, Exponate in Ausstellungen bis hin zu Szenarien) für Rezipient:innen geschaffen und andererseits mögliche Verfälschungen wissenschaftlicher Information durch Gestaltungsentscheidungen im Gestaltungsprozess vermieden werden können.

Schlagworte: Menschzentrierte Gestaltung, Design interaktiver Systeme, Designentscheidungen, Interaktionsgestaltung, Simulation, Szenario

Abstract

This paper addresses the process of editing scientific findings to be presented to civil society from the perspective of design. Which role takes design on knowledge transfer supporting different recipients in terms of learning, forming of opinion, social discourse and individual practical action?

Approaches to the development of fitting design solutions in different contexts of knowledge transfer are presented. On one hand, reduction of complexity and the design of flexible admissions by interactive systems (e.g. online media, exhibits up to scenarios) to recipients are depicted. On the other hand, aspects of how adulterations of scientific information can be avoided during the design process are outlined.

Keywords: Human-centered design, design of interactive systems, design decisions, interaction design, simulation, scenario

1 Bedeutung wissenschaftlicher Erkenntnisse für die Zivilgesellschaft

Wissenschaftliche Erkenntnisse – das haben vor allem die vergangenen Monate der COVID-19-Pandemie gezeigt – können erheblichen Einfluss auf politische Entscheidungen, unsere Wirtschaft, Gesellschaft, Kultur und unseren Alltag haben.

Nicht nur in der Retrospektive, sondern auch als Erklärung aktueller Phänomene sowie möglicher zukünftiger Entwicklungen unserer Umwelt haben wissenschaftliche Erkenntnisse hohe Relevanz. Ohne Verständnis von Zusammenhängen, ohne Prognosen und das Aufzeigen möglicher Zukünfte sind wir als Zivilgesellschaft nicht in der Lage, adäquat zwischen möglichen Alternativen zu wählen und aktiv Handlungsentscheidungen zu treffen, die – wie z. B. im Falle des Klimawandels – die Zerstörung unserer Lebensgrundlage zu minimieren helfen.

1.1 Rahmenbedingungen und Einflussfaktoren zur Generierung wissenschaftlicher Erkenntnisse und deren Darstellung

Wissenschaftliche Erkenntnisse beschreiben in Abhängigkeit von vorangestellten Forschungsfragen einen abgegrenzten Sachverhalt. Der untersuchte Forschungsgegenstand und die Gestaltung des Forschungsdesigns hängen von Rahmenbedingungen ab, wie z. B. dem persönlichen Kenntnisstand, etablierten Denkmustern und der Forschungsmotivation der Forscher:innen selbst, der Zusammensetzung ihrer Teams, der Organisation, Kultur und Zielsetzung der jeweiligen Forschungseinrichtung, möglichen Kooperationspartner:innen (und deren intendierten Ziele) sowie den Paradigmen innerhalb der eigenen Disziplin (Kuhn, 2012).

Das Vorgehen zur Generierung von Erkenntnissen ist von Disziplin zu Disziplin unterschiedlich und unterliegt zwar grundlegenden wissenschaftlichen Qualitätskriterien, aber keinem universellen methodischen Standard. Methoden wie Beobachtung, Analyse, Literaturrecherche, Experimente, Action-Research bis hin zur Spekulation können beispielsweise zum Einsatz kommen. Im Laufe des Forschungsprozesses müssen innerhalb des Forschungsteams Vorgehensweisen diskutiert und Entscheidungen darüber getroffen werden, welche Methoden angewandt, welche Ergebnisse und Daten wie berücksichtigt, argumentiert, interpretiert und letztlich auch publiziert werden. Erkenntnisse aus Grundlagen- oder angewandter Forschung, ob eher deterministisch oder probabilistisch, unterscheiden sich in der Art ihrer Aufbereitung für die Kommunikation an verschiedene Gruppen von Rezipient:innen entsprechend: Welche Erkenntnisse sollen welchem Publikum zu welchem Zweck vermittelt werden (McComas, 2020)?

1.2 Gefahren der Missinterpretation und Verfälschung wissenschaftlicher Erkenntnisse

Um die Ergebnisse wissenschaftlicher Arbeit angemessen einordnen zu können, sind nicht nur die Vermittlung der Erkenntnisse an sich, sondern auch der Kontext ihrer Entstehung im Sinne der wissenschaftlichen Praxis (wie und auf welcher Grundlage werden Erkenntnisse belegt?) sowie ihre möglichen Auswirkungen und Anwendungsbereiche in der Zivilgesellschaft für diese relevant. In der Klimadebatte z. B. werden Fehlaussagen auf Basis realer Daten – also ohne Verfälschung derselben – getroffen, indem nur bestimmte Teilaspekte ausgewählt und angeführt werden, die die intendierten Aussagen der Kritiker:innen vordergründig stützen (Schneider, 2020). Ob und inwieweit Rezipient:innen mit aufbereiteten Erkenntnissen redlich umgehen, ist vonseiten der Wissenschaftler:innen nicht steuerbar. Eine Einordnung und Abgrenzung der dargelegten Befunde, der Verweis auf den Entstehungsprozess sowie der transparente Umgang mit Bezügen, Brüchen und offenen Fragen ist für eine Gegenargumentation jedoch essenziell.

Was Wissenschaft leisten kann und wo ihre Grenzen liegen, sollte dementsprechend mit in den öffentlichen Diskurs einbezogen werden: Wo gibt es Lücken oder ggf. Widersprüche in Bezug auf die vorgelegten Erkenntnisse? Wie dynamisch entwickelt sich das Feld durch die Generierung neuer Daten? Wo entziehen sich Phänomene der direkten Beobachtung? Und wo beruhen Aussagen über sie auf logischen Schlussfolgerungen? Was ist der Unterschied zwischen einem (beobacht- und erlebbaren) Gesetz und einer Theorie, die die Funktions- und Wirkungsweise desselben erklärt? (McComas, 2020, S. 8 ff.).

Für eine „angemessene" gestalterische Aufbereitung wissenschaftlicher Erkenntnisse – sowohl im Sinne der Wissenschaftler:innen als auch der Rezipient:innen – ist es für Designer:innen relevant, die hier beschriebenen Aspekte zu kennen und zu verstehen. Denn davon hängt ab, welche textuellen und visuellen gestalterischen Mittel für die Vermittlung gewählt werden können, welche Detailtiefe diese haben und inwieweit Darstellungen realitätsnah oder abstrakt erscheinen dürfen und sollen. Wie Designentscheidungen getroffen und ihre angemessene „Passung" zwischen Wissenschaftler:innen und Rezipient:innen abgesichert werden kann, hängt maßgeblich vom Gestaltungsprozess selbst ab. Darauf wird im Abschnitt „3.3 Verfälschungen wissenschaftlicher Erkenntnisse vermeiden: Absicherung von Designentscheidungen" näher eingegangen.

1.3   Anmerkungen zum Bildbegriff

Der Bildbegriff kann „kaum in einem absoluten, sprach- und kulturübergreifenden Sinne für einen einheitlichen Gegenstand stehen" (Bruhn, 2009, S. 12). Betrachtungsweisen von Bildern sind vielschichtig. Sie sind u. a. abhängig von Techniken der Bilderzeugung, Bildtypen und -motiven, von ihrem Verwendungszusammenhang, medialer wie funktionaler Einbettung sowie der kulturellen Prägung der Betrachter:innen. Obwohl der Bildbegriff einem kontinuierlichen Wandel und damit einer Neubestimmung hinsichtlich Einsatzbereichen, technischen Möglichkeiten und Positionsbestimmung in einer Wissensgesellschaft unterliegt, dienen Bilder in ihren unterschiedlichen Ausprägungen dazu, „die sichtbare Welt [...] wiederzugeben, Unsichtbares sichtbar zu machen, mit Formen eine veränderte und sublimierte Welt zu schaffen [...]" (Bruhn, 2009, S. 14).

Um Informationen und Daten in lesbare Bilder zu übersetzen, sind daher u. a. Mittel wie Abstraktion, Reduktion, Anreicherung, Hervorhebung, Vergleich, Gegenüberstellung oder die Herstellung von Bezügen unerlässlich. Oder, um es frei mit

Antoine de Saint-Exupéry auszudrücken: „Perfektion ist nicht erreicht, wenn man nichts mehr hinzufügen, sondern wenn man nichts mehr weglassen kann".

Die Darstellung wissenschaftlicher Sachverhalte in bildlicher Form „ergeben erst dadurch anschauliche Ansichten, dass sie zusammengesetzt, interpoliert und aufbereitet [sind]" (Bruhn, 2009, S. 210) – also interpretiert, bearbeitet und verändert wurden. Denn nur so können das Wesentliche vom Unwesentlichen getrennt und störende Elemente, die die menschliche Wahrnehmungsfähigkeit überfordern, entfernt werden, um „lesbar" zu sein und zum Erkenntnisgewinn seitens der Rezipient:innen beitragen zu können. In Abhängigkeit vom zu kommunizierenden Sachverhalt und hinsichtlich der Sehgewohnheiten sowie des Vorwissens der Rezipient:innen sind detailreiche Darstellungen für ein effizientes Aufnehmen und Verstehen der repräsentierten Information hinderlich, da zunächst grobe Strukturen erfasst und dann mit entsprechendem Zeitaufwand nach und nach die Details wahrgenommen werden (Bertin, 2011, S. 139 ff.).

Eine Informationsaufbereitung, die für Rezipient:innen lesbar und verständlich ist, fällt in das Aufgabenfeld des Designs. Auf diese Vermittlerrolle von Gestalter:innen, eine angemessene Passung zwischen Information und Rezeption im jeweiligen Kontext der Nutzung zu generieren, wird im folgenden Absatz näher eingegangen.

1.4 Gestalter:innen als Vermittler:innen

Welche gestalterischen Mittel zur Vermittlung wissenschaftlicher Erkenntnisse wie einzusetzen sind, hängt vom Zweck und der Zielsetzung der Wissensvermittlung ab: Was ist der Kern der zu vermittelnden Inhalte? Welche Rezipient:innen sollen adressiert werden? Über welche Vorkenntnisse verfügen sie? Welche Form der Darstellung ist angemessen? Wer entscheidet über die Validität der getroffenen Aussage und Darstellung etc.?

Die Schwierigkeit hinsichtlich der Gestaltung besteht also darin, dass es keine umfassend definierten Kategorien von Informationen gibt, die auf die eine oder andere klar zugewiesene Art und Weise mit definierten Parametern (wie Form, Farbe, Kontrast, Struktur, Punkt und Linie etc.) darzustellen wären (Ware, 2021, S. 25). Ihre Ausprägung ist kontextabhängig. Nur unter Berücksichtigung der kontextuellen Einbettung lassen sich Informationen in passende visuelle (statisch, dynamisch) und textuelle (geschrieben, gesprochen) Mittel übersetzen. Dabei sollten auch haptisches Erleben und Interaktionsmöglichkeiten sowie ein Diskurs über die rezipierten Informationen im Sinne eines einfachen Zugangs (Accessibility) zu wissenschaftlichen Erkenntnissen für unterschiedliche Lerntypen berücksichtigt werden (Vester, 2020, S. 127, 131 f.).

Welche konkrete Ausgestaltung eine bild- oder modellhafte Aufbereitung wissenschaftlicher Erkenntnisse annimmt, muss in wechselseitiger Abstimmung zwischen Wissenschaftler:innen, Gestalter:innen und Rezipient:innen erfolgen. Designer:innen nehmen hier in der Berufspraxis im Gestaltungsprozess eine vermittelnde Rolle ein: Sie nehmen u. a. Ziele der Wissenschaftler:innen auf, erheben Daten bezüglich Anforderungen aus Nutzer:innensicht und entwerfen Gestaltungsvarianten, die iterativ eben gegen diese Ziele und Anforderungen evaluiert werden. Das Vorgehen wird im

Abschnitt „3 Vorgehensweisen in der Gestaltung interaktiver Systeme" eingehender erläutert.

2 Formen zur Vermittlung wissenschaftlicher Erkenntnisse

2.1 Die Rolle interaktiver Systeme in der Wissensvermittlung

Ein interaktives System umfasst die Kombination von Hardware-, Software- und Servicekomponenten; es empfängt Benutzer:innen-Eingaben und reagiert darauf, d. h., es übermittelt Ausgaben in Form von Feedback (Geis & Tesch, 2019, S. 21 f).

Interaktive Systeme eröffnen ihnen innewohnende, spezifische Möglichkeiten, Informationen und Inhalte zu generieren, abzurufen und dynamisch mit ihnen umzugehen. Praktiken wie *Open Science* oder *Open Data* schaffen weltweit offenen Zugang zu Wissen, das in kollaborativen Netzwerken geteilt und weiterentwickelt wird. Dabei wird der Diskurs über die Inhalte und Informationen mit anderen über das Medium direkt ermöglicht und unterstützt. Der Zugriff auf Online-Inhalte erfolgt zeit- und ortsunabhängig.

Zudem ermöglichen sie im besten Falle eine nachvollziehbare und zugängliche Wechselwirkung zwischen unterschiedlichen Abstraktions- und Detailgraden dargestellter Inhalte: Ergänzende Hilfestellungen und detailliertere Informationen zu einem Sachverhalt können beispielsweise über entsprechende Navigations- oder Suchmöglichkeiten sowie Querverweise (Verlinkungen) auf andere Seiten aufgerufen werden. Sie erlauben somit als dynamische Medien einen flexibleren Zugriff auf Informationen als statische Medien, im Abgleich mit persönlichem Kenntnisstand oder Interessenslage. Dementsprechend sind hier verschiedene „Layer" der Reduktion und Verdichtung wissenschaftlich generierten Wissens abbild- und nutzbar. Zudem erlauben sie neben der visuellen und textuellen Form der Repräsentation von Informationen auch den Einsatz audiovisueller Mittel wie Bewegtbild etc. Und betrachten wir interaktive Systeme nicht nur im Sinne von online, im Internet verfügbaren Angeboten, sind in Verbindung mit entsprechenden Hardware-Komponenten auch Modalitäten der haptischen und taktilen Interaktion und damit andere Möglichkeiten der Exploration sowie das „direkte Erleben" von Informationen möglich. Somit werden diese nicht nur rezipiert, sondern sind Gegenstand einer individuellen, und im Rahmen des interaktiven Systems möglichen, intendierten Nutzung.

Grundlegend ist hier eine den mentalen Modellen der Nutzer:innen (Geis & Tesch, 2019, S. 135 f.) entsprechende Informationsarchitektur, von der Navigationssysteme, Interaktionsdesign und Inhaltsstruktur für einen verständlichen inhaltlichen Aufbau abgeleitet werden. Auf dieser Basis können Nutzer:innen eigene Wege wählen, um sich Inhalte zu erschließen und unterschiedliche Informationsebenen und -tiefen eigenständig zu explorieren: Ausgehend von einer orientierenden Übersicht können sie in einzelne Teilaspekte eintauchen („zoom in") und Filterungen vornehmen sowie sich weitere Details zu Themen und Sachverhalten bei Bedarf erschließen (Ware, 2021, S. 359). Um sicherzustellen, dass die Gestaltung den Bedürfnissen der

Nutzer:innen entspricht, ist deren Einbindung in den Entwicklungsprozess erforderlich (Geis & Tesch, 2019, S. 31).

Idealerweise sind dabei die einzelnen Aspekte der Vermittlung in einen größeren Sinn- und Sachzusammenhang eingebettet, um Abstraktion und Empirie im Sinne eines ganzheitlichen Lernens und Begreifens zu verknüpfen (Arnheim, 1996, S. 289 f.).

2.2 Praxisorientierte Wissensvermittlung durch Interaktion

Die Vermittlung wissenschaftlicher Erkenntnisse kann von der Kommunikation einfacher Ursache-Wirkungs-Prinzipien bis hin zu komplexen Theorien reichen. Sind die Variablen eines Ursache-Wirkungs-Prinzips kontrollierbar, lassen sie sich oft in Form von **Experimenten** direkt erlebbar und nachvollziehbar gestalten, wie in Erlebnisausstellungen von Science Centern praktiziert (die „experimenta" in Heilbronn trägt das Experiment sogar im Namen). Diese Form der Vermittlung wissenschaftlicher Sachverhalte, die durch Interaktion mit denselben direkt erlebt werden können, unterstützt das Lernen und Erfassen v. a. naturwissenschaftlicher und technischer Phänomene in motivierender, nachdrücklicher oder gar unterhaltender Weise:

> „Als Naturwissenschaftler, der gewohnt ist, Erkenntnisse durch das Experiment zu erlangen, durch Beobachten, durch Selbertun, habe ich [...] immer wieder erfahren, dass ein tiefes Verstehen, ein Aha-Erlebnis, [...] durch persönliche Erfahrung bei Versuch und Irrtum, das heißt durch Erleben [...] geschieht." (Vester, 2020, S. 183)

Entwicklungsbiologisch betrachtet ist das Lernen aus Erfahrung für viele Spezies überlebenswichtig. Der menschliche Verstand lernt auf diese Weise sehr effizient und teilweise unbewusst.

> „Gerade mit dem Medium Ausstellung kann man abstrakte Inhalte nicht nur mit Worten und Formeln, sondern auch durch visuelle und vor allem haptische Darstellungen und Experimente *begreifbar*, das heißt über Sinnesorgane erfahrbar machen." (Vester, 2020, S. 185)

Die beiden folgenden Beispiele zeigen anschauliche Aufbereitungen von Experimenten zu chemischen bzw. physikalischen Gesetzmäßigkeiten, die über interaktive Systeme entsprechende Erlebnisräume für die Nutzer:innen eröffnen und nicht nur das eigene Explorieren, sondern auch gemeinschaftliches Untersuchen ermöglichen. Auf diese Weise können wissenschaftliche Phänomene direkt erfahrbar und nachvollziehbar gemacht sowie mit persönlichen Erfahrungen aus der Lebens- und Alltagspraxis verknüpft werden.

An der Hochschule für Gestaltung in Schwäbisch Gmünd werden u. a. in Kooperation mit Museen und Forschungseinrichtungen Ausstellungskonzepte zur Vermittlung wissenschaftlicher Sachverhalte entwickelt. Die Bachelorarbeit „Tangible Chemistry" ist ein Beispiel für die unmittelbare Erfahrung und Exploration chemischer Grundprinzipien. Das Projekt richtet sich an Schüler:innen und macht die Welt der Atome in interaktiver und haptischer Form zugänglich. Auf einem Medientisch können mithilfe eines „Pucks" vorgefertigte Moleküle aus einer Bibliothek ausgewählt oder eigene aus Atomen zusammengesetzt werden. Der Puck gibt haptisches Feedback in Form spürbaren Widerstandes, wenn Kombinationen chemisch nicht möglich sind.

Über eine Wandprojektion werden begleitend Informationen über die Eigenschaften des aktuell gewählten Stoffes sowie praktische Anwendungsbereiche gezeigt. Über einen Temperaturregler können die Aggregatzustände der auf dem Tisch eingeblendeten Stoffe verändert und vergleichend beobachtet werden. Die Erhöhung der Temperatur wird mittels zunehmender Vibration des Pucks angezeigt.

Abbildung 1: Bachelorarbeit „Tangible Chemistry", Ausstellungskonzept in Kooperation mit dem TUMlab des Deutschen Museums in München (Quelle: HfG Schwäbisch Gmünd, Jens Franke, Thomas Gläser (2008), verfügbar unter: https://kg.hfg-gmuend.de/projects/tangible-chemistry-erlebbare-chemie-im-raum-fuer-kinder-und-jugendliche)

In Kooperation mit dem Deutschen Museum München entstand das Projekt „Exponat zum Ohmschen Gesetz", welches die Abhängigkeiten der drei Größen Spannung (U), Widerstand (W) und Stromstärke (I) beschreibt. Es stellt drei verschiedene Stationen zu den Größen sowie eine vierte Schalterstation zum Öffnen und Schließen des Stromkreises bereit, mit denen die Nutzer:innen – auch im gemeinsamen Zusammenspiel – interagieren und Werte einstellen bzw. ändern können. In der Mitte des Tisches werden die Abhängigkeiten und Wechselwirkungen der drei Größen visualisiert, die Darstellung passt sich direkt an die durch die Nutzer:innen vorgenommenen Änderungen von Eingabewerten an. An der Station „Spannung" kann diese durch Tippen auf Batteriefelder – die Batterie wurde hier als für die Nutzer:innen bekannte Metapher für die Darstellung der Größe „Spannung" gewählt – erhöht oder vermindert werden. An der Station „Widerstand" kann der gewünschte Wert über einen Drehregler eingestellt oder über einen Lautsprecher bzw. eine Glühbirne mit einem fixen Wert aktiviert werden. Ist eine Spannung angelegt, aber kein Widerstand eingestellt, wird ein Kurzschluss über rot leuchtende LEDs angezeigt.

Die Stromstärke, die sich aus Spannung und Widerstand ergibt, ist keine beeinflussbare Größe und kann dementsprechend durch die Nutzer:innen nicht verändert werden. Ihr Wirkungsgrad, der sich aufgrund der Einstellungen an den anderen Stationen verändert, kann direkt über haptisches Feedback mittels Vibration erfahren werden.

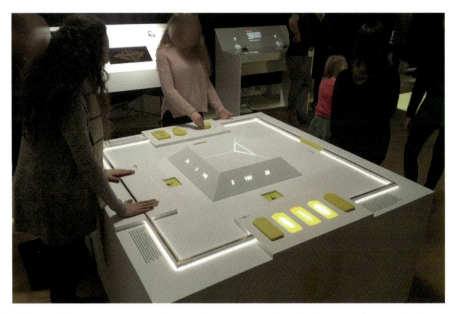

Abbildung 2: Semesterprojekt „Ausstellungs-Exponat zum Ohmschen Gesetz", in Kooperation mit dem Deutschen Museum München (Quelle: HfG Schwäbisch Gmünd, Marianne Spiess, Leonard Weigand, Antonia Größchen, Anna Lena Borck (2017), verfügbar unter https://ig.hfg-gmuend.de/projects/ohmslaw)

Simulationen können zusätzlich zu der zuvor beschriebenen direkten Erfahrbarkeit eines Phänomens (= Experimente) alternative Entwicklungen und Ausprägungen eines Sachverhalts unter sich verändernden Rahmenbedingungen abbilden. So ist ein Ausprobieren und „Vorhersehen" verschiedener Entwicklungsperspektiven ohne faktische Konsequenzen für die Praxis möglich.

Grundlage sind mathematische Modelle oder komplexe Systeme mit sich wechselseitig bedingenden Variablen, die in der Regel rechnergestützt abgebildet werden. Durch die Veränderung von Variablen können diese Modelle unterschiedlich ausgeprägt sein. Ihre Änderung erfolgt in interaktiven Systemen durch die Nutzer:innen – im vorgegeben Rahmen der durch die Designer:innen definierten Interaktionsmöglichkeiten. So können ein sich veränderndes Verhalten der Modelle über die Zeit simuliert, unterschiedliche Berechnungen angestoßen und Ergebnisdarstellungen verglichen werden.

Simulationen beziehen Wechselwirkungen mit ein und befördern intuitives wie diskursives und damit holistisches Denken (Vester, 2020, S. 188). Die menschliche

Fähigkeit, Dinge zu ordnen und zu klassifizieren, „bildet die Grundlage unserer kognitiven Orientierung und des daraus folgenden effizienten Handelns" (Edelmann & Wittmann, 2019, S. 110). Diese Fertigkeit ist nicht nur analytisch in der sprachlichen Domäne zu sehen, sondern hängt vor allem mit der Mustererkennung zusammen, in der vorstellungsbasierte oder visuelle Kategorien vorgenommen werden und Gruppierungen erfolgen. Damit kann visuell sehr schnell zwischen verschiedenen Optionen unterschieden und eine vergleichende Bewertung vorgenommen werden, sofern die Informationsdichte angemessen ist.

Als Beispiel für eine Simulation soll hier das als Webapplikation konzipierte Online-Simulationstool „ESID" zur Auseinandersetzung mit und Abschätzung der Entwicklungen in der Covid-19-Pandemie dienen. Es ermöglicht den Nutzer:innen auf Grundlage einer durch das Deutsche Zentrum für Luft- und Raumfahrt (DLR) und das Helmholtz-Zentrum für Infektionsforschung (HZI) entwickelten mathematischen Modellrechnung, durch Anpassung von Variablen eigene Szenarien zu erstellen, diese miteinander zu vergleichen und Faktoren wie Eindämmungsmaßnahmen zu definieren. Interessierten Laien, Entscheidungsträger:innen und deren Berater:innen soll so ermöglicht werden, die Entwicklung der Pandemie besser zu verstehen und verschiedene Optionen im Krisenmanagement abzuwägen.

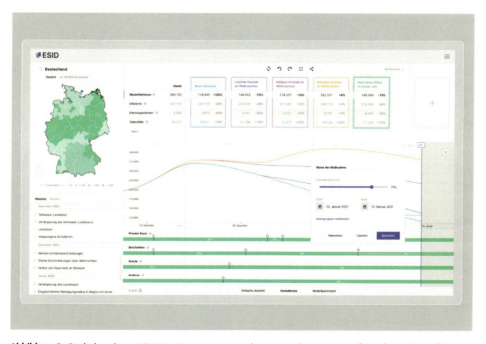

Abbildung 3: Bachelorarbeit „ESID", in Kooperation mit dem Deutschen Zentrum für Luft- und Raumfahrt (DLR) und dem Helmholtz-Zentrum für Infektionsforschung (HZI) (Quelle: HfG Schwäbisch Gmünd, Julien Stoll, Valerie Grappendorf (2021), verfügbar unter https://ausstellung.hfg-gmuend.de/w-2021/projekte/esid)

2.3 Die reale Welt ist kein Labor – „wicked problems"

Komplexe Sachverhalte mit vielen Variablen hingegen können über Erfahrung in Form von Experimenten und/oder Simulationen nur schwerlich erfasst, generalisiert oder rational beschrieben werden (Johnson, 2014, S. 135 f.).

Komplexität „in der realen Welt" zeichnet sich dadurch aus, dass Aspekte vernetzt sind, einander bedingen, verstärkenden oder abschwächenden Einfluss aufeinander haben. Frederic Vester beschreibt in seinem Buch „Die Kunst vernetzt zu denken" (2004) die mangelnde Interdisziplinarität in den Wissenschaften, die seinen Ausführungen zufolge wichtige Potenziale zur Lösung „realer", praktischer Probleme (sog. „wicked problems") verspielt. Denn für die Erfassung eines komplexen Sachverhalts als Grundlage einer Problemanalyse und die darauf aufbauende Entwicklung einer Lösungsstrategie spielen nicht nur „harte", im Sinne messbarer, Daten und Fakten eine Rolle, sondern auch „weiche", qualitative Faktoren, die u. a. aus sozialer Interaktion und menschlichen Intentionen heraus entstehen. Ein wesentlicher Aspekt des von ihm entwickelten „Sensitivitätsmodells" ist die iterative Herausarbeitung der einzelnen Komponenten und Knotenpunkte eines komplexen Systems, ihrer Bezüge und Wirkungsmechanismen (selbstverstärkend bzw. -regulierend) sowie deren grafische Aufbereitung. Grundlage für die Analyse ist der öffentliche Diskurs zwischen Bürger:innen und Fach- bzw. Planungsexpert:innen. Die anschauliche visuelle Aufbereitung der gesammelten quantitativen wie qualitativen Daten dient der Bildung eines gemeinsamen Problemverständnisses sowie in der Phase der Entwicklung als Grundlage möglicher Handlungsstrategien der Konsensbildung (Vester, 2004).

Um anstehende globale Herausforderungen, wie z. B. den Klimawandel, eine sich verschärfende Kluft zwischen Arm und Reich, Wander- und Fluchtbewegungen, Zoonosen oder Pandemien und ihre Abhängigkeiten besser verstehen zu können, sind ganzheitliche Betrachtungsweisen erforderlich, die entsprechende Bezüge und Abhängigkeiten offenlegen. Um holistisches Denken zu befördern, ist nicht nur ein sprachlicher (diskursiver), sondern auch ein bildlicher (intuitiver) Zugang zu Wissen erforderlich, um Muster und Regeln innerhalb eines größeren Ganzen erkennen zu können (Edelmann & Wittmann, 2019, S. 125). Reduktion und Vereinfachung in Darstellungsformen von Modellen (im Sinne einer strukturellen Ordnung mit Verzicht auf Details) ermöglichen eine bessere Übersicht über Verbindungen und Zusammenhänge. Dabei entstehen einerseits Unschärfen, die jedoch andererseits die Beziehungen von Teilaspekten untereinander stärker im Sinne eines „ganzheitlichen Bildes" hervortreten lassen (Vester, 2020, S. 54 ff.).

Designer:innen verfügen „über das explorative Potential des Entwerfens mit seinen Möglichkeiten, Projektionen zu entwickeln, Zukünfte auf Vorrat, Strategien zum Umgang mit Ungewissheit" (Jonas, 2000, S. 3) anzuwenden. Sie können das zukünftig Mögliche illustrieren, anfass- und erlebbar darstellen und somit für die Zivilgesellschaft zugänglich machen.

2.4 Szenarien als Möglichkeit zur Darstellung und Bewertung komplexer Sachverhalte

Um Verbindungen, Zusammenhänge und Prinzipien „sichtbar" bzw. zugänglich zu machen, ist die Formalisierung durch *Modelle* ein – wenn auch nicht erschöpfendes – Mittel, Komplexität zu reduzieren (Jonas, 2007, S. 5). Modelle können einerseits das Wesentliche vom Unwesentlichen trennen helfen und Strukturen repräsentieren (Maser, 2001, S. 42 f.), sind auf der anderen Seite aber menschengemacht (und damit zweckgebunden intendiert bzw. normativ). In Bezug auf z. B. natürliche und soziale Sachverhalte können sie Unvorhersehbares, verstärkende Effekte etc. nicht umfänglich abbilden (Jonas, 2007, S. 6 f.).

Für einen öffentlichen Diskurs jedoch sind eben auch „weiche Faktoren" wie u. a. soziale Stabilität, Fragen zu einem fairen und konstruktiven Miteinander, der Lebensqualität („wie wollen wir leben?") und ethische Belange relevant (Vester, 2004, S. 59), um auf dieser Grundlage tragfähige und nachhaltige Lösungsoptionen für das praktische Handeln in der Zivilgesellschaft zu entwickeln. Die Darstellung über Modelle sollte demnach um eben diese weichen Faktoren ergänzt werden. Design als „Interface-Disziplin", die Artefakte wie interaktive Systeme in den Kontext ihrer Nutzung einpasst, „enthält nicht nur naturwissenschaftliche, sondern auch kulturelle, soziale, politische Komponenten" (Jonas, 2000, S. 2). Dabei geht es weniger darum, belegte wissenschaftliche Sachverhalte erlebbar zu machen oder auf gesicherter numerischer Datenbasis zu simulieren, sondern vielmehr darum, die Abschätzung möglicher oder auch „wünschenswerter" Zukünfte zu skizzieren (Simon, 1969).

Dazu bieten sich u. a. narrative Formen der modellhaften Darstellung an, wie z. B. Szenarien, die die Spannbreite von denkbaren „worst" oder „best cases" zukünftiger Entwicklungsmöglichkeiten illustrieren können (Schwartz, 1996). Die gestalterischen Ausprägungsformen reichen hier von skizzenhaften, comicartigen Erzählungen (Storyboards) über Text-Szenarien, filmische Aufbereitung bis hin zu spekulativen Entwürfen. Das international ausgerichtete „Next Nature Network" mit Sitz in Amsterdam zum Beispiel stellt anhand konkreter Projekte mögliche technologische Entwicklungen und Szenarien auf Basis aktueller wissenschaftlicher Erkenntnisse zur Diskussion (Mensvoort & Grievink, 2011). Die Themen reichen von der Zukunft der Ernährung über Robotik bis hin zu Fragen bezüglich alternativer Wirtschaftssysteme. Neben Onlinepublikationen und Vorträgen werden Ausstellungen und Events organisiert, um über interaktive Systeme wie Exponate oder Virtual Reality direkten, erlebbaren Zugang bzw. das Eintauchen in verschiedene Zukunftsszenarien zu ermöglichen. Dabei wird nicht auf apokalyptische Narrative fokussiert, die uns eher erstarren lassen und handlungsunfähig machen, sondern vor allem auch auf die der zuversichtlichen Möglichkeiten, die Hoffnung und Motivation zum Handeln befördern (Schneider, 2020).

Beispiel für eine Szenariodarstellung in der Gestaltung ist die Masterabschlussarbeit „Technology-Scenario: Generation and communication of inventions". Hier wurden denkbare Entwicklungen in Bezug auf das Gesundheitssystem der Zukunft für das Jahr 2028 untersucht und ein denkbares Szenario exemplarisch als Animationsfilm ausgearbeitet. Die situative Darstellung einer öffentlich zugänglichen Einrichtung zur Nutzung von Telemedizin veranschaulicht in gut nachvollziehbarer Weise, wie sich ein solches Angebot „anfühlen" könnte und vermag somit, ganz unterschiedliche Vertreter:innengruppen der Zivilgesellschaft in eine Debatte darüber einzubeziehen, ob medizinische Versorgung in dieser Form für die Zukunft wünschenswert und vorstellbar ist.

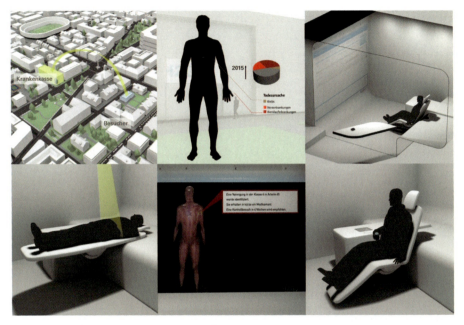

Abbildung 4: Masterarbeit „Technology-Scenario: Generation and communication of inventions" (Quelle: HfG Schwäbisch Gmünd, Mareike Graf, Luyza Pereira (2007), verfügbar unter: http://vimeo.com/243057)

3 Vorgehensweisen in der Gestaltung interaktiver Systeme

3.1 Nutzer:innen ins Zentrum stellen

Um interaktive Systeme auf unterschiedliche Bedürfnisse, Vorkenntnisse und Präferenzen von Nutzer:innen hin angemessen zu gestalten, sind in der Gestaltungspraxis verschiedene Vorgehensweisen im Einsatz, die das Fällen und Argumentieren von Gestaltungsentscheidungen unterstützen. Die im Kontext der Vermittlung wissenschaftlicher Erkenntnisse aussichtsreichsten Ansätze werden im Folgenden kurz vorgestellt.

Für die Gestaltung interaktiver Systeme beschreibt Dan Saffer folgende Ansätze: 1. User-Centered Design (UCD), 2. Activity-Centered Design (ACD), 3. Systems Design und 4. Genius Design (Saffer, 2010, S. 31–46).

Die Ansätze zur Entwicklung passender Gestaltungslösungen im User-Centered Design (UCD) basieren auf den Erfordernissen, Zielen und Wünschen der Nutzer:innen. Im Activity-Centered Design (ACD) bilden die zu erledigenden Aufgaben der Nutzer:innen die Grundlage für die Gestaltung. Die daraus resultierenden Nutzungsanforderungen werden in der Lösungsentwicklung adressiert. Die „Zielerreichung" – also das erfolgreiche Erledigen einer oder mehrerer Aufgaben mit entsprechender Überprüfungsmöglichkeit (Validierung) – steht hier im Vordergrund. Die beiden anderen Ansätze können im Zusammenhang mit der Vermittlung wissenschaftlicher Erkenntnisse an dieser Stelle vernachlässigt werden, da sie zum einen stärker auf System- und damit technische Komponenten (3. Systems Design) und zum anderen auf die Entwicklung und Gestaltung neuer Produktideen und -innovationen (4. Genius Design), getrieben durch die persönliche Intention von Gestalter:innen, fokussieren.

Die Ansätze des UCD und ACD werden in der Praxis häufig parallel genutzt und umgesetzt: Erfordernisse, Ziele und Wünsche der Nutzer:innen werden mit den zu erledigenden Aufgaben verzahnt. Es sollen Abläufen und Funktionen gestaltet werden, die die Nutzer:innen im realen Kontext der Anwendung bestmöglich unterstützen. Sowohl im UCD als auch im ACD werden Nutzer:innen daher in den gesamten Gestaltungsprozess eingebunden: Im qualitativen User Research (auch „Nutzungskontextanalyse" genannt) werden Nutzer:innen hinsichtlich ihrer Erfahrungen, Erwartungen, typischen Tätigkeiten und Ziele befragt, interviewt oder beobachtet. Diese Daten werden erhoben, um die Gruppen der Nutzer:innen, ihre Aufgaben und bestehendes Vorwissen kennenzulernen und ihre „Needs" zu verstehen (Geis & Polkehn, 2018). Zudem werden das technische und das soziale Umfeld erfasst: Wo und wie (z. B. stationär, mobil) wird agiert? Welche Interaktionen finden nicht nur mit der genutzten Technologie, sondern analog auch mit anderen Menschen in diesem Zusammenhang statt? Gibt es weitere Aspekte, die die Nutzung beeinflussen, etwa Zeitmangel, Stress oder besondere räumliche und umweltbezogene Gegebenheiten?

Die erhobenen Daten über die Nutzer:innen bilden die Grundlage für die Entwicklung eines Gestaltungskonzepts sowie erster Prototypen. Diese externalisieren verschiedene Gestaltungsideen und machen sie nicht nur sicht-, sondern auch handhab- und evaluierbar. Sie können in frühen Phasen aus einfachen Skizzen und groben Drahtgittermodellen (sog. „Wireframes" bzw. „Wireflows") bestehen, die zum einen die zur Bedienung erforderlichen Inhalte und Funktionen verorten und zum anderen erste Bedienabfolgen (= Interaktionsabläufe) visualisieren. Auf dieser Grundlage kann frühzeitig im Gestaltungsprozess das Feedback der Nutzer:innen in Form z. B. informeller Interviews, Reviews oder aufgabenbezogener Usabilitytests eingeholt und in der Folge die Gestaltungslösung entsprechend iteriert werden. So werden grundlegende Fehlentscheidungen in der Gestaltungsarbeit vermieden, das Projektteam lernt aus der praktischen Erfahrung und den Feedbacks der Nutzer:innen und kann schrittweise optimieren, bevor die eigentliche technische Entwicklung beginnt. Aber auch während der Realisierung kann begleitend formativ evaluiert und angepasst werden. So werden im Verlauf der Entwicklung die Prototypen in mehreren Iterationsschleifen immer weiter verfeinert, bis die Gestaltungslösung vor allem die wichtigsten Ziele und Aufgabe der Nutzer:innen unterstützt.

3.2 Anforderungen an den Prozess im Kontext wissenschaftlicher Wissensvermittlung

Im Kontext der Vermittlung wissenschaftlicher Erkenntnisse sind aber nicht nur die Anforderungen der Nutzer:innen entscheidend, sondern auch die der Wissenschaftler:innen. Um die Korrektheit – hinsichtlich fachlicher Validität und gemäß dem aktuellen Erkenntnisstand – der zu übermittelnden Informationen und Inhalte sicherzustellen, müssen Wissenschaftler:innen in den Gestaltungsprozess eingebunden sein.

Denn es sind nicht nur „User Needs" und „Demands" (aus Sicht der Lernenden/Nutzer:innen) zu berücksichtigen, sondern auch das Ziel der Wissensvermittlung: Was soll über welche Medien mit welchem Zweck kommuniziert werden? Nutzer:innen sollten generell befähigt werden, Grundlagen und Begriffe zu lernen, in darauf aufbauenden Formaten den Blickwinkel zu erweitern und Bezüge zu anderen (Teil-)Disziplinen oder Bezugswissenschaften herzustellen; sich also im wahrsten Sinne des Wortes „ein Bild machen", um an zivilgesellschaftlichen Debatten teilnehmen zu können. Wissenschaftler:innen können aufgrund ihrer Fachexpertise entsprechende Querbezüge benennen, interdisziplinäre Ansätze einbringen und so einen umfänglicheren Diskurs in der Zivilgesellschaft ermöglichen.

Den Nutzer:innen können so Wege zur weiteren Recherche oder praktische Optionen bis hin zu Formaten der direkten Beteiligung eröffnet werden, wie beispielsweise der *Citizen Science* oder auch durch sich speziell an die Zivilgesellschaft richtenden Angebote an Hochschulen. Auf der anderen Seite sollten – wie bereits ausgeführt – auch persönliche Auswahlmöglichkeiten zur Erarbeitung der Inhalte gemäß eigener Lernpräferenzen und individueller Vorkenntnisse zugänglich sein, um einen auf die Nutzung abgestimmten Zugang zu erlauben, der im besten Falle motivierend wirkt.

3.3 Verfälschungen wissenschaftlicher Erkenntnisse vermeiden: Absicherung von Designentscheidungen

Designentscheidungen, die iterativ in den verschiedenen Phasen des frühen Designs bis hin zur detaillierten Ausarbeitung getroffen werden müssen, verändern den Gegenstand der Gestaltung kontinuierlich. Um valide zu sein, müssen (Zwischen-)Ergebnisse und Entwicklungsstände daher einerseits mit Unterstützung von Nutzer:innen auf ihre Verständlichkeit und Anwendbarkeit hin überprüft werden; andererseits müssen Lösungsansätze aus fachlicher Sicht seitens der Wissenschaftler:innen immer wieder auf den Prüfstand gestellt, bewertet und eine Optimierung durch sie fachlich unterstützt und begleitet werden, um im Gestaltungsprozess Verfälschungen durch z. B. nicht angemessene Reduktion wissenschaftlicher Erkenntnisse in der Darstellung zu vermeiden.

Die DIN ISO 9241–210 definiert das Vorgehen der „menschzentrierten Gestaltung" (auch Human-Centered Design oder HCD genannt), in dem u. a. explizit interdisziplinäre Teams und die Einbindung relevanter Interessenvertreter:innen vorgesehen sind (ISO 9241–210:2019, 2020, S. 21). Dieser Ansatz geht über die Fokussierung der Nutzer:innen oder Aufgaben hinaus, auch wenn die Bedürfnisse der Anwender:innen hier ebenfalls im Zentrum der Gestaltungsarbeit stehen. Damit ist ein etablierter Standard verfügbar, der Prozesssicherheit bietet, verschiedene Startpunkte in den Gestaltungsprozess und kreative Ansätze in der Lösungsentwicklung erlaubt sowie allen Beteiligten eine Stimme gibt.

Alle relevanten Gruppen von Nutzer:innen und die an der Generierung der zu vermittelnden Erkenntnisse beteiligten Wissenschaftler:innen sollten demnach in den Gestaltungsprozess miteinbezogen werden, um die fachgerechte Aufbereitung von Informationen sicherzustellen. Des Weiteren müssen u. U. auch Expert:innen aus anderen Fachbereichen, wie z. B. aus der Datenmodellierung, Programmierung, Hardware-Entwicklung etc. eingebunden werden – je nach Ausrichtung und Zielsetzung der Gestaltung. Denn als „Nutzer:innen" sind gemäß der menschenzentrierten Gestaltung nicht nur diejenigen zu verstehen, die direkt mit einem interaktiven System interagieren, sondern auch die, die ein System bestücken, es betriebsfähig halten oder im System generierte Daten weiterverwenden (Geis & Tesch, 2019, S. 53).

4   Fazit und Abschluss

„Wir denken, dass Designer in Zukunft eher ‚Consultants' denn Problemlöser sind. Die Beratung – das Nachdenken über Zusammenhänge und künftige Wandlungen [...] – ist wichtiger als eine ‚perfekte' Lösung.". Diese Aussage von Lucius Burckhardt (Schmitz, 2015) fasst die Rolle von Gestalter:innen u. a. im Kontext der Vermittlung wissenschaftlicher Erkenntnisse aus meiner Sicht treffend zusammen. Für die zivilgesellschaftliche Debatte ist es relevant, Wechselwirkungen und mögliche Konsequenzen aus Entscheidungen für die Zukunft abzuschätzen, um tragfähige praktische Handlungsoptionen daraus ableiten zu können.

Gestaltung bewegt sich zwischen technologischen und ökonomischen Sachzwängen mit dem Ziel, *wünschenswerte Zukünfte für Menschen* zu entwerfen. Aufgrund der Komplexität, die hinsichtlich des Gestaltungsprozesses vielfach beschrieben und diskutiert wird, erfordert die Entwicklung „guter Lösungen" – was auch immer das im Einzelnen bedeuten mag, liegt im jeweiligen Gestaltungskontext begründet –, Beratung, Kooperation, Diskurs und das Einnehmen verschiedener Betrachtungswinkel auf das Gestaltungsproblem sowie eine iterative Erarbeitung von Lösungsvarianten in multidisziplinären Teams.

Auch hinsichtlich der Vermittlung wissenschaftlicher Erkenntnisse ist Diskurs erforderlich, um Entscheidungen darüber treffen zu können, welche Themen und Aspekte hier zivilgesellschaftlich in das Blickfeld zu rücken sind: Wer bestimmt darüber? Welche Themen werden wie verhandelt? Und welche praktischen Handlungsoptionen werden eröffnet?

Designer:innen sind u. a. aufgrund ihrer Kompetenzen in Visualisierung, Modellierung und der Gestaltung ihrer Umwelt kompetente Berater:innen, Vermittler:innen und Enabler:innen für verschiedene beteiligte Gruppen, um neue Betrachtungswinkel sowohl in der Entwicklung der Gestaltungslösung als auch in der Rezeption derselben zu eröffnen. Und damit auch relevante Mitspieler:innen in Bezug darauf, wie wir unsere Umwelt *erfassen* und *begreifen*.

Gestalter:innen „wildern" in verschiedensten Gebieten, ohne Rücksicht auf disziplinäre Grenzen. Sie müssen technische, wirtschaftliche, humane und ethische Aspekte in ihre Arbeit einbeziehen und miteinander verknüpfen sowie sich in immer neue Themenfelder einarbeiten. Dabei werfen sie gesellschaftsrelevante Fragen darüber auf, wie wir unsere Welt in Zukunft gestalten wollen. Denn die Entwürfe, die Designer:innen generieren, sind zukunftsorientiert („what ought to be") und nehmen dabei die Interessen von Stakeholder:innen und vornehmlich Nutzer:innen explizit in den Blick.

„Design ist nicht wissenschaftlich begründbar. Es ist in seiner Intention grundsätzlich verschieden von Wissenschaft, obwohl die Arbeits- und Produktionsweisen und bestimmte Tools vergleichbar sind" (Jonas, 2000, S. 8). Damit ergibt sich trotz unterschiedlicher Intentionen (beschreibend auf der einen, gestaltend auf der anderen Seite) eine Brücke für die gemeinsame praktische Arbeit zwischen Wissenschaft und Design. Der Ansatz „Research through Design" beschreibt Erkenntnisgewinn durch Gestaltungstätigkeit. Um die Potenziale von Gestaltung im Kontext der Vermittlung wissenschaftlicher Erkenntnisse weiter ausloten und untersuchen zu können, ist die Durchführung, Evaluation und Dokumentation entsprechender Projekte ein vielversprechender Ansatz.

Die Ergebnisse gestalterischer Arbeit sind nie abgeschlossen, perfekt oder allumfänglich. Umso mehr liegen hier Chancen für „bessere" Lösungen im gemeinsamen Diskurs mit Vertreter:innen verschiedener wissenschaftlicher Fachdisziplinen, um von- und miteinander zu lernen.

Literaturverzeichnis

Arnheim, R. (1996). Anschauliches Denken: zur Einheit von Bild und Begriff. Köln: DuMont.
Bertin, J. (2011). Semiology of Graphics. Redlands/Kalifornien: Esri Press.
Bruhn, M. (2009). Das Bild. Theorie – Geschichte – Praxis. Berlin: Akademie Verlag GmbH.
Edelmann, W. & Wittmann, S. (2019). Lernpsychologie. Weinheim, Basel: Verlagsgruppe Beltz.
Geis, T. & Polkehn, K. (2018). Praxiswissen User Requirements. Heidelberg: dpunkt.verlag GmbH.
Geis, T. & Tesch, G. (2019). Basiswissen Usability und User Experience. Heidelberg: dpunkt.verlag GmbH.
ISO 9241–210:2019 (2020). Ergonomie der Mensch-System-Interaktion – Teil 210: Menschzentrierte Gestaltung interaktiver Systeme. Berlin: Beuth.
Johnson, J. (2014). Designing with the Mind in Mind. Waltham/Massachusetts: Morgan Kaufmann Publishers.

Jonas, W. (2000). Entwerfen als sumpfiger Grund unseres Konzepts von Menschen und Natur (-Wissenschaften). Köln: Salon.
Jonas, W. (2007). COMPLEXITY – DESIGN´S PROPER SUBJECT – a foreword, 7 chunks of ideas and an outlook. Izmir: European Academy of Design Conference.
Kuhn, T. S. (2012). The Structure of Scientific Revolutions. Chicago: The University of Chicago Press.
Maser, S. (2001). Designtheorie – Zur Planung gestalterischer Projekte. Essen: Die Blaue Eule.
McComas, W. F. (2020). Principal Elements of Nature of Science: Informing Science Teaching while Dispelling the Myths. https://www.researchgate.net/publication/343843030_Principal_Elements_of_Nature_of_Science_Informing_Science_Teaching_while_Dispelling_the_Myths [letzter Zugriff: 28.12.2020]
Saffer, D. (2010). Designing for interaction. Berkeley/CA: New Riders.
Schmitz, M. (2015, 14. Juni) Querfeldein denken mit Lucius Burckhardt (1/3). Von der Urbanismuskritik zur Spaziergangswissenschaft. https://www.deutschlandfunk.de/querfeldein-denken-mit-lucius-burckhardt-1-3-von-der.1184.de.html?dram:article_id=319584 [letzter Zugriff: 20.12.2020]
Schneider, B. (2020, 20. Dezember). Interview, Zwischentöne Deutschlandfunk. https://ondemand-mp3.dradio.de/file/dradio/2020/12/20/zwischentoene_mit_birgit_schneider_vom_20122020_musik_dlf_20201220_1330_bd50fe48.mp3 [letzter Zugriff: 07.02.2021]
Schwartz, P. (1996). The Art of the Long View. New York: Doubleday.
Simon, H. A. (1969). The Sciences of the Artificial. Cambridge/Massachusetts: The MIT Press.
Van Mensvoort, K. & Grievink, H. (2011). Next Nature: Nature Changes Along with Us. Barcelona, Spanien; New York: Actar Publishers.
Vester, F. (2004). Die Kunst vernetzt zu denken. München: Deutscher Taschenbuch Verlag GmbH & Co. KG.
Vester, F. (2020). Denken, Lernen, Vergessen. München: dtv Verlagsgesellschaft mbH & Co. KG.
Ware, C. (2021). Information Visualization. Cambridge/Massachusetts: Morgan Kaufman.

Angeführte Projektbeispiele

Studierendenprojekt: „Ohm's Law – Interactive Exhibit"
HfG Schwäbisch Gmünd, Wintersemester 2017, 4. Semester im Studiengang „Interaktionsgestaltung", in Kooperation mit dem Deutschen Museum München
Studierende: Marianne Spiess, Leonard Weigand, Antonia Größchen, Anna Lena Borck
Betreuung: Prof. Marc Guntow, Prof. Michael Schuster, Benjamin Thomsen
https://ig.hfg-gmuend.de/projects/ohmslaw

BA-Abschlussarbeit "ESID"
HfG Schwäbisch Gmünd, Wintersemester 2021, 7. Semester im Studiengang „Interaktionsgestaltung", in Kooperation mit dem Deutschen Zentrum für Luft- und Raumfahrt (DLR) und dem Helmholtz-Zentrum für Infektionsforschung (HZI)
Studierende: Julien Stoll, Valerie Grappendorf
Betreuung: Prof. Hans Krämer, Prof. Hartmut Bohnacker
https://ausstellung.hfg-gmuend.de/w-2021/projekte/esid

Disclaimer: In dem Konzept dargestellte Zahlen und Kurvenläufe sind fiktiv und höchstens als Anlehnung an der dem Konzept zugrundeliegenden wissenschaftlichen Publikation *Assessment of effective mitigation and prediction of the spread of SARS-CoV-2 in Germany using demographic information and spatial resolution* von Martin J. Kühn et al. (2020) zu verstehen. Das Projekt ist eine Vision eines zukünftigen Simulationstools. Als notwendig zu erachten ist eine Machbarkeitsstudie zur Realisierung des konzipierten Entwurfs.

BA-Abschlussarbeit „Tangible Chemistry – Erlebbare Chemie im Raum für Kinder und Jugendliche"
HfG Schwäbisch Gmünd, Sommersemester 2008, 7. Semester im Studiengang „Kommunikationsgestaltung", Ausstellungskonzept in Kooperation mit dem TUMlab des Deutschen Museums in München
Studierende: Jens Franke, Thomas Gläser
Betreuung: Prof. Hans Krämer, Prof. Jörg Beck
https://kg.hfg-gmuend.de/projects/tangible-chemistry-erlebbare-chemie-im-raum-fuer-kinder-und-jugendliche

MA-Abschlussarbeit „Technology-Scenario: Generation and communication of inventions"
HfG Schwäbisch Gmünd, Sommersemester 2007, 3. Semester im Studiengang „Communication Planning and Design"
Studierende: Mareike Graf, Luyza Pereira
Betreuung: Prof. Hans Krämer, Prof. Jörg Beck
http://vimeo.com/243057

Abbildungsverzeichnis

Abb. 1 Bachelorarbeit „Tangible Chemistry", Ausstellungskonzept in Kooperation mit dem TUMlab des Deutschen Museums in München 251

Abb. 2 Semesterprojekt „Ausstellungs-Exponat zum Ohmschen Gesetz", in Kooperation mit dem Deutschen Museum München 252

Abb. 3	Bachelorarbeit „ESID", in Kooperation mit dem Deutschen Zentrum für Luft- und Raumfahrt (DLR) und dem Helmholtz-Zentrum für Infektionsforschung (HZI)	253
Abb. 4	Masterarbeit „Technology-Scenario: Generation and communication of inventions"	256

Über die Autorin

Prof.in Carmen Hartmann-Menzel absolvierte ihr Studium „integriertes Design" an der Hochschule Anhalt/Dessau. Seit 2009 ist sie Usability-Engineer bei der rocketmedia GmbH & Co KG. 2019 wurde sie als Professorin im Studiengang Interaktionsgestaltung an der HfG Schwäbisch Gmünd berufen.
Kontakt: carmen.menzel@hfg.design

Komplexität aushalten!
Interaktive Datenvisualisierung als Instrument der Wissenschaftskommunikation

Andreas Teufel

Zusammenfassung

Interaktive Datenvisualisierungen tragen dazu bei, komplexe wissenschaftliche Information so aufzubereiten, dass sie für Rezipient:innen durch eine spezifische Kombination aus Geschwindigkeit, Informationsdichte, Prägnanz und Interaktion zugänglich werden. Sie haben das Potenzial, visuelle Repräsentationsmodelle der vorgestellten wissenschaftlichen Erkenntnisse zu konstituieren. Dabei können strukturelle Gemeinsamkeiten zwischen Datengrafiken und der kognitiven Verarbeitung von Wissen beobachtet werden. In den vergangenen Jahren entwickelten sich Datengrafiken durch die zunehmende Digitalisierung immer mehr zu multimodalen interaktiven Wissenswerkzeugen. In der Design-Ausbildung bedeutet dies, dass neben den bekannten Strategien des Grafikdesigns Kompetenzen des *Interaction Designs* und des Programmierens grundlegend für gelungene Datenvisualisierungen werden.

Schlagworte: Datengrafik, Datenvisualisierung, Design, Diagramm, Informationsdichte, Interaktion, Kognition, Repräsentationsmodell, Semiotik

Abstract

Interactive data visualisations contribute to making scientific information accessible. This is achieved by a combination of speed, information density, concision and interaction. The efficiency of data graphics consists in offering visual representation models for scientific knowledge. Structural commonalities with cognitive processing can be observed thereby. In recent years, digitalisation transformed data graphics form passive objects into multimodal tools of knowledge. Focussing design education, competences in interaction design and programming become fundamental for successful data visualisations in addition to well-known strategies of graphic design.

keywords: Data graphic, data visualization, design, graph, information density, interaction, cognition, representation model, semiotics

1 Einleitung

Daten sind allgegenwärtig, sie prägen unsere Art zu leben und zu denken. Häufig begegnen wir jedoch nicht den Daten selbst, sondern ihren Abbildern: Datengrafiken. Dieser Text versucht, Aspekte datengrafischer Phänomene zu skizzieren und ihre kommunikativen und didaktischen Potenziale aus der Perspektive des Designs einzuordnen.

Interaktive Datenvisualisierungen sind hochspezialisierte Kommunikationswerkzeuge. Sie sind geeignet, im wissenschaftlichen Wissenstransfer digitale Vermittlungsformen mit einer spezifischen Kombination aus *Geschwindigkeit, Informationsdichte, Prägnanz* und *Interaktion* zu konstituieren. Anstelle von Strategien der Vereinfachung – also statt der Reduktion von Komplexität – bieten sie die Chance, Komplexität zugänglich zu gestalten. Sie schaffen eine eigenständige Form des Verstehens, indem sie helfen, mentale Modelle abstrakter Zusammenhänge zu entwickeln.

In einer ersten Annäherung könnte diese Art zu kommunizieren „visuell strukturierend" genannt werden. Gemeinsam ist ihr mit anderen bildhaften Darstellungsformen die Unmittelbarkeit, mit der sie sich Nutzer:innen präsentiert, denn die Gleichzeitigkeit enthaltener Information ist ein Charakteristikum visueller Medien (anders als z. B. dieser Text, der sich beim Lesen erst Stück für Stück erschließt). Datenvisualisierungen geben vor, wie sie verstanden werden wollen. Ihre strenge diagrammatische Struktur hebt sie deutlich von weniger strukturierten Medien wie Fotografie, Illustration, Interface oder Film ab, die Interpretation ermöglichen, ja meist erfordern.

Üblicherweise erscheinen Datenvisualisierungen als grafische Darstellung von Sachverhalten oder Messdaten. Die Rolle des Designs in der Wissenschaftskommunikation wird daher oft mit dem Generieren von anschaulichen Bildern assoziiert: Schau-Bildern. Man könnte vermuten, dass es sich bei Datenvisualisierungen um Hilfskonstruktionen zum Verständnis von Texten oder zur Mustererkennung in Tabellendaten handelt und dass sie sich an der Oberfläche der Dinge mit der mehr oder weniger ästhetischen Zusammenfassung tatsächlich weit komplexerer Relationen begnügen. Die Unterstellung, es handele sich vor allem um niederkomplexe „Show"-Elemente, wird dadurch verstärkt, dass Diagramme alltagskulturelle Phänomene sind, die alle Bereiche unserer Informationsgesellschaft durchdringen, von der Fitness-App über die Businesspräsentation[1] bis zur Wetterkarte.

Natürlich bedeutet die Strategie, Regenmengen in Rechtecke zu gießen, eine Reduktion von Realität. Sie sagt nichts über zerstörte Ernten, Überschwemmungen, Hungersnöte oder Migration und erspart uns das Mitleiden am Einzelschicksal. Zugleich bietet diese Distanzierung die Chance, Entwicklungen aufzuzeichnen, Relationen zu erkennen, Quantitäten zu vergleichen und faktenbasiert gesellschaftliches Handeln zu legitimieren. Umso erstaunlicher ist es, dass der mediale und zeichentheoretische Status dieser prägenden und vielgestaltigen Kommunikationsform so

---

1 Zum Begriff „chartjunk" vgl. Tufte, 2015, S. 107.

unscharf scheint (Nöth, 2000, S. 225). Daher beginnt dieser Beitrag mit einigen einführenden Bemerkungen zur Semiotik der Datenvisualisierung und zu den Prozessen, die beim Erstellen und Lesen dieser besonderen Bilder wirksamen werden.

Der Begriff *Datengrafik* erhält in diesem Text den Vorzug vor dem verbreiteteren und etwas weiter gefassten Begriff „Diagramm", erstens, weil Diagramme auch Formen wie isometrische Zeichnungen, Gebrauchsanweisungen, Schalttafeln, Architekturskizzen, Infografiken ohne Datenbezug oder kognitive Schemata wie Mappings enthalten, die nur zum Teil in den Bereich der vorliegenden Betrachtung fallen, zweitens, weil der Begriff „Datengrafik" die von ihm beschriebene mediale Transformation selbst veranschaulicht: Daten werden zu Grafik. Der noch präzisere Begriff „Datenvisualisierung", der auch zeitbasierte Visualisierungsstrategien des *Motion Designs* oder *Interaction Designs*[2] einbezieht, kommt wegen seiner Sperrigkeit vor allem dort vor, wo der Beitrag explizit über die traditionellen Gestaltungsmittel des Grafikdesigns hinausweist.

Datengrafiken ähneln – mit einigen Ausnahmen – keinen Objekten in der Wirklichkeit, auch wenn sie Wirklichkeit auf eine besondere Weise „abbilden". Sie werden konventionell codiert, das heißt: Lesbar sind sie überhaupt nur deshalb, weil eine bestimmte Gemeinschaft übereinkommt, ihnen Bedeutung zuzuweisen. Das macht sie zu einer eigenen *visuellen* Sprache. Wie der datengrafische Code funktioniert, wird in Abschnitt 2 besprochen. Die Übersetzung von Wirklichkeit in Kreise, Kurven und Rechtecke ist – einmal erlernt – kognitiv überraschend leicht zu verarbeiten. Abschnitt 3 befasst sich mit Geschwindigkeit, Informationsdichte und Prägnanz von Datengrafiken.

In den vergangenen Jahren gaben die digitalen Medien der Datenvisualisierung einen außerordentlichen Schub. Neue Produktionstechniken und Interfaces erlauben es, Daten virtuell räumlich und in der Zeitachse zu präsentieren. Sequenzielle Diagramme können als Animationen, im filmischen Sinne linear, abgespielt werden[3]. Didaktisch attraktiver ist die Nutzung interaktiver Mittel, wie Abschnitt 4 zeigt: Rezipient:innen können Daten buchstäblich *begreifen*, indem sie durch Datendimensionen navigieren. Dabei schimmert das zu explorierende Phänomen auf eigentümlich abstrakte Weise durch diese Darstellungen hindurch.

Bei Datengrafiken handelt es sich vordergründig um Erstsemesterwissen. Die gestalterischen Mittel, die auf der Fläche zum Einsatz kommen, sind Form, Farbe, Proportion und Kontrast. Hinzu kommt in der Regel noch etwas Typografie und Wahrnehmungspsychologie. Dass Datengrafiken natürlich weit komplexere Gebilde sind und wie man sich ihnen in der Designausbildung nähert, behandelt Abschnitt 5.

---

2   *Motion Design* beschreibt einen Teilbereich der Gestaltung von Bewegtbildmedien, der sich u. a. mit Typografie und Grafik im Kontext von Filmen oder mit Animationssequenzen digitaler Medien befasst. *Interaction Design* untersucht, wie Menschen mit Gegenständen und Maschinen umgehen. Interactiondesigner:innen entwerfen Designlösungen, die nicht allein die Ästhetik von – oftmals digitalen – Produkten, sondern auch ihre Tauglichkeit im Gebrauch fokussieren. Hierbei kommen Aspekte des Produktdesigns und der Produktergonomie zum Tragen. Bezogen auf digitale Medien wird die effektive und effiziente Benutzung grafischer Benutzeroberflächen oder anderer Schnittstellen der Mensch-Computer-Interaktion gestaltet (s. auch DIN EN ISO 9241-210). Beide Design-Disziplinen sind zentral für die Gestaltung interaktiver Datenvisualisierungen.
3   Filmische Visualisierungen gab es natürlich schon lange vor der Digitalisierung der Medien. Ein frühes Highlight ist der Film „Powers of Ten" von Ray & Charles Eames (Eames & Eames, 1977).

2 Der datengrafische Code

Der Schlüssel zum Verständnis menschlicher Kommunikation liegt im Begriff „Symbol". Erst die Übertragung eines beobachteten Phänomens oder Sachverhalts in die symbolischen Formen *Sprache*, *Schrift* und *Bild* ermöglicht es, die Wirklichkeit in Vorstellungen und Anschauungen zu übersetzen. Aber der Umgang mit Symbolen hat Nebenwirkungen: Symbolisches Denken, oder besser: das Begreifen der Welt in Symbolen – in Mythen, Ritualen, Kultur –, erzwingt die Interpretation „Welt". Wir sind gefangen im Netz symbolischer Abbildung – in der Welt der Zeichen. Der Philosoph Ernst Cassirer entwickelte hierzu den Begriff vom Menschen als „animal symbolicum", jenem Tier, das die Welt vermittelt durch Symbole erschließt (Cassirer, 2007, S. 51).

Symbol, Icon, Index

Die bildhafte Interpretation von Sachverhalten, Ideen oder der Korrelation von Daten unterscheidet sich fundamental von sprachlicher oder schriftlicher Codierung. Um zu verstehen, wie verschieden Zeichen funktionieren, bietet der Philosoph und Begründer der modernen Semiotik, Charles Sanders Peirce, eine für das Thema relevante Gliederung des semiotischen Feldes an: Er teilt Zeichen in die drei Kategorien *Symbol*, *Icon* und *Index* (Peirce, 1983)[4]. Ein Zeichen ist ein Index, wenn es hinweisenden Charakter in Bezug auf sein Objekt (den bezeichneten Gegenstand, Sachverhalt o. Ä.) hat. In diese Kategorie gehören Richtungsanzeigen oder Verkehrsschilder. Ikonische Zeichen weisen Ähnlichkeitsbeziehungen zwischen Zeichen und Objekt auf. Illustrationen und Fotografien sind ikonisch. Unter Symbolen versteht Peirce schließlich (abweichend von Cassirer, für den *Symbol* eine Art Oberkategorie jeglicher Zeichenhaftigkeit ist) willkürliche, durch Übereinkunft einer Sprachgemeinschaft entstandene Zeichen, zum Beispiel die lateinische Schrift.

Eine Besonderheit von Datengrafiken ist, dass sie systematisch mit allen drei Zeichenarten operieren können; sie sind *multicodal*. Für ihre professionelle Produktion ist es daher unabdingbar, ihren zeichentheoretischen Gehalt zu identifizieren.

Menschliche Kommunikation

Der Kommunikationswissenschaftler Paul Watzlawick entwickelte fünf axiomatische Sätze zur menschlichen Kommunikation. Für Datengrafiken von Interesse sind sein zweites und viertes Axiom. Im zweiten Satz unterscheidet er den Inhalts- vom Beziehungsaspekt einer Botschaft (Watzlawick, Beavin & Jackson, 2017, S. 64). Letztere funktioniert zwar meist unbewusst, steuert aber um so wirksamer, wie Botschaften interpretiert werden. Diese von ihm auch „Metakommunikation" genannte Ebene ist so etwas wie die unausgesprochene Regieanweisung beim Akt des Kommunizierens. Sein viertes Axiom zeigt, dass sich menschliche Kommunikation „digitaler und analoger Modalitäten" (ebd., S. 78) bedient: Inhalte werden digital codiert (symbolisch im

---

4 Zur Einführung in die Pierce'sche Semiotik siehe Trabant (1989) und Nöth (2000). Zur Kritik der Semiotik siehe Krippendorff & Michel (2013, S. 335 ff.).

Sinne von Peirce, 1983), Beziehungen analog (ikonisch). Produktiv für das Design wird dieser Ansatz, weil wir annehmen können, dass die analoge „Metakommunikation" das spannendere Spielfeld ist. Sie ist verantwortlich für Qualität und *Bedeutung* einer Datengrafik. Dieser Gedanke wird weiter unten wieder aufgegriffen, wenn es um die Positionen des *semantic turn* und des *user centered designs* geht.

Information

Der Begriff „Information" tauchte umgangssprachlich bereits in den ersten beiden Abschnitten auf. Er liegt auch den weiteren Überlegungen zugrunde, sodass hier eine kurze Begriffsbestimmung folgt. „Information" ist zunächst ein Terminus der Wahrscheinlichkeitstheorie, der die statistische Häufigkeit des Auftretens von Elementen beschreibt. Je seltener z. B. ein Zeichen eines Codes vorkommt, desto mehr Information – man könnte übersetzen: „Seltenheitswert" – hat es. Hier trifft sich die mathematische mit der allgemeinsprachlichen Bedeutung. Eine häufig wiederholte Botschaft hat keinen Neuigkeitswert, sie ist nicht informativ. Überraschend oder neu sind Nachrichten, die zuvor nicht erwartet wurden, statistisch also seltener auftreten. „9/11" verfolgten Millionen von Menschen in allen Medien. Information steht auch im Mittelpunkt der Arbeit des Architekten und Designers Richard Saul Wurman, der den Begriff der „Informationsarchitektur" popularisierte und fünf Strategien zur Organisation von Information identifiziert (Wurman, 1989), die sich auch in Datengrafiken finden: Die ortsbezogene Darstellung (hierzu gehören Karten und Lagepläne), die alphabetische Sortierung (wie man sie aus Wörterbüchern kennt), die zeitbezogene Visualisierung (Diagramme, die eine Zeitachse besitzen), die kategoriale Sortierung (wie z. B. die Gliederung eines Onlineshops nach Damen- und Herrenmode, T-Shirts und Hosen) und die hierarchische Gliederung (z. B. die Größensortierung auf der Kleiderstange eines Warenhauses oder das Histogramm eines Digitalfotos).

Datengrafik

Der Begriff „Datengrafik" kann als Oberbegriff für verschiedene Darstellungsformen[5] angesehen werden, die sich mit einer besonderen Art von Symbolen befassen: Zahlen. Die für eine Datengrafik verwendeten Werte sind in der Regel Ergebnisse von Zählungen und Messungen: Geburtenraten, Klima, Geschwindigkeit, Stimmzettel, Aktienkurse – was auch immer messbar erscheint, lässt sich zählen und speichern. Qualitativen Begriffen werden Ordnungsziffern zugewiesen; selbst Emotionen werden quantifiziert, wenn für sie entsprechende Skalen entwickelt werden. Datengrafiken dienen im erkenntnistheoretischen Sinne heute überwiegend der Präsentation oder Legitimation empirischer Messwerte. Zahlenkolonnen aus Umfragen, Statistiken, Sensoren, Tracking- und Telekommunikationsdaten sind längst zu *Big Data* kumuliert.

---

5 Typische Datengrafiken: Säulen- und Balkendiagramme, Kreis- und Ringdiagramme, Liniendiagramme, Karten, Histogramme, Box-Plot Diagramme, Stem-and-Leaf-Diagramme, Streudiagramme, Taxonomien. Eine gute Übersicht bietet die Website https://datavizproject.com/.

Beispiel 1: Gapminder
Die vom schwedischen Mediziner Hans Rosling gegründete Stiftung „Gapminder" entwickelte 2006 ein Programm zur interaktiven Datenvisualisierung. Im Wesentlichen werden Daten der UN verarbeitet, um globale Entwicklungen wie Bevölkerungswachstum oder Gesundheitsvorsorge zu dokumentieren. Die faszinierende interaktive Datengrafik zu Lebenserwartung und Einkommen zeigt die Entwicklung dieser beiden Indikatoren für die 193 Staaten der UN. Jede Nation wird dargestellt als Kreis, dessen Größe die Bevölkerungszahl repräsentiert, farblich grob gegliedert in vier Weltregionen. Der Größenindikator kann in der Legende auf eine Fülle weiterer Werte umgestellt werden: Kindersterblichkeit, CO_2-Emission pro Kopf und viele andere. Das „bubble diagram" präsentiert eine Zeitspanne von 221 Jahren bis zurück ins Jahr 1800 (unter Berücksichtigung der Existenz der dargestellten Nationen und der Verfügbarkeit der Daten). Auf einer doppelten x-Achse finden sich Zeit- und Einkommensentwicklung. Ein simpler Play-Button startet eine Animation dieser 221 Datengrafiken, die anschaulich die Entwicklung der Welt von der napoleonischen Zeit bis heute zeigt. Zur besseren Übersicht wird die aktuelle Jahreszahl groß im Hintergrund eingeblendet. Die Grafik ist ein didaktisches Instrument: Es lassen sich die Industrialisierung im 19. Jahrhundert oder zwei Weltkriege ebenso ablesen wie der rasante Aufstieg Chinas und viele weitere historische Ereignisse und Prozesse, die Auswirkungen auf die Entwicklung der orthogonal präsentierten Indikatoren hatten. Die Grafik ist aber nicht nur animiert, sie kann interaktiv erschlossen werden. Nutzer:innen können auf der „time line" manuell einzelne Jahre ansteuern, jeder einzelne Kreis kann zu jedem Zeitpunkt per „hover" zu den indizierten Daten befragt werden, und eine ausführliche, interaktive Legende lässt es zu, beispielsweise einzelne Nationen zum direkten Vergleich auszuwählen. Das Design der Datengrafik orientiert sich leider eher an Charts aus der Businesswelt, man könnte sich eine mutigere und farblich ausgewogenere Gestaltung vorstellen. Dennoch: Dieses Beispiel zeigt, wie eine komplexe Sache – die Entwicklung der Welt seit 1800 – in ein anschauliches Modell übersetzt werden kann.

Zweifache Codierung

Was passiert – semiotisch betrachtet – entlang der Produktionskette einer Datengrafik? Zunächst sind da Phänomene, die teils unter Zuhilfenahme technischer Geräte beobachtet werden können. Die Beobachtung wird zur Messung, wenn das entdeckte Phänomen einer Kategorie oder Skala zugewiesen, sortiert, bewertet und in das entsprechende numerische Zeichensystem übersetzt werden kann. Die Wortbedeutung „scalae" (lat.: Treppe) zeigt an, dass es nicht um eine analoge Transformation geht, sondern um die Erzeugung unterscheidbarer, überschneidungsfreier Werte.

Es ist der erste für Datengrafiken erforderliche Transformationsschritt: Kontinuität wird in diskrete Quantität übersetzt. Phänomene werden in Zahlen verwandelt, kurz: digitalisiert.

Um die generierten Daten zugänglich zu machen, eignet sich neben den beiden Strategien „Datentabellen lesen" und „Verfassen wissenschaftlicher Texte" als dritte Herangehensweise, „sich einen Überblick zu verschaffen", also die aggregierten Zahlen in ein analoges visuelles System zu überführen.

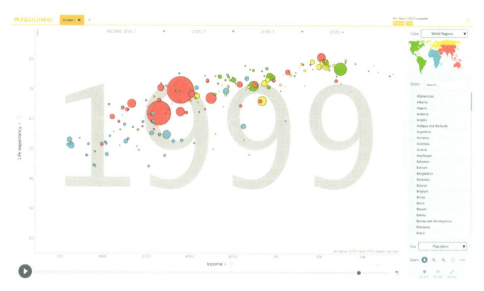

Abbildung 1: Gapminder Bubbles (Quelle: Gapminder Stiftung, 2021)

Bei der Verarbeitung von Rohdaten zu Datengrafiken wird die oben beschriebene Eigenschaft des ersten Transformationsschritts „Digitalisierung" wichtig: Zahlen entsprechen Positionen in einem Ordnungssystem oder auf einer Messskala. In einem orthogonalen Koordinatensystem mit je einer Skala pro Achse wird die Kreuzung zweier Werte zum Datenpunkt. Eine Datengrafik braucht also mindestens zwei Messwerte, um in die Fläche übersetzt werden zu können, sonst „klebt" sie an ihrer Skala wie das historische Ereignis an der Zeitachse.

Der Informationswissenschaftler und Designer Edward R. Tufte (2015) bezeichnet Datengrafiken als visuelle Abbildungen quantitativer Information. Sie bilden Mengen, geografische Situationen und/oder Zeit strukturiert ab. Die Darstellung verschiedener Datenpunkte innerhalb einer Grafik erlaubt es, Werte in Relation zueinander zu setzen. Bezüge, die in einer Datentabelle nur für geschulte Leser:innen erkennbar sind und leicht übersehen werden können, springen in professionellen Grafiken schnell ins Auge und können häufig auf den ersten Blick erfasst werden. Die Visualisierung übernimmt gewissermaßen einen Teil des Denkens und beschleunigt so das Verstehen deutlich. Allerdings um den Preis, dass sie der Datentabelle etwas hinzufügt: die visuelle Interpretation der Daten durch das Design.

Aber wie funktioniert die Beschleunigung? Der Trick: Analogiebildung. Das im ersten Schritt digitalisierte Phänomen wird durch den Prozess der Analogisierung in ein visuelles Zeichensystem überführt. Das System *Datengrafik* nutzt die Ähnlichkeitsbeziehung zwischen einer Zahl und der ihr grafisch zugeordneten Menge oder Position auf der Skala. Aber worin besteht die Ähnlichkeit genau? Denn üblicherweise sind Zahlen nicht mit bestimmten Formen oder Positionen konnotiert. Und wir haben gleich zu Beginn angenommen, dass Datengrafiken konventionell, nicht ikonisch codiert sind. Was hier genutzt wird, sind mentale Modelle der Adressat:innen, also das Vorstellungsvermögen, das eine Beziehung zwischen Zahlen und Mengen modellieren kann[6]. Man könnte sie auch in einer etwas paradoxen Formulierung „abstrakte Analogien" nennen. Bereits Peirce (1983) befasste sich mit der Entsprechung von Relationen. Ein geeignetes Verfahren zur Aktivierung dieser mentalen Modelle liefern Prinzipien des UX (User Experience) Designs (Cooper et al., 2014): Um eine Software zu entwickeln, braucht es eine genaue Kenntnis aller Funktionen, damit man sie programmieren kann. Entwickler:innen haben daher eine sehr konkrete Vorstellung ihrer Software, die als *Implementierungsmodell* bezeichnet wird. Auch Anwender:innen haben eine Vorstellung der Software, häufig lückenhaft, weil sie weder alle Funktionen noch die zugrunde liegenden Techniken kennen. Das müssen sie auch nicht. Sie sollten die Software nur reibungslos und zielgerichtet bedienen können. Das gelingt ihnen u. a. durch frühere Erfahrungen im Umgang mit Software. Die individuell sehr verschiedenen Vorstellungen der Nutzer:innen werden im Begriff *Usermodell* gebündelt. Zwischen beiden Modellen vermittelt nun ein drittes: das von Designer:innen entwickelte *Repräsentationsmodell*. Funktionen, Handlungsziele und Erfahrungen werden grafisch so verdichtet, dass Handlungsoptionen und Softwarekonzept möglichst nachvollziehbar abgebildet werden. Das heißt: Das Interface dient nicht bloß zur Benutzung einzelner Funktionen, sondern ist auch das Repräsentationsmodell der Software als Ganzes.

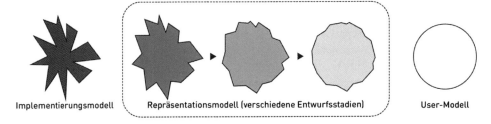

Abbildung 2: Repräsentationsmodell nach Cooper et al. (2014, S. 19)

Wenden wir nun diesen Gedanken auf Datengrafiken an: Wissenschaftler:innen verfügen über ein *Implementierungsmodell* ihrer Thesen, niedergelegt in ihren Publikationen. Ihre Leser:innen (z. B. Studierende) gehen mit einem *Usermodell* an die Texte heran (sie nutzen ihr thematisches Vorwissen und ihre mentalen Modelle u. a. von Mengenrelationen). Datengrafiken liefern nun ein *Repräsentationsmodell*, das das Potenzial hat, die beiden anderen Modelle zu synchronisieren. Hinzu kommt, dass zusätzlich auch Ähnlichkeiten mit der sichtbaren Welt die Daten „illustrieren" können: Die Sitzverteilung in Parlamenten, metrische Diagramme oder „heat maps", die ihren Farbcode aus der Analogie zu thermischen Sinneseindrücken schöpfen. Die Analogisierung kann also auf mentale Modelle, die sichtbare Welt oder auf beides referenzieren.

---

6   Datenvisualisierungen können auch zum interaktiven Steuerungsinstrument werden. Norman (2013) zeigt an einer Reihe von Beispielen, dass das nicht immer ganz einfach ist, und verwendet den Begriff „Konzeptmodell" (Norman, 2013, S. 24). Die Kritik des Begriffs „dashboard" für interaktive Datenvisualisierungen kann hier nicht vertieft werden.

Es ist der zweite für Datengrafiken erforderliche Transformationsschritt: Zahlen werden nach Prinzipien der Ähnlichkeit in visuelle grafische Objekte verwandelt, kurz: analogisiert.

Es handelt sich also um eine Zweifach-Codierung, eine doppelte Transformation. Wir können Datengrafiken daher als „dual codierte, visuell strukturierte Repräsentationsmodelle" definieren.

Abbildung 3: Duale Codierung

Beispiel 2: Waves of Interest
Die interaktive Datengrafik des Designers Moritz Stefaner zeigt eine Auswahl von rund 70 politischen Begriffen, die die USA in den letzten 16 Jahren beschäftigten. Die Grafik bildet die temporale und regionale Streuung einzelner Begriffe nach Bundesstaaten anhand von Statistiken der Google-Suche ab. Ähnlich der Gapminder-Interaktion können Begriffe ausgewählt, ihre Entwicklung über den Zeitraum seit 2004 linear abgespielt oder manuell angesteuert werden. Es entsteht eine schemenhafte und dynamische Karte der USA, die ähnlich einer „heat map" und in Analogie zu Höhenlinien einer Landkarte die Häufigkeit der gesuchten Begriffe anzeigt: Eine Interessenslandkarte. Größere prozentuale Zuwächse werden als Zahl eingeblendet und der zugehörige Bundesstaat wird typografisch hervorgehoben. Zusätzlich kann entlang der „time line" ein Liniendiagramm der Begriffshäufigkeit eingeblendet werden – die „Waves of Interest".

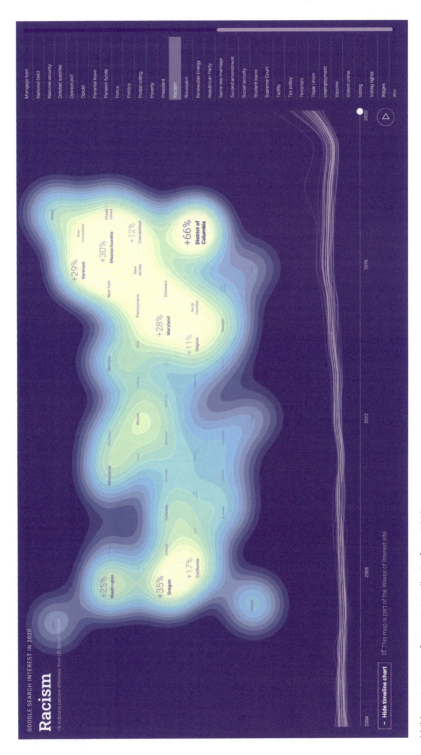

Abbildung 4: Waves of Interest (Quelle: Stefaner, 2020)

3 Geschwindigkeit, Informationsdichte und Prägnanz

Die doppelte Transformation „Phänomen *wird digitalisiert zu* Zahl *wird analogisiert zu* Bild" konstituiert die wesentlichen Stärken von Datengrafiken: *Geschwindigkeit, Informationsdichte* und *Prägnanz*.

Geschwindigkeit

Während im ersten Schritt die Komplexität und mehrdimensionale Kontinuität der Wirklichkeit gewissermaßen entkleidet und in den abstrakten Zahlenraum überführt wird, wird im zweiten Schritt den generierten Zahlen ein visuelles Erscheinungsbild zugewiesen, das Beziehungen sichtbar macht, die weder in den Phänomenen selbst noch in den Zahlen allein ohne Weiteres zu beobachten sind. Aus der Unübersichtlichkeit der Phänomene werden bestimmte Aspekte freigelegt, alles Übrige wird ausgeblendet.

Die so extrahierten Beziehungen lassen sich sehr schnell kognitiv erfassen, wenn sie in schlüssige grafische Bilder umgeformt werden. Ob eine Kurve steigt oder fällt, ist in Sekundenbruchteilen verstanden. Die zu Beginn der Coronapandemie berühmt gewordene Grafik „Flatten the Curve" erzählt die komplexe Beziehung zwischen kumulierenden Fallzahlen und überlasteten Gesundheitssystemen auf prägnante Weise im Erscheinungsbild eines Liniendiagramms (Harris, 2020). Dabei handelt es sich hier um keine echte Datengrafik, sondern um eine prognostisch motivierte Infografik, weil ein Prinzip ohne hinterlegte Zahlen illustriert wird.

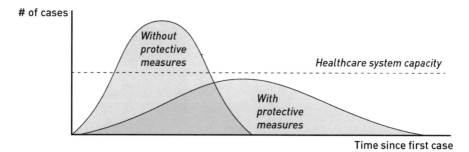

Abbildung 5: „Flatten the Curve" nach Harris (Quelle: Harris, 2020)

Neben ihrer inhaltlichen Fokussierung und visuellen Reduktion trägt offenbar auch die semiotische Konventionalität zur schnellen Lesbarkeit von Datengrafiken bei: die kulturell verankerte Übereinkunft, wie Linien-, Säulen- und Kreisdiagramme gelesen werden *sollen*. Allein der Blick auf eine solche Grafik evoziert – unabhängig vom (und sogar ganz ohne) Inhalt – Konnotationen wie „Wissenschaftlichkeit", „Seriosität", „Faktenbasiertheit".[7]

---

7 Siehe die Nonsensical Infographics des Designers Chad Hagen in Rendgen & Wiedemann, 2019, S. 15. Einen anderen Weg beschreitet der New Yorker Künstler Andrew Kuo (Kuo, A., o. J.). In seinen Arbeiten, die mehr an die konkrete Kunst eines Camille Graeser, Anton Stankowski oder Günter Fruhtrunk als an Diagramme erinnern, verarbeitet er persönliche Erlebnisse und Emotionen zu datengrafischen Gemälden.

Informationsdichte und Prägnanz

Tufte berechnet die Datendichte von rund 400 Grafiken und kann zeigen, dass in manchen Datengrafiken tausende (in geografischen Karten teils Millionen) von Informationseinheiten enthalten sind (Tufte, 2015, S. 165 f.). Bereits in historischen Visualisierungen kann man sehen, dass mehrdimensionale Informationsräume sich wie selbstverständlich und leicht zugänglich präsentieren. Das Gefühl von Komplexität oder Überforderung stellt sich nicht ansatzweise ein. Im Gegenteil: Komplexe Sachverhalte werden so anschaulich präsentiert, dass Betrachter:innen sowohl die Details wie auch den Gesamtzusammenhang mit einem Blick erfassen.

Beispiel 3: Karte des Russlandfeldzugs 1812–1813
Ein Klassiker der Datengrafik und beeindruckendes Beispiel für einen mehrdimensionalen Datenraum ist die „Figurative Karte" des Bauingenieurs Charles-Joseph Minard zu Napoleons Russlandfeldzug, publiziert 1869. Auf einen stark reduzierten Kartenausschnitt Russlands wird die Truppenstärke von Napoleons Invasionsarmee von 1812 projiziert. Diese „flow map" basiert nur auf wenigen, für den Verlauf des Feldzugs relevanten geografischen Einträgen. Sie enthält zwei Leserichtungen, die farblich markiert sind: In einem hellen Braunton (ursprünglich rot) wird die Armee auf ihrem Weg nach Moskau als zunächst breites, immer schmaler werdendes Band gezeigt. Ein Millimeter Balkenbreite repräsentiert 10.000 Mann. Von 422.000 Mann beim Überschreiten des Njemen erreichen nur 100.000 Mann, ein knappes Viertel, Moskau. Der Rückzug kehrt die Leserichtung der Grafik um. Der Farbcode der weiter stark sinkenden Soldatenzahl wechselt zu schwarz, ergänzt von einer Temperaturskala und Datumsangaben am unteren Rand des Diagramms. Die Temperatur fällt teils auf unter −30 Grad (Minard verwendet die Réaumurskala). Der Feldzug gerät zur Katastrophe. Von den über vierhunderttausend Soldaten der Grande Armée zu Beginn der Kampagne in Russland erreichen nur zehntausend wieder die polnische Grenze. Die Karte zeigt neben den Dimensionen der geografischen Fläche den Verlauf des Feldzuges, quantitative Verluste, bestimmte Zeitpunkte und die Temperatur. Minard verwendete die Technik des quantitativen Mappings auf Basis geografischer Karten zum Zeitpunkt der Entstehung dieser Grafik bereits seit über 20 Jahren (vgl. Rendgen, 2018). Er illustrierte damit zum Beispiel den Warenverkehr von Baumwolle, Erzen oder Rotwein. Aber erst die Diskrepanz zwischen den „nackten Zahlen" und der menschlichen Katastrophe löst jene Betroffenheit aus, die die emotionale Kraft und Rezeptionsgeschichte dieser Karte erklärt[8].

Wir können annehmen, dass Datengrafiken Komplexität nicht automatisch reduzieren. Sie sind nicht bloß Zusammenfassungen für Leute, die den Text nicht lesen wollen. Vielmehr ermöglichen sie den Zugang zu Komplexität auf eine ganz eigene, visuell motivierte Weise.

---

8   Minards Karte wird meist allein gezeigt; dabei handelt es sich um einen Teil eines datengrafischen Vergleichs mit Hannibals Marsch über die Alpen (Rendgen, 2018, S. 154).

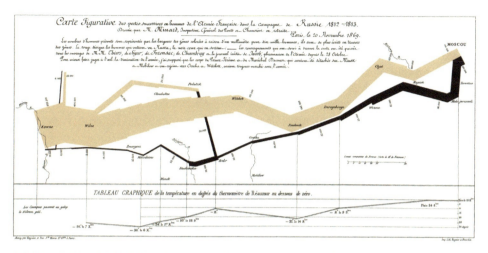

Abbildung 6: Minard, C.-J. (1869), Carte figurative des pertes successives en homme de l'armée française dans la campagne de Russie, 1812–1813 (Quelle: Wikimedia, 2008)

Das „Lesen" dual codierter, visuell strukturierter Repräsentationsmodelle ist für heutige Menschen selbstverständlich. Umso erstaunlicher ist, wie lange es dauerte, bis Zahlen in Datenbilder übersetzt wurden. Denn erst im späten 18. Jahrhundert gelang die Analogie von „Zahl = Grafik" zur Repräsentation messbarer Phänomene. Erst durch Arbeiten von William Playfair oder Charles-René Fourcroy (Rendgen & Wiedemann, 2019) lösten sich grafische Bilder systematisch von der tradierten Aufgabe der Abbildung der sichtbaren Welt. Erstaunlich ist dieser Befund deshalb, weil die euklidische Geometrie die Wissenschaft seit der Antike formt und geografische Karten oder Grundrisse bereits in der Frühgeschichte nachgewiesen werden konnten.

Exkurs

Karten sind einfach codierte direkte Übersetzungen der wahrnehmbaren äußeren Wirklichkeit, ihre Abbildungsfunktion ist analog, ihre Skala zeigt eine Größenbeziehung zwischen Karte und Welt an. Die Abstraktion oder Konvention entsteht erst durch den Maßstab. Kartografisches „Mapping" ist ein Sonderfall der Datenvisualisierung. Die Faszination der besonderen Beziehung zwischen Karte und Welt wird sofort transparent, wenn man auf digitalen Karten zur Satellitenansicht wechselt: Die Kartengrafik hat zwar dieselbe Zoom-Stufe, jedoch einen anderen Abstraktionsgrad als das analoge Satellitenbild. Karten enthalten alle drei Zeichenarten: Sie sind ikonisch, weil sie die Topografie von Landschaften, Küstenlinien, Straßen und Städten nachzeichnen. Sie sind indexikalisch, weil Sie im Gebrauch ganz konkret den Weg anzeigen. Und sie sind konventionell, weil Merkmale wie der Maßstab oder die Bedeutung von Formen, Farben und Typografie erlernt werden müssen. Hierzu verwenden Karten wie die meisten anderen Datenvisualisierungen Legenden.

Legenden

In Abwandlung des berühmten Diktums von Walter Benjamin (2019) könnte man sagen: Nicht der Schrift-, sondern der Datengrafikunkundige wird der:die Analphabet:in der Zukunft sein[9].

Datengrafiken haben in den meisten Fällen zwei Inhaltsebenen: eine Datenebene und eine Koordinaten- bzw. Beschriftungsebene. Für die Konzeption und Gestaltung dieser Ebenen sind drei Gesichtspunkte wesentlich. Datengrafiken sind erstens „monosemiotisch" (Bertin, 1974, S. 10). Alle sichtbaren Attribute eines datengrafischen Elements haben je eine zuvor festgelegte Bedeutung. Sie sind zweitens – im Umkehrschluss – nicht selbsterklärend, das heißt, sie werden erst lesbar durch ihre Legende. Beide Ebenen bedingen sich gegenseitig: Ein Koordinatensystem ohne Datenpunkte ist leer, Datenpunkte ohne Bezugsrahmen sind unlesbar[10]. Drittens stehen beide Ebenen in einer spezifischen Relation zueinander: Skalen, Label und Legenden dienen den Daten. Sie bilden den definitorischen Rahmen für die Zeichnung der Datenpunkte: Zugrunde liegende Koordinatensysteme, Ziffern und Skalenstufen dienen als Lesehilfe, die Werte wichtiger Datenpunkte können explizit eingetragen werden und Beschriftungen erläutern Elemente, oft nur als einzelne Schlagworte oder Abkürzungen. Dieser ausgesprochen knappe und häufig visuell zurückgenommene Einsatz numerischer und typografischer Elemente ist keine Schwäche von Datengrafiken, sondern eine wesentliche Stärke: Deskriptive Elemente werden auf ein Minimum reduziert, die visuellen Relationen stehen im Vordergrund. Legenden und Skalen sind zugleich Gerüst und Gebrauchsanweisung einer Datengrafik und brauchen ein angemessenes Verhältnis von *Lesbarkeit* und *(Un-)Sichtbarkeit*.

4 Interaktion

Datengrafiken profitieren von einem veränderten medialen Nutzungsverhalten. Die Bild-Text-Relation verschiebt sich in vielen Medien durch die Digitalisierung immer mehr hin zu kürzeren Lesetexten und stärker bildorientierten Inhalten. Linearität als Leitprinzip von Text und Bewegtbildformaten wie dem Fernsehen wird durch Simultanität und den vernetzten Charakter von Information in Frage gestellt. Klassische Sender-Empfänger-Relationen müssen sich gegen *user generated content* behaupten. Diese Entwicklung kann kulturkritisch hinterfragt werden. Sie bietet jedoch für das Feld der interaktiven Datenvisualisierung die Chance, als eigenständige Form der Wissenschaftskommunikation wahrgenommen zu werden.

---

9 Benjamin schreibt: „Nicht der Schrift-, sondern der Photographieunkundige wird, so hat man gesagt, der Analphabet der Zukunft sein" (Benjamin, 2019, S. 385). Allerdings setzt er den Ausspruch in Anführungszeichen. Das Zitat geht ursprünglich auf László Moholy-Nagy zurück (Ekardt, 2011). Benjamin stellt ihm die Frage entgegen „Wird die Beschriftung nicht zum wesentlichsten Bestandteil der Aufnahme werden?" und wirft hier die Diskussion des kulturellen Leitmediums auf: Hat das Bild Vorrang vor dem Text oder braucht es für seine Entschlüsselung erläuternden (Kon-)Text. Der in diesem Zusammenhang interessante Diskurs zu den Themen Bildkompetenz und diagrammatic literacy kann hier nicht vertieft werden.

10 Immanuel Kant formulierte es bezogen auf das Denken so: „Gedanken ohne Inhalt sind leer, Anschauungen ohne Begriffe sind blind" (Kant & Timmermann, 1998, KdrV, A 51/B 75). Ohne Legenden überschreiten Datengrafiken die Grenze zum Experiment oder zur Kunst. Ein Beispiel dieser Grenzgänge sind die Risikokeramiken aus 3D-Modellen individueller Risikoeinschätzungen des Designers Nikita Rokotian (Rokotian, 2015).

Interaktion und Kognition

Datenvisualisierungen können, wie oben gezeigt, den Erkenntnissen des UX-Designs entsprechend dazu beitragen, Repräsentationsmodelle komplexer, nicht sichtbarer Strukturen zu entwickeln und die Vorstellungskraft der Rezipient:innen zu aktivieren. Sie schaffen so eine Erkenntnisebene, die weder ein Textbeitrag noch ein analoges Diagramm oder ein linearer filmischer Ablauf allein zu leisten in der Lage ist. In den Kognitionswissenschaften wurde lange diskutiert, wie Wissen gespeichert wird. Neben der propositionalen, symbolischen Repräsentation spielen mentale Modelle der analogen, ikonischen Repräsentation eine wichtige Rolle. Auch die mentale Repräsentation kann als dual kodiert angesehen werden. Bildgebende Verfahren zeigen, dass Hirnareale für die symbolische, ikonische und sensorische Verarbeitung beteiligt sind. Interaktive Datenvisualisierungen könnten demnach alle drei Areale adressieren (Goldstein, 2015, S. 143; Kosslyn & Pearson, 2015; Nöth, 2000, S. 233). Ein inspirierender Gedanke ist, dass analoge mentale Modelle strukturell mit datengrafischen Repräsentationsmodellen korrespondieren (Schnotz, 1997). Datengrafiken sind nicht nur visualisierte Daten, sondern auch visualisiertes Denken.

Interaktive Datenvisualisierung und Designtheorie

Für die Konzeption von Datenvisualisierungen werden Fragen zur zielgruppengerechten Gestaltung relevant. Fruchtbar sind hier aktuelle Diskurse der Designtheorie. Krippendorff (2013) entwickelt seinen Ansatz des „semantic turn" als eine an der Benutzung orientierte Theorie des Produktsprachlichen – in expliziter Abkehr von den semiotischen Traditionen der Repräsentation. Er wendet sich damit einer Theorie der Bedeutung von Objekten für Nutzer:innen zu. Eng verwoben mit diesen Gedanken ist der Ansatz des „user centered designs", das die Anforderungen und Wünsche der Nutzer:innen ins Zentrum der Gestaltungstätigkeit rückt (Ritter, Baxter & Churchill, 2014). Für beide Ansätze gilt: Sie werden erst in dem Moment für Datengrafiken interessant, in dem diese zu handhabbaren digitalen „Gegenständen" werden, denn jetzt ändert sich die Rolle der Rezipient:innen von passiven Betrachter:innen zu aktiven Nutzer:innen. Partizipatorische Designansätze fragen nach dieser aktiven Rolle für die Entwicklung von Designgegenständen (Mareis, Held & Joost, 2013). In den digitalen Medien gewinnt der Begriff der Beteiligung an Bedeutung, weil digitale Produkte von der Mitwirkung einer Gemeinschaft abhängig sein können und teils erst durch Teilnahme entstehen. Welche Effekte das auf die Relation zwischen Usermodell und Repräsentationsmodell hat, gehört zu den aktuell spannenden Fragen des Designs.

Grafik in der Ebene

Doch zunächst ein Blick in die systematischen Anfänge der datengrafischen Abbildung im 20. Jahrhundert: Der Wiener Nationalökonom Otto Neurath entwickelte ab Mitte der 1920er-Jahre die *Wiener Methode der Bildstatistik* und schuf zusammen mit dem Designer Gerd Arntz eine piktogrammatische Darstellungsform sozioökonomischer Statistiken (Vossoughian, 2011). Der ebenso stringente wie didaktisch bestechende Ansatz war jedoch systematisch dadurch limitiert, dass das Summieren von Piktogrammen letztlich nur eigentümliche Abzählbilder (vergleichbar mit Säulendiagrammen) zuließ, die außerdem unhandlich und unflexibel blieben. Neben dem Ansatz, Statistiken in illustrativen Bildern auszudrücken, liegt der bleibende Beitrag dieser Pioniere zur Designgeschichte in den faszinierend wirkungsvollen Grafiken, ohne die heutige Icons, Piktogramme oder Leitsysteme nicht denkbar wären. Fruchtbarer für die heutige Stellung der Datengrafik ist das Buch „Graphische Semiologie" des französischen Kartografen Jaques Bertin (1974). Er beschreibt darin die visuellen Eigenschaften von Datengrafiken, situiert sie als starre Objekte in der zweidimensionalen Fläche und spricht – ganz Kartograf – von der „Ebene". Bertins visuelle Grammatik identifiziert acht Eigenschaften der Datenvisualisierung: Nachdem die Position eines Datenpunktes auf der Fläche durch seine x- und y-Koordinaten bestimmt ist, definieren *Form*, *(Aus-)Richtung*, *Größe*, *Farbe*, *Muster* und *Helligkeit* sein visuelles Erscheinungsbild. Dabei wird unterschieden zwischen visuellen Eigenschaften, die geordnet sind und eine Hierarchisierung zulassen (z. B. Helligkeitsstufen), und solchen, die nicht geordnet erscheinen in dem Sinne, dass unter ihnen keine visuellen hierarchischen Abstufungen vorgegeben sind (etwa bei Formen wie Kreis, Quadrat und Dreieck).

Raum und Zeit, Bewegung und Interaktion

Bertin hatte 2D-Grafiken gedruckt auf Papier vor Augen. Die von ihm entworfene einfache Grammatik der visuellen Ebene genügt heute nicht mehr. Zunächst: Neben der Helligkeit wird auch die *Transparenz* eines Objektes in vielen heutigen Datengrafiken produktiv und statt des Begriffs „Muster" würden Designer:innen heute wohl eher von „Textur" sprechen.

Wichtiger ist, dass Bertins Idee einer monosemiotischen Struktur von Datengrafiken letztlich einer Illusion folgt. Selbst wenn ich versuche, die Bedeutung von Zeichen fest vorzugeben: Die Tatsache, *dass* ich visualisiere, ist, wie wir gesehen haben, bereits eine Interpretation der Daten. Hier liegt einer der Gründe für die Skepsis der Wissenschaften gegenüber dem Design: Je deutlicher der gestalterische Eingriff ist, desto weiter entfernt sich eine Datengrafik vermeintlich von den Zahlen; je ästhetischer sie ist, desto fragwürdiger wird sie. Datengrafisches Design steht also unter einem hohen Legitimationsdruck.

Entscheidend für einen zeitgemäßen Blick auf Datengrafiken aber ist, dass wir mit der Digitalisierung zusätzlich zur zweidimensionalen *Ebene* Bertins zwei weitere Dimensionen berücksichtigen können: *Raum* und *Zeit* – und die aus ihnen hervortretenden Parameter *Transformation* und *Interaktion*. Drei Strategien, die in diesen beiden Dimensionen wirksam werden, sind erstens die Nutzung der *räumlichen Gliederung* der Datengrafik, zweitens die *inhaltliche Teilung* komplexer Information in kleinere Einheiten, die zeitlich gestaffelt werden können, und drittens: Interaktion als wesentliche und verbindende Komponente zum *eigenständigen Erschließen* – zum *Begreifen* – von Inhalten.

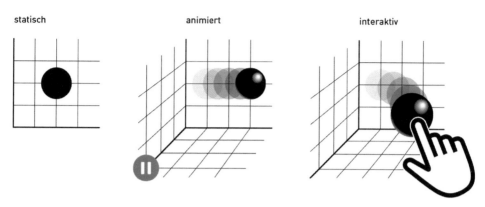

Abbildung 7: Drei Entwicklungsstufen der Datenvisualisierung

Es ergeben sich vielfältige weitere visuelle Eigenschaften. Zunächst kann die Position des Datenpunktes im Raum geklärt, ihm eine Position auf der *z-Achse* zugewiesen werden. Damit sind nicht nur virtuelle 3D-Animationen gemeint. Allein die Tiefenstaffelung von zweidimensional gestalteten Objekten kann bedeutungstragend werden. Die Nutzung der zeitlichen Dimension eröffnet die Möglichkeit, Positionen zu verändern und somit die *Bewegungsrichtung* von Objekten darzustellen. Auch die *Transformation* von Objekten hinsichtlich aller bisher statischen visuellen Eigenschaften (Form, Größe, Farbe, Muster und Helligkeit) kann gestaltet werden. Die *Animation* von Datenpunkten führt zur Auseinandersetzung mit *Dauer* und *Dynamik* von Bewegungssequenzen und weiteren Fragen des *Motion Designs* wie dem Einsatz von Textlayern, Schnitten und Überblendungen.

Spätestens hier erhält der eingangs kritisierte Begriff des „Schaubildes" eine ungeahnte Legitimation, denn transformiert zum „Showroom" wirft die interaktive Datenvisualisierung zwangsläufig Fragen nach Dramaturgie, Storytelling und Inszenierung auf.

Eine völlig neue Dimension erhält die Bertin'sche Datengrafik, wenn sie von Nutzer:innen aktiv erkundet werden kann: Interaktion mit datengrafischen Angeboten erschließt das Feld des *Interaction Designs*. Die Diskussion der Vielzahl möglicher „interaction design patterns" würde den Umfang dieses Textes bei Weitem sprengen. Hier nur wenige Hinweise am Beispiel datengrafischer Legenden: Die Rolle von Legenden hat sich durch interaktive Formate in den letzten Jahren fundamental gewandelt; Nutzer:innen können Datengrafiken nach definierten Kriterien filtern, um Aspekte zu fokussieren. Sie können Label ein- oder ausblenden, per Zoomstufe Details vergrößern oder Daten durch eigene Eingaben manipulieren. Auch audio-visuelle Medien können eingesetzt werden. Interaktive Datenvisualisierungen verlassen das Terrain der klassischen Datengrafik. Sie stellen Fragen nach der „Usability" von Daten. Kurz: der interaktive Umgang mit datengrafischer Information aktiviert die zuvor passive 2D-Grafik zu einem *multimodalen Wissenswerkzeug*.

5 Ausbildung

Viele der neuen Möglichkeiten werden in einer jungen und experimentierfreudigen Szene von Informationsdesigner:innen bereits erprobt. Doch was bedeuten die bisherigen Überlegungen für die Ausbildung?

Der monosemiotische Charakter von Datengrafiken gibt trotz der in Abschnitt 4 genannten Limitierung einen klaren Kurs vor: Die Bedeutung jeder visuellen Eigenschaft eines Datenpunktes (Form, Farbe, Größe usw.) kann festgelegt werden. Eigenschaften von Datenpunkten, die keine Bedeutung tragen, sind nicht Teil der Datenebene. Im Kontext der angesprochenen theoretischen Überlegungen können Entwürfe nach klaren Kriterien diskutiert werden: „Welchen Zweck erfüllt dieses oder jenes Element, diese oder jene gestalterische Entscheidung?", „Ist sie aus den Daten heraus begründbar?", „Welche Interpretationen legt eine Visualisierungsstrategie nahe?", „Welche Designelemente dienen der Entwicklung eines Repräsentationsmodells? Welche dienen der ‚joy of use', welche der Beziehungsebene?".

Beispiel 4: Wetter in Bremerhaven 2017
Eine Erstsemesterarbeit zum Thema Datenvisualisierung: Die Aufgabe bestand darin, den Inhalt eines selbstgewählten datengrafischen Themas in den Medien „Plakat" (DIN A1) und „interaktive HTML/CSS-basierte Datengrafik" umzusetzen. Dabei sollte in der Plakatversion weitgehend auf Koordinaten und Legende verzichtet werden, sodass die formale Gestaltung der Datenpunkte im Fokus stand. Die HTML-Version macht das zugrunde liegende Datenmaterial interaktiv sichtbar und kontextualisiert es. Die Grafik zeigt Wetterdaten für Sonne, Regen und Wind in Bremerhaven an allen 365 Tagen des Jahres 2017 im Uhrzeigersinn, insgesamt also 1.095 Datenpunkte. Auffällig sind der über's Jahr konstante Wind und überraschend viele Sonnenstunden. Es entsteht ein datengrafischer „Fingerabdruck" der Seestadt.

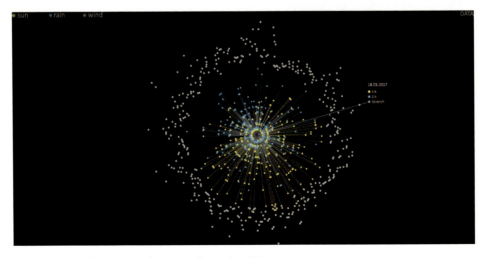

Abbildung 8: Weather in Bremerhaven (Quelle: Vardja, 2018)

Datengrafiken sind mehrdimensional, häufig auf Basis des orthogonalen, kartesischen Koordinatensystems. In diese x-, y- (und ggf. z-) Achsen hinein können noch wesentlich mehr Datendimensionen eingeschrieben oder übereinander projiziert werden – wie im Beispiel des Russlandfeldzuges. Es ist Aufgabe des Designs, die verschiedenen „Leseebenen" einer Datengrafik so anzuordnen, dass sie trotz der enthaltenen Komplexität decodiert werden können. Hier endet das zu Beginn angesprochene Erstsemesterwissen, denn obwohl das Material zum Teil aus Grundformen und Elementarzeichen besteht, ist die visuelle Grammatik dieser Formen sehr differenziert. Wenn jetzt noch mikrotypografische Details, Illustration und die Feinabstimmung zwischen dem Bezugsrahmen der Skalen und der Inhaltsebene der Daten hinzutreten, wird ersichtlich, wie komplex der Prozess der Datenvisualisierung ist. Er benötigt die Bandbreite der Instrumente des Grafikdesigns.

Designer:innen brauchen heute zudem die Fähigkeit, Design als Code zu denken. Nur programmierende Gestalter:innen, gestaltende Programmerier:innen oder multidisziplinäre Teams sind in der Lage, neben der Ästhetik auch die technische Dimension interaktiver Designaufgaben zu durchdringen und angemessene mediale Umsetzungen zu realisieren.

Schließlich erfordert die Beschäftigung mit Datenvisualisierungen in der Ausbildung auch den Einbezug ethischer Überlegungen. Wie beschrieben, gestalten Designer:innen neben der Faktenebene der Daten auch die Beziehungsebene. Sie inszenieren entlang einer Dramaturgie, senden visuelle Signale und beeinflussen so die Rhetorik der Datengrafik. Design ist manipulativ. Bereits die Wahl einer Visualisierungsform beeinflusst die Interpretation. Ein Liniendiagramm suggeriert kontinuierliche Entwicklung, wo vielleicht nur Reihen getrennter Messdaten existieren und ein Säulendiagramm die bessere Wahl ist. Das Wissen um die visuelle Interpretation von Fakten[11] erfordert den bewussten und verantwortungsvollen Umgang mit der Gesamtheit der gestalterischen Strategien. Denn das Ziel jeder datengrafisch ausgerichteten Designausbildung ist es, intuitive visuelle Wissenswerkzeuge zu entwickeln, die dazu beitragen, Daten zu erschließen und die Komplexität unserer Wirklichkeit zu verstehen, um in ihr verantwortlich handeln zu können. Reduktion der visuellen Mittel, Kenntnis der Kommunikationsprozesse und der respektvolle Umgang mit dem anvertrauten Datenmaterial sind ein guter Anfang.

Literaturverzeichnis

Benjamin, W. (2019). Kleine Geschichte der Photographie. In R. Tiedemann & H. Schweppenhäuser (Hg.), *Walter Benjamin Gesammelte Schriften*. (7. Aufl., Band 2, erster Teil, S. 368–385). Suhrkamp.
Bertin, J. (1974). *Graphische Semiologie*. De Gruyter.
Cassirer, E. (2007). *Versuch über den Menschen* (2., verbesserte Aufl.). Felix Meiner.

---

11 Hier schließt das Thema „Datenjournalismus" nahtlos an, das im Rahmen dieses Beitrags nicht weiter diskutiert werden kann.

Cooper, A., Reimann, R., Cronin, D. & Noessel, C. (2014). *About Face*. Wiley.
Eames, C., & Eames, R. (1977). *Powers of Ten* [Film]. Pyramid Films. https://www.youtube.com/watch?v=0fKBhvDjuy0&feature=youtu.be [letzter Zugriff: 07.04.2021]
Ekardt, P. (2011). Die Bestimmung der Aufnahme. Licht und Graphie bei Walter Benjamin. In D. Weidner & S. Weigel (Hg.), *Benjamin-Studien 2* (S. 45–61). Wilhelm Fink.
Goldstein, E. B. (2015). *Wahrnehmungspsychologie* (9. Aufl.). Springer.
Gapminder Stiftung (2021). Gapminder bubbles. *https://www.gapminder.org/tools/* [letzter Zugriff: 27.08.2021]
Harris, D. A. (2020). *Flatten the Curve*. Tweet. https://twitter.com/drewaharris/status/1233267475036372992 [letzter Zugriff: 07.04.2021]
Kant, I. & Timmermann, J. (Hg.). (1998). *Kritik der reinen Vernunft*. Felix Meiner.
Kosslyn, S. M. & Pearson, J. (2015). The heterogeneity of mental representation: Ending the imagery debate. *PNAS*, 112(33), 10089–10092. https://doi.org/10.1073/pnas.1504933112
Krippendorff, K. & Michel, R. (Hg.). (2013). *Die Semantische Wende*. Birkhäuser.
Kuo, A. (o. J.). *Andrew Kuo*. Broadway Gallery. https://www.broadwaygallery.nyc/artists/andrew-kuo/ [letzter Zugriff: 07.04.2021]
Mareis, C., Held, M. & Joost, G. (Hg.). (2013). *Wer gestaltet die Gestaltung?* Transcript.
Minard, C.-J. (1869), *Carte figurative des pertes successives en homme de l'armée française dans la campagne de Russie, 1812–1813*. Wikimedia (2008), Public Domain, verfügbar unter: https://commons.wikimedia.org/wiki/File:Minard.png [letzter Zugriff: 01.10.2021]
Norman, D. (2013). *The Design of Everyday Things*. Franz Vahlen.
Nöth, W. (2000). *Handbuch der Semiotik* (2., neu bearb. Aufl.). J. B. Metzler.
Peirce, C. S. & Pape, H. (Hg.). (1983). *Phänomen und Logik der Zeichen*. Suhrkamp.
Rendgen, S. (2018). *The Minard System*. Princeton Architectural Press.
Rendgen, S. & Wiedemann, J. (Hg.). (2019). *History of information Graphics*. Taschen.
Ritter, F. E., Baxter, G. D. & Churchill, E. F. (2014). *Foundations for Designing User-Centered Systems*. Springer.
Rokotian, N. (2015). *Visualizing Risk*. http://rokotyan.com/visualizingrisk [letzter Zugriff: 27.08.2021]
Schnotz, W. (1997). Wissenserwerb mit Diagrammen und Texten. In L. J. Issing & P. Klimsa (Hg.), *Information und Lernen mit Multimedia* (2., überarb. Aufl., S. 85–105). Beltz.
Stefaner, M. (2020). Waves of Interest. https://waves-of-interest.truth-and-beauty.net/#US [letzter Zugriff: 01.10.2021]
Trabant., J. (1989). *Zeichen des Menschen*. Fischer.
Tufte, E. R. (2015). *The Visual Display of Quantitative Information* (2nd Eds.). Graphics Press.
Vardja, A. (2018). *Weather in Bremerhaven*. Studienarbeit HS Bremerhaven. *https://dmp.hs-bremerhaven.de/projekt/datengrafik-weather-in-bremerhaven* [letzter Zugriff: 27.08.2021]
Vossoughian, N. (2011). *Otto Neurath*. NAi.
Watzlawick, P., Beavin, J. & Jackson, D. (2017). *Menschliche Kommunikation* (13. Aufl.). Hogrefe.
Wurman, R. S. (1989). *Information Anxiety*. Doubleday

Abbildungsverzeichnis

Abb. 1	Gapminder Bubbles	271
Abb. 2	Repräsentationsmodell nach Cooper et al.	272
Abb. 3	Duale Codierung	273
Abb. 4	Waves of Interest	274
Abb. 5	„Flatten the Curve" nach Harris	275
Abb. 6	Minard, C.-J. (1869), Carte figurative des pertes successives en homme de l'armée française dans la campagne de Russie, 1812–1813	277
Abb. 7	Drei Entwicklungsstufen der Datenvisualisierung	281
Abb. 8	Weather in Bremerhaven	282

Über den Autor

Prof. Andreas Teufel ist Designer und lehrt Gestaltung digitaler Medien an der Hochschule Bremen. Seine Arbeitsschwerpunkte liegen in den Bereichen Interface Design, Interaction Design, Datenvisualisierung und Designtheorie. Neben seiner akademischen Tätigkeit ist er Mitinhaber einer Designagentur.
Kontakt: andreas.teufel@hs-bremen.de

Gender-Aspekte im Design von Wissensvermittlung

Tanja Godlewsky & Claudia Herling

Zusammenfassung

In diesem Beitrag werden Beispiele für das Design von Wissensvermittlung unter Genderaspekten beleuchtet und gezeigt, wieso eine Komplexitätsreduktion in der Gestaltung häufig zulasten von gendergerechter Darstellung geht. Es werden grundlegende, problematische Muster vorgestellt und zugleich Strategien und Methoden für ein gendersensibles Gestalten im Rahmen des Wissenstransfers vorgestellt. Dabei liegt unser Fokus auf der visuellen Kommunikation und dem Informationsdesign – Bereiche wie „mediale Vermittlung" und „Technikentwicklung" können in diesem Rahmen nur gestreift werden.

Schlagworte: Gender in Wissensvermittlung, Gendercodes im Design, gendersensibles Design

Abstract

In this article, we explore the relevance of gender when it comes to designing knowledge transfer. We show why reduction of complexity in design often comes at the expense of gender-appropriate presentation. We analyze design examples and explain problematic patterns and gender-sensitive design approaches in knowledge transfer. Our focus is on visual communication and information design. Other important fields such as media mediation and technology development can only be outlined.

Keywords: Gender in knowledge transfer, gender codes in design, gender-sensitive design

1 Einleitung

Unsere alltägliche Lebenswelt ist gestaltet, alles um uns herum ist designt – vom Menschen gemacht. Zugleich ist unser Alltag durch Gendernormen geprägt und strukturiert. Es ist daher nicht verwunderlich, dass sich Gender und Design gegenseitig beeinflussen: Wir können beidem nicht entkommen, wir sind von beidem stets umgeben. In der westlichen Kultur wird Geschlecht im Alltag trotz aller aktuellen Entwicklungen immer noch hauptsächlich als Dichotomie wahrgenommen, also alle Menschen in zwei Kategorien (Mann/Frau) eingeteilt. Nicht nur die darin enthaltene, historisch gewachsene Hierarchie ist dabei problematisch, in der Männer den Frauen überstellt sind, sondern auch der Ausschluss der Geschlechter, die sich nicht in der binären Kategorie wiederfinden. Zudem findet durch diese Kategorienbildung eine Homogenisierung statt, durch die Unterschiede innerhalb einer Geschlechterkategorie häufig unsichtbar werden. Schließlich gibt es nicht „die Frauen" per se – je nach Alter, Lebenssituation und Herkunft unterscheiden sich ihre Lebensrealitäten grundlegend. Das ist uns zwar bewusst, dennoch verfügen wir alle über gesellschaftlich verankerte stereotype Vorstellungen zum Thema Geschlecht („typisch Mann, typisch Frau ...").

Ob wir diesen Stereotypen nun zustimmen oder nicht, sie wirken in uns fort und beeinflussen unsere Selbstwahrnehmung und unseren Blick auf andere. Die hier beschriebene Sicht auf Gender gilt vor allem für weite Teile des westlichen gesellschaftlichen Mainstreams, auch wenn derzeit an vielen Stellen ein Umbruch spürbar und sichtbar wird. Dazu tragen die Diskussion zum sprachlichen Umgang in Bezug auf die verschiedenen Geschlechter sowie neue gesetzliche Regelungen bei. Seit Dezember 2019 gibt es in Deutschland das Recht auf die dritte, positive Option „divers" als Geschlechtseintrag im Geburtsregister, das die buchstäbliche Leerstelle z. B. für intergeschlechtliche Personen füllt. Facebook bietet als soziales Netzwerk ca. 60 Optionen zur Versprachlichung der Geschlechteridentität. Insbesondere jüngere Generationen reflektieren, diskutieren und experimentieren zum Thema Gender intensiv in ihrem Alltag und in sozialen Netzwerken. Und auch im internationalen Designdiskurs wird Gender als Gestaltungskriterium schon lange umfassend verhandelt.

Auch wenn die Bezeichnung „Gender" eine größere Spannweite als die Unterscheidung in „männlich" und „weiblich" aufweist, lässt sich diese binäre Einteilung im Zuge der folgenden Betrachtung nicht immer vermeiden, „wobei diese Analysen immer auf dem Hintergrund von gesellschaftlich zugeeigneten und zugemuteten Geschlechterrollen und Geschlechtsidentitäten zu lesen sind. Es handelt sich also um die Positionierung, die Selbstwahrnehmung und Selbstbewertung der Geschlechter im Verhältnis zu den gesellschaftlich konstruierten Rollen" (Brandes, 2014, S. 27). Differenzierter lässt sich dieses Paradoxon mit den Ausführungen von Stefan Hirschauer darlegen:

> „Beobachtet man soziale Wirklichkeit mit Hilfe der Geschlechterdifferenz, indem man Frauen und Männer als unabhängige Variablen voraussetzt, so kann man zahllose Verteilungsphänomene feststellen, die man ohne diese nicht sehen könnte: Ungleichheiten von Einkommen, Status, Redeanteilen usw. Das sozialwissenschaftliche Finden von ‚Geschlechtsunterschieden' gehört dabei zu den kulturell elementaren Gebrauchsweisen der Geschlechterdifferenz. ‚Die Geschlechter zu vergleichen' ist eine hochgradig selbstverständliche Ethnomethode, die auch Kinder, Biolog:innen, Ehepaare und Lehrer:innen verwenden. Sie besteht darin, kulturellen Sinn aus sozialen Kategorien zu gewinnen, indem man empirische Differenzen zwischen dem findet, was zuvor kategorial differenziert wurde. Der Befund eines ‚Unterschiedes' bestätigt die vollzogene Unterscheidung, indem er sie nachträglich mit Sinn ausstattet. Das Entdecken von Geschlechtsunterschieden ist das Programm einer Beobachtung mit dieser Unterscheidung." (Hirschauer, 2001, S. 213)

Betrachtet man das Thema „Gender" insgesamt, ist es wichtig, sich der drei verschiedenen Ebenen bewusst zu sein, auf denen Gender stattfindet (Oost, 2003, S. 195): der individuellen (Fähigkeiten, Einstellungen, Identitäten), der strukturellen (z. B. geschlechterspezifische Arbeitsteilung) sowie der symbolischen Ebene (kulturelle Prozesse, Normen, Werte). Aspekte und Merkmale, die weiblich oder männlich konnotiert sind, verändern sich durch Zeit und Ort und gelten daher als „dynamisches und multiples Phänomen". Dies heißt u. a. vereinfacht: Gender ist nicht allein Privatsache, sondern strukturiert unseren Alltag, unsere Gesellschaft und insbesondere unsere Handlungen – Ebenen, denen wir uns nicht entziehen können, die wir jedoch auch dynamisch mitgestalten und die auf uns und andere zurückwirken. Design ist dabei als gestaltende Disziplin „grundlegend an der Verbreitung und Verfestigung von Normalitätskonstrukten beteiligt, indem es aufgreift, widerspiegelt und zugleich vorgibt, wie es sich augenscheinlich um die Dinge verhält bzw. wie sie zu sein haben" (Bieling, 2020, S. 7).

1.1 Gender und Design

Die Vielzahl an sexistischen, klischeereichen „Designs", die uns in Produkt- und Werbewelten begegnen, sind meist reine Marketing-Produkte, die nur auf zugespitzte Geschlechterstereotypen hin kommunizieren und verkaufen sollen. In diesem Beitrag werden wir uns dem Aspekt „Gender und Design" dort widmen, wo wir große Überschneidungen zur Reduktion in der Wissensvermittlung sehen: in der visuellen Kommunikation, der medialen Vermittlung und Gestaltung von Infografiken. Es gibt darüber hinaus noch viele weitere Designfelder, die in diese Schnittmenge fallen, insbesondere die Technikentwicklung. Hier können wir im Rahmen dieses Beitrags nur Aspekte anreißen. In Abgrenzung zur oben beschriebenen allgemeinen Wahrnehmung hinsichtlich Gender wird im Design bereits seit Jahrzehnten die Perspektive „Gender und Diversität" verhandelt, beforscht und in den Gestaltungsprozess integriert. So bekleidete Uta Brandes den ersten regulären Lehrstuhl zum Thema Gender und Design (damals einmalig in Deutschland und vermutlich auch international) bereits von 1995 bis 2015 am Fachbereich Design der Fachhochschule Köln, heute KISD. Das Thema „Gender im Design" wird heute überall an nationalen wie internationalen Designhochschulen in praktischer Lehre und Designforschung vorangetrieben, in Publikationen, Symposien und Ausstellungen (z. B. „Nicht mein Ding – Gender im Design", Kurz & Jerger, 2020) beleuchtet und diskutiert. Das spiegelt sich in umfangreichen Publikationen (Bieling 2020; Brandes, 2017; Buchmüller, 2018) sowie zahlreichen ausgezeichneten studentischen Arbeiten und Forschungsprojekten in Designstudiengängen wider. Entsprechend zeigen wir in diesem Beitrag eine Bandbreite von historischen und aktuellen Designbeispielen sowie alltägliche Schnittstellen mit dem Thema Gender in der Wissensvermittlung.

Designer:innen, die gendersensibel gestalten wollen, stehen vor der Herausforderung, die gegenderten gesellschaftlichen Denkstrukturen in der Gestaltung zu verlassen und nicht ihre eigenen Prägungen ins Design einzuschreiben (Genderskripte, vgl. Bath, 2012). Bieling beschreibt Gender im Design nicht ohne Grund als „regelrechtes Gestaltungsdilemma" (Bieling, 2020, S. 9). Designer:innen müssen einerseits stereotype Darstellungen von Geschlecht vermeiden, andererseits dürfen sie die Dimension „Geschlecht" nicht einfach beiseite lassen, da sie sonst Gefahr laufen, berechtigte Anliegen verschiedener Geschlechter zu marginalisieren. Je nach Kontext kann die Strategie in einem „de-gendering" bestehen (Bath, 2012), um stereotype Ansprachen und Ungleichheiten aufzulösen; an anderer Stelle hingegen ist die Sichtbarmachung von nichtmännlichen Perspektiven und Personen gefordert, um Geschlechtergerechtigkeit herzustellen und Selbstermächtigung zu ermöglichen.

Die Grafik zum Thema „Mobilität" (Abbildung 1) macht diese Problematik deutlich: Historisch gesehen sind unsere Städte meist aus der hier dargestellten männlichen Mobilitätsperspektive gestaltet worden, mit Priorität auf Pendelverkehr. Dieser „männliche" Maßstab als Standard wird als „Andozentrismus" bezeichnet. Um für eine geschlechtergerechte Mobilität zu sorgen, muss auf die wichtige Tatsache eingegangen werden, dass Frauen immer noch in Mehrheit Fürsorgearbeit leisten und damit ein anderes Mobilitätsverhalten haben, das entsprechend als Designaufgabe adressiert werden muss. Diese Perspektive auf Mobilität wurde lange vernachlässigt, man spricht hier auch von „Gender-Blindness". Zugleich läuft eine solche Grafik jedoch Gefahr, die gegenderte Zuordnung von Tätigkeiten („doing gender") wie Fürsorgearbeit und häusliche Aufgaben als frauenspezifisch im Gegensatz zur reinen Erwerbstätigkeit und individuellen Hobbys als männliche Lebenswelt zu Stereotypen und zum zweigeschlechtlichen Standard zu verfestigen.

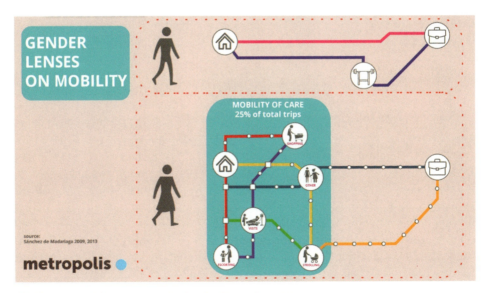

Abbildung 1: Gender lenses on mobility (Quelle: Metropolis, 2019)

1.2 Gender im Design von Wissensvermittlung

Die Gestaltung von Wissensvermittlung erfordert eine Vielzahl von Designentscheidungen: Was wird hervorgehoben? Was wird weggelassen? Wie werden die Inhalte transformiert?

Diese Designentscheidungen werden nicht willkürlich getroffen, sondern möglichst im Bezug zum vermittelnden Inhalt, zum verwendeten Medium und nicht zuletzt zur Zielgruppe, also den Menschen, an die sich die gestaltete Information richten soll. Die Kompetenzen und Vorlieben, die dieser Zielgruppe zugeschrieben werden, wirken sich auf die Ansprache und Komplexität der gestalteten Darstellung aus: Für Grundschüler:innen wird eine Infografik voraussichtlich anders aufbereitet als für das Tagesschau-Publikum, da wir beiden Zielgruppen unterschiedliche Kompetenzen und Interessen zuschreiben. Diese Zuschreibungen basieren jedoch nicht immer auf empirischer oder qualitativer Forschung, sondern entspringen der Vorstellung der betreffenden Designer:innen.

Hinsichtlich Gender können Designer:innen in diesem Prozess unfreiwillig gesellschaftliche Normen und Ungleichheiten auf drei Ebenen widerspiegeln: zunächst auf der Ebene der Hierarchie in der Wissensvermittlung (wer erklärt wem), dann auf der Ebene der Inhalte (Priorisierung männlicher Domänen und Repräsentationen, Ausblendung/Negierung weiblicher und nonbinärer Themen) und schließlich auf der Ebene der Darstellungsform („männlich" codierte Gestaltungsmuster zur „seriösen" Wissensvermittlung sowie stereotype Darstellung von Geschlechtern).

Wir zeigen für alle drei Ebenen Gestaltungsbeispiele und erläutern, welche Aspekte bei der Reduktion von Information für eine gendergerechte und gendersensible Gestaltung in der Wissensvermittlung relevant sind.

2 Komplexitätsreduktion und Sichtbarkeit von Diversität

2.1 Gender in der typografischen Gestaltung

Ein zentraler Baustein der Wissensvermittlung ist Sprache. Deren Gestaltung ist ein wesentliches Element in der visuellen Kommunikation: Die Wahl der Schrift, das Format, der umgebende Weißraum wirken sich bereits auf die Wahrnehmung des Inhalts aus, noch bevor wir über Farbe, grafische Elemente oder bildliche Darstellung nachdenken (s. dazu auch Abschnitt 4: „Gendercodes und Stereotype").

In Bezug auf Gender gibt es seit mehreren Jahren das Bemühen, die verschiedenen Geschlechter auch in der (Schrift-)Sprache über das generische Maskulinum hinaus sichtbar zu machen. Das hat besonders in der Wissensvermittlung Relevanz, denn Studien zeigen, dass wir zu Begriffen im generischen Maskulinum vorwiegend Männer assoziieren, die „mitgemeinten" Geschlechter jedoch nicht mitdenken (Schwenner, 2021). So trägt Sprache dazu bei, dass bereits Kleinkinder bestimmte Berufe und Kompetenzen einem Geschlecht zuordnen.

In der Schriftsprache wird die parallele Verwendung von Femininum und Maskulinum als zu raumgreifend kritisiert, auch lässt sich alternativ nicht immer eine geeignete genderinklusive Formulierung finden. Die Komplexitätsreduktion wird daher mittels eines Sonderzeichens innerhalb des Wortes erreicht, das als visueller Unterbrecher dem Glottischlag in der Aussprache entspricht. Hier sind die Lösungen so dynamisch und lebendig wie Sprache selbst (s. Abb. 2).

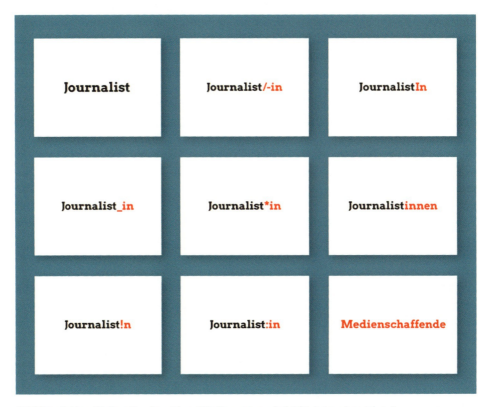

Abbildung 2: Verschiedene Genderzeichen (Quelle: www.genderleicht.de/genderzeichen/)

Unterstrich und Schrägstrich werden mit der binären Sicht (entweder oder) auf Geschlecht assoziiert und daher inzwischen weniger genutzt. Das Sternchen (Asterisk) hingegen hat sich als inklusivere Lösung etabliert und ist auch stärker sichtbar, was durchaus im Sinne von Diversität und marginalisierten Geschlechtern ist. Diese Sichtbarkeit wird jedoch häufig auch als Kritikpunkt hinsichtlich Lesbarkeit und Verständlichkeit genannt und hat im gesellschaftlichen Diskurs auch zu Widerstand geführt. Vielfach wird aktuell nun der Doppelpunkt als Lösung favorisiert. Argumentativ wird dessen vermeintliche Barrierefreiheit ins Feld geführt. Doch das Gegenteil ist der Fall: Der Deutsche Blinden- und Sehbehindertenverband (DBSV)[1] spricht sich ausdrücklich gegen den Doppelpunkt aus. Der Doppelpunkt ist im Gegensatz zum Sternchen semantisch bereits besetzt und daher ein wichtiges, für das Textverständnis

---

1 https://www.dbsv.org/gendern.html

sinnstiftendes Zeichen, das sich viele Sehbehinderte vom Screenreader häufig absichtlich vorlesen lassen und das so entsprechend zum Störfaktor wird, wenn es mitten in Wörtern anstelle der beabsichtigten Pause hörbar vorgelesen wird. Wird der Doppelpunkt jedoch stummgeschaltet, erzeugt er eine längere Pause als andere Zeichen und es entsteht der Eindruck, der Satz sei zu Ende. Zugleich wird so seine sinnhafte Funktion innerhalb eines Textes unhörbar. Von daher wird vom DBSV (Stand März 2021) vom Gender-Doppelpunkt abgeraten und das Gendersternchen als Lösung favorisiert, da dieses Zeichen auch für sehbehinderte Menschen besser erkennbar ist und derzeit einem Konsenszeichen am nächsten kommt. Generell bevorzugt der Verband, wann immer möglich, für eine barrierefreie Gestaltung Formulierungen, die kein Geschlecht ausschließen, und einen Verzicht auf Gendern mittels Sonderzeichen, auch weil die Darstellung von Sonderzeichen in Brailleschrift problematische Unterbrechungen im Lesefluss erzeugt.

Zum Glück ist die Softwareentwicklung ein dynamisches Feld und bietet Handlungsoptionen. Eine Möglichkeit wäre, bestimmte Zeichenkonstellationen zu berücksichtigen und z. B. die Stummschaltung von Sonderzeichen gezielt in Kombination mit den Zeichen „in" oder „innen" als Glottischlag in der Sprachwiedergabe zu realisieren. Hier wäre es hilfreich, die verschiedenen marginalisierten Gruppen in den Gestaltungsprozess einzubeziehen (partizipatives Design). Bleibt noch die typografische Umsetzung: Dieser widmen sich Typograf:innen schon auf vielfältige und experimentelle Weise. Ein umfassendes Handbuch für gendersensible Typografie für die deutsche Sprache soll nun mit „Typohacks" von Hannah Witte erscheinen. Derzeit befindet es sich unterstützt vom form-Verlag in der Crowdfounding-Phase.

Abbildung 3: Gendersensible Gestaltung ist auch eine typografische Aufgabe: Doppelseiten aus dem geplanten Buch „Typohacks" von Hannah Witte (Quelle: Witte, 2021)

2.2 „Genderneutralität" in der Gestaltung von Symbolen am Beispiel öffentlicher Toiletten

Neben dem Ampelmännchen sind die am häufigsten angetroffenen vergeschlechtlichten Infografiken die Piktogramme zur Kennzeichnung öffentlicher Toiletten. Für die Kennzeichnung von Damentoiletten wurde seit den 1920er-Jahren ähnlich wie bei Otl Aichers Piktogrammen nahezu durchgängig eine „Frau" im Kleid verwendet. Als in den 2010er-Jahren zunehmend auch All-Gender- bzw. „genderneutrale" Toiletten angeboten wurden, entstand das missverständliche Piktogramm, das zur Hälfte aus einer „Frau" und einem „Mann" besteht. Das ist jedoch keine gendersensible Lösung, denn damit wird das binäre Geschlechtersystem fortgesetzt, anstatt hinterfragt und überdacht – und die Genderdiversität der LGBTQ+-Communities gänzlich außer Acht gelassen. Darüber hinaus werden für „All Gender Toilets" auch falsche Symbole zugeordnet, wie das Transgender-Symbol, das eben spezifisch von und für die Transgender-Community selbst gewählt wurde und keinesfalls ein übergreifendes Zeichen für „Genderneutralität" darstellt.

Abbildung 4: Restrooms (Quelle: Mijksenaar, 2020)

In „Beyond the Binary – Setting the wayfinding standard for inclusive restrooms", einem White Paper der Beratungsagentur Mijksenaar (Amsterdam/New York) aus dem Jahr 2020 (vgl. Mijksenaar, 2020) werden die geschichtliche Entwicklung von öffentlichen Toiletten und entsprechenden Piktogrammen untersucht und innovative Lösungen für inklusive öffentliche Toiletten entwickelt. In der Testphase an einem Flughafen wurden vier Szenarien mit unterschiedlichen Piktogrammen und architektonischen Mitteln getestet. Im Rahmen der Untersuchung mit Testpersonen zeigte sich, dass das Piktogramm einer frontal betrachteten Toilette die verständlichste Lösung für die Kennzeichnung öffentlicher Toiletten wäre (vgl. ebd., S. 24). So wird in der Visualisierung auf die Nutzung fokussiert und nicht auf die Personen, die nutzen.

Ergänzt werden kann das Piktogramm dann mit visuellen Hinweisen, welche die Nutzung ggf. erweitern, also: Es gibt ein Urinal, eine Möglichkeit Windeln zu wechseln oder Haltegriffe.

Des Weiteren wurde herausgearbeitet, dass anstelle von „genderneutralen" Toiletten eher von „genderdiversen" oder „All-Gender"-Toiletten gesprochen werden sollte und sich als Bezeichnung die ausschließliche Verwendung von „Restroom" empfiehlt, da diese völlig auf die Bezeichnung eines Geschlechts verzichtet.

Aber: Bereits seit den 1990ern gibt es ein all-Gender-freundliches, frontales Toilettensymbol: „The second version of ISO:7001 is released. A toilet symbol is used to indicate restrooms. Later versions, including the current standards, use the man and woman symbols to indicate restrooms" (ebd., S. 9), das sich jedoch bis heute nicht durchgesetzt hat. Gründe, weshalb es noch kein universelles, inklusives Piktogramm für Toiletten sowie All-Gender-Toiletten gibt, sind nicht nur die Schwierigkeit beim Erkennen und Erlernen neuer Piktogramme, sondern auch kulturelle Unterschiede, Faktoren wie Privatsphäre, Sicherheit, Hygiene und höhere Kosten. Im Sinne der Komplexitätsreduktion wäre es eine interessante gestalterische Aufgabe, hier eine andere Differenzierungskategorie als Gender zu wählen, um diese Bedürfnisse mit unterschiedlichen Wahlmöglichkeiten zu adressieren.

An diesem Punkt stellt sich die Frage, ob die von Mijksenaar skizzierten Lösungen nicht einen Rückschritt bedeuten und ob es nicht einen radikaleren, inklusiveren Weg geben müsste, neuartige Piktogramme zu gestalten, um binäre Geschlechtersysteme zu hinterfragen und aufzurütteln, anstatt lediglich die Erwähnung von Geschlechtern zu vermeiden. Piktogramme sollten vor allem einfach zu verstehen sein. Sie sollten weder zu abstrakt gestaltet werden noch als Metapher entziffert werden müssen. Durch die universelle Nutzung und Verbreitung neuartiger Piktogramme kann sich ein bisher ungewohntes Symbol allerdings auch mit der Zeit durchsetzen und dann ebenso leicht wiedererkannt werden.

3 Infografiken als Beispiel für Andozentrismus und „Genderblindness"

Ausgehend von der historischen Arbeit des Grafikers und Illustrators Gerd Arntz (1900–1988) hat sich im Laufe der vergangenen Jahre eine Bildsprache entwickelt und etabliert, die in vielen Abbildungen der Wissensvermittlung der Gegenwart verankert ist. Sie findet sich z. B. in Verkehrszeichen, Leitsystemen und Infografiken wieder. Gerd Arntz hat in den 1920er- und 1930er-Jahren einen Katalog an Bildzeichen entwickelt, mit dem man statistische Darstellungen über gesellschaftliche und kulturelle Zusammenhänge gestalten kann. Der Nationalökonom, Soziologe und Philosoph Otto Neurath (1882–1945) entwickelte mit Arntz' Unterstützung zunächst die „Wiener Methode der Bildstatistik" und später ISOTYPE (International System of Typographic Picture Education), eine Methode zur Visualisierung komplexer Zusammenhänge durch Piktogramme. Bei der „Übersetzung" der Informationen in bildliche Darstellungen war Marie Neurath, Otto Neuraths Frau, die treibende Kraft.

„Man muss einen Weg finden, um aus den Daten, bestehend aus Worten und Zahlen, die Kerntatsachen herauszuziehen und in Form von Bildern zu präsentieren. Es liegt in der Verantwortung des Transformierers, die Daten zu verstehen, die notwendigen Informationen vom Experten zu erfragen, zu entscheiden, was das Publikum erfahren soll, wie man es verständlich macht, wie man die spezifischen Informationen mit dem allgemeinen Wissen oder mit Wissen aus anderen Tafeln verbinden soll. In diesem Sinne ist der Transformierer der Treuhänder des Publikums." (Marie Neurath, zitiert nach Neurath & Kinross, 2017, S. 105)

Die Piktogramme waren sehr reduziert, um eine klare Darstellung auch komplexer Daten oder Begriffe zu ermöglichen und feine Unterschiede zwischen ähnlichen Symbolen erkennbar zu machen (vgl. Coates & Ellison, 2014, S. 20). Ziel dieser Methode war und ist es, komplexe Zusammenhänge verständlich darzustellen.

Diese Form der Reduktion von Informationen nimmt auch Einfluss auf die Geschlechterdarstellungen, die häufig teilnehmende Akteur:innen ausklammert und stereotype Vorstellungen von Männlichkeit und Weiblichkeit bedient.

3.1 Der Mann als Standard für alle Menschen

Eine bekannte Darstellung des beschriebenen Teams um Otto Neurath ist diese Informationsgrafik zur Visualisierung der Weltbevölkerung aus dem Jahr 1930 (s. Abb. 5). Sie entstand im Rahmen des Projekts „Gesellschaft der Wirtschaft", ein Nachschlagewerk aus Karten, welches das Wissen über die globale Entwicklung der Völker sowie deren historische und kulturelle Entwicklungen versammelte und in Beziehung zueinander setzte. Der entstandene Bildatlas sollte Erwachsene aufklären, diente aber auch in Schulen zur Vermittlung von Wissen in Sozialwissenschaften, Natur- und Erdkunde. Die dargestellten Figuren werden durch Farbschema, Kopfbedeckungen und Haare differenziert.

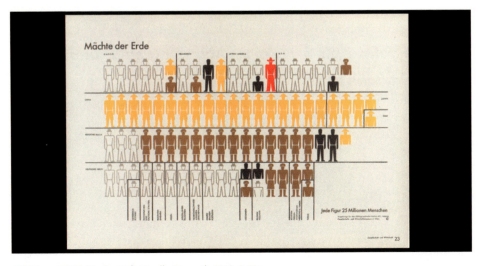

Abbildung 5: Mächte der Welt (Quelle: Neurath, 1930, S. 23)

Diese Form der Darstellung befremdet auf den ersten Blick aus heutiger Sicht vor allen Dingen durch die Unterscheidung der Menschen in weiße, gelbe, braune und rote. Auch Otto Neurath war sich der Problematik seiner Darstellung bewusst. Sybilla Nikolow schreibt dazu:

> „Die Wahl einer Grundtype für alle Menschen in den ‚Völkergruppen der Erde' von 1930 zeigt, dass er grundsätzlich von der Einheit der Menschheit überzeugt war. Weitere Differenzierungen und damit die Auswahl zusätzlicher visuell darstellbarer Attribute waren aber notwendig." (Nikolow, 2009, S. 21)

Die Abbildung von stereotypen Kopfbedeckungen und Haaren sowie die Markierung durch Farben, die die Zugehörigkeit zu einem bestimmten Volk kennzeichnen sollen, offenbaren die Herausforderungen, die bei der Reduktion von Informationen entstehen, und gleichzeitig die Macht und Verantwortung, die dem Design an dieser Stelle zukommen. Es wurde die Designentscheidung getroffen, dass die „Hautfarbe" (denn so werden die Farbcodierungen durch ihre Zuordnung und Farbwahl gelesen) in diesem Zusammenhang eine wichtige Information ist, das Geschlecht aber nicht. In dieser Darstellung werden Menschen mit eindeutig männlich zu lesenden Figuren gleichgesetzt. Die Statur der einzelnen Figuren (breite Schultern, schmale Hüften), aber auch ihre Kopfbedeckungen sind in den einzelnen zu visualisierenden Volksgruppen eindeutig männlich konnotiert. So haben der klassische Herrenhut, der Turban wie auch der mexikanische Zapata (benannt nach dem Revolutionär Emiliano Zapata) nicht nur männliche Symbolkraft, sondern gelten in der jeweiligen Volksgruppe auch als Ausdruck von Autorität.

Abgeleitet von dieser und ähnlichen Darstellungen findet sich das „Männchen" heute in vielen Infografiken wieder, die eigentlich (alle) Menschen visualisieren sollen.

Abbildung 6: Diversität durch illustrative Darstellung unterschiedlicher Personengruppen (Quelle: Jegtheme via Envato Elements)

Hier gibt es jedoch auch Versuche, neue Variationen zu erstellen. Diese fokussieren häufig durch Kombination von Symbolen auf die sexuelle Orientierung und sind vor allem in diesem Kontext sinnvoll einsetzbar. Eine andere Lösung ist, die Darstellung von Personen insgesamt zu diversifizieren und dabei weniger abstrakt zu gestalten, um so Identifikation zu ermöglichen. Diese Option erlaubt auch die Berücksichtigung weiterer intersektionaler Aspekte, birgt in der Umsetzung jedoch Herausforderungen, wenn an einer Stelle (z. B. aus Platzgründen) nur eine einzelne Person sichtbar werden kann.

3.2 Der Mann als Akteur mit eigenem Handlungsraum

Für die Olympischen Sommerspiele 1972 entwarf der deutsche Grafikdesigner Otl Aicher eine Palette von Piktogrammen, die auf dem Bildzeichensystem für Sportarten des japanischen Grafikers Katsumi Masaru für die Olympischen Spiele 1964 in Tokyo basieren. „Die Piktogramme des Designers Otl Aicher sind seit über 40 Jahren wegweisend und begegnen uns weltweit" (Aicher, o. J.), heißt es auf der Website, auf der die Lizenzen für Download und Nutzung der Piktogramme erworben werden können. Bei den dargestellten Sportarten werden abstrakte Figuren dargestellt, die als männlich gelesen werden können, da es in anderen Zusammenhängen deutlich als weiblich zu lesende Figuren gibt. So findet man über die Bildersuche, die mit „Frauen" ergänzt wird, geschlechterstereotype Berufe wie „Zimmerdienst" (Nr. 0211: eine Frau mit Schürze, Käppchen und Putzwedel), „Kindergärtnerin" (Nr. 0545), „Hostessen" (Nr. 0583) oder „Krankenschwester" (Nr. 0463). Auch der „Kinderwagen" (Nr. 0107) wird bei der Suchanfrage nach „Frau" zum klassischen Rollenbild als Mutter mit aufgelistet. Für den „Umkleideraum" (Nr. 0664) für Frauen werden zwei leere Kreise auf Brusthöhe ergänzt, um sie von der männlichen Variante zu unterscheiden. Ebenso bei der „Sportlerin" (Nr. 0665), die ihre Arme hinter dem Rücken verschränkt. Im Lauf der Zeit scheint es eine Adaption gegeben zu haben: Unter der Nr. 0805 findet sich eine zweite Variante ohne die beiden Kreise auf Brusthöhe – mit der Bezeichnung „Sportlerin neu". Die „Schwangerschaft" (Nr. 0470) hat unter den Kreisen auf Brusthöhe noch einen weiteren Kreis, in dem ein sitzendes Baby zu sehen ist. Hier sind keine Arme vorhanden. Das Piktogramm „Sexshop" (Nr. 0361), das bei der Suche nach „Frau" in der Datenbank auftaucht, zeigt einen Oberkörper mit zwei Kreisen auf Brusthöhe, zwei kleinere Kreise und ein Punkt markieren Brustwarzen und Bauchnabel. Darüber hinaus ist das Becken breit und die Taille schmal, während Arme und Beine nicht vorhanden sind, auch nicht das weibliche Geschlecht unterhalb des Bauchnabels.

Allgemein lassen sich folgende Kriterien anhand von Aichers Piktogrammen feststellen: Die meisten weiblichen Piktogramme haben ihre Arme hinter dem Rücken verschränkt oder haben überhaupt keine Arme, was sie handlungsunfähig und passiv erscheinen lässt. Ihre Oberkörper sind nicht rechteckig wie bei den männlichen Figuren, sondern auf die Grundform eines Kreises ausgerichtet. Alle weiblichen Figuren tragen ein halbkreisförmiges, kurzes Kleid. Selbst die weibliche Figur in dem Piktogramm für „Dusche Damen" (Nr. 0081) trägt ein Kleid. Die Beine aller weiblichen Figuren stehen eng zusammen und wirken wie zusammengewachsen, während die Beine bei den „Männchen" durch eine Linie getrennt sind. Mit nur einem Bein und verschränkten Händen hinter dem Rücken suggerieren die weiblichen Piktogramme, dass Frauen weder laufen noch aktiv handeln können. Selbst im „Tanzsport" (Nr. 0860) sind die Oberschenkel der weiblichen Tänzerin miteinander verbunden und nur ein Fuß bzw. Unterschenkel wird nach hinten abgesetzt. Ihr Körper ist als Dreieck mehr mit dem Körper des Mannes verbunden als mit ihrem eigenen Kopf. Weit ausgestreckte Arme weist darin nur der männliche Tänzer auf. Lediglich „Cheerleader" (Nr. 0900) hat zwei bewegliche Beine und Arme (mit zwei Puscheln anstelle von Händen). Beim Suchbegriff „weiblich" fällt das Suchergebnis noch magerer aus: Zusätzlich wird hier das „Mädchen" (Nr. 0543) aufgeführt, ebenfalls im Minikleid und ganz ohne Arme, dafür immerhin mit zwei voneinander getrennten Beinen.

Ähnlich wie bei der (in 2.3) angeführten Studie zu Piktogrammen inklusiver öffentlicher Sanitäranlagen wäre die Abbildung von sachlichen Piktogrammen (hier Sportgeräte anstelle einer Toilette) eine gendersensible Alternative. So verzichtete etwa der Grafikdesigner Lance Wyman für die Olympischen Spiele in Mexiko (1968) auf geschlechterspezifische Piktogramme und bildete neben den Sportgeräten keine vollständigen menschlichen Körper, sondern allenfalls unlesbare Extremitäten wie Hände und Füße ab.

In der Welt der Piktogramme von Otl Aicher sind die weiblichen Figuren also aufgrund ihrer Darstellungsform (nur ein Bein, Arme hinter dem Rücken verschränkt) handlungsunfähiger als die männlichen Figuren, und sie nehmen aufgrund ihrer Körperhaltung auch weniger Raum ein.

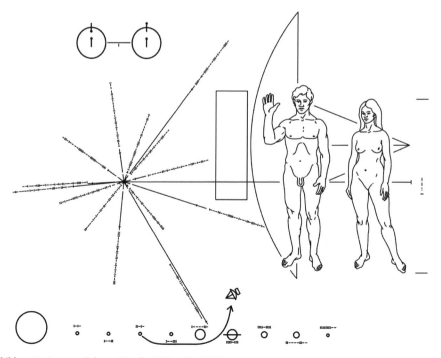

Abbildung 7: Pioneer-Plakette (Quelle: Wikipedia, 2021)

Ein weiteres Beispiel für die implizite Betonung der Handlungsfähigkeit des Mannes findet sich auf der sogenannten Pioneer-Plakette (Abb. 7), die sich an Bord der beiden interstellaren Raumsonden Pioneer 10 und Pioneer 11 befindet. Die Plaketten wurden 1972 angebracht, um Außerirdische über die Menschheit und ihre Position im Weltraum zu informieren. Ein zentrales Element der Darstellungen bilden die Skizzen eines Mannes und einer Frau. Während der Mann aktiv den Arm hebt und winkt, steht die Frau passiv daneben, ein Bein ausgestellt. In dieser Haltung hätte sie im Falle einer Flucht oder eines Angriffs auf jeden Fall die schlechteren Karten als der Mann, der fest mit beiden Füßen auf dem Boden steht. So findet eine Visualisierung von Stärke und Schwäche statt. Der Blick des Mannes ist nach vorn gerichtet und geht in direkten Kontakt mit möglichen Betrachter:innen. Der Kopf der Frau hingegen ist dem Mann zugewandt, ihr Blick geht leicht zur Seite, also in jedem Fall am Betrachtenden vorbei. Ob sie den Mann anblickt, lässt sich nicht genau erkennen. Sie wirkt insgesamt passiv, nimmt keinen Kontakt auf. Ergänzend ist hervorzuheben, dass zwar das Genital des Mannes vollständig abgebildet wurde, die Vulva der Frau jedoch aus der Darstellung entfernt wurde und lediglich der Venushügel erkennbar ist.

Diese Aspekte werden besonders deutlich, sobald die Akteur:innen getauscht werden: Die Strategie des Gender-Swap kann als Methode zur Sichtbarmachung von Genderstereotypen genutzt werden.

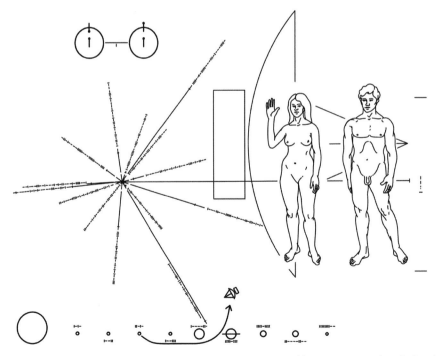

Abbildung 8: Die „überarbeitete" Plakette im Gender-Swap: Der „unentschlossene" Mann neben der handlungsmächtigen Frau (Quelle: Herling, 2021, in Anlehnung an die Pioneer-Plakett)

4 Gendercodes und Stereotype

Ein Ziel in der Gestaltung von Wissensvermittlung ist, Inhalte grafisch möglichst so zu transformieren, dass ihre Aussage unterstützt wird oder diese möglichst neutral präsentiert wird. Nur leider: Ein „neutrales Design" gibt es nicht. Letztlich stecken in allen Elementen Codes, die unterschiedliche Aspekte transportieren. Analog zu der Erkenntnis, dass man „nicht nicht kommunizieren kann" (Paul Watzlawick, zitiert nach Beavin & Jackson, 2011, S. 58), ist jede Gestaltung eine Form der Kommunikation und Interpretation, die immer eine Deutung erzeugt. Diese hängt vom kulturellen Hintergrund, fachlichen Kontext und gesellschaftlichen Strömungen ab und unterliegt einem steten Wandel. Meist ist jedoch das, was wir als „neutral" betrachten, ein männlich codiertes Konstrukt.

Auch die Grundelemente der grafischen Gestaltung wie Formen, Farben und Schriften sind geschlechtlich codiert. Diese Gendercodes sind fluide: Dass Pink und Rosa heute fast ausschließlich mit Mädchen und Frauen assoziiert werden, hat sich erst in den vergangenen Jahren zugespitzt. Noch zu Beginn des 20. Jahrhunderts war die Farbe Hellblau Mädchen zugeordnet, analog zum Blau als Symbolfarbe der Jungfrau Maria. Rosa und Pink werden noch 1918 vom Earnshaw's Infants' Department (Maglaty, 2011) als „entschiedenere" Farbe für Jungen beworben und hellblau als die zartere Farbe für Mädchen. Die historische Entwicklung zeigt, dass die Bedeutung der Farbe lediglich ein Konstrukt ist, das sich auch wieder wandeln kann. Formen, Farben und Schriften sind also nicht genuin weiblich oder männlich, sie werden jedoch als kulturell bedingte Gendercodes erlernt und wahrgenommen und finden insbesondere in geschlechtsspezifischen Entwürfen Anwendung (Weller & Krämer, 2012). Auch wenn wir diese Codierungen als kritikwürdig ansehen, da sie häufig stereotype Vorstellungen hinsichtlich Gender reproduzieren, ist es wichtig, sich diese zu vergegenwärtigen, denn erst dann lassen sie sich hinterfragen oder brechen. Auch sind die einzelnen Gestaltungselemente nicht losgelöst zu betrachten, sondern beeinflussen sich gegenseitig in ihrer Gesamtwirkung (Becker & Herling, 2017).

Bezüglich Schriften lässt sich sehr verkürzt sagen: Geschwungene, grazile Skriptschriften und natürliche Handschriften werden häufig als weiblich gelesen und für weiblich konnotierte Kontexte eingesetzt. Serifenlose Schriften werden dagegen meist als „neutral" und sachlich empfunden, da die Entfernung der Serifen als Ornamentlosigkeit wahrgenommen und diese Reduzierung wiederum mit Geschlechtsneutralität gleichgesetzt wird. Jedoch ist auch hier nur eine vermeintliche Neutralität gegeben, da wir technische und klare Formen meist der männlichen Repräsentation zuordnen. Die Problematik liegt allerdings nicht in der Tatsache, dass die Darstellung weiblich oder männlich gelesen wird, sondern darin, dass die Inhalte durch die Vergeschlechtlichungen unterschiedlich seriös wahrgenommen werden können. Hier wirken die gelernten Genderstereotype (Frau als emotionales, nicht sachliches Wesen) auf den visualisierten Inhalt. Dadurch werden bestehende Machtverhältnisse entlarvt. Allgemein lässt sich sagen: Mit den Zuschreibungen von natürlichen Formen (weiblich) und konstruierten Formen (männlich) folgt man dem bereits von Aristoteles konstatierten Gegensatz von „Natur (Materie, Gefühl, Leidenschaft) und Kultur (Form, Verstand, Urteil)" (Kroll, 2002, S. 153–154), also einer hierarchischen Zuschreibung zu Ungunsten der Frauen.

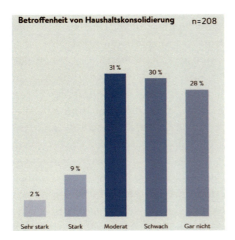 

Abbildung 9: Derselbe Inhalt, gestaltet mit unterschiedlichen visuellen stereotypen Gender-Codes: Sie entlarven die ungleichen Machtverhältnisse in der Glaubwürdigkeit von Informationsdarstellung

Das oben gezeigte fiktive Beispiel soll die Wirkung von Gestaltung und Gendercodes auf den zu vermittelnden Inhalt verdeutlichen. Interessanter ist nun, in der Gestaltung solche Stereotypen zu brechen und auch die Vorteile beider „Welten" zu verbinden, ohne sie einem bestimmten Geschlecht zuzuordnen. Oft bietet ein Mix an „Codes" eine mögliche gendersensible Lösung, um Stereotype aufzubrechen, besonders um gesellschaftlich gegenderte Themenfelder wie *Technik* auch grafisch neu zu besetzen. Dies wird z. B. in der Gestaltung von MINT-Angeboten für Mädchen versucht.

Abbildung 10 zeigt eine kräftige, nicht gegenderte Farbkombination sowie ein Mix aus Handschrift, gerundeter Formsprache in serifenloser und Schablonen-Schrift, kombiniert mit zackigen Flächen, klaren Kanten und Graffiti-Style, die eine uneindeutige, gendersensible, offene Ansprache zwischen Technik und Kreativität erzeugen.

Abbildung 10: Die Website des Projekts „MAKE it REAL" nutzt uneindeutige Farben und einen Mix aus verschiedenen grafischen „Gender-Codes" als gendersensible Gestaltungsstrategie (Quelle: MakeitReal; Mai 2021)

5 Wer erklärt wem?

5.1 Expert:innen in den Medien

Sowohl in den Medien als auch in der grafischen Repräsentanz ist das Geschlechterverhältnis in der Wissensvermittlung ein stark gegendertes Thema. In TV-Expert:innenrunden erklären hauptsächlich Männer die Welt – das wird auch in der derzeitigen Corona-Berichterstattung sichtbar. Die von der Malisa Stiftung dazu beauftragten Studien zeigen (vgl. Malisa Stiftung 2020):

- In den TV-Formaten war nur eine von fünf Expert:innen weiblich (22 %). In der Online- Berichterstattung wurden Frauen nur zu rund 7 % als Expertinnen erwähnt.
- Als Mediziner:innen kamen vor allem Männer zu Wort – obwohl fast die Hälfte aller Ärzt:innen in Deutschland weiblich ist. Von den im TV befragten Ärzt:innen ohne Leitungsfunktion war nur eine von fünf weiblich.
- Insgesamt kamen sowohl im Fernsehen als auch in den Online-Berichten der Printmedien mit Corona-Bezug auf eine Frau zwei Männer.

Diese unausgewogene Gender-Repräsentanz ist keine Ausnahme, sondern eher der historisch gewachsene Standard. Weitere Studien der Stiftung zeigen, dass bereits im Kinderfernsehen das Geschlechterverhältnis verzerrt ist. In Serien und Filmen ist das Verhältnis von Jungen zu Mädchen 3:1. Wenn es sich um Fantasiewesen oder Tiere handelt, kommt auf neun männliche Figuren nur eine weibliche Figur. (vgl. Malisa Stiftung 2017). Wissensvermittlung geschieht schon seit Menschengedenken durch das Erzählen von Geschichten. Mädchen lernen durch diese Marginalisierung von Kindesbeinen an, dass sie nur Randfiguren sind, die zumeist noch nicht einmal ins

Handeln kommen und häufig mit stereotypen Themen und Beschäftigungen assoziiert werden. Auch hier gibt es spannende Entwicklungen, z. B. bei Netflix die Kinder-/Jugendserie „Prinz der Drachen", in deren Verlauf nicht nur ausgewogene, komplexe weibliche, männliche und queere Charaktere, sondern parallel zu Gender auch Diversity, Disability und Patchworkfamilien wie selbstverständlich miteinander verflochten werden, ohne Klischees zu bedienen.

5.2 Erklärfiguren

In dezidierten Erklärfilmen und didaktischem Material für Kinder wird zwar häufig bereits auf ein „gemischtes Doppel" von Kinderfiguren gesetzt. In grafischen Darstellungen hält sich jedoch hartnäckig der „alte weiße Mann" als Professor vor einer alten Schultafel als Standardbild für den Experten. Häufig handelt es sich um eine Anspielung auf Albert Einstein als das Paradebeispiel für den Mythos des einsamen, männlichen Genies. So wird nicht nur die weibliche Expertise in der Wissensvermittlung ausgeblendet, auch die Tatsache, dass Wissenschaft Teamarbeit ist und wissenschaftliche Erkenntnisse selten von einer Person im Alleingang erarbeitet werden, wird so kaum sichtbar.

Eine stichprobenartige Google-Bildsuche nach „expert clipart" (absichtlich in Englisch, um eine geschlechtliche Zuweisung zu vermeiden) fällt entsprechend aus: In der Trefferliste erscheinen männlich gelesene Figuren sowie Schmetterlinge und Glühbirnen als Repräsentationen für „experts", wohingegen weibliche Expertise in dieser Symbolwelt nicht vorkommt.

Abbildung 11: Google-Bildsuche nach „expert clipart" (April 2021).

Im gendersensiblen Design von Erklärfiguren liegt die Chance, ein geschlechtergerechtes Bild zu etablieren und das Bild der nichtmännlichen Expert:in zu normalisieren.

6 Schlussbemerkung

Die in diesem Beitrag vorgestellten Beispiele zeigen die unterschiedlichen Ebenen, auf denen Gender eine Rolle in der Komplexitätsreduktion und Gestaltung von Wissensvermittlung spielt. Sie stellen jedoch nur einen Ausschnitt der Problematik dar. Designer:innen haben eine große Gestaltungsmacht, und damit einher geht gesellschaftliche Verantwortung: Sie bestimmen, wer sichtbar wird, wessen Anliegen in den Fokus gesetzt wird und wie Inhalte gedeutet werden. Dies ist besonders im Zusammenhang mit Wissensvermittlung bedeutsam, da es hier nicht um Marketing, sondern um Informationsgestaltung geht, die durch gestalterische Mittel die inhaltlichen Aussagen zwar unterstützen, jedoch nicht verzerren sollen.

Es ist daher wichtig, dass Designer:innen Gendercodes erkennen, der Marginalisierung von Geschlechtern entgegenwirken und Stereotype vermeiden, um durch gendersensible Gestaltung traditionelle Geschlechterbilder und -hierarchien zu unterlaufen und so zukünftig Konzepte jenseits der beschriebenen Stereotypen zu entwerfen. Das ist eine besondere Herausforderung, da sie selbst, wie oben bereits erwähnt, Teil eines gegenderten Systems sind und nicht ohne Weiteres „outside the box" denken und handeln können. Sie müssen daher ihre eigene Rolle und Prägung reflektieren und hinterfragen, um eine geschlechtergerechte Informationsgestaltung zu erzielen.

Literaturverzeichnis

Aicher, O. (o. J.). *Otl Aicher Piktogramme.* https://www.piktogramm.de/de/ [letzter Zugriff: 7.04.2021]

Annink E. & Bruinsma M. (2013). *Gerd Arntz: Graphic Designer.* Rotterdam: nai010 publishers.

Bath, C. (2012). Wie lässt sich die Vergeschlechtlichung informatischer Artefakte theoretisch fassen? Vom Genderskript zur posthumanistischen Performativität. *Bulletin Texte/Zentrum für Transdisziplinäre Geschlechterstudien/ Humboldt-Universität zu Berlin* (38), 88–103. https://doi.org/10.25595/118

Beavin, J. H. & Jackson, D. D. (2011). *Menschliche Kommunikation* (12. Auflage). Bern: Huber

Becker, K. & Herling, C. (2017). Der Einfluss von Gender im Entwicklungsprozess von digitalen Artefakten. *GENDER – Zeitschrift für Geschlecht, Kultur und Gesellschaft* 9.3, 26–44.

Bieling, T. (Hg.) (2020). *Gender (&) Design. Positionen zur Vergeschlechtlichung in Gestaltungskulturen*. Mimesis International.

Brandes, U. (2014). Erste Erkundungen im Dickicht des Gender-Diskurses im Design. *Papiere zur Designwissenschaft* (28), 25–33.

Brandes, U. (2017). *Gender Design: Streifzüge zwischen Theorie und Empirie*. Birkhäuser.

Buchmüller, S. (2018). *Geschlecht Macht Gestaltung – Gestaltung Macht Geschlecht: der Entwurf einer machtkritischen und geschlechterinformierten Designmethodologie*. Berlin: Logos.

Coates, K. & Ellison, A. (2014). *An introduction to information design*. Laurence King Publishing.

DBSV (2021). Gendern. https://www.dbsv.org/gendern.html [letzter Zugriff: 12.05.2021]

genderleicht.de https://www.genderleicht.de/genderzeichen/ [letzter Zugriff:4.10.2021]

Google (o. J.). Suchanfrage „expert clipart". https://www.google.de [letzter Zugriff: 12.04.2021]

Herling, C., und Becker, K. (2019). The Social Significance of Gender Codes in Current Web Design. *Cubic* (14), 14–27.

Hirschauer, S. (2001). Das Vergessen des Geschlechts. Zur Praxeologie einer Kategorie sozialer Ordnung. In B. Heintz (Hg.), *Geschlechtersoziologie* (S. 208–235). Wiesbaden: Westdeutscher Verlag. https://datavizblog.files.wordpress.com/2013/08/thetransformer4.png [letzter Zugriff: 12.05.2021]

Kroll, R. (Hg.) (2002). *Gender Studies Geschlechterforschung. Ansätze – Personen – Grundbegriffe*. Stuttgart: J. B. Metzler, 153–154. https://doi.org/10.1007/978-3-476-05004-5

Kurz, K. & Jerger, P. (2020). *Nicht mein Ding – Gender im Design*. HfG-Archiv/Museum Ulm: avedition.

Maglaty, J. (2011). When Did Girls Start Wearing Pink? Every generation brings a new definition of masculinity and femininity that manifests itself in children's dress. *Smithsonian Magazine*. https://www.smithsonianmag.com/arts-culture/when-did-girls-start-wearing-pink-1370097/ [letzter Zugriff: 11.05.2021]

MakeitReal (o. J.). *Der Makerspace in Deiner Nachbarschaft*. https://mint-cluster.de/#was [letzter Zugriff: 12.05.2021]

Malisa Stiftung (2020). *Wer wird in Krisenzeiten gefragt? Geschlechterverteilung in der Corona-Berichterstattung. Zentrale Ergebnisse einer Analyse zur Geschlechterverteilung in der Corona-Berichterstattung im Fernsehen und in Online-Auftritten deutscher Printmedien im Auftrag der MaLisaStiftung* (Mai 2020). https://malisastiftung.org/studie-geschlechter verteilung-corona-berichterstattung/ [letzter Zugriff: 9.04.2021]

Malisa-Stiftung (2017). *Audiovisuelle Diversität? Geschlechterdarstellungen in Film und Fernsehen in Deutschland*. https://malisastiftung.org/studie-audiovisuelle-diversitaet/

Metropolis (2019). *Gender lenses on mobility*. Tweet. https://twitter.com/metropolis_org/status/1174698751174352896 [letzter Zugriff: 12.05.2021]

Mijksenaar P. (2020). *Beyond the Binary – Setting the wayfinding standard for inclusive restrooms*. Amsterdam/New York: Whitepaper.

Neurath, M. & Kinross, R. (2017). *Die Transformierer*. Zürich: Niggli

Neurath, O. (1930) (Hg.). Mächte der Erde. In *Atlas Gesellschaft und Wirtschaft* (S. 23). Leipzig: Bibliographisches Institut. https://datavizblog.files.wordpress.com/2013/08/the transformer4.png [letzter Zugriff: 12.05.2021]
Nikolow, S. (2009). We could not photograph social objects even if we tried. Otto Neuraths Bildstatistik als Beobachtungs- und Darstellungsinstrument sozialer Fakten1. In E. Nemeth & W. Pircher (Hg.), *IWK, Tabellen, Kurven, Piktogramme – Techniken der Visualisierung in den Sozialwissenschaften* (S. 18–30). Wien: Institut für Wissenschaft und Kunst.
Oost, E. Van (2003). Materialized Gender. How Shavers Configure the Users' Femininity and Masculinity. In Nelly Oudshoorn & Trevor Pinch (Hg.), *How Users Matter. The Co-Construction of Users and Technology* (S. 193–208). London: MIT Press.
Prommer, E. & Linke, C. (2019). *Ausgeblendet: Frauen im deutschen Film und Fernsehen. Mit einem Vorwort von Maria Furtwängler. Unter Mitarbeit von Sophie Rieger*, Vol. 17. Herbert von Halem.
Schwenner, L. (2021). Geschlechtergerechte Sprache. Was Gendern bringt – und was nicht. In *Quarks*. https://www.quarks.de/gesellschaft/psychologie/was-gendern-bringt-und-was-nicht/ [letzter Zugriff: 11.05.2021]
Siegert, I. & Niebuhr, O. (2021). Speech Signal Compression Deteriorates Acoustic Cues to Perceived Speaker Charisma. In: *Studientexte zur Sprachkommunikatio*. TUDPress, 1–11.
Weller, B. & Krämer, K. (2012). *Du Tarzan ich Jane: Gender Codes im Design*. Blumhardt-Verlag.
Wikipedia (2021). *Pioneer-Plakette*. https://de.wikipedia.org/wiki/Pioneer-Plakette [letzter Zugriff: 12.05.2021]
Witte, H. (2021). *Typohacks – Handbuch für gendersensible Typografie*. Verlag form.

Abbildungsverzeichnis

Abb. 1	Gender lenses on mobility	290
Abb. 2	Verschiedene Genderzeichen	292
Abb. 3	Gendersensible Gestaltung ist auch eine typografische Aufgabe: Doppelseiten aus dem geplanten Buch „Typohacks" von Hannah Witte	293
Abb. 4	Restrooms	294
Abb. 5	Mächte der Welt	296
Abb. 6	Diversität durch illustrative Darstellung unterschiedlicher Personengruppen	297
Abb. 7	Pioneer-Plakette	299

Abb. 8	Die „überarbeitete" Plakette im Gender-Swap: Der „unentschlossene" Mann neben der handlungsmächtigen Frau	300
Abb. 9	Derselbe Inhalt, gestaltet mit unterschiedlichen visuellen stereotypen Gender-Codes: Sie entlarven die ungleichen Machtverhältnisse in der Glaubwürdigkeit von Informationsdarstellung	302
Abb. 10	Die Website des Projekts „MAKE it REAL" nutzt uneindeutige Farben und einen Mix aus verschiedenen grafischen „Gender-Codes" als gendersensible Gestaltungsstrategie	303
Abb. 11	Google-Bildsuche nach „expert clipart" (April 2021).	304

Über die Autorinnen

Claudia Herling ist Diplom-Designerin, wissenschaftliche Mitarbeiterin an der HS Heilbronn an der Fakultät IT und Mit-Inhaberin des Designstudios digitale frische. Sie ist stellvertretende Vorsitzende des international Gender Design Network e. V. (iGDN) und Expertin für Gender und (digitales) Design. Sie lehrt an verschiedenen Hochschulen im In- und Ausland, aktuell an der Kunstuniversität Linz, Österreich, „Gendering Design".
Kontakt: hello@claudia-herling.de

Tanja Godlewsky ist Diplom-Designerin und gestaltet als freie Kreativdirektorin Lösungen in den Bereichen Brand und Corporate Design. Sie ist Lehrbeauftragte am Institut für Pop-Musik der Folkwang Universität der Künste und Gründungsmitglied des international Gender Design Network e. V. (iGDN). Ihre Arbeitsschwerpunkte sind Genderfragen im Design sowie Design im Kontext von Pop-Musik. Sie vermittelt ihr interdisziplinäres Verständnis von Design und seiner Verantwortung in der Lehre an verschiedenen Hochschulen und in Workshops und Vorträgen.
Kontakt: tg@tanjagodlewsky.de

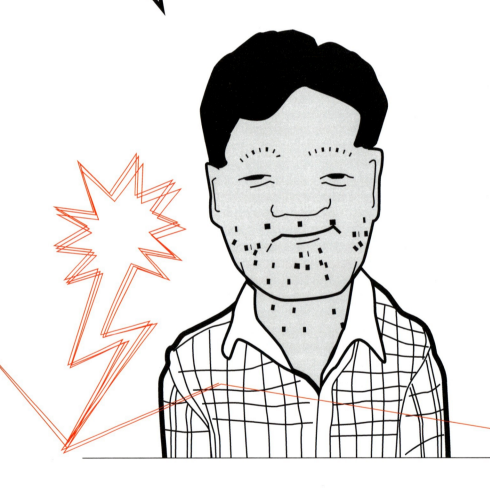

Mapping TOD + DESIGN! – Designforschung und Datenanalyse

Bitten Stetter

Zusammenfassung

Der Beitrag geht der Frage nach, welche Methoden des Designs und der Sozialwissenschaften genutzt und verknüpft werden können, um Komplexität zu destillieren, und welche Möglichkeitsräume sich hinter gestalterischen Herstellungsweisen verbergen. Der Fokus liegt auf der gestalterischen Methode des Mappings. Visualisierungen sind Repräsentationen von Wissen. Sie bedeuten nicht nur zwangsläufig Vereinfachung, sondern sie können auch zu einer Erweiterung von Wissen beitragen. Am Beispiel der eigenen Forschung „Things of Dying" wird gezeigt, dass materiale Dinge wie auch visuelle Mappings ästhetische Handlungssprachspiele sind, die uns weiterhelfen, wo Worte aufhören oder als nicht genügend erscheinen. Es sind Forschungsmethoden wie auch Forschungsgegenstände, die ihre Wirkungen und ihre Qualitäten nicht nur in der Betrachtung, sondern vor allem in der Anwendung entfalten.

Schlagworte: Mapping, Methode, Ästhetik, Tod, Design

Abstract

The article explores the question of which methods of design and the social sciences can be used and combined to distill complexity, and which spaces of possibility are hidden behind creative modes of production. The focus is on the design method of mapping. Visualizations are representations of knowledge. They do not necessarily mean only simplification, but they can also contribute to an expansion of knowledge. Using the example of our own research "Things of Dying", it is shown that material things, as well as visual mappings, are aesthetic games of "actions as language" that help us where words stop or seem insufficient. They are research methods as well as research objects that unfold their effects and their qualities not only in contemplation, but above all in application.

Keywords: Mapping, methods, aesthetics, death, design

1 Einleitung

„Die tradierte Vorstellung eines systematisch wachsenden ‚Baum des Wissens' ist in den letzten Jahrzehnten einem wucherndem ‚Rhizom' von lokalen und temporären Anwendungskontexten von Wissen gewichen", konstatiert Claudia Mareis (2010, S. 91) und verweist damit auf eine Wissenskultur im Wandel, die sich von der Idee von „systematischer Entdeckung" und „objektiven Tatsachenbefunden" (ebd.) verabschieden, Diskontinuitäten innerhalb der Wissensgeschichte, Expansion von Wissensmodellen arrangieren und mit einer wachsenden Komplexität und multiplen Wahrheiten umgehen lernen muss.

Mappings, also visuelle Repräsentationen, Karten oder Abbildungen, sind Symptome und Reaktionen dieses Wandels. Sie beschreiben „Wissenslandschaften, grafische Verzeichnisse von Wissensträgern, Wissensbeständen, Wissensquellen, Wissensstrukturen oder Wissensanwendungen" (Probst et al., 2006, S. 108), die uns ermöglichen, Rhizome des Wissens in visuelle Zeichen zu transformieren. So wird mithilfe von Mappings ein Gegenstand geschaffen, an dem etwas deutlich wird, was vorher nicht fassbar erschien. Der Begriff „Gegenstand" scheint in diesem Kontext richtungsweisend, denn „einerseits bezieht sich die Bedeutungsebene auf die Dinglichkeit des Gestaltens" und anderseits hat der Begriffsgegenstand eine noch grundsätzlichere Bedeutungsebene, nämlich, „dass uns etwas entgegensteht, gegen das wir angehen" (Borries, 2016, S. 15) können. Damit sind Mappings Manifestationen von Wissen und „Repräsentation des ursprünglichen Gedachten in einem Zeichen" (Fertsch-Röver, 2017, S 339) und damit modellhafte Gegenstände, die erlauben, ursprünglich Erdachtes zu modifizieren, zu kommunizieren und zu diskutieren.

2 Mapping als ästhetische Sprachspiele

Nach Siegfried J. Schmidt ist Sprache in erster Linie ein Kommunikationsinstrument. Schmidt schlägt im Gegensatz zu Wittgenstein vor, von „kommunikativen Handlungsspielen" statt von „Sprachspielen" zu sprechen, denn Kommunikation findet nicht nur in der Sprache statt, sondern auch im Medium des Bildes (Schmidt, 2016, S. 271), d. h. auch in Mappings. Damit sind Mappings nicht nur Gegenstände, sondern auch kommunikative Handlungsspiele, die nach dem „pictorial turn" (Mitchell, 1992), „imagic turn" (Fellmann, 1991), dem „iconic turn" (Boehm, 1994) nicht nur Sprach- sondern auch Bildgemeinschaften hervorbringen. In diesem Sinne eröffnet die Bildsprache unserer visuellen Kultur vielfältige Kommunikationsmöglichkeiten und Wirklichkeitskonstruktionen neben dem Sprachlichen, die nicht auf Worte reduzierbar sind, sondern genuin alternative Weltzugriffe ermöglichen. Ästhetik (griechisch für „sinnliche Wahrnehmung") ist wichtiger Teil der Wirklichkeitskonstruktion, da sie mit dafür verantwortlich ist, ob visuelle und materiale Kommunikation gelingt. So lässt sich ableiten, dass Mappings nicht nur kommunikative, sondern auch ästhetische Handlungssprachspiele sind, also Wirklichkeitskonstruktionen und Sprachgestaltung der Forscher:in.

3 Mapping als gestaltetes Denkmodell

„Ein neues Denken positiv und positivistisch, die Diagrammatik, die Kartographie", schreibt Deleuze (1977, S. 128) und zeigt damit ein spezifisches Denken in Form von Diagrammen auf. „Das Diagramm" ist nach Deleuze „zwar ein Chaos, aber auch der Keim von Ordnung" (ebd., S. 63). Somit stellen Denkdiagramme wie Mappings, nehmen wir die englische Verlaufsform „ing" ernst, eine reflexive, reflektierende, aber auch gestalterische Handlung dar, die das „doing", den Erkenntnisprozess ins Zentrum stellt. Dabei kann das „Diagrammatische" als Repräsentationsversuch verstanden werden, folgen wir dem Vordenker der „diagrammatischen Ikonizität", Charles S. Peirce. Nach ihm können ikonische Diagramme etwas Zukünftiges real werden lassen und damit eine neue Kategorie von Realität erzeugen (vgl. Pape, 1983; Stjernfelt, 2007). Gegenstände real werden zu lassen ist Handwerk, und das bedeutet, dass die Gestaltung von Mappings eng mit der Möglichkeit verbunden ist, mit den Händen zu denken, indem wir Begriffe, Bilder, Fakten etc. herumschieben, über- oder nebeneinanderlegen und verschachteln und so (un)bewusst oder gar zufällig neue Sinnzusammenhänge entdecken. Wie wir die Dinge auf einer Map positionieren ist nicht willkürlich, sondern basiert auf implizitem und explizitem Wissen, also Hypothesen, die wir temporär bilden. „Thinking with Hands" ist damit eine Form des „Doings" und eine Methodik zur Wissenserweiterung, die Denk- und Analyseprozesse hervorbringt. So geht es beim Mapping nicht nur um graphische Darstellungsweisen von Informationen, nicht nur um das Erzeugen von Realitäten, im Gegensatz zur Kartographie, sondern auch bzw. vor allem um den Herstellungsprozess und das denkende Erfassen.

4 Mapping als Methode

In meiner Dissertation „Things of Dying. Assemblagen. Güter. Transmitter. Eine angewandte designanthropologische Exploration der gegenwärtigen Sterbe- und Konsumkultur" (Stetter, 2019, 2019a, 2019b u. 2021) gehe ich davon aus, dass Dinge nicht nur physische, sondern auch psychische Funktionen haben, somit als materiale Zeichen und sinnliche Kommunikationsmittel zu verstehen sind. Damit dienen die Dinge am Lebensende dem Zweck einer individuellen und kollektiven Lebensbewältigung, die neben dem gesprochenen Wort äquivalent zu Bildern alternative Weltzugriffe in ihrer Gegenständlichkeit ermöglichen aber auch, negativ formuliert, alternative Weltzugänge verunmöglichen (Stetter, 2019a).

Dinge als Materialisierung von gesellschaftlichen, politischen, technologischen, ökonomischen und ökologischen Gegenwarts- und Zukunftsdiskursen zu verstehen, die Wandel nonverbal kommunizieren und Wissen über das Lebensende in komprimierter Form vermitteln, zwingt mich dazu, Sterbedinge in inferentiellen Prozessen zu interpretieren, da das Verstehen von materialen Äußerungen nicht auf das systematische Dekodieren von sprachlichen Zeichensystemen reduzierbar ist. So muss, folge ich Umberto Eco, „die Logik der Interpretation [...] nach der Peirceschen Logik der ‚Abduktion'" (Eco, 1978 S. 47) gedacht werden, um semiotische Phänomene überhaupt fassen zu können (vgl. ebd., S. 21). Dieser erkenntnistheoretische Vorgang der Abduktion (aus dem Lateinischen übersetzt: „Wegführung" und „Entführung") begleitet meine Arbeit, die mit der einfachen Frage begann: „Was geht hier eigentlich vor?" (Goffman, 1980). Warum weiß ich so wenig über das Sterben? Warum sprechen alle davon, dass jeder ganz individuell stirbt, wenn alles, was ich erlebte, alles andere als das ist? Warum kann ich so gut wie keine ansprechenden Pflegeprodukte für schwerkranke sterbende Menschen außerhalb des Medizinischen kaufen, und warum sprechen viele von einer neuen Sichtbarkeit (Macho, 2007) und einer Enttabuisierung des Todes, während das, was ich sehe und erlebe, in seiner Anti-Ästhetik sprachlos macht (Stetter, 2018).

Zukunftsdenker:innen prognostizieren, dass der „Tod im Wandel sei" (Manthorpe & Smith, 2015), Design-Institutionen streben danach, den „Tod für das 21. Jahrhundert neu zu erfinden" (Design Council, 2018) und Bio-Hacker:innen und Transhumanist:innen sehen den Tod gar in einer postmortalen Gesellschaft (Lafontaine, 2010) als ein Auslaufmodell. Dagegen macht sich *Palliative Care* für ein selbstbestimmtes „gutes Sterben" (Rüegger & Kunz, 2020) stark und die Märkte erkennen: „Death is no tabu for the consumer" (Dobscha, 2016).

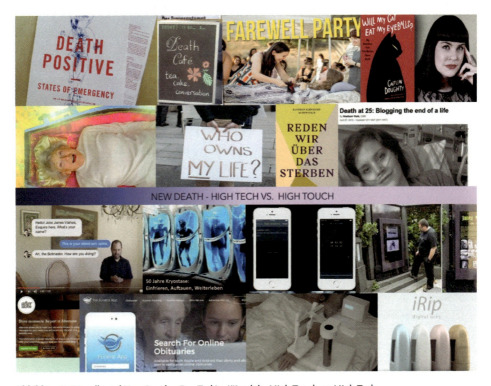

Abbildung 1: Moodboard New Death – Der Tod im Wandel – High Touch vs. High Tech

Inmitten dieser Diskurse stehe ich als eine Designerin und Trendforscherin, die eine nahestehende Person beim Sterben begleitet hat, was Ausgangspunkt für eine Beschäftigung mit dem Tod war (Stetter, 2019b). Dies warf Fragen bezüglich meiner Perspektiven und meines Forschungsdesigns auf, unter anderem: Welche Methoden der Designforschung und der Designpraxis können genutzt werden, um die „Arenen des Todes" zu erfassen? Und in Bezug auf diesen Beitrag: Wie kann ich Komplexität reduzieren bzw. destillieren, und welche Gefahren und Chancen birgt die gestalterische Produktion und Transformation von Wissen in Bild und Ding? Als erkenntnistheoretische Methode wähle ich das Mapping, das mir als „Kodemodell des Verstehens" (Wirth, 2000, S. 134) dient und mir durch das abduktive Aufstellen plausibler Hypothesen ermöglicht, Theorien und Gestaltungsvorschläge zu entwickeln.

Damit möchte ich sichtbar machen, wie Design aktiv Wissen durch die Visualisierung von Zusammenhängen schaffen kann, deren sprachliche Beschreibung scheinbar komplex wäre, aber nur deswegen, weil Sprache generell schlecht geeignet ist, um mehrdimensionale oder interdependente Systeme darzustellen (vgl. Schmidt, 2016, Abb. 1–3). „A method that seeks to engage the postmodern must engage the visual", schreibt Adele E. Clarke (2005, S. 205), Entwicklerin der *Situational Analysis*, und verweist darauf, dass wir in einer visuellen Kultur leben, die Visualität ernst nehmen und mit der Pluralität von Wahrheiten umzugehen lernen sollte. Sie plädiert für eine Hinwendung zur Komplexität und das Aufgeben einer rein rationalen Weltauffassung (Clarke, 2012, S. 26) und nutzt dafür als Sozialwissenschaftlerin ergänzend zur Sprache ebenfalls kartografische Strategien.

Abbildung 2: Moodboard „Things of Dying" – Materialitäten am Lebensende

So steht in diesem Artikel die gestalterische Praxis „Mapping" im Zentrum, dennoch wird in einer Nebenspur die kommunikative Kraft verschiedener Sterbedinge mitverhandelt werden, da Form, Funktion und Ästhetik ihnen inhärent ist. Daher soll mit diesem Beitrag auf Bild-, aber auch Ding-Ebene dafür sensibilisiert werden, dass auch (Wort-)Sprache eine Vereinfachung darstellt, da wir stets ein anderes Verhältnis zu Objektivierung entwickeln, wenn wir Bilder betrachten oder/und Dinge taktil-sinnlich (be)greifen können. Dementsprechend werde ich meinen Forschungsgegenstand in einem Pingpongspiel zwischen Verbalisierung und Visualisierung darstellen.

5 Moodboarding Tod + Design

„Moodboarding" beschreibt das aktive Erstellen von „Stimmungstafeln", die sich aus mehreren selbst- oder fremdproduzierten Bildern zusammensetzen. Moodboards versuchen bestimmte Anmutungsqualitäten durch die Zusammensetzung von Einzelbildern herauszuarbeiten. Meist werden sie während Rechercheprozessen genutzt, um neues zu explorieren, Ideen zu skizzieren, Zukunftsszenarien zu beschreiben oder (Ziel-)Gruppen samt ihrer Lebenswelten und ihrem ästhetischen Ausdruck semiotisch zu fassen. Es sind damit kommunikative wie auch ästhetische Handlungssprachspiele, die uns weiterhelfen, wo Worte ungenügend erscheinen. McDonagh und Storer verstehen Moodboards als Design-Katalysator, als Ressource wie auch als „an instrument to inspire lateral thinking" (McDonagh & Storer, 2005, S. 16). Designethnografie (Müller, 2018) nutzt wie die visuelle Anthropologie Mappings ebenfalls, um Wissen zu katalysieren. Müller, Clarke, wie auch Sarah Pink schlagen vor, dass wir visuelle Daten nicht separat von Texten analysieren sollten, sondern Sinnzusammenhänge zwischen beiden Medien herstellen müssen.

> „Instead it involves making meaningful links between different research experiences and materials such as photography, video, field diaries, more formal ethnographic writing, participant produced or other relevant written or visual texts and other objects. These different media represent different types of knowledge and ways of knowing that may be understood in relation to one another." (Pink, 2013, S. 144)

Anders als bei der Einzelbildanalyse richtet sich der Fokus beim Moodboarding weniger auf die abgebildeten Einzelsituationen, sondern auf typische und damit diskursive Darstellungen in einem Themenfeld. Damit steht hier die Analyse der Ästhetik und Bildsprache und damit die Entdeckung von medialen (Bild-)Diskursen, wie gleichsam die Vermittlung an Dritte, die wir in die Lebens- bzw. „Sterbewelten" (Schneider, 2014) mit wenig Worten einführen möchten, im Zentrum (Abb. 1–3). So können durch das Anordnen von Bildern Interdependenzen, Divergenzen und Konvergenzen leicht sichtbar gemacht werden.

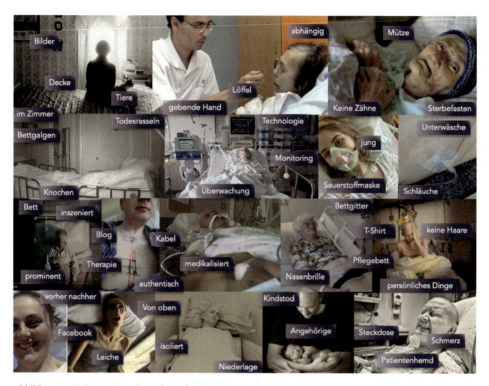

Abbildung 3: Codiertes Moodboard, Sterbende in den (sozialen) Medien

Je nachdem, mit welcher Hypothese wir gestalten, verändert sich die Auswahl und Anordnung des Materials. Folge ich in diesem Zusammenhang Peirce, „so ist alles Denken eine kontinuierliche Interpretation von Zeichen, die zugleich Bestandteil eines Arguments sind – Interpretieren bedeutet Schlußfolgern" (Peirce, 1976, zitiert nach Wirth, 2000, S. 137). Dieses „Schlussfolgern" ergibt sich aus der Kombination aus abduktiven, deduktiven und induktiven Argumentationen (vgl. ebd.), die sich innerhalb von Gestaltungsprozessen meist visuell und material formen. So wird das Schlussfolgern im Sinne eines handwerklichen Zuganges zum sinnlichen „Schlüsse ziehen" und Moodboards werden äquivalent zu Wort-Hypothesen, zu bildsprachlichen Hypothesen, die versuchen, basierend auf eigenen Erfahrungen und Erwartungen, mögliche Vorstellungen visuell zu etablieren.

Das erste Moodboard (Abb. 1) zeigt Phänomene gegenwärtiger Strömungen des Todes auf, die ich mit einem globalen Trend-Monitoring herausgearbeitet habe. Das zweite Moodboard (Abb. 2) zeigt Produktwelten von Pflegeanbieter:innen, die ich bei meiner partizipativen Feldforschung (2018–2023) auf der Palliativstation und in privaten Haushalten, die Sterbende pflegen, in gleicher oder ähnlicher Form vorgefunden habe. Das dritte Moodboard (Abb. 3) visualisiert Sterbende in den Medien und wie sie von Künstler:innen, Fotograf:innen und Social-Media-Akteur:innen dargestellt werden und zeigt beispielhaft, wie diese in Sprachcodes in iterativen Prozessen transformiert werden.

6   User-Journey-Mapping

Patienten- bzw. User-Journey-Mappings helfen Designer:innen wie auch Kommunikations-, Marketing- und Gesundheitsexpert:innen zu verstehen, wie und wann ein:e Nutzer:in mit Produkten oder Services interagiert. Oder sie werden ganz rudimentär genutzt, um zu verstehen, wie die Reise eines/einer Patient:in abläuft und helfen, direkte und indirekte Berührungspunkte (*Touch Points*) zwischen Kund:innen und den Anbieter:innen zu erkennen. Oft sind in diesem Zusammenhang Ereignisse von Bedeutung, wie beispielsweise der Moment, in dem eine Person erkennt, dass die Krankheit unheilbar ist und/oder, sie „austherapiert" ist. Solche Ereignisse haben Auswirkungen und lösen persönliche Entscheidungsimpulse aus, die von Mediziner:innen, Gesundheitsinstitutionen und Pflegeanbieter:innen nur bedingt beinflussbar sind. So ist eine exemplarische Reiseroute mit *Palliative-Care-Touch-Points* einer schwer chronisch kranken Patientin entstanden, die auf Gesprächsnotizen basiert, da aufgefallen ist, dass ein Großteil der Menschen, die auf einer Palliativstation einen (Zwischen-)Stopp gemacht haben, nicht wussten, wo und warum sie hier sind (Abb. 4).

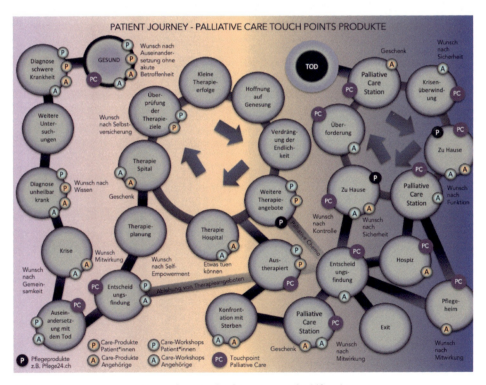

Abbildung 4: Patient-Journey-Mapping basierend auf Interviews und Feldforschungen

7 Research(er) Mapping

Als „Research(er)-Maps" bezeichne ich Mappings, die Forschungswege von Forschenden abbilden. Nach Adele E. Clarke sind Forschende Reisende, die sich Zugang zu Lebenswelten, Gesprächen, Geschichten, Orten und Materialien oder zu „Dingen aller Art" verschaffen (Clarke, 2012, S. 203 f.). Sie begeben sich auf eine Entdeckungsreise, dringen in (teils) unbekannte Regionen ein und lassen sich durch das eigene Datenmaterial leiten. Research(er)-Maps sind in Abgrenzung zu User-Journey-Maps vergleichbar mit Tracking-Systemen, die Bewegungen aufzeichnen und Standorte und Wege einer Forscherin oder eines Forschers an Dritte vermitteln. Solche Maps stellen eine Möglichkeit dar, Forschungstagebücher visuell zu komprimieren.

Glaser und Strauss, die Begründer der Grounded Theory (1999), plädieren wie auch Peirce für ein abduktives Vorgehen. Das heißt, aus Explorationen entstehen Hypothesen; diese führen zu Fragen und Daten, die in neue Bereiche und zu neuen Daten führen. Research(er) Mappings zeigen damit „keinen Weg zu objektiver Erkenntnis [auf], auch keinen Weg zu reproduzierbarer Erkenntnis, sondern lediglich einen Weg zu interessanten, gegenstandsbezogenen, aber dennoch unvermeidlich kreativ-interpretativen ethnografischen Einsichten" (Dellwing & Prus, 2012, S. 153).

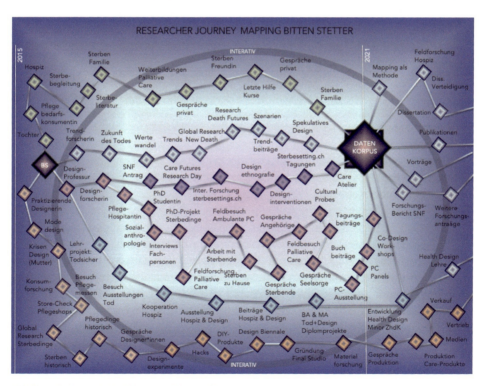

Abbildung 5: Research(er) Mapping „Things of Dying"

Diese persönliche Entdeckungsreise (Abb. 5) begann mit einem unfreiwilligen Eintauchen in mir fremde Sterbewelten. Seither erforsche ich mit unterschiedlichen Methoden und Zielen den globalen Markt des Todes, arbeite in Sterbesettings mit und gestalte Designinterventionen, spekulative wie auch anwendbare Care-Dinge. Diese neuen Sterbedinge nehmen den Lebensraum „Bett" ins Visier und stellen sich uns als materiale Hypothesen entgegen. Daraus entsteht ein Datenkorpus (2015–2021), der sich durch die Annahme füllt: „all is data" (vgl. Glaser & Strauss, 2008). Wie dieses Mapping zeigt, referenziert die Forschung zudem auf verschiedene Weltzugänge (Familie/Design/Anthropologie/Trendforschung), denen disziplinäre Weltbetrachtungen, Konzepte, Diskurse und spezifische Zielsetzungen zugrunde liegen. Clarke verweist explizit auf die Positioniertheit aller Akteur:innen, die immer Wissen mitformen (vgl. Clarke, 2005), und Jörg Strübing spricht von der „Perspektivengebundenheit aller Erfahrung" (Strübing, 2008, S. 104), die wir mitdenken und transparent darstellen sollten.

8 Messy Mapping

Clarke selbst, entwickelt Kartographien (2012, S. 24), um Diskursen und Handlungen in sozialen Welten gerecht zu werden. Ihre Argumentation baut ebenfalls auf die Grounded Theory auf, ergänzt sich aber durch die Annahme,

> „dass alles, was sich in der Situation befindet, so ziemlich alles andere, was sich in der Situation befindet, auf irgendeine (oder auch mehrere) Weise(n) konstituiert und beeinflusst. Alles was sich tatsächlich in der Situation befindet oder auch nur so aufgefasst wird, bedingt die Handlungsmöglichkeiten, konstituiert die ‚Möglichkeitsbedingungen' (Foucault, 1993)", so Clarke (ebd., S. 144).

Elemente einer Situation sind in der Postmoderne nicht nur menschliche Akteur:innen, sondern explizit auch nichtmenschliche Entitäten (Latour, 2007), das heißt materielle Gegenstände, Konzepte, Paradigmen, Narrative und Diskurse. Sie betont damit *Komplexität wie auch die Tatsache subjektiver Wahrnehmungen.*

Hierfür empfiehlt sie die sogenannte „Messy Map", die aus einer unstrukturierten und unbegrenzten „messy"-Anordnung von Begriffen besteht, die weder Anspruch auf Ordnung noch Vollständigkeit hat (Clarke, 2012, S. 125). Dieses Mapping (Abb. 6), das sich für mich als empirisches Brainstorming materialisiert, dient als Hilfsmittel und Fundament für weitere „Situation-Maps" (ebd.). So ist unter anderem ein Denkmodell entstanden, das die Abhängigkeiten und Wirkungsweisen von Sterbedingen diagrammatisch darstellt (Abb. 7).

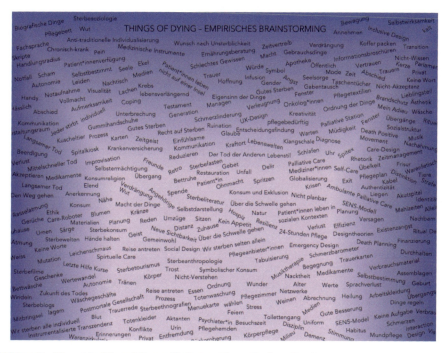

Abbildung 6: „Messy Map" (angelehnt an Clarke zum Thema Sterbesettings)

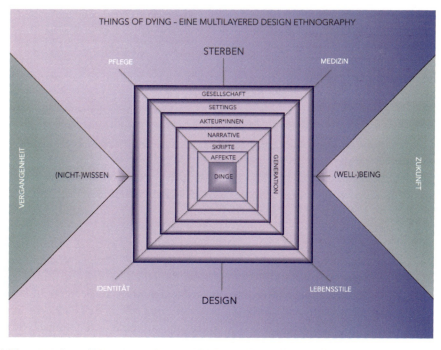

Abbildung 7: Wirkungsfelder „Things of Dying", Multilayered Design Ethnography

9 Mind-Mapping

Mind-Maps sind Gedanken- bzw. Gedächtnislandkarten, die wir zur freien Entfaltung von Assoziationen, zur Bildung von Hypothesen wie auch zum iterativen Ordnen von Gedanken nutzen können. Mindmaps werden nach bestimmten disziplinären Regelwerken und Vorstellungsweisen gestaltet und gelesen und sind visuelle Darstellungen von dynamischen Schemata des Verstehens (vgl. Mls, 2004). Betrachten wir die Mind-Map in Abgrenzung zum Messy-Map unter formalen Kriterien, gehört die Mind-Map zur Kategorie der Baumdiagramme, die von einem Ursprung aus hierarchisch gebaut ist. Meist bildet nur ein zentrales Wort den Anfang, von dem sich weitere Begriffe verzweigen. Mind-Mapping ist nach Buzan (1974) flexibler als andere Mappingmethoden und stellt eine Herangehensweise bereit, die auch in den Sozialwissenschaften und Kulturwissenschaften Einzug gehalten hat, um Beziehungen zwischen verschiedenen Konzepten, Menschen (Wheeldon, 2011) wie auch nicht menschliche Aktanten besser verstehen zu können. Gerade für Akteur-Netzwerk-Theorie-Proponent:innen, die wie Bruno Latour (2007) das Soziale nicht bloß als „Black Box", sondern als Netzwerk denken, erscheinen verästelte Diagramme zur Analyse sozialer Welten fruchtbar. Kernstück der Akteur-Netzwerk-Theorie (ANT) ist das Explorieren von Verbindungen, die gleichsam materiell (zwischen Dingen) als auch semiotisch (zwischen Konzepten) bestehen. Dabei werden Netzwerke zerlegt oder als Ganzes untersucht. So kann eine Palliativstation, bestehend aus diversen Menschen, Dingen und Konzepten, sowohl als ein rhizomatisches Netzwerk, aber auch als eine Entität, wahrgenommen werden. Oder ein Pflegehemd, als nicht menschlicher Aktant, kann als Ausgangslage dienen, um material-semiotische (nicht) menschliche Beziehungen und Stimmungen aufzufächern (Abb. 8).

Für ein erweitertes Wissensmodell wie ANT mag ein Baumdiagramm, das um einen Mittelpunkt angeordnet ist, nicht ausreichend erscheinen, daher vernetzt sich das Pflegehemd auch mit anderen Aktanten, wie in der Abb. 9 nur angedeutet werden kann. So werden Mind-Maps meist intuitiv zu Concept-Maps, die nur einen Mittelpunkt haben und durch die Verwendung verschiedener Linienstärken, Schrift- oder Knotenpunktgrößen komplexe Zusammenhänge wie auch Abhängigkeiten, Hierarchien und Wertigkeiten visuell-analytisch zeigen (Axelrod, 1976).

Zusammengefasst heißt das, dass Mind-Maps, anders als *Messy Maps*, von Beginn an erlauben, strukturiert zu denken, ohne die Freiheit zu verlieren, sich auf „natürliche", bewusstseinsorientierte Weise mit einem Feld auseinanderzusetzen. Zudem kann die Methode durch die klare formal ästhetische Vorgabe auch für Proband:innen eine gute Vorlage geben, ihre Lebenswelt in Denkdiagrammen darzustellen, wie die Ergebnisse meiner *Cultural Probes* (Gaver, Dune & Pacenti 1999) zeigen. *Cultural Probes* ist eine partizipative Designforschungsmethode, die entwickelt wurde, um Vorstellungen und Gedanken anderer Menschen einzufangen, ohne als Forscher:in körperlich die soziale Welt zu stören. Diese Methode erschien nützlich, da sie Pflegenden erlaubte, „hands on" ihre persönlichen Erfahrungen in Sterbewelten grafisch festzuhalten (Wheeldon, 2011). So werden Proband:innen zu Katograf:innen ihrer eigenen Lebenswelt, wie die Abbildungen verschiedener Aufgaben zeigen (Abb. 9).

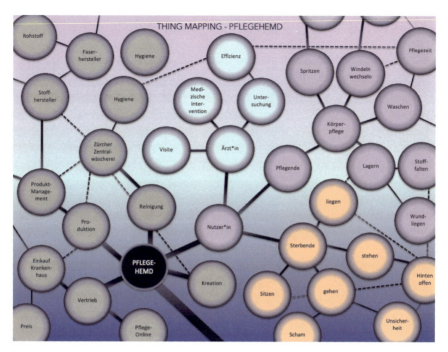

Abbildung 8: Ausschnitt eines Thing-Mappings basierend auf Interviews, Feldforschung u. Cultural Probes

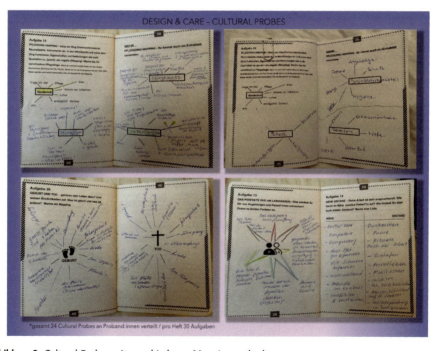

Abbildung 9: Cultural-Probes mit verschiedenen Mappingmethoden

10 Intersection Mapping

Intersection-Maps wählen einen anderen Weltzugang und beruhen auf der Idee von Mengendiagrammen, die ihren Ursprung in der mathematischen Mengenlehre haben. Sie dienen dazu, Gemeinsamkeiten und Unterschiede von Mengen und ihrer Mächtigkeiten herauszuarbeiten. Diese Mappings bestehen meist aus überlappenden Kreisen, wobei der Überlappungsbereich die Schnittmenge darstellt. Auch Clarke nutzt Darstellungen der Mengenlehre, da sie davon ausgeht, dass soziale Welten sich nicht nur voneinander unterscheiden („interworld differences"), sondern eben auch differenzieren („intraworld differences", Clarke, 2005).

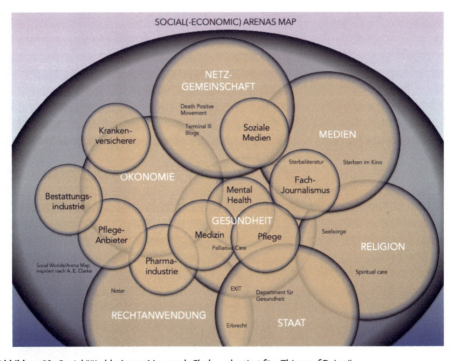

Abbildung 10: Social/Worlds Arena-Map nach Clarke, adaptiert für „Things of Dying"

Ich führe „Arena Maps" nach Clarke durch, erlebe die formal-ästhetischen Vorgaben als zu restriktiv und versuche, mir einen eigenen ästhetischen Zugang anzueignen (Abb. 10). Interessante Erkenntnisse der „Nachahmung" sind, dass dieses Mapping nicht so sehr Qualitäten für die Analyse als vielmehr für die Vermittlung entfaltet. Ich arbeite mit dem formal-ästhetische Mittel der Überschneidung weiter und exploriere losgelöst von Clarke andere Intersektionsmodelle. So erkenne ich, welche Übergänge gestaltet und ritualisiert sind und welche nicht, und welche „Übergangsobjekte", wie beispielsweise Kerzen, Engel oder Beerdigungen, es gibt. Dabei fällt auf, dass wir kollektiv nur bedingt eine Wort-, Bild-, Materialsprache finden, um den Tod und den Weg dahin zu beschreiben (Abb. 11).

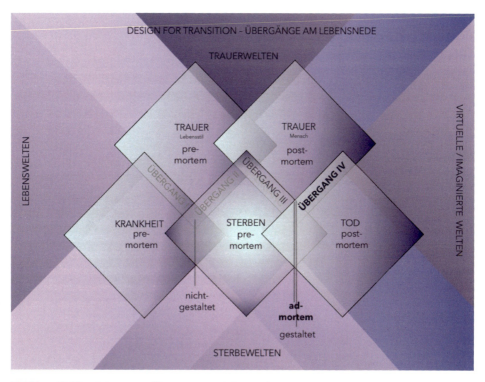

Abbildung 11: Visualisierung von Übergängen am Lebensende

Aida Bosch schreibt, dass Übergangsobjekte in beängstigenden Situationen uns von Geburt an Sicherheit und Selbstständigkeit geben können, „indem sie helfen, Ängste (z. B. beim Einschlafen) oder Trennungsschmerz zu lindern und zu beruhigen", denn sie sind „in mehrfacher und grundlegender Weise verknüpft mit dem Aufbau von Identität" (Bosch, 2017, S. 111 ff.), die sich durch die fortschreitende Krankheit neu justieren muss. So entsteht ein Konsumdiagramm, in dem ich mit dem Mitteln der Schnittmenge Angebote des Überganges einarbeite. Es sind Objekte wie „Teddybären", „Eheringe" oder „Toten- und Trauerkleidung", die uns helfen, Übergänge zu realisieren. Dadurch entsteht eine weitere Abwandlung der Intersection-Mapping, als Add-on oder Teilelement für eine ganz andere Visualisierung: das Diagramm, das Fragen an unsere Konsumgesellschaft stellt (Abb. 12).

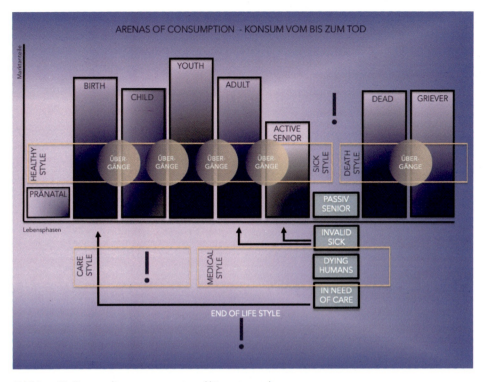

Abbildung 12: Konsumdiagramm von pränatal bis postmortal

11 Axial-Mapping

Die bisherigen Mappings waren alle strikt kategorial ausgerichtet, d. h. sie arbeiteten mit Begriffen und deren Beziehungen zueinander. Oft aber gibt es auch in der qualitativen Forschung semi-quantitative Aspekte, d. h. Kategorien oder Begriffe lassen ein Konzept von starker oder geringer Ausprägung zu und können damit in eine (grobe) Reihenfolge gebracht werden. Zur Visualisierung solcher Zusammenhänge bieten sich Axial-Mappings an. Die Achsen können dabei unipolar oder bipolar aufgefasst werden, wobei der Unterschied darin besteht, dass bei bipolaren Achsen die entgegengesetzten Pole nicht in einem streng logischen Gegensatzverhältnis zueinander stehen müssen, wie etwa die Komplementärfarben „rot" und „grün".

Axial-Maps sind vielverwendete Werkzeuge in der Trendforschung, um Wandel zu beschreiben, „Weak Signals" (schwache Signale) des Neuen zu verorten oder gegenläufige Entwicklungen zu erfassen. Meist arbeitet man mit einem Achsenkreuz in der Mitte der Map, woraus vier Felder entstehen, die mit vier polaren Begriffspaaren benannt werden. In meinem Fall wähle ich eine bipolare Achse, die wir in Zeiten der digitalen Transformation häufig verwenden: „High Touch" vs. „High Tech". „High Tech" steht für technologische Innovation, Virtualität und De-Materialisierung, „High

Touch" für Taktilität, Materialität und den Wunsch nach direkter zwischenmenschlicher Interaktion. Auf der dazu senkrechten Achse ordne ich *pre-mortal* vs. *post-mortal* an, um zu erkennen, wie sich der Konsummarkt des Todes global innoviert. Als Basis dienen die Sammlungen des Neuen, wie das erste Moodboard ausschnitthaft zeigt (Abb. 1).

Ich positioniere Innovationen wie *Death-Apps* oder nachhaltige Urnen und *After-Death-Bots* auf der Map und füge parallel „Drivers of Change", die die Dinge bedingen, hinzu. Daraus entsteht im ersten Schritt eine Mapping mit einzelnen Phänomenen, die ich im Rahmen dieses Artikels nicht erläutern kann, daher fasse ich die Phänomene pro Feld zusammen (Abb. 13). Dieses Mapping stärkt die These, dass die meisten Angebote im Bereich „Pre-Mortal/High Touch" nicht durch Bild- oder Material-, sondern Wortsprache kommunizieren. Dies objektiviert sich beispielhaft an *End-of-Life*-Literatur, Letzte-Hilfe-Kurse und Podcast-Formaten über das Lebensende.

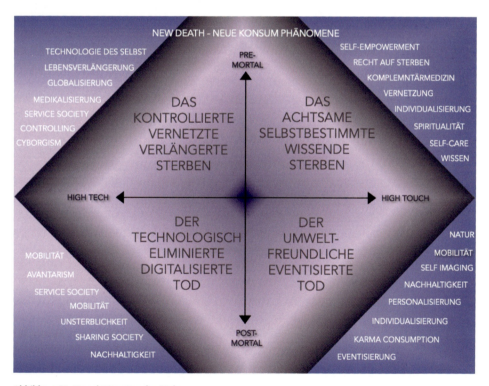

Abbildung 13: Trend-Mapping des Todes

Auch Clarke schlägt ein *Axial Mapping* vor, um Ähnlichkeiten und Differenzen relevanter Diskurse in Anlehnung an Foucault darzustellen. Der große Vorteil dieser Methode, so die Forscherin, die dies „Position-Map" nennt, ist Nicht-Genanntes zu entdecken und so zu begreifen, welche Positionen *nicht* eingenommen werden (Clarke, 2015, S 176), dies ergibt sich aus dem logischen Möglichkeitsraum, der durch die Achsen aufgespannt wird. „Solche Räume ermöglichen es uns, Zweifel und Komplexitäten anzusprechen, wo zuvor alles ‚unnatürlich' klar, sicher und einfach erschien" (ebd., S. 166). Folgen wir der Erstellung einer „Position-Map" nach Clarke, so lautet eine der zentralen Fragen: „Was sind die grundlegenden und oftmals auch umstrittenen Fragen in der erforschten Situation?" und „Welche Positionen finden sich zu diesen Fragen?" (ebd., S. 169). Anders als bei dem Axialkreuz der Trendforschung, basiert Clarkes Mapping nur auf einem Feld. Das heißt, beide Achsen werden mit unterschiedlichen, aber jeweils unipolaren Begriffen verknüpft, wobei die Polaritäten durch zusätzliche Plus- und Minuszeichen an den Achsenenden markiert werden (vgl. Abb. 15).

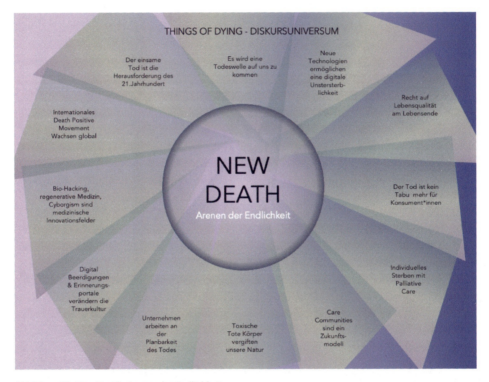

Abbildung 14: New Death, Arenen der Endlichkeit

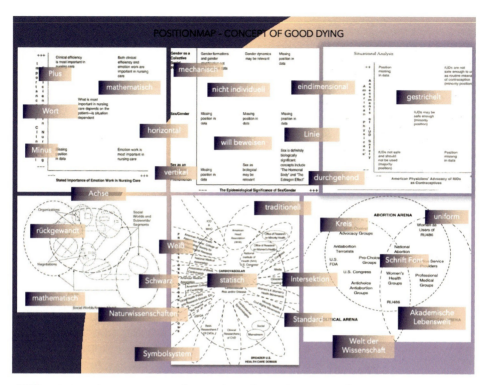

Abbildung 15: Visualisierung einer visuell-materialen Diskursanalyse „Things of Dying"

Ich versuche anhand ihrer Vorlagen eine *Position-Map* zu entwickeln, aber die versprochenen Vorteile lassen sich für mich nicht realisieren. Auch Beispiele von anderer Forschenden (Abb. 16) wollen in ihrer Lesbarkeit nicht überzeugen oder sind oft sehr stark an Clarkes Original angelehnt, was irritiert, da die Untersuchungsgegenstände sehr unterschiedlicher Natur sind. Dies wirft Fragen zur Eigenständigkeit und Angemessenheit der Anwendung auf. Die Komplexität wird durch die Wahl der Achsen so reduziert, dass diese Methode im Kontext qualitativer Forschung zu restriktiv erscheinen mag, es sei denn, man strebt dies explizit an. So entwerfe ich aus meinem Material Visualisierungen, wie beispielsweise ein diskursanalytisches Mapping (Abb. 14), das sich an sozialwissenschaftliche Maps anlehnt und eine Diskursanalyse (Abb. 15), die versucht mit Bildsprache zu arbeiten, um ebenfalls Komplexität auf ein Minimum zu komprimieren.

Abbildung 16: Visualisierung einer visuell-materialen Diskursanalyse „Things of Dying"

12 Fazit

Wie viele der Beispiele gezeigt haben, bieten Mappingmethoden je nach Disziplin vielfältige Möglichkeiten, um Wissen zu explorieren und zu destillieren. Zentral dabei sind zwei Begriffe: „Ästhetik" und „Komplexität", wobei der letzte im Zentrum dieses Beitrags steht und uns Menschen auf unterschiedlichste Weise herausfordert. Mitchell betont, dass Komplexität „nicht außerhalb unserer Verständnisfähigkeit liegt, sondern [...] eine neue Art von Verständnis erfordert" (Mitchell, 2008). Komplexität entsteht schließlich vorwiegend durch die Verkettung und Vernetzung verschiedener Zusammenhänge, die durch eine Vielfalt von Sprach- und Wirklichkeitskonstruktionen begleitet wird, die sich beide durchdringen und bedingen. Paul Watzlawick geht in seinem Buch „Wie wirklich ist die Wirklichkeit" davon aus, dass interdependente Kommunikationsprozesse nur Erfolgsaussichten haben, wenn sie auf Basis einer „geteilten Wirklichkeitsauffassung" beruhen, deren minimale Übereinkunft darin besteht, dass beide Parteien (1) Wirklichkeit als dynamischen Prozess verstehen und (2) die trügerische Annahme hinter sich lassen, dass es nur eine Wahrheit gibt (vgl. Watzlawick, 2005). Wirklichkeit ist damit niemals etwas Singuläres, sondern stets etwas Multiples. Clarke vertritt die Position, dass wir der Einseitigkeit der Moderne eine radikale Perspektivvielfalt gegenüberstellen müssen und, wie sie es formuliert, mit Pluralität von Wahrheiten umzugehen lernen müssen (vgl. Clarke, 2005, 2012).

Das gilt auch für die verschiedenen Mappings und ihren Bezug zu den multiplen Wirklichkeiten der verschiedenen Akteur:innen, wie auch für die Begriffe „Ästhetik" und „Komplexität" selbst. Mappings können als Datenerhebungsmethode dienen, indem Proband:innen eingeladen werden, von ihrer sozialen Lebenswelt Mappings zu erstellen. Sie können vor allem in einer Kommunikation mit sich selbst den Forschenden Mittel und Wege an die Hand geben, ihre Forschungsziele analytisch wie auch vermittelnd zu erreichen, sei dies mit Fokus auf Komplexitätsreduktion oder Komplexitätsanreicherung. Hier bieten die vorgestellten Methoden Startpunkte, wobei im Zeitalter der Postmoderne zu empfehlen ist, dass die Forschenden die Methoden im Sinne ihrer Absichten und ihres Gegenstandes modifizieren und erweitern. Die schematische Anwendung starrer Mappingrezepte (Abb. 17) kann zwar manchmal eine wichtige Auseinandersetzung anregen, entspricht aber nicht dem Geiste qualitativer Forschung und dem Geist einer „Grounded Theory", die auf der peirceschen Abduktion beruht. Folgen wir André Reichert, der die Diagrammatisierung nach Descartes und Deleuze betrachtet, ergibt sich aus der Diagrammatik

> „keine Einheit, die die Teile summiert. Sie schafft auch keine Einheit, die mehr als die Summe der Teile ist. Man muss sogar umgekehrt konstatieren, dass die Teile mehr als das Ganze sind. Denn durch die Variationen und Neuzusammensetzung der Teile wird sich das Ganze verändern. Damit ist die Einheit der Diagrammatik eine, die immer von ihren Operationen und Gegenständen abhängt und sich in diesen moduliert." (Reichert, 2014, S. 247)

Wenn Strauss, Glaser, Pierce, Deleuze, Latour sowie Clarke dafür plädieren, dass wir nicht mehr länger Daten in vorgefertigte Gefäße einfüllen, dass wir die Datenerhebung nicht mehr unabhängig von den Forschenden denken sowie Vernetzung und Komplexität anerkennen sollten, dann sind Forschende als aktive Produzent:innen und als Gestalter:innen von Daten mitsamt ihrer Situiertheit zu betrachten. Dies sollte sich auch in Gegenständen und Anwendungen wissenschaftlicher Mappings zeigen. Zwar legt uns die Grounded Theory nahe, iterative Prozesse zu durchlaufen, um aus Daten in abduktiven Verfahren Theorien zu entwickeln, wendet dieses allerdings nicht in aller Konsequenz auf die visuelle Methode des Mappings (Form, Funktion, Ästhetik) an. Denn würde sie diese Offenheit auch auf ästhetische Handlungssprachspiele übertragen, würden sich auch die Mappings situativ formen, sich in ihren formalästhetischen Ausdruck differenzieren und damit auch nicht unter den Verdacht geraten, mechanische Gestaltungsraster zu sein. Sollten wir nicht „grounded" aus den Daten, die wir sammeln, die wir auf uns wirken lassen, d. h. aus dem Material heraus, entscheiden, welche Formen der Visualisierung zu weiteren Erkenntnisgewinn beitragen? Ist es nicht das „Doing", das Herumschieben von Daten, das uns als Analysewerkzeug dient und weniger die Map in ihrer finalen Form selbst? Und ist nicht (Wort-)Sprache oft komplexer als ein Bild und damit vielleicht doch nicht immer das einzig richtige Medium, um mehrdimensionale und interdependente Systeme zu fassen? Dabei geht es mir sicher nicht um ein „entweder – oder" von Sprache und Bild, sondern explizit um ein „sowohl als auch" und ein Plädoyer für Ästhetik (Stetter, 2021) sowie eine Fruchtbarmachung von „Design als Wissenskultur" (Mareis, 2011) für die sozialwissenschaftlichen und kulturwissenschaftlichen Wissensdisziplinen. Der sinnlichen Erkenntnis fällt im Kontext des Wissensgewinnes und der Vermittlung eine wichtige Rolle zu. Schließlich ist Ästhetik „keine verzichtbare oder beliebige Zutat, kein Luxusgut, sondern ein grundlegendes Mittel des Austauschs mit der Umwelt" (Bosch, 2017).

Dieser Austausch gelingt, wie dieser Beitrag zeigt, nicht immer, und so entstehen durch multiple Wirklichkeitskonstruktionen Konflikte und Missverständnisse auf Ebene des Bildes wie auch auf Ebene des Texts, d. h. der Sprache. Positioniertheit und Situiertheit (vgl. Clarke, 2005, 2012) wird in Wortsprache auf der Ebene der Datengenerierung gedacht und textlich verfasst, gerät aber auf Bildebene bei der abduktiven Bearbeitung von Daten manchmal in die Krise, die aber durchaus produktiv genutzt werden kann, wenn wir in Betracht ziehen, dass jede Map einen Herstellungsprozess bedingt, der ebenfalls eine Intention verfolgt und durch andere Wirkungskonsequenzen für die Ersteller:in und ihre Betrachter:innen hat. So erstaunt, dass Forscher:innen, die den „visual turn" in der Postmoderne betonen, Moodboards oder User-Journey-Mappings bisher selten als Methode in Betracht ziehen und trotz allem visuellen Aktivismus so gut wie ausschließlich an wortbasierten Mappings, die starren Regelwerken folgen festhalten, und damit der verbalen Sprache bewusst oder unbewusst mehr Raum als der visuellen Sprache geben. Dabei gilt anzumerken:

> „So wie ein physikalisches Experiment keine Theorie produziert, so produziert das Experimentieren mit diagrammatischen Darstellungen noch keinen Beweis. Dazu bedarf es einer erheblichen Kenntnis geometrischer Theorie und die Fähigkeit [sic] dieselbe anzuwenden, d. h. Theorie und Wahrnehmung in einen Zusammenhang zu bringen." (Otte, 2001, zitiert nach Hoffmann 2001)

So plädiert schon Alexander Gottlieb Baumgarten (1714–1762) dafür, Ästhetik gleichberechtigt neben die Logik zu stellen, da sie eigentlich erst „eine kommunizierbare Wahrnehmung der Welt" (Keller, 2005, S. 3) ermöglicht. Nach ihm sei die Annahme, dass die Welt nur aus rein kognitiven Elementen bestehe, fehlerhaft, da sie die sinnliche Erfahrung des Realen „vermessen" vernachlässigt. Ästhetik ist in seiner Auffassung vielmehr die „Schwester der Logik", die in der wissenschaftlichen Welterfahrung erst den „Sinn zur Klarheit" ermöglicht (ebd.).

Somit gilt Ähnliches, was ich an anderer Stelle bereits für Sterbedinge in verschieden Forschungskontexten konstatiert habe (Stetter, 2021) auch für diesen Gegenstand: Mappings sind eingebunden in lebensweltliche Praktiken und haben in Hinblick auf Form und Ästhetik in sozialwissenschaftlicher Forschung bisher wenig Beachtung gefunden. Mappings interagieren und kommunizieren mit Forscher:innen, konstruieren Identitäten und Wirklichkeitskonzepte und können alternative Weltzugänge ermöglichen oder verunmöglichen. Wie die Collage sozialwissenschaftlicher Mappings zeigt, ist ihre oftmals auf rein kognitiven Elementen basierende Realisierung durch eine Wissensgeschichte geprägt, die an der Utopie „systematische Entdeckung" und „objektive Tatsachenbefunde" (Mareis, 2010, S. 91) hängt und sich nur schwer mit multiplen Wirklichkeitskonstruktionen arrangieren mag. Dies wird auch in der (un-)bewussten, teils übertriebenen „akademischen Anti-Ästhetik" deutlich, die Wissenschaftler:innen anwenden, um Glaubwürdigkeit in ihren Sprachgemeinschaften zu erlangen. Dabei sollten diese „Wissensschaffenden" nicht vergessen, dass auch Denkdiagramme in einer bestimmten Zeit unter technologischen, politischen und sozioökonomischen Gegebenheiten (Latour, 2007) erdacht, produziert, vermittelt und damit vermarktet wurden. Ihr entwerfendes und unterwerfendes Design (Borries, 2016) wird die Zukunft der qualitativen Wissenschaften mitprägen, so wie die Materialität und Ästhetik von Sterbedingen die Zukunft des Todes und unsere *Awareness of Dying* mitprägen wird (Abb. 3 vs. Abb. 18). So versuche ich als Designerin nicht nur die Sterbewelt mit Ästhetik aufzurütteln, sondern konfrontiere auch akademische Sprachgemeinschaften mit einer Ästhetik, die Situiertheit, Subjektivität nicht nur in Worten, sondern auch im Bild verhandelbar macht. Entstehen wird eine Dissertation, die mutig ihre Forschungsreise nicht nur textlich, sondern auch visuell erlebbar macht, und ein *End-of-Life-Care-Brand*, das das Recht auf Lebensqualität am Lebensende durch hautsinnlich lebensweltliche Gestaltung einfordert, wie die Produkte (Abb. 17) zeigen, die reduzierte Lebens- und Handlungsräume sowie vulnerable Identitäten mit komplexen körperlichen Einschränkungen ernst nehmen.

Abbildung 17: Produktwelten für das Lebensende (Fotos: Mina Monsef)

Literaturverzeichnis

Axelrod, R. (1976). *Structure of decision: The cognitive maps of political elites.* Princeton, NJ: Princeton University Press.
Boehm, G. (1994). Die Wiederkehr der Bilder. In Ders. (Hg.), *Was ist ein Bild?* (S. 11–38). München: Fink, 1994.
Borries, F. von (2016). *Weltenentwerfen – Eine politische Designtheorie.* Berlin: Suhrkamp.
Bosch, A. (2017). Dinge, Leiblichkeit und Weltzugang. Fragen zur Ästhetik und Aisthesis von Kindheit und Jugend. In S. Schinkel, I. Herrmann (Hg.), *Ästhetik in Kindheit und Jugend* (S. 111–125). Bielefeld: transcript, 2017.
Buzan, T. (1974). *Use of your head.* London: BBC.
Clarke, A. E. (2005). *Situational Analysis. Grounded Theory after the Postmodern Turn.* Thousand Oaks: Sage Publications.
Clarke, A. E. (2012). *Situationsanalyse. Grounded Theory nach dem Postmodern Turn.* Wiesbaden: Springer VS.
Deleuze, G. & Bacon F. (1995). *Logik der Sensation,* aus dem Französ. übers. v. Joseph Vogl. München: Wilhelm Fink.
Deleuze, G. (1977). Kein Schriftsteller: Ein neuer Kartograph. In Ders. und M. Foucault, *Der Faden ist gerissen* (S. 128). Berlin: 1977.
Dellwing, M. & Prus, R. (2012). *Einführung in die interaktionistische Ethnografie: Soziologie im Außendienst.* Wiesbaden: Springer VS.
Design Council (2018). *Reinventing death for the twenty-first century.* https://www.designcouncil.org.uk/newsopinion/reinventing-death-twenty-first-century-0 [letzter Zugriff: 07.10.2018].
Dobscha, S. (2016). *Death in a Consumer Culture.* London: Routledge.
Eco, U. (1978). Semiotics: A Discipline or an Interdisciplinary Method. In T. A. Sebeok (Hg.), *Sight, Sound, and sense* (S. 73–83). Bloomington: Indiana University Press.
Fellmann, F. (1991). Symbolischer Pragmatismus. Hermeneutik nach Dilthey. Hamburg: Rowohlt.
Fertsch-Röver, J. (2017). *Erfahrung als Transformationsprozess:* Eine empirische Untersuchung am Gegenstand des Übergangs zur Vaterschaft. Wiesbaden: VS Springer.
Foucault, M. (1993). Wahrheit, Macht, Selbst. Ein Gespräch zwischen Rux Martin und Michel Foucault (25. Oktober 1982). In L. H. Martin, H. Guttmann & P. H. Hutton (Hg.), *Technologien des Selbst* (S. 15–23). Frankfurt a. M.: Fischer.
Gaver, W. W., Dune, A. & Pacenti, E. (1999). Cultural Probes. *interaction,* 6/1, january + febuary, 21–29.
Glaser, B. G. & Strauss, A. L. (2008). *Grounded Theory. Strategien qualitativer Forschung.* Bern: Huber.
Goffman, E. (1980). *Rahmen-Analyse. Ein Versuch über die Organisation von Alltagserfahrungen.* Frankfurt a. M.: Suhrkamp.
Hoffmann, M. H. G. Skizze einer semiotischen Theorie des Lernens. *JMD 22,* 231–251 (2001). *https://doi.org/10.1007/BF03338937*

Keller, F. (2005). *is there anybody out there?* Statistische Diagramme und die Ästhetik der Präsenz, Paper zum Workshop des kulturwissenschaftlichen Forschungskollegs, Teilprojekt C5, 24.Novemner 2005, Universität Köln. https://www.alexandria.unisg.ch/162082/1/Keller_WS_24.pdf

Lafontaine, C. (2010). *Die postmortale Gesellschaft*. Wiesbaden: VS Springer.

Latour, B. (2007). *Eine neue Soziologie für eine neue Gesellschaft. Einführung in die Akteur-Netzwerk-Theorie*. Frankfurt a. M.: Suhrkamp.

Macho, T. (2007). *Die Neue Sichtbarkeit des Todes*. München: Wilhelm Fink.

Manthorpe, R. & Smith, J. (2015). *The new death*. LS:N Global.

Mareis, C. (2010). Unstete Grenzen der Designwissenschaft. In F. Romero-Tejedor, W. Jonas (Hg.), *Positionen zur Designwissenschaft*. Kassel: University Press.

Mareis, C. (2011). *Design als Wissenskultur. Interferenzen zwischen Design- und Wissensdiskursen seit 1960*. Bielefeld: Transcript.

McDonagh, D. & Storer, I. (2005). Mood boards as a design catalyst and resource: Researching an under- researched area. *The Design Journal*, 7(3), 16–31.

Mitchell, S. (2008). *Komplexitäten. Warum wir erst anfangen, die Welt zu verstehen*. Frankfurt a. M.: Suhrkamp.

Mitchell, W. J. T. (1992). The Pictorial Turn. In Artforum. Rowohlt, März 1992, S. 89 ff.

Mls, K. (2004). *From concept mapping to qualitative modeling in cognitive research*. University of Hradec Kralove, Czech Republic. www.cmc.ihmc.us/papers/cmc2004–159.pdf [letzter Zugriff: 2.5.2008].

Müller, F. (2018). *Designethnografie. Methodologie und Praxisbeispiele*, Wiesbaden: Springer.

Pape, H. (1983) (Hg.). Charles S. Peirce. *Phänomen und Logik der Zeichen*. Frankfurt a. M.: Suhrkamp.

Peirce, C. S. (1976). *The New Elements of Mathematics by Charles S. Peirce*, Bd. IV, Mouton Humanities Press. Atlantic Highlands/NJ.

Peirce, C. S. (1998). *The Essential Peirce: Selected Philosophical Writings*, Vol. 2 (1893–1913). Bloomington, In: Indiana University Press.

Pink, S. (2013). *Doing Visual Ethnography*. London, Thousand Oaks (CA), New Delhi, Singapore: Sage.

Probst, G., Raub, S. & Romhardt, K. (2006). *Wissen managen: Wie Unternehmen ihre wertvollste Ressource optimal nutzen* (5. Aufl.). Wiesbaden: Gabler.

Reichert, A. (2014). *Diagrammatik des Denkens*. Bielefeld: transcript.

Rüegger, H. & Kunz, R. (2020). *Über selbstbestimmtes Sterben*. Zürich: Rüffer & Rub.

Schmidt, S. J. (2016). Kommunikationstheorie. In L. Jäger, W. Holly, P. Krapp, S. Weber & S. Heekeren (Hg.), *Sprache – Kultur – Kommunikation: ein internationales Handbuch zu Linguistik als Kulturwissenschaft*. Berlin: De Gruyter Mouton.

Schneider, W. (2014). Sterbewelten: Ethnographische (und dispositivanalytische) Forschung zum Lebensende. In Martin W. Schnell, W. Schneider & H. J. Kolbe (Hg.), *Sterbewelten. Eine Ethnografie* (Palliative Care und Forschung) (S. 51–138). Wiesbaden: Springer VS.

Stetter, B. (2018). Death Style – Ein Plädoyer für Design in der letzten Lebensphase. *Swiss Future*, Ausgabe: TOD, Schweizer Vereinigung für Zukunftsforschung, 1/2018 (S. 11–15), Zürich.

Stetter, B. (2019). *Things of Dying. Assemblagen. Güter. Transmitter. Eine angewandte designanthropologische Untersuchung der gegenwärtigen Sterbe- und Konsumkultur*. Dissertation, Doktoratsprogramm Studies in the Arts in Bern, voraussichtliche Fertigstellung 2023.

Stetter, B. (2019a). Care Design – Palliative Gestaltungsräume am Lebensende. *PALLIATIVE CH. Zeitschrift der Schweizerischen Gesellschaft für Palliative Medizin, Pflege und Begleitung*, 3/2019 (S. 24–27). Palliative ch, Bern.

Stetter, B. (2019b). Design & Palliative Care (Teil II) – Dinge, Identität, Lebensstile. *Novacura. Das Fachmagazin für Pflege und Betreuung*, 51(6) (S. 41–44), Hogrefe, Bern.

Stetter, B. (2021). Plädoyer für eine ästhetische Zukunft des Designs. In B. Franke & H. Matter (Hg.), *Not at Your Service. Manifestos for Design* (S. 429–439). Berlin: De Gruyter

Stjernfelt, F. (2007). *Diagrammatology: An Investigation on the Borderlines of Phenomenology, Ontology and Semiotics*. Berlin: Springer.

Strübing J. (2008). *Grounded Theory. Zur sozialtheoretischen und epistemologischen Fundierung des Verfahrens der empirisch begründeten Theoriebildung*. Wiesbaden: VS.

Watzlawick, P. (2005). *Wie wirklich ist die Wirklichkeit? Wahn, Täuschung, Verstehen*. München: Piper.

Wheeldon, J. (2011). "Is a Picture Worth a Thousand Words? Using Mind Maps to Facilitate Participant Recall in Qualitative Research". *The Qualitative Report*, 16(2), 509–522.

Wirth, U. (2000): Zwischen Zeichen und Hypothese. Die abduktive Wende der Sprachphilosophie In U. Wirth (Hg.), *Die Welt als Zeichen und Hypothese: Perspektiven des semiotischen Pragmatismus von Charles Sanders Peirce* (S. 133–157). Frankfurt a. M.: Suhrkamp.

Abbildungsverzeichnis

Abb. 1	Moodboard New Death – Der Tod im Wandel – High Touch vs. High Tech	314
Abb. 2	Moodboard „Things of Dying" – Materialitäten am Lebensende	315
Abb. 3	Codiertes Moodboard, Sterbende in den (sozialen) Medien	317
Abb. 4	Patient-Journey-Mapping basierend auf Interviews und Feldforschungen	318
Abb. 5	Research(er) Mapping „Things of Dying"	319
Abb. 6	„Messy Map"	321
Abb. 7	Wirkungsfelder „Things of Dying", Multilayered Design Ethnography	321

Abb. 8	Ausschnitt eines Thing-Mappings basierend auf Interviews, Feldforschung u. Cultural Probes	323
Abb. 9	Cultural-Probes mit verschiedenen Mappingmethoden	323
Abb. 10	Social/Worlds Arena-Map nach Clarke, adaptiert für „Things of Dying"	324
Abb. 11	Visualisierung von Übergängen am Lebensende	325
Abb. 12	Konsumdiagramm von pränatal bis postmortal	326
Abb. 13	Trend-Mapping des Todes	327
Abb. 14	New Death, Arenen der Endlichkeit	328
Abb. 15	Visualisierung einer visuell-materialen Diskursanalyse „Things of Dying"	329
Abb. 16	Visualisierung einer visuell-materialen Diskursanalyse „Things of Dying"	330
Abb. 17	Produktwelten für das Lebensende	333

Über die Autorin

Prof.in Bitten Stetter, Dipl.-Des., arbeitet seit 2000 als selbstständige Designerin und seit 2005 in der akademischen Lehre. Sie ist Professorin für Trends & Identity, leitet den gleichnamigen Forschungsbereich und den Masterstudiengang an der Zürcher Hochschule der Künste. Seit 2015 forscht sie zum Thema Tod + Design.
Kontakt: bitten.stetter@zhdk.ch

Danksagung

Die Idee zu diesem Sammelband entstand im Herbst 2019, während einer Bahnfahrt. Vermutlich ahnen es die Verantwortlichen nicht, aber die Bahn ist ein bedeutsamer Ort der Wissenschaftskommunikation. Wissenschaft als Beruf ist – auch in Zeiten digitaler Vernetzung – ein Beruf mit vielen Reisen. Bahnfahrten ermöglichen häufig ein relativ ungestörtes wissenschaftliches Arbeiten und erlauben es gleichzeitig, den Blick in die Ferne zu richten. Jede:r Wissenschaftler:in wird wissen, wovon wir sprechen. Dass sich nun ausgerechnet eine Bildungsforscherin und ein Designer an diesem Ort begegnen und sich entscheiden, disziplinäre Grenzen der Kommunikation zu überwinden, führte zu der Idee dieses Buches. Die Fragen zu konkretisieren: Wie, warum und für wen erfolgt Wissenschaftskommunikation? Was bedeutet „Wissenstransfer" und wie gelingt die Reduktion komplexer Sachverhalte? Und spielt nicht gerade das Design, also das In-Form-Bringen von Wissen, eine wesentliche Rolle in der Wissenschaftskommunikation? Müssen die Inhalte nicht nur in Wort und Schrift, sondern auch in Grafiken, Modellen, Abbildungen und Farben so aufbereitet sein, dass sie in der jeweiligen Zielgruppe verstanden wird?

Auf unseren gemeinsamen Bahnfahrten entstand das Bild der „Wölfe" in der Bahn: Wissenschaftler:innen, die, ähnlich wie Wölfe, ihr Rudel verlassen, um auf Jagd zu gehen, auf die nächste Konferenz fahren, und im besten Fall mit Beute, den neuen Erkenntnissen, zur eigenen Hochschule zurückkehren.

Während der Arbeit an diesem Buch erreichte uns die traurige Nachricht, dass Michael Erlhoff verstorben ist. Kurz vor seinem Tod übersendete er uns den einleitenden Text für diesen Band und wir danken ihm sehr, wenn auch nun posthum, dass er mit seinen Worten ein Teil dieses schreibenden Kollektivs geworden ist.

Für die Realisierung des Buchprojektes danken wir ganz herzlich allen beteiligten Autor:innen für die tolle Zusammenarbeit. Unser Dank gilt gleichfalls Katja Dammann und Joachim Höper vom wbv-Verlag für die kreative und unkomplizierte Umsetzung!

Darüber hinaus bedanken wir uns bei Sara Rreshka, die uns ganz wunderbar bei der Formatierung und der Endfassung der Beiträge unterstützt und immer den Überblick behalten hat.

Und nicht zuletzt danken wir der Deutschen Bahn als Ort der Wissenschaftskommunikation – als Ort des ungestörten und interdisziplinären Denkens für uns, die „Wölfe" in der Bahn.

Leipzig, Hagen und Hamburg im September 2021

Gerald Moll & Julia Schütz